U0619322

启真馆 出品

启真·人文历史

帝国时代

[澳]
罗伯特·阿尔德里奇
编

宣栋彪
译

The Age
of Empires

Robert Aldrich

ZHEJIANG UNIVERSITY PRESS
浙江大学出版社
·杭州·

图书在版编目（CIP）数据

帝国时代 /（澳）罗伯特·阿尔德里奇编；宣栋彪
译. -- 杭州：浙江大学出版社，2024.12. --（启真·
人文历史）. -- ISBN 978-7-308-25574-5

Ⅰ. K14

中国国家版本馆 CIP 数据核字第 202457E0B6 号

The Age of Empires

by Robert Aldrich

Copyright © 2007 by Thames & Hudson Ltd, London

Published by arrangement with Thames & Hudson, London

This edition first published in China in 2024 by Zhejiang University Press, Hangzhou

Simplified Chinese translation copyright © 2024

by Zhejiang University Press Co., Ltd.

All rights reserved.

帝国时代

[澳] 罗伯特·阿尔德里奇　编　宣栋彪　译

责任编辑	凌金良
责任校对	黄梦瑶
装帧设计	罗　洪
出版发行	浙江大学出版社
	（杭州市天目山路148号　邮政编码310007）
	（网址：http://www.zjupress.com）
排　　版	北京楠竹文化发展有限公司
印　　刷	北京天宇万达印刷有限公司
开　　本	787mm×1092mm　1/16
印　　张	27
字　　数	393千
版 印 次	2024 年 12 月第 1 版　2024 年 12 月第 1 次印刷
书　　号	ISBN 978-7-308-25574-5
定　　价	188.00元

审图号：GS（2024）4170号

版权所有　侵权必究　印装差错　负责调换

浙江大学出版社市场运营中心联系方式：（0571）88925591；http://zjdxcbs.tmall.com

THE AGE OF EMPIRES

目　录

导　言
回望帝国

罗伯特·阿尔德里奇

在很长时间里，美国的学童都会背诵一句韵文——"In fourteen hundred and ninety-two, Columbus sailed the ocean blue"（在 1492 年，哥伦布远航），以此庆祝新世界的"发现"。在英国，孩童们庆祝帝国日（Empire Day）；在法国，小学生们则能像念诗一样一口气说出法国在印度的那些飞地的名字：金德讷格尔（Chandernagore）、马埃（Mahé）、加尔加里（Karikal）、本地治里（Pondichéry）和亚南（Yanaon）。西班牙人还保留着对英雄征服者的记忆，也没有忘记被视作西班牙民族大家庭一员的南美洲诸共和国。卡蒙斯（Camões）所写的关于葡萄牙"发现者"的传奇故事《卢济塔尼亚人之歌》（*The Lusiads*）之于葡萄牙人及其后裔，就如同吉卜林（Kipling）或者康拉德（Conrad）的作品之于盎格鲁人一样。斯坦利（Stanley）和列文斯顿（Livingstone）、布拉扎（Brazza）和利奥泰（Lyautey）矗立在殖民时代伟人的历史长廊里。从"代尔夫特"形制的中国瓷器，到激动人心的关于爪哇殖民故事的小说《马格斯·哈弗拉尔》（*Max Havelaar*），荷兰文化中处处可见东印度群岛贸易的遗存。德国人和意大利人则对自己短命的海外帝国不甚熟悉（尽管一些意大利人向往着古罗马的荣光）。另外，虽然证据昭然，但一些人，比如美国人却宣称，合众国并非帝国主义国家。奥匈帝国和奥斯曼帝国的消失，也模糊了这些消亡国家的一些帝国主义的面相。

然而，不断消失在过往岁月里的殖民世界，已经回到了前殖民者和被殖民者的意识当中：一部分要归功于近年来新文化史所引入的视角，以及后现代主义、性别研究、文化研究、底层研究和后殖民主义所提供的研究路径。一些电影——比如改编自 E. M. 福斯特（E. M. Forster）的《印度之旅》（*A Passage to India*）和玛格丽特·杜拉斯（Marguerite Duras）的《印度支那》（*Indochine*）——把殖民主义带到了大屏幕上，呈现在更广大的观众眼前。与此同时，诸如《维多利亚女王的帝国》（*Queen Victoria's Empire*）这样的电视剧，也将殖民主义的黄金时段加以呈现。各种纪念日——哥伦布航海 500 周年纪念，接着是瓦斯科·达·伽马（Vasco da Gama）远航 500 周年纪念——在 20 世纪 90 年代为各种庆祝活动、争论和对西班牙及葡萄牙的扩张进行学术上的再评估提供了机会。在这之后的 2002 年，是荷兰东印度公司建立 400 周年纪念。1988 年是英国人殖民澳大利亚 200 周年，20 世纪 90 年代迎来了印度尼西亚独立 50 周年，2004 年是法国印度支那战争结束 50 周年。所有这些节点都为反思殖民年代提供了机会。有时候，对历史的回顾会与对殖民地过往的美好回忆交织在一起；还有些时候，伴随的则是尚未得到官方承认的对殖民主义压榨行为的控诉。

帝国意象

在词语联想游戏中，"帝国"（empire）、"帝王"（emperor）或者"帝国的"（imperial）会让人联想到许多画面。一些人可能会想到道路和水渠交错的罗马帝国，想到罗马广场和圆形竞技场，穿着托加长袍的罗马军团和角斗士。对其他人来说，这些词则会让人联想起来自欧洲大陆帝国的一些人物：在巴黎为自己加冕的拿破仑、一个挂满勋章的奥地利大公或是俄国沙皇。也许还有一些人会在头脑中描绘出一个有着异国风情的最高统治者——名声欠佳的中国的慈禧太后、长寿的日本裕仁天皇或者不幸的埃塞俄比亚皇帝海尔·塞拉西（Haile Selassie）。但当被问及"帝国"时，许多人会立刻想到帝国的那些殖民者：克里斯托弗·哥伦布和达·伽马，西印度群岛上的种植园主和东印度群岛上的香料商人，戴着遮阳帽、披荆斩棘穿越非洲赤道森林的探险者，或是那些在印度操持午宴的尊贵的太太们。当被问及"帝国"的含义时，那些回答的人——特别是那些非欧洲裔——也可能会提到奴隶制、契约劳工、流放的犯人、征服和战争，以及种族灭绝。

"帝国"不是一个容易定义的词，它最根本的意思是指由一个特定的群体在政治中心对一个多元化的和彼此相异的他者——常常是一些遥远的国家和人民——进行统治，而且，一般而言，这是军事征服所导致的。但如果说"帝国"不是一个准确的词或者一种容易界定的政治制度的话，那么它也不是一个没有色彩的词。不论在什么时间、地点，帝国的鼓吹者总是会捍卫它的美德和它带给殖民者以及被殖民者的好处。与此相反，反殖民主义者则从帝国的统治中看到了战场上耻辱的失败，无根据的政治统治、经济上的压榨，社会层面公民选举权的被剥夺以及文化上的异化。尽管对帝国岁月的怀恋会时不时出现，甚至还出现过尝试恢复帝国主义的行动，但对于帝国，今天的观察者倾向于采纳反殖民主义的而不是殖民主义的视角。如果没有人会再为殖民主义连叫三声好，那么在大多数欧洲殖民地获得独立后的一代，殖民主义是否还能获得一声（甚或是两声）叫好，就是一个历史学辩论和公众争论的问题了。一些对不同大陆上以及不同历史时期的帝国的比较研究，探讨了殖民主义的野心和成就，同时也展示了帝国主义的成功和失败。[1]

帝国是人类历史的关键性主题之一，追寻它的起源，意味着回到最早的历史时期。古埃及的金字塔是为帝国的建造者——也就是征服了努比亚（Nubia）并强迫劳工为自己建造陵墓的法老——所造的。《圣经》中的尼布甲尼撒（Nebuchadnezzar）统治着巴比伦的一个帝国。希腊人在地中海沿岸建立起定居殖民地，希腊化的亚历山大大帝（Alexander the Great）将自己的帝国推进到了喜马拉雅山脉和恒河。罗马帝国的边界西起苏格兰，东到叙利亚，南至西班牙，北及黑海。罗马皇帝们给世界留下了深远的帝国印记，后世的殖民者研读他们的作品并尝试复制他们的行动。之后的许多殖民主义理论家认为，罗马的统治方式为统治遥远的省份和不同的民族提供了一个样板，罗马帝国的公路和贸易网络则留存下来，成为经济发展的模板。拉丁文的传播成为古典的教化使命必要的组成部分。珍贵的罗马公民身份的授予，则体现了来自野蛮之地的精英是如何有可能被吸收进政治统治集团之中的。[2]

罗马帝国的"兴起和衰落"——特别是爱德华·吉本（Edward Gibbon）在 18 世纪对此的演绎——成为历史研究

的支柱。但是，古代的帝国观念并未随着罗马的衰亡而消失，而是在拜占庭存续了一千年。同时期在西欧，查理大帝（Charlemagne）也在公元800年建立起帝国的名号，尽管他的帝国在其后被他的儿子们分割，但他所发明的有名无实的神圣罗马皇帝的头衔仍沿用到了19世纪初。在漫长的中世纪，文明间的碰撞中诞生了新的帝国。从阿拉伯半岛向外扩张的穆斯林在非洲北部创立了一个帝国，并穿越直布罗陀海峡到达西班牙南部，直到732年，才在普瓦捷（Poitiers）被信仰基督教的查理·马特（Charles Martel）阻击。十字军相信自己肩负将圣地从异教徒手中解放出来的使命，并受到上帝的保佑，他们涌入中东，在塞浦路斯（Cyprus）和黎凡特（Levant）扶植傀儡王国。作为另一种帝国，威尼斯在亚得里亚海（Adriatic）沿岸建立起一个贸易帝国。古斯堪的纳维亚人航行至不列颠、诺曼底、俄罗斯和西西里，所到之处，都留下了维京人定居者。

早期的帝国并不限于欧洲。三佛齐（Srivijaya）帝国从东南亚的海岛向外扩张，与此同时，占婆（Champa）、蒲甘（Pagan）和高棉（Khmer）帝国的统治者则在东南亚内陆相互征战。日本天皇——唯一一个至今仍在使用皇帝头衔的君主——统治着日本列岛，并时不时将其控制范围延伸至更远的地方。奥斯曼人从东方而来，依靠征服建立起一个跨越亚洲、非洲和欧洲的帝国，它被认为是现代历史上最稳固的帝国之一。在南美洲，阿兹特克人和印加人也统治着或许可以被称为帝国的领土，撒哈拉以南非洲的诸多酋长也是如此。因此，帝国其实遍布全世界。

现代帝国

在西方历史的现代阶段，即从文艺复兴一直到今天，各种形式的帝国一直是政治风景中一个未曾间断的特征。早期欧洲（不仅仅是罗马帝国）致力于征服新的土地，并将本国人口安置在这些土地上，开拓贸易渠道，建立政府的架构。殖民者宣称自己有权获得未被占领或者被他们认为在文化和生理上不如自己的那些人所定居的土地。他们升起旗帜、宣读告示，对着他们所谓的非洲或大洋洲的原始社会以及中东和亚洲的"堕落"文化，挥舞着新的宗主权的象征物。他们狂妄地赋予自己传播自身文明——不论是基督教的还是世俗化的、君主制的还是共和制的、重商主义的还是资本主义的——的权利。在他们看来，国外的这些地方可以用来安置流放的犯人、自由的移民和从世界各地补充进来的奴工——包括在许多个世纪里被他们降格为奴隶，并被输送到遥远的土地上充当可能是最廉价的劳动力的那些非洲人。

他们重建了"本地"社会，输出自己的管理体系，且经常用自己带来的那一套东西取代当地的统治者和法律，或是将苏丹、王公和部族首领置于从属地位，让后者按照自己的意志行事。如果土地的掠夺和社会以及经济的边缘化的对象是大多数原住人口，殖民者就会承诺提供良善的统治、法律和秩序、现代化，以及欧洲的技术、医疗和教育的好处。殖民者还希望新近占有的土地能为他们输出宝贵的粮食、让人垂涎的贵金属及其他有用的原材料。他们认为，面对大多数"落后"的人口，必须花几十年、几个世纪或更长的时间，才能将政治权力还给这些非白人。他们几乎从未想到自己的统治会有终结的一天——尽管殖民统治的终结几乎发生在所有地方，而且往往只需要两代或者三代人的时间，在一些地方，这一过程还会通过战争、革命和突变式的去殖民化迅速得以实现。

从 16 世纪开始一直到 19 世纪初期的殖民大国的扩张，是历史上的"重大议题"之一，人们也耗费了大量笔墨展开辩论。确实，即便是在帝国主义发展的顶峰阶段，人们对此也几乎没有共识。尽管大多数欧洲人（以及其他殖民国家中的人）可能会支持自己国家的海外事业，但或多或少还是有一些反对的声音。批评者常常感到，扩张把欧洲的"鲜血和黄金"浪费在追求不确定的利益上面，而且，对遥远之地的关注将人们的注意力从紧迫的国内问题上转移开了。一些特定的反殖民主义运动对准了殖民主义最过火的方面，特别是从 18 世纪末开始一直持续到奴隶制废除的反奴隶制运动，以及在之后的 19、20 世纪之交的（特别是在刚果自由邦 [Congo Free State]）反对丧心病狂地压榨劳工的运动。定期揭露有关殖民地的境况的读物得到出版，而且在 1931 年，在巴黎举办了一场反对殖民主义的大型展览会——"殖民地博览会"（*Exposition Coloniale*），组织者包括超现实主义者和共产主义者在内的反殖民主义者。诸如甘地和胡志明这样的人物领导的反殖民主义运动在欧洲赢得了大量支持；而以法国人在阿尔及利亚和美国人在越南的军事行动——后者被一些人视为帝国主义的行动——为例的保留殖民控制的持续性尝试，在国内外引发了广泛的反对运动。

历史学家也就"帝国"展开辩论，殖民主义和帝国主义研究是历史研究的重要分支，在过去的 20 年中，该研究经历了一次复兴。学者们对帝国提出了许多解释。其中争论最为激烈的话题，可能要属由约翰·霍布森（John Hobson）1902年的作品所提出的问题：经济是不是帝国主义扩张的"根源"，帝国主义是不是现代工业和金融资本主义的产物？[3]在爱德华·萨义德（Edward Said）于 1978 年出版的《东方学》（*Orientalism*）的启发下，学者转向并重点关注殖民主义的文化根基，也就是种族优越论的假设是如何支持扩张的，以及帝国主义的文化是如何弥漫于或是没有弥漫于欧洲自身的。[4]历史理论涉及有关殖民主义的每一个话题，比如关于"正式的"和"非正式的"帝国的问题，即政治主权与支配性影响的比较研究。一些历史学家对"殖民主义"和"帝国主义"做了区分，前者被视为移民社会的基础，后者指的是在欧洲人没有实现大规模人口定居的地方进行政治、经济和文化的扩张。"自由贸易式的帝国主义"（imperialism of free trade），也就是没有政治控制的商业上的主导，在某些时候与那种表现为取得了政治上正式的最高统治权的帝国主义形成了对比。"次级帝国主义"（sub-imperialism）被用来指称一个殖民地在其所在区域自发地向外扩张，"内部殖民"（internal colonization）则被用来描述一个国家的腹地剥削性地对待本国的边缘地区。"新殖民主义"（neo-colonialism）也作为一种类型被提出来，指的是帝国主义国家在其殖民地获得正式独立后，继续对后者施加控制。[5]在本书中，还出现了其他不同的帝国主义概念。名称和理论的杂乱恰恰体现了扩张现象（以及不可避免会伴随的收缩）的重要性，也凸显了学者对这一问题的巨大兴趣。

历史研究中新的发展引领学者对殖民主义的过去提出了新的问题。尽管在上一代中，几乎无人研究扩张的性别属性、女性和男性在帝国中的不同角色以及性与私人生活的议题，但在今天，人们最感兴趣的领域之一就是性别和帝国。[6]殖民主义研究中另一个蓬勃发展的领域是生态学。学者致力于考察导致诸如渡渡鸟等动物不幸灭绝的殖民者掠夺自然资源的行为，以及引入和驯化新物种、开垦土地、建造大坝和公路的行动，探求殖民地如何重塑其统治地区的地貌。[7]欧洲艺术家如何看待遥远之地的环境和人类，也给历史学家和博物馆馆长提供了丰富的主题。[8]研究东方与西方、南方与北方的文化接触，不同类型帝国的邂逅以及它们在文学、音乐、电影、时尚和食物中呈现的方式，拓宽了我们观察帝国的视野。帝国的医疗和卫生，也为当代研究提供了另一个主要的领域，这些研究关注疾病和预防、医疗保健方面的立法，以及发生在许多殖民地的生物学革命。[9]还有一个人们感兴趣的特殊领域，即帝国主义的野心、经验和文化是如何帮助塑造殖民和后殖民时代的民族认同的。[10]除此以外，所有其他具体的话题，无论是英国人在印度竖起的篱墙，抑或是欧洲和亚洲之间香料贸易的发展，都是畅销书的主题。[11]

被殖民者的视角

殖民主义的受害者也在持续地表达他们的观点，他们或是要求就殖民统治中延续下来的悲剧获得赔偿，或是为他们的祖辈所遭受的罪行争取象征性的承认。澳大利亚的原住民要求获得地权，这些要求在1992年堪培拉高等法院做出的"马博判决"中得到了司法上的认可。非洲裔美国人团体以及其他遭受奴役的非洲人的后代也要求从奴隶贸易的罪行中得到赔偿，许多曾遭受正式殖民的民族的文化领袖也要求殖民者归还放置在西方博物馆中的珍贵文物（和人类遗产）。事实证明，这些要求引起了态度矛盾的回应，领导人并不情愿就殖民时代犯下的错误说声"对不起"，或是就不公做出一点象征性的赔偿。但是，荷兰人在阿姆斯特丹竖立了一座纪念碑，纪念那些曾受到奴役的民族。法国议会也宣布，奴隶制和奴隶贸易构成了"反人类罪"。德国官方则承认1904年在今天的纳米比亚对赫雷罗人（Herero）实施了"种族灭绝"。事情正逐步朝着承认殖民主义历史的方向发展，这些举措有可能促成原先的殖民者和被殖民者之间的和解。

针对一些话题的争论还在继续，比如法国军队在阿尔及利亚殖民地实施的系统性的严刑的范围有多大，比利时人在刚果究竟残忍到何种程度，以及殖民主义在造成北方和南方（或者用早年间的术语，第一世界和第三世界）之间不对等和不公正的贫富差距中扮演了怎样的角色。关于当代全球化的优缺点的争论，也使发展和落后的话题得以延续。从殖民主义的状态中，评论家发现了近些年发生在北爱尔兰、巴勒斯坦、卢旺达、印度尼西亚、苏丹、东帝汶（East Timor）等地的后殖民时代血腥冲突的源头。与此同时，欧洲国家也面临着艰巨和紧迫的问题，特别是一些和移民、多元文化社会的兴起以及国内各个族群——尤其是当许多处于劣势的族群是来自前殖民地的移民后裔的时候——之间的经济和政治断裂相关的问题。发生在英国和法国城市当中的暴乱，荷兰和德国国内族群间的紧张态势，以及意大利和西班牙与地中海对岸的邻国之间的冲突，都呼应了与它们的殖民征服以及由此产生的不安状况相关的问题。20世纪90年代发生在巴尔干的内战不但根源于奥匈帝国留下的遗产，也和新生的塞尔维亚帝国主义存在关联。在苏联，车臣（Chechnya）和纳戈尔诺—卡拉巴赫（Nagorno-Karabakh）的民族主义者控诉莫斯科不肯放弃俄国式的帝国主义；批评始于2003年的伊拉克战争的人则声称，美国作为这个世界上仅存的超级大国，正在重造一种新的帝国主义统治。殖民留下的遗产，对"殖民主义"和"帝国主义"的猛烈控诉，公众对帝国的兴趣，以及学者对海外扩张的争论，不但是过去，也是当下的引人注目的话题。

在学者和普通大众的共同旨趣之下，存在着一系列问题，比如：是殖民主义的管理造成了撒哈拉以南非洲的经济落后，并成为这一地区发展的巨大阻碍吗？还是说恰恰相反，正是这种管理为至少是亚洲的一部分地区在20世纪80年代以及之后急速的经济增长奠定了基础——尽管也出现了若干显著的退步？来自外国的统治者将多元文化的团体纳入同一个政体之中，并在很长的时间里限制人们实行自决和组建代议制政府，这么做是导致了政治上的独裁和腐败，还是为多元主义、民主和议会制播下了种子？欧洲文化的扩张，是给当地社会及其文化和传统造成了"致命的影响"，还是为其从性别化、等级制和不平等的"封建主义"当中解放出来引入了一个潜在的渠道？西方人扩张背后的最初动力，是一种由种族主义为之辩护的贪欲吗？在扩张的行动中，是否存在更为"高尚的理想"，它的后果是否没有那么严重？帝国主义者究竟是英雄还是恶棍，或者介于两者之间？被殖民者总是受害者吗？在一些时候，他们是否也是殖民主义的合作者，甚至殖民计划的受益者呢？

因此，殖民的历史不仅仅限于探险行动的地图，征服的编年史，供奉探索者、定居者和管理者的庙宇以及商业活动的资产负债表。它触及了西方文化自身的根本：关于政治权利和权力如何扩展或不扩展到所有人口的统治思想和方法；有关种族、族群、文化和意识形态的观念；经济关系的类型和发展的模式；道德准则和个人行动的标准；宗教、教育、科学和技术在现代世界中的角色。对殖民主义的研究，不仅要调查欧洲人（以及其他殖民者）对遥远的土地和人民产生的影响，也要探究美洲、亚洲和非洲以及南太平洋对欧洲自身的影响。除此之外，它还要探究欧洲人离开自己的土地并占领世界上余下的大量土地背后的思想和意识形态动因。

帝国与世界

发端于 16 世纪的现代帝国主义确实遍布全球，不仅如此，帝国主义也的确是当代全球化最重要的"贡献者"。我们只要回想一下，在 18 世纪中期，加勒比海诸岛以及南北美洲大陆逐渐落入欧洲大国的控制之下，这些大国也在非洲和南亚次大陆以及通往东亚的沿海建立起众多的贸易据点。几乎所有美洲国家都在 19 世纪前几十年获得了独立，尽管如此，帝国主义者还是很快就从他们在亚洲和非洲的滩头堡向其腹地挺进，他们也早已发现了其他可供扩张的土地——从澳大利亚一直延伸到北非。20 世纪初，不列颠王国统治着世界上五分之一的人口和四分之一的土地；法国则拥有面积达 1100 万平方千米的帝国以及 1000 万的公民和属民；比属刚果的面积是比利时本土面积的 73 倍。到"新"帝国主义达到顶峰的 20 世纪 30 年代中期，除了像不丹那样位于喜马拉雅山脉地区的难以到达的国家，以及作为法国与英国殖民地之间缓冲地带的泰国，所有南亚和东南亚地区与国家都落入欧洲人的统治之下。中国和日本的大部分土地逃脱了被欧洲人占领的命运，但从 19 世纪中期的鸦片战争开始，欧洲人在中国取得了贸易和政治上的特权，而清政府和之后的民国时期的当局则苦苦挣扎，试图维持对世界上最大一部分人口的中央集权控制。在西方"炮舰外交"逼迫下开放的日本，之后学习了欧洲的政府管理和经济学，也仿效欧洲式的帝国主义，占领了朝鲜、中国台湾和密克罗尼西亚（Micronesia）；20 世纪 30 年代，东京的领导人忙于制定进一步的扩张计划。1917 年后，苏联领土也得到了扩张——从波罗的海以至中亚，最后到达太平洋。美国在实现了自己东起大西洋、西到太平洋的"昭昭天命"后，又取代西班牙，成为菲律宾的殖民领主。再往南，太平洋上的每一个岛屿，从相对较大的巴布亚新几内亚（Papua New Guinea）和新喀里多尼亚（New Caledonia），到众多的小型珊瑚环礁，都落入了殖民政府的统治之下；澳大利亚和新西兰以自己在"殖民地晚期"与英国未曾间断的附属关系为荣，它们也加入帝国主义大国统治美拉尼西亚（Melanesia）和波利尼西亚（Polynesia）的队列。在非洲，关于殖民统治的故事也如出一辙。随着墨索里尼在 20 世纪 30 年代占领埃塞俄比亚（Ethiopia），除了利比里亚（Liberia）外，整个非洲都落入了殖民大国的实际控制当中；而从美国人把利比里亚建立起来作为给获得解放的奴隶们的殖民地开始，它就处在美国人的影响之下。在中东，1918 年后，获胜的协约国将奥斯曼帝国的领土瓜分；尽管严格来说，这些土地是由国际联盟善意地委托它们管理的。殖民者们甚至还抢夺了世界上无人居住的土地，小到大西洋上露出海面的小小的礁石，大到南极洲广袤的荒原。

至少从技术层面上来说，帝国的成就不比帝国主义控制的范围小。最显著的例子之一就是交通。为了增加并发展国际贸易，法国人修建了苏伊士运河（Suez Canal），虽然后来的事实证明，英国才是这一通往印度及其以东地区的新海上通道的最大受益者。整个殖民世界都在进行大规模的基础设施建设：横跨北美的加拿大太平洋铁路，横跨澳大利亚的印度洋—太平洋铁路，印度庞大的公路干线系统，法国和比利时建造的相互平行的连接非洲内陆和刚果沿岸的铁路线。法国火轮船公司（Messageries Maritimes）和英国 P&O 邮轮公司这样的船运商，加上各个殖民地的港口和海底电缆，构建起了一个国际性的通信网络。沿着这些交通线路，欧洲的制成品、资本和移民涌入帝国。殖民地则向欧洲输送食品和其他消费品——法国甚至从阿尔及利亚进口红酒。新的工业需求扩大了原材料的市场。来自摩洛哥、圣诞岛（Christmas Island）和瑙鲁（Nauru）的磷酸盐是一种有用的肥料，来自新喀里多尼亚和加拿大的镍矿为钢铁提供了一种重要的合金。橡胶成为轮胎和绝缘体的基本原料——英国人在马来亚（Malaya）建立起橡胶种植园，荷兰人在东印度群岛、法国人在印度支那也做着同样的事情，比利时人则在刚果收获橡胶。来自热带岛屿的椰油是工业制肥皂的关键成分。鹿特丹、马赛和利物浦繁忙的港口作为欧洲和更大范围的世界之间的接口，吞吐着"殖民地的货物"，大量运货商、商人和金融家的财富也依赖于殖民地。

男性、女性和思想

和货物一样，男人和女人们也在帝国内来回流动。到 20 世纪初，英国的加拿大、澳大利亚、新西兰和南非自治领地已建成非常成功的白人定居社会，由此，它们也被英国王室授予自治权。在罗德西亚（Rhodesia）、肯尼亚的高原和亚洲的贸易港口，存在着大量由英国定居者组成的社区。尽管意大利人、西班牙人和马耳他人（Maltese）的数量在很长的时间里要超过法国人，但法国人还是将阿尔及利亚变成了一个法国人的定居社会，新喀里多尼亚也在某种程度上视自己为法国的南部。德国殖民当局希望（尽管结果证明这只是徒劳）非洲的殖民地能够吸引几百万愿意移居海外的德国人，意大利人把利比亚殖民地视为安置来自梅索兹阿诺（Mezzogiorno）地区的贫穷农民的"第四海岸"[12]。直到第二次世界大战，荷兰东印度群岛的首府巴达维亚（Batavia）的欧洲人的数量一直都在迅速增长。20 世纪 40 年代，成千上万混血的欧亚人从印度尼西亚移民到荷兰；1962 年，当阿尔及利亚独立时，100 万法国公民被"遣返回法国"；1975 年，当葡萄牙人从安哥拉（Angola）和莫桑比克

（Mozambique）撤走后，约50万葡萄牙人及其后裔回到了葡萄牙。殖民地的"永久"定居者中，有手握短期合同的商人、政府官员、士兵以及大量新教和天主教传教士，他们都被认为是殖民主义中的关键团体。当时令欧洲人感到自豪的是，他们将河内（Hanoi）、利奥波德维尔（Léopoldville，即金沙萨 [Kinshasa]）、新德里和亚的斯亚贝巴（Addis Ababa）改造成了欧洲式的首都；政府大楼、大教堂和大货栈，都是欧洲殖民主义的顶峰时期在建筑上的象征。

同样，思想也在殖民网络中传播。欧洲人希望在其他"文明"的支柱之间传播他们关于"商业和基督教"的观念。但是，"自由、平等与博爱"的思想、"民族"作为一种独立政治实体的观念、代议制民主的优点以及阶级斗争的召唤也在帝国各地回响：这些欧洲的观念正好可以用来反对殖民统治。作为欧洲首要输出品，基督教神学成为美洲国家、菲律宾和南太平洋以及加勒比许多岛屿的文化的重要组成部分。大多数前殖民地的制度——议会、法院和大学——也以欧洲为模板。与此同时，来自世界其他地方的思想也被带到欧洲。某些学科的整个体系，比如人种学和人类学，都要归功于在遥远之地所进行的田野工作。一些神秘的宗教，从19世纪的神智学（Theosophy）到现代的"新纪元"信仰，都从非欧洲的宇宙观中进行了折中性的借鉴。"原始"文化中的艺术风格，也对毕加索以及其他在欧洲的画廊里见到非洲面具和大洋洲雕塑的20世纪早期先锋派画家产生了巨大的影响。甘地的政治思想影响了美国的马丁·路德·金，而在殖民地越南与阿尔及利亚的独立斗争，也激励了许多后来的"解放阵线"运动。

思想、人口和货物沿着新的交通和通信网络在全球传播，将帝国主义塑造成一种由多重关系构成的复杂的国际体系。到20世纪二三十年代，货物和人员交流更为快捷，信息传播也更为快速，欧洲国家对来自外国的影响可能也持更为开放的态度——对非洲和非洲裔美国人文化的迷恋，或者说"黑人崇拜"（Negrophilia），就是一个例子，[13]此时此刻帝国主义体系得到了"最完美"的表达，尽管不满和危机的种子也在迅速萌芽。对帝国主义的扫荡在两次大战期间十分引人注目，同样引人注目的，还有这些帝国主义国家的阵容。到20世纪30年代，只有德国人和奥斯曼人被从殖民统治者的名单上除名（如果考虑到哈布斯堡王朝对巴尔干的统治的话，也可以把奥地利-匈牙利包括进来），而留给像丹麦和西班牙这样的国家的，则只有前殖民地的一些残留物和对前殖民地的记忆了。

降下旗帜

纵观 16 世纪以来的殖民主义历史进程，所有的欧洲大国以及一些较小的国家，都参与了这场殖民游戏。大部分国家的殖民历史持续了几个世纪，其中一些国家甚至在大多数正式的殖民地获得解放或脱离出去后，仍对自己遥远的领地紧握不放。英属印度、法属印度支那、比属刚果和荷属东印度的旗帜早已降下，但今天，仍有大约 50 个国家，通过一系列让人困惑不解的法律，处在一种对远方大国宪法上的依附状态中。美国的前殖民地阿拉斯加和夏威夷现在是美国的州，波多黎各（Puerto Rico）和马里亚纳群岛（Mariana Islands）则是"自由邦"（commonwealths），帕劳（Palau）和密克罗尼西亚联邦（Federated States of Micronesia）是"联系国"（associated state），关岛（Guam）和美属萨摩亚（American Samoa）则是非建制属地。法国的海外领地包括了加勒比的马提尼克（Martinique）和瓜德罗普（Guadeloupe），北大西洋上的圣皮埃尔和密克隆群岛（Saint-Pierre et Miquelon），南美洲的法属圭亚那（French Guyana），印度洋上的马约特（Mayotte）和留尼汪（Réunion），以及太平洋上的法属波利尼西亚、新喀里多尼亚、瓦利斯（Wallis）和富图纳（Futuna）。荷兰人管理着安的列斯群岛（Antilles）上的六座小岛；地理上十分广大的格陵兰岛（Greenland）仍旧归属于丹麦。西班牙仍宣称拥有摩洛哥境内的休达（Ceuta）和梅利利亚（Melilla）两块飞地。英国的海外前哨包括了自1684 年以来由伦敦正式统治的百慕大（Bermuda）和其他大西洋上的岛屿，其中包括马尔维纳斯群岛——1982 年，玛格丽特·撒切尔（Margaret Thatcher）政府通过战争，成功将其从阿根廷手中夺回，还有民间传说中的圣赫勒拿岛（St. Helena）和特里斯坦—达库尼亚（Tristan da Cunha），以及西印度群岛中的一些岛屿。位于欧洲的直布罗陀（Gibraltar）

和英属印度洋领地（British Indian Ocean Territory，租借给美国作为海军基地）以及西南太平洋上小小的皮特凯恩岛（Pitcairn），也仍然是女王的"国土和领地"的一部分。[14]（与此同时，各类属民仍在为从旧的殖民帝国的继承国那里取得独立而奋斗。）

尽管还存在这些"帝国的余烬"[15]，但总体上而言在不同的殖民地发生的不同程度的去殖民化过程是迅速和彻底的。从 18 世纪 80 年代到 19 世纪 20 年代，美国和西班牙及葡萄牙在南美的殖民地获得了独立。大多数晚近的亚洲殖民地，也在第二次世界大战结束后的十年内赢得了独立——印度、巴基斯坦在 1947 年独立，1948 年缅甸和斯里兰卡独立，20 世纪 40 年代末印度尼西亚和菲律宾获得独立，法属印度支那的国家经过浴血奋战，也在 1954 年赢得独立；除了被法国继续控制了若干年的阿尔及利亚，大多数中东国家和北非较大的国家也获得独立。20 世纪 60 年代见证了大部分非洲殖民地的独立——尽管葡萄牙仍在这一地区苦撑，罗德西亚的问题也迟迟未得到解决。即便最小的那些国家也正在迈向独立，到 20 世纪 70 年代，拥有独立主权的小型国家在加勒比和太平洋大量出现。波罗的海、东欧和中亚的属国，则到 90 年代初才获独立。

变动的国际局势在某种程度上解释了西欧的帝国主义国家最后一轮去殖民化的历程。日本和意大利在第二次世界大战后丧失了自己的殖民地，这场战争也强化了欧洲殖民统治者与他们的亚洲殖民地之间的纽带。在迫使英国撤出印度的过程中，甘地的非暴力斗争扮演了主要的角色。在日本以苏加诺（Sukarno）的民族主义之名占领西印度群岛后，荷兰也已经无力重建自己的殖民控制。在奠边府（Dien Bien Phu），胡志明的马克思主义民族主义者送给了法国人一场耻辱的败仗。非洲的民族主义——自由宪政主义、更为激进的社会主义的分支，以及公然的或隐蔽的威权主义——推动了欧洲人和他们的非洲殖民地人民之间的分离。1945 年的后十年中，战后恢复和重建将欧洲的精力集中在了本国，其 20 世纪五六十年代的繁荣，则为国内经济的发展提供了充足的机会。虽然欧洲人在当时将更多的钱投入日益萎缩的殖民地当中，但决策者关心的还是管理成本、对民族主义运动的"绥靖"，以及对基础设施的投资，而他们并不总是愿意承担起如此沉重的财政负担。在法西斯主义和纳粹主义被打败后，曾作为殖民主义基础的种族主义思想也逐渐站不住脚。在殖民地世界里，民主权利、教育和政治普选权的扩展摧毁了欧洲人对政治的垄断。诸如联合国这样的机构反对继续维持殖民统治，美国和苏联也自称反对这么做。几乎所有的海外殖民地上的反殖民力量都得到加强，他们使用媒体、民选议会和直接的行动来达到他们的目的，有些时候，他们也使用暴力。欧洲各国领袖最终不得不接受这一必然的结果。温斯顿·丘吉尔在 20 世纪 40 年代称，自己当英国首相，不是为了主持不列颠帝国的解体，但仅仅几年之后，哈罗德·麦克米伦（Harold Macmillan）就谈及了扫荡英国殖民地的"变革之风"。二战刚一结束，一位法国国会议员就认为，如果没有了殖民地，法国不过就是欧洲的一部分而已，但刚一进入 60 年代，夏尔·戴高乐（Charles De Gaulle）就断言，去殖民化是法国的一项政策，因为这符合法国的利益。荷兰人和比利时人也未能幸免。非洲的游击战争和欧洲的政权更迭，加上 1974 年葡萄牙的"康乃馨革命"，拉开了最后一个主要海外帝国终结的序幕。多少有些讽刺的是，那些宣称殖民地对自己的经济和政治而言必不可少的欧洲强国，却在失去帝国身份的情况下繁荣发展。在欧洲帝国的太阳西沉的同时，美国取代英国，成为西方势力的领导者，并尝试进一步加强自己在加勒比、东亚和中东所发挥的作用。[16]

帝国的遗产

尽管如此，极端漫长的殖民统治还是在一些地方留下了印记。从 16 世纪 50 年代到 1999 年，葡萄牙人统治着澳门，荷兰在东印度群岛的一些地区也存在了三个世纪之久。在其他案例中，正式的殖民时期尽管影响深远但也相对短暂。法国人统治了阿尔及利亚 132 年，在越南南部也待了将近 100 年；摩洛哥作为法国的一个保护国，被法国人统治了不到 45 年。英国对印度的正式统治从 1858 年开始，持续到 1947 年，尽管东印度公司在"大叛变"前的两个世纪就已在南亚建立起自己在商业、政治和文化上的影响力。欧洲在撒哈拉以南非洲（不包括南非和西非的贸易据点）正式的殖民统治持续了大约 70 年。德国统治海外殖民地仅仅 30 年，法国和英国对它们在中东的委任统治地的管理也持续了差不多的时间，而意大利的埃塞俄比亚帝国仅仅维持了 10 年。然而，这样的时间跨度却掩盖了那些在欧洲人自己所建立起来的异国人统治影响下发生的重大转型。这些在被殖民国家身上留下的印记，正代表了殖民主义时代再清楚不过的遗产。

在欧洲，帝国的遗产也仍旧引人瞩目。当英国人坐下来享用咖喱，法国人享用 couscous（一种来自北非的蒸粗麦粉），荷兰人享用 rijsttafel（一种印度尼西亚式的手抓饭）时，他们是在享用始于殖民碰撞的商品和食物贸易带来的产物。更为普遍的是咖啡、茶叶和许多作为欧洲与东方接触产物的香料，同时西红柿、玉米和巧克力（还有烟草）从美洲新世界被带到欧洲海岸，糖则是西印度群岛以及印度洋、圣多美（São Tomé）、斐济（Fiji）、纳塔尔（Natal）和昆士兰（Queensland）殖民地种植园的珍贵出口商品。如果欧洲人的菜单上没有了"殖民地"的食物，那欧洲人的饮食将不会美味可口。除此之外，欧洲人用餐所使用的瓷器，也是前往东方的航行带回的纪念品。[17]

欧洲的衣橱和客厅里也有（至少是曾经有过）殖民主义的遗产。中国风尚盛行于 18 世纪，在中国的欧洲商人购买制作服装、家具装饰和墙饰的丝绸。"南京棉"（Nankeen）来自中国，"马德拉斯棉"（madras）和"印花棉布"（calico）则来自印度。[18] 来自澳大利亚的羊毛和南亚的棉花在工业革命时期的工厂中被制成服装。19 世纪的家具制造商钟情于诸如柚木和桃花心木这样的硬质木材，室内装潢师则用波斯和土耳其的地毯以及非洲的象牙和南太平洋的贝壳制成的小装饰物装饰屋子。那些远行归来的人用狩猎的战利品装饰自己的墙，古怪的象腿桌或是用狮子皮毛制成的毯子仍出现在积满灰尘的古董商店里。妇女们戴着用来自南非的黄金和钻石以及锡兰（斯里兰卡旧称）的蓝宝石做成的珠宝。孩童收集殖民地银币和邮票，士兵骄傲地佩戴上殖民地勋章。

今天的欧洲人在他们的博物馆中欣赏来自外国文化的艺术和艺术品——大英博物馆的贝宁（Benin）青铜器、法国吉美博物馆（Musée Guimet）的高棉雕塑、荷兰热带博物馆（Tropenmuseum）的印度尼西亚的纺织品。[19] "殖民地"的主题也出现在建筑当中，不论是布莱顿（Brighton）的英皇阁（Royal Pavilion）的印度拼贴画，还是布鲁塞尔大广场上面包师行会大楼外面的土耳其人和美洲印第安人雕像，这些建筑都象征着欧洲人对遥远之地由来已久的迷恋。[20] 还有植物园——伦敦郊外的皇家植物园邱园（Kew）、巴黎植物园和之前的殖民地植物园，佛罗伦萨和里斯本也有类似的植物园，这些都是收集殖民地植物并使其适应当地的例子；另外，动物园也是欧洲人想要驯服野兽以及收集异国情调的欲望的遗留。纪念碑、雕像、纪念馆以及其他"记忆的场所"，仍旧是殖民主义的推动者以他们的方式给帝国的母国风貌和国民意识留下烙印的证据。[21]

位于布里斯托（Bristol）的新的不列颠帝国和英联邦博物馆（British Empire and Commonwealth Museum），马赛与地中海文明博物馆，阿姆斯特丹和布鲁塞尔近郊的殖民地博物馆中修缮后的展品，都说明了人们重燃了对殖民主义历史的兴趣。欧洲与更广泛的世界，或者更具体地说，与它旧时的殖民地之间的联系，也明显地表现在其他方面。欧洲人听在巴黎或伦敦录制的世界音乐，比如阿尔及利亚的拉埃乐（rai）和印度的班戈拉舞曲（bhangra）。他们阅读由著名欧洲出版社出版的居住在欧洲的作家——如萨尔曼·拉什迪（Salman Rushdie）和塔哈尔·本·杰隆（Tahar Ben Jelloun）——创作的流散文学（diasporic literature）。在运动队，特别是欧洲足球队中，其队员有着多元化的背景——比如由生于阿尔及利亚的齐内丁·齐达内（Zinedine Zidane）担任队长的法国国家足球队，他们在 1998 年赢得了世界杯，不过事实证明他们八年后的运气不佳。板球和英联邦运动会仍旧维系着英国的旧自治领地和殖民地之间的纽带，远胜过任何其他政治手段。

欧洲的主要城市已经成为来自世界许多不同地区人口的汇流之地，包括在英国的南亚人，在法国的北非和西非人，人数较少的在荷兰的苏里南人（Surinamese）、爪哇人（Javanese）以及在意大利的埃塞俄比亚人和黎巴嫩人。清真寺以及印度教和佛教的寺庙，为许多人提供了礼拜的场所以及文化上的认同。整合、同化和拒斥的问题，在社会和文化两个层面凸显了文化混合的复杂性，而文化混合源于殖民时期所打开的移民渠道。强迫性的和自由的迁徙（不论是在字面上还是象征意义上），都改变了包括前殖民地在内的本土社会的人口情况。巴西捍卫自己将美洲、欧洲和非洲的人口以及文化结合在一起的混血（mestiço）社会；美国声称自己是一个"大熔炉"，尽管在诸如身为曾经的奴隶后裔的非洲裔美国人以及白人民族主义者这样的群体中，排外式的自我认同仍旧十分明显。加勒比海和印度洋的许多曾经的殖民地，现在成了不同文化和族群的家园——在毛里求斯（Mauritius），居住着法国种植园主、非洲奴隶和印度契约劳工、中国商人以及那些混合了上述人群的血统的后裔。

然而，殖民社会也面临着特定的有时候甚至是可怕的挑战。不论人们对殖民主义历史的个人或集体记忆有何不同，一些人常常将旧的殖民国家视作新的机遇和潜在的逃难之地。当殖民社会中的人从文化上相对同质化的社会来到由这些人所组成的社会时，这些挑战便出现了。后殖民时代的困境，为那些曾经傲慢地确信希腊—罗马和基督教箴言的至上真理、白人和欧洲技术及商业的优越性的社会的重新自我定义提供了一次机会，其中也有某种必然的发展趋势。文化上的混血（métissage）和杂糅，是典型的后殖民时代出现的情况。

无论是从时间的长度、地理的广度还是主题的复杂度上来说，帝国时代都涵盖了大部分的现代历史，也是研究和辩论取之不尽的源泉。本书检视了一系列特定的帝国：从16世纪之前便开始在世界范围内扩张的欧洲强国——如葡萄牙、西班牙、英国、法国、比利时和荷兰这种"古典"的与扩张性的海外帝国，还有斯堪的纳维亚国家所建立的不那么知名的前哨，以及如德国和意大利这样短命的帝国后来者。在这些例子之外，还考察了奥地利—匈牙利这个陆上帝国（以及哈布斯堡王朝的领导者在更大的世界范围内的利益），它与那些在更大范围内横冲直撞的帝国有着惊人的相似之处。帝国现象在沙皇俄国、奥斯曼苏丹国和美国那里，则表现为陆上帝国和洲际帝国的结合体，这些帝国同样表现出惊人的相似性，同时也和其他的扩张例子形成了一些对比。这些帝国涵盖了数百年的历史和全球大多数地区，但它们并不是现代历史中唯一的角色，篇幅所限，本书没有考察由其他大国（比如日本）所建立的帝国。因此，本书考察的是一个有限的近代世界中的帝国群体，其中陆上和海外扩张的鼓吹者有一些共同的基本思想，而这些思想又都和下列事物有关：欧洲及其文化，重商主义及之后的工业资本主义经济体系，一些类别的技术的发展（包括推动了征服的武器技术），以及让一个个帝国统治者相互对抗的有关大国冲突的意识形态。

本书的目的，是提供一个可以理解的对这些帝国历史的概述。侧重点放在这些帝国自己身上，以便观察扩张和收缩的模式与周期、推动扩张的意识形态以及一些殖民扩张反过来对宗主国所造成的影响。尽管不同的帝国之间存在着显著的差异，但大多数作者还是采用了一种编年史的写作路径。不同章节的关注点也不同：地缘政治的、经济的、社会的或是文化的。一些作者将关注点放在历史和阐释的争论上，其他作者则倾向于采用更具叙事性的框架描述帝国的前进和退却。那些为最大和历时最长的帝国——葡萄牙、西班牙、英国和法国——撰写章节的作者还面临着写作上的特殊挑战，他们要为多样化的帝国历史提供一个简洁的概述，因为关于这一话题，已经有数千本非常全面的作品出版。那些写作更小范围的帝国——如斯堪的纳维亚国家、德国和意大利——的章节的作者，可能会向读者介绍人们不甚熟悉的扩张案例。关于美国和俄国的章节主张将那些例子放到殖民和帝国的大框架内，关于奥匈帝国的章节也是如此。

这些章节提供了关于不同问题的导言，也提供了关于当前研究和争论的梗概，同时还为进一步的阅读指明了方向，我们也希望借此激发对这些由殖民历史所引发的内涵丰富和引人入胜的问题的讨论。它们既不带有误导人的对殖民主义过往的怀恋，也没有对殖民主义目标的愤怒和严厉指责，它们的目标并非得出一个独断的结论，而是发现更多的问题。每一个章节都有各自的风格，也强调了在后殖民主义的当下殖民主义历史的意义，因为那些殖民和被殖民国家中的人，仍在就将他们无法摆脱地联系在一起的过往的历史争论着，试图赋予其某种意义。殖民主义的遗产仍对社会和文化结构的质变——不论是对他们的民族认同和意识形态的表达，还是对被视为我们自己世界的显著特点的全球化——产生着影响。

第一章　奥斯曼帝国

一种有弹性的政体

尼古拉斯·杜马尼斯（Nicholas Doumanis）

穆罕默德二世。"不是我占领这座城市，就是这座城市主动迎接我。"穆罕默德二世如是说。君士坦丁堡注定将被自己攻占的信念伴随着他的成长。1453年，当君士坦丁堡陷落时，他获得了"征服者"的称号。作为一个信奉多元文化的人，他将威尼斯画家詹蒂利·贝利尼（Gentile Bellini）召到宫廷为自己绘制了这幅肖像。

在查理五世统治下，西班牙成为一个帝国。1519年到1533年，他主持了对墨西哥和秘鲁的征服行动，这使得西班牙变成了当时西方世界最富有的国家（上页图）。

1453年春天，当奥斯曼土耳其人顽强地试图攻陷君士坦丁堡（Constantinople）时，攻城和守城双方都在不停地寻找各种预兆。对城内的拜占庭人而言，将这座城市输给异教徒，只能意味着上帝抛弃了他的选民。等待他们的将是死亡和奴役。对穆罕默德二世（Mehmet II，1444—1446年、1451—1481年在位）来说，如若胜利，将意味着上天注定赋予他帝国的荣光。作为罗马帝国的合法首都，以及拜占庭人眼中对应天国的地上王国，这座城市承载着特殊的象征意义。根据当时的一个意大利人的记述，穆罕默德宣称，自己有权"将自己的统治扩展到整个基督教世界"[1]。穆罕默德受到中亚和伊斯兰勇士传统，以及当年与他一样年轻的亚历山大大帝的鼓舞，对他而言，获得君士坦丁堡意味着获得了整个帝国。在接下来的两个多世纪里，穆罕默德和他的继任者继续建造着一个相当庞大的从阿尔及利亚的马格里布（Mahgreb）延伸到伊朗的美索不达米亚（Mesopotamia）、从匈牙利延伸到印度洋的帝国。

自此之后，奥斯曼的历史经历了两个连续而相当独特的阶段。在现代早期的很长时间里，奥斯曼人组成了世界上最强大的军事力量。在最伟大的奥斯曼统治者苏莱曼大帝（Süleyman the Magnificent，1520—1566年）在位时期，君士坦丁堡被所有逊尼派（Sunni）穆斯林视作哈里发（Khalifa、caliph）——或称"先知的代理人"——的驻地。奥斯曼苏丹承担着监督哈吉（haji，指前往麦加朝圣过的穆斯林）的责任，他是圣城麦加（Mecca）和麦地那（Medina）的保护人。他在现世拥有对包括远在塞内加尔（Senegal）和苏门答腊（Sumatra）的穆斯林在内的所有穆斯林的最高权威。帝国

奥斯曼人从未忘记自己的游牧之根。在这幅来自波斯大不里士的 15 世纪末的手稿中，一位正要前往托普卡帕王宫（Topkapi Palace）的王子坐在马匹、食物和武器中间，倾听一位僧人的讲述。

的第二个进程开始于 18 世纪中叶，帝国逐渐屈服于欧洲列强，后者找到了实施全球性政治和经济统治的方法。在这一阶段，奥斯曼人给人一种耻辱的印象——摇摇欲坠、落伍。现在，帝国变成了西方想象中的"东方式"的腐朽的代表。为了生存，帝国努力更新着自身。如果不是因为第一次世界大战打断了这一进程，它可能以一种尽管被削弱但仍可行的形式存活下来。

建立于 1299 年，解体于 1922 年，奥斯曼帝国是世界历史上存在时间最长的帝国之一。我们如何解释它的长寿？它又是如何牢牢控制可能是世界历史上军事争夺最为激烈的巴尔干和中东两个地区的？

游牧的背景

我们可以从中亚半干旱的草原——奥斯曼土耳其人先祖的故土——中找到一些答案。与匈奴人和蒙古人一样，土耳其人也从事游牧，从公元 6 世纪开始，他们组建起部落联盟，创造了虽然短暂却庞大的帝国。在大约 11 世纪时，土耳其人向南迁徙。从地中海到印度，他们建立起一系列强大的国家，包括德里苏丹国（Delhi Sultanates, 1206—1526 年）和伟大的莫卧儿帝国（Mughal Empire, 1526—1707 年）。

游牧民族之所以能够建立起如此强大的军事国家，很大程度上与草原游牧经济特殊的不稳定性质有关。中国历史学家司马迁在《史记·匈奴列传》中指出："其俗，宽则随畜，因射猎禽兽为生业，急则人习战攻以侵伐，其天性也。"（他们习惯于在和平时期通过放牧和打猎为生，但在危机发生时，他们就拿起武器，踏上抢劫和掠夺的远征。）[2] 但危机时常出现，所以劫掠和远征已成惯例。极端的气候条件、牲畜繁殖不可预测的特性和对牧场的激烈竞争，迫使游牧群体在放牧活动之外，以贸易、打猎及对其他群体的劫掠作为补充。战争是游牧的生活方式中固有的，游牧民也像职业士兵那样花大量时间提升自己的骑术和武艺。从罗马到其他许多伟大的帝国，都在这些中亚部落联盟那吃到了苦头，后者利用其强大的机动性和高超的射术，冲散和消灭敌军的方阵。

游牧生活长期以来的不稳定特性也使得中亚民族在制定生存策略时具有易变性。作为流动的民族，他们频繁与不同的文化混合，习惯了采纳和改变思想以满足他们自己的需

征服这座城市的同时，穆罕默德二世也占据了世界上最大的教堂：索菲亚大教堂。他很快将其设计成一座清真寺，并在周围造起了尖塔。

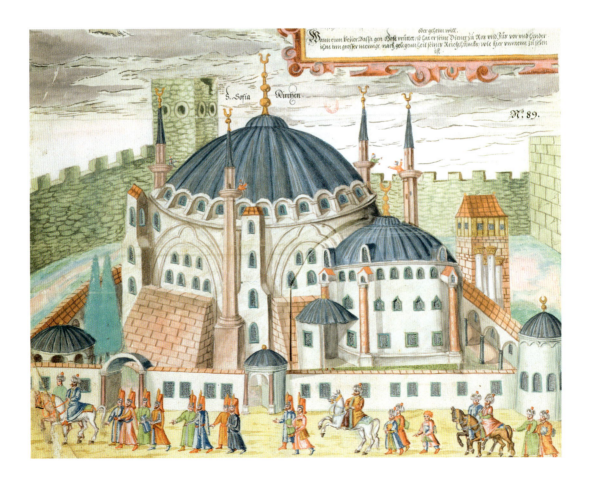

1526 年 8 月，匈牙利南部多瑙河沿岸的莫哈奇之战后，巴尔干地区落入奥斯曼人之手。到此为止，奥斯曼人在军事技术上已经超越了自己的欧洲对手。他们借助先进的大炮横扫了仍旧处在封建社会的匈牙利军队。现在，奥斯曼人有能力向维也纳进发，威胁欧洲的心脏。

禁卫军是保卫奥斯曼苏丹的一支精英武装部队，其成员最初来源于战犯和转信伊斯兰教的基督教孩童。这是一幅由法国画家在 18 世纪初所画的禁卫军军官肖像（上页图）。

要。当游牧军队遭遇自己不熟悉的挑战，如复杂的石垒防御工事和海军时，这些特质显得极端重要。和蒙古人一样，土耳其人能很快地掌握军事技巧（如围城战）和技术（如投石车和火药武器），由此也瓦解了更为复杂的定居式国家所拥有的优势。游牧帝国因此扩张至惊人的规模。举例来说，1280 年，从中国到波兰，亚洲和欧洲的大部分土地都处在四个这样的帝国或"汗国"的统治之下。

但在大多数情况下，汗国在政治上并不稳定，往往在一两代之内便崩溃。奥斯曼土耳其人则与之不同，他们有着将游牧的精湛技术应用到国家建设中的特殊能力。在它对扩张、巩固和生存的追求中，奥斯曼帝国似乎总能在自己漫长的历史中进行自我改造。

早期的奥斯曼帝国

拜占庭这个基督教国家在几个世纪的时间里充当着基督教欧洲和伊斯兰教之间的屏障，奥斯曼帝国即起源于其西北部边境的安纳托利亚（Anatolia）公国或酋长国。和其他统治着安纳托利亚腹地的穆斯林公国一样，奥斯曼酋长国也由立誓对异教徒发动无限期圣战（或称 gaza）的部落战士组成。它的建立者奥斯曼（Osman，约 1300—1324 年在位）复兴了日渐式微的对拜占庭人的斗争，在一系列军事战役之后，他建立起一块相当庞大的以布尔萨（Bursa）城为中心的版图。紧随其后的继任者奥尔汉（Orhan，1324？—1362 年在位）、穆拉特一世（Murad I，1362—1389 年在位）和巴耶齐特一世（Bayezit I，1389—1402 年在位）以奥斯曼的成就为基础，将奥斯曼家族变成了一个主要的地区强权。奥尔汉的主要功绩是在欧洲的土地上建立了一个落脚点，而穆拉特一世则获得了阿德里安堡城（city of Adrianople，又称 Edirne）这个通往巴尔干的门户，随后又征服了色雷斯（Thrace）和马其顿（Macedonia）的大部分土地。在穆拉特和巴耶齐特治下，奥斯曼人巩固了自己在巴尔干的势力，将保加利亚国王变成自己的臣属，并占领了通往地中海的重要贸易港口塞萨洛尼卡（Thessalonika，又称 Salonica）。随着穆拉特死于 1389 年的科索沃之战（Battle of Kosovo），巴耶齐特将奥斯曼的权势扩展至东部的酋长国。在 1402 年的一次惨败之后，巴耶齐特被蒙古人俘虏并处死。在穆罕默德一世（Mehmet I，1413—1420 年在位）和穆拉特二世（Murad II，1421—1443 年在位）的统治下，奥斯曼再次崛起为一个地区强国，并为穆罕默德二世治下的帝国黄金时代打下了基础。

到君士坦丁之围为止，奥斯曼的后裔们已经从部落的首领变成了苏丹，同时，由战士头领及其突厥部民组成的松散公国，也已经变成一个有着固定首都的国家。这种从游牧社会到定居国家的转变，是一种将在奥斯曼人历史上一再出现的形态变化。安纳托利亚的圣战战士组成的小公国，本质上是个非常不稳定的政治实体。其中一部分原因，是他们仍保持了中亚的多子继承制，在这种制度下，政治权力在男性亲属之间分配，而不是完全传给长子。其结果是，酋长们常常在关于继承权的斗争中陷入分裂。奥斯曼人抛弃了游牧传统下的多子继承制，代之以一种新的体系，让最有能力的儿子，而不一定是最年长的儿子，成为新的苏丹。尽管继承的问题并未因此得到完全解决，但权力的交接变得更加稳固，并产生了一系列有能力的统治者。奥斯曼家族得以生存下来的另一个原因，似乎是它在寻求更持久的政治秩序时更愿意接受改变。比如说，奥斯曼人不间断地进行圣战的承诺，并不妨碍他们把结盟和与基督教王国之间的通婚作为巩固自己地区权势的一种手段。1346 年，与西奥多拉（Theodora）公主的婚姻，使奥尔汉与拜占庭皇室建立了联系，而母亲是拜占庭公主的巴耶齐特，则是在基督教诸侯和一支强大的基督教军队支持下成为苏丹的。

奥斯曼人的适应性可能要归因于他们定居在基督教和伊斯兰教世界之间的边境区域这一事实，在这里，文明不仅仅是冲突，交流和融合更为普遍。[3] 不同宗教形式在这里汇合，举例来说，基督教、伊斯兰教、萨满教和泛灵论的融合，在安纳托利亚和巴尔干非常常见。

古典时期（1453—1566 年）

当穆罕默德二世取得君士坦丁堡的时候，他拯救了一个死去帝国的一座濒死的城市。通过将他的帝国其他部分地区

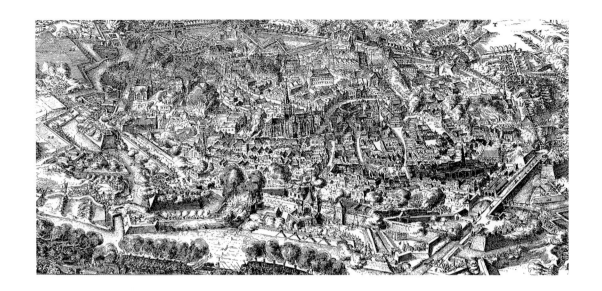

1683 年对维也纳的围攻确立了奥斯曼人扩张的边界（1529 年更早的一次围城以失败告终）。7 月中旬，奥斯曼人包围这座城市，不间断地炮轰城墙（上图左下角）。在接下来的两个月中，一支奥地利大军和德国及波兰盟军一起抵达维也纳。9 月 12 日，一场具有决定性意义的战斗打响，并以土耳其人的战败而告终。

古典时期的奥斯曼帝国在东部边境面临波斯最艰巨的挑战，同时又试图在高加索地区扩大其利益。这幅 1582 年的微缩画展示的是在格鲁吉亚扎营的一支骑兵部队（下页图）。

的居民迁移至此，苏丹重新恢复了城市人口，在不到一个世纪的时间里，君士坦丁堡再次成为欧洲最大的城市。托普卡帕宫（Topkapi Palace）是反映帝国荣光的诸多新建筑之一：它是如此雄伟，以至于用了将近一个世纪才竣工。楼宇、馆阁和其他代表性建筑被建造起来，以纪念后世苏丹们的征服事业。奥斯曼的建筑和艺术风格受波斯和意大利主题的影响很深，意大利画家詹蒂利·贝利尼（Gentile Bellini）受命为穆罕默德绘制肖像，在他的笔下，穆罕默德被塑造成一位新恺撒。这座城市也被塑造成与一个伊斯兰帝国相匹配的首都。查士丁尼皇帝（Emperor Justinian）在 6 世纪下令建造的世界上最大的基督教大教堂圣索菲亚大教堂（Hagia Sophia，圣智教堂），此时被改建为苏丹的清真寺。穆罕默德还建立了 8 所马德拉沙（medreses，伊斯兰教法学校）和其他宗教机构，将这座城市变成伊斯兰研究的新的中心。手握君士坦丁堡（或伊斯坦布尔）的奥斯曼家族有足够的胆量挑战其他穆斯林大国，包括波斯的萨菲王朝（Safavid Persia）和埃及的马穆鲁克王朝（Mamluk Egypt）。在赛利姆一世（Selim I，1512—1520 年在位）短暂的统治时期，今天的中东和北非的大部分地区，甚至远到阿尔及利亚的部分地区，都被纳入帝国版图当中。当赛利姆在 1516 年和 1517 年击败马穆鲁克并建立起对麦加和麦地那的统治后，他可以自信地宣称自己是伊斯兰世界的领袖了。赛利姆的继承人苏莱曼追随前者的脚步，获得了哈里发的头衔。

帝国的后宫是奥斯曼政治生活中的一个重要机构，但它对外界并不开放，许多与之相关的事物仍旧是个谜。但安格尔（Ingres）的《土耳其浴室》纯属幻想，无助于我们了解帝国后宫，它更多的是西欧人对异域的想象。

　　军事史学家时常并不公允地认为奥斯曼帝国的军事优势是以其军队数量和纯粹的残暴程度为基础的。在整个现代早期，野战并非那么普遍，但当此类战斗真正打响时，奥斯曼人更出色的战术、严明的纪律，以及专业化的步兵（即传奇的禁卫军），经常让他们大获全胜。举例来说，在 1526 年的莫哈奇之战（Battle of Mohács）中，挥舞着火器的禁卫军和野战炮摧毁了一支由封建骑士组成的匈牙利军队。一位历史学家称这次战斗见证了"一支中世纪军队被一支现代早期的军队摧毁"[4]。在战术和技术方面，奥斯曼人主要通过向自己的敌人学习来跟上变化。在 15 世纪 40 年代对匈牙利王国的旷日持久的战斗中，奥斯曼人很快便学到了匈牙利人的军事技术——大炮和移动堡垒，并应用其削弱了对手军事上的优势，取得了胜利。[5]奥斯曼人很快成为制造和使用大型炮的专家，这也是他们于 1453 年攻破君士坦丁堡城墙时所依赖的手段。堡垒战主导了现代早期的战争，通常的情况是，奥斯曼人使用重炮、攻城塔、投石机和地道，在其前线顽强地攻城略地。在其古典时期，帝国在动员和后勤上显示出的复杂程度也是无人可及的。它创制了最有效的财政机制来为帝国的战争提供资金，就像一位专家所说的，战场上的调遣不过"是管理上的精准和巧妙的体现而已"[6]。

直到近期，历史学家相信，奥斯曼人的政治秩序在穆罕默德二世和苏莱曼时期（1451—1566 年）确立了它的古典形式。但就像欧洲的封建秩序一样，我们很难准确找到一个这一体系真正按照理想形式运作的时期。对这些制度中一些人为设计的"古典"形式的讨论，已经足以体现那种使奥斯曼人显得与众不同的独特的丰富性。

权力高度集中于苏丹，可能是古代奥斯曼国家最显著的特点。与其他欧洲和亚洲国家形成对比的是古典时期奥斯曼的政治体系是在没有土地贵族或一般贵族的情况下运作的。大臣、官僚、地方行政官和军事精英从训练有素的奴隶人口中招募。包括大宰相在内的最高级别的官员，本质上都是苏丹的财产，或称库尔（kuls）。库尔的主要来源是德米舍梅制度（devshirme），这是一种向基督教家庭征募儿童的制度，

土耳其走向民主，一部分是为了应对来自西欧的压力。第一届土耳其议会于 1876 年召开，意图明确——赋予帝国全体公民法律之下的平等的权利。但仅仅第二年，阿卜杜勒·哈米德苏丹（Abdul Hamid II）便后退了，恢复了独裁统治。

在这种制度下，健康的男童被征召并被抚养长大成为穆斯林，接受战争和政府公务方面的训练。战俘是库尔的另一来源，但为古典时期奥斯曼军队最重要的组成部分禁卫军提供最可靠和最敏锐的新成员的，主要是德米舍梅制度。苏丹的精锐骑兵部队西帕希（sipahis），也完全受制于苏丹，因为他们是以提供服役为条件的赠地或提马尔（Timars）的接受人。提马尔制度和封建采邑制类似，它们使得西帕希能够安心将精力放在战争上，但提马尔仍旧是苏丹的个人财产，并且不能世袭。这一体系改变了拜占庭和塞尔柱封建传统，防止了地方权力基础的形成。

整个体系被设计出来，是为了赋予统治者不受限制的权威。在为了确保统治者权威不受限制的种种方法中，没有哪一种比独子继承制（unigeniture）更为残暴。当掌权者死亡，被指定的继承人的兄弟，也就是潜在的竞争者会被处死。但独子继承制过于残忍，很难在一个文明社会中成为一种有效的继承方式。当处死 19 位年轻王子一事将在首都引发大规模抗议时，这一悲惨和不受欢迎的做法在 1595 年被废止了。[7]

这一体系在很多方面都相当新颖，但它并未给帝国长期的活力奠定基础。随着帝国的管理越来越复杂，它需要更多专业的行政和军事专家，而德米舍梅逐渐被证明不足以提供足够的人才储备。在苏莱曼统治后期，人们开始发现，帝国家族的成员，即苏丹的母亲、姐妹、女儿和她们的丈夫，对政府事务的介入越来越多。17 世纪，经济上独立的精英家族也成为公务人员的重要来源，而且，随着提马尔制度的失效，地方贵族也再次兴起。被征募为禁卫军和苏丹官僚的西帕希与库尔最终也找到办法，绕开了阻止其将财富和地位传给子孙的征募制度。1704 年，德米舍梅制度被正式废除，尽管禁卫军在伊斯坦布尔的政治生活中仍扮演着重要的角色，但他们早已不再是苏丹的精英军事力量了。

根据时人和后来历史学家的说法，苏莱曼大帝之死象征着奥斯曼衰落的开始，但就像古典时期那样，帝国在 17 世纪的世界舞台上仍旧强大。丹尼尔·戈夫曼（Daniel Goffman）认为："奥斯曼帝国长寿的秘密——不是它神话般的军事力量，不是它忠诚的官僚系统，不是一系列有能力的

"调皮的小鸡"指的是从土耳其签订的《柏林条约》这颗蛋中孵出来的保加利亚和罗马尼亚。

THE CHEEKY CHICK.

ALEXANDER THE LITTLE. "MY! WHAT A ROW I'M MAKING!!"

统治者，也不是它特殊的土地所有制，而是在处理多元化社会时的灵活性。"[8]随着帝国的扩张，统治越来越复杂，并且随着战争成本越来越高，国家的管理、税收的提高和人员征募的方法都相应地发生了改变。专制逐渐让位于一种更分化和分散的政治秩序。

在统治一个广大的和异质的社会时，这种灵活易变尤为关键。奥斯曼人采取的独特方式，是在适应被征服者利益的同时不牺牲国家的权力。奥斯曼家族希望自己在别人眼中是仁慈和公正的。作为一项规定，新近被征服的臣民将继续占有他们的土地，非穆斯林被允许维持其原有的信仰——只要他们缴纳人头税。尽管奥斯曼帝国一直致力于圣战，但它认为自己统治的是一个多元化的世界。不同宗教团体共同体的精神领袖被授予官位，并被要求居住在首都。地方上的管理则采用了灵活多变的关键手段。奥斯曼人没有将一种唯一的、标准的管理和法律制度应用在整个帝国，而是充分考虑当地的传统，整合地方的利益和人民的权利，并纳入新的帝国秩序之中。其结果就是一个管理和法律体系的复杂拼图，但它使苏丹表现得好像是各地利益的捍卫者。

帝国衰落的第一批迹象，是在 1683 年的维也纳之战中显现的，这是奥斯曼人自 1402 年以来第一次在陆地上遭遇大的失利。更为不祥的，则是 1699 年的《卡尔洛维茨和约》（Peace of Karlowitz），奥斯曼人被迫签订了一项和平协定并向奥地利割让土地。帝国在陆地上不再是战无不胜了，但直到 18 世纪 70 年代，它仍屹立于领先的军事强国之林。对税收体系的全局性改革缓解了军事开支猛涨带来的影响，这意味着，在一场让许多其他国家和帝国加速崩溃的全球性军事—财政危机中，奥斯曼人存活了下来。[9]

衰落与复兴（约 1770—1908 年）

18 世纪下半叶，奥斯曼帝国突然落后于主要欧洲强国。国内的财政改革加上廉价的西方产品破坏了奥斯曼的商业和制造业，经济萧条弥漫于 18 世纪的下半叶。同样具有毁灭性的，还有与凯瑟琳大帝（Catherine the Great）的俄国以及革命中的法国之间耗资巨大和极具破坏性的战争。外国的军队现在有能力威胁伊斯坦布尔。1774 年，俄罗斯人涌入首都，迫使奥斯曼政府——在正式的官方通讯中被称为"高门"（Sublime Porte）——签订了众多耻辱条约中的第一个。《库楚克—开纳吉条约》（The Treaty of Küçük-Kaynarca）承认了俄罗斯对奥斯曼基督教社区的保护权，这被解释为许可俄罗斯干涉奥斯曼的内部事务。

《库楚克—开纳吉条约》签订后，奥斯曼帝国的生存成为欧洲外交圈里的一个长期议题，欧洲人主要考虑的是对其领土的分割会如何影响国家间的权力关系。整个世界在欧洲"强国"的阴谋面前显得虚弱不堪，后者发展出政治、技术和经济上的各种手段，彻底改变了全球的均势。欧洲的经济利益集团发展了各种手段，利用新的和看似无限的能源来实现前所未有的经济增长和资本积累。欧洲强国也应用科学原则将政治、社会和财政体系理性化，以便高效地动员资源。

1878 年的柏林会议上，奥斯曼帝国的肢解成为不可避免的事实。作为土耳其代表的穆罕默德·阿里处在画面的最右方，无力地看着其他大国摆弄着他的国家的命运。画面前排从左到右分别是：匈牙利的卡洛伊（Karolyi）、俄罗斯的戈尔恰科夫（Gorchakov，就座者）、英国的迪斯雷利（Disraeli，持杖者）、匈牙利的安德拉西（Andrássy）、德国的俾斯麦和俄罗斯的舒瓦洛夫（Shuvalov）（握手的两位）。

在整个 19 世纪，欧洲的政治和经济实力都牢不可破，从前的强国，比如中国、波斯和奥斯曼帝国，发现这种力量势不可当。问题不在于奥斯曼帝国是如何衰落的，而在于它是如何存活到 20 世纪的。

在 19 世纪，只有明治时期的日本成功缩小了与西方（欧洲和北美）强国和世界其他国家之间不断拉大的差距。奥斯曼人也希望通过对整个政治制度实施现代化来实现同样的目标。以灵活变通为特点，"高门"开始对诸多欧洲模式——到 19 世纪末，日本也成为一种具有启发性的范式——兼收并蓄，改革政府、军事和法律制度。从 19 世纪开始，一直到第一次世界大战前夕，各大国改革的主要目标是将帝国转变为某种与现代民族国家类似的政体，包括在国家和社会之间建立起爱国主义的纽带，正是这种类似的纽带动员了革命时期的法国。到 20 世纪初，这种推进帝国现代化的尝试似乎显现出了成效。

1774 年，俄国与土耳其签订《库楚克—开纳吉条约》，并获得一系列土地。到 1792 年，俄罗斯已经征服了克里米亚（Crimea）和格鲁吉亚（Georgia），1829 年又得到了更多的领土。1830 年，希腊赢得独立，法国占领了阿尔及利亚。与此同时，"高门"失去了对大多数省份的控制，包括安纳托利亚的大部分地区以及巴尔干在内的省份落入了地方实力巨头手中。1805 年到 1882 年，埃及是一个独立的国家，且有效地运作着。1831 年，穆罕默德·阿里（Muhammad Ali）领导下的埃及军队在科尼亚之战（Battle of Konya）中击败奥斯曼人，阿里是一位奥斯曼总督，他自封为这一富庶省份的最高统治者。随着帝国声望的江河日下，地方、宗教团体和少数族裔开始对它的合法性提出质疑。伊斯兰复兴主义者的主张就是这种反应中的一种，其中又以阿拉伯西部的瓦哈比派（Wahhabis）最引人注目，他们不承认奥斯曼人的权威，并对奥斯曼人在麦加和麦地那的控制构成威胁。另一种反应来自巴尔干地区受过教育的基督教精英，他们受到启蒙运动和法国革命的激励，要求民族自决，解除奥斯曼人对自己的控制。这些知识分子与信仰基督教的有影响力的盗匪头目之间的联盟，导致了 1821 年的希腊独立战争，这也是巴尔干地区第一场成功的分离主义叛乱。

赛利姆三世（1789—1807 年在位）是第一位没有因君王举止失礼而囚禁其外交官的苏丹，他也是第一位支持政治改革的苏丹。[10] 在接下来的一个世纪里，通过理清帝国庞杂的管理和法律体系，奥斯曼的改革者为创建一个现代国家进行了艰难的斗争。政治权力的中央集权化也要经过几代人的斗争才能实现。对中央政府的改革在某种程度上要简单一些。从旧制度到现代体系的转型导致了政府和公共服务的急剧扩张。从 18 世纪 90 年代到 20 世纪初，奥斯曼政府得到了扩张：官僚数量从 2000 人增加到 35000 人，公务员的数量增加到 50 万人。世俗化的教育，而非个人关系，成为政府部门录取人员时最重要的参考依据。

赛利姆三世见证了像革命的法国这样规模相对较小的国家所释放出的巨大能量，在他的统治下，奥斯曼首次尝试对现存的统治秩序进行改革，但直到马哈茂德二世（Mahmud Ⅱ，1808—1839 年在位）时期，创立现代制度的进程才真正开始。1835 年到 1839 年间，中央政府被分割成不同的部门。马哈茂德的统治为所谓的"坦志麦特时期"（Tanzimat period，1839—1876）奠定了基础，"坦志麦特"的意思是"有益的改革"（Tanzimat-i Hayriye）。其中包括，不论其所属的宗教派别，赋予全体苏丹的臣民法律上的平等地位，引入包括议会体系在内的立宪制政府。马哈茂德在奥斯曼大多数省份，如阿尔巴尼亚（1822）、伊拉克和库尔德斯坦（Kurdistan，1831—1838）、利比亚（1835）以及汉志（Hijaz，1840），重新确立起自己的权威。

但事实证明，反对改革的势力也很强大。1807年，赛利姆三世被包括禁卫军在内的反对势力推翻，在此之前，改革的支持者已经被拖入首都古老的竞技场屠杀。尤为突出的是强烈反对任何军事改革的禁卫军，经常对苏丹的统治构成威胁。1826年，马哈茂德二世再次镇压了禁卫军叛乱并解散了整支部队。

考虑到奥斯曼社会是一个异质化共同体的庞大集合，每个共同体都有着特殊的权利和特权，政府改革常常成为深层次不满的来源。对许多穆斯林来说，最难以接受的改革是赋予非穆斯林平等的法律地位，这是违背穆斯林教法的。但是，改革者热衷于赢得大量少数宗教群体（尤其是人口大多数是基督教、易受到分离主义鼓动的巴尔干地区）的忠诚。在坦志麦特时期，非穆斯林的少数群体隶属于宗教自治团体，或称米勒特（*millets*），每个少数群体作为国中之国，根据他们自己的法律承担征税和执行法律的责任，并监督诸如教育等服务的实施。改革者的目标，是废除这一隔离体系，创造一种广泛而全面的奥斯曼公民权利。穆斯林因可能失去优越地位而不满，希腊人也担心失去一些特权，特别是免服兵役的权利。

1877年，在大多数朝臣的支持下，阿卜杜勒·哈米德二世（Abdülhamit II，1876—1909年在位）治下的奥斯曼又回到一种更为专制的政体，制宪的议程陷于停滞。1878年，大片巴尔干地区的领土落入基督教分离主义运动者手中，这一事件见证了"奥斯曼主义"让位于"伊斯兰主义"——新的政权专注于把穆斯林臣民（例如土耳其人、库尔德人、阿拉伯人、鞑靼人、切尔克斯人和阿尔巴尼亚人）作为新生国家的基石。与此同时，哈米德二世继续推进国家的现代化和中央集权。在其统治末期，阿卜杜勒·哈米德二世所控制的帝国人口和物质资源超过了所有的前任君主。军队、地方管理、公共教育、通信（蒸汽船、公路、铁路和电报网络）和皇宫的管理明显变得更加合理。

阿卜杜勒·哈米德治下的奥斯曼社会及其经济也开始显现出许多现代化的特点。到1900年，对铁路和蒸汽船的使用已经超过了畜力驱动的交通工具和帆船。在19世纪30年代到1912年间，伊斯坦布尔的居民数量从37.5万人增长到112.5万人，伊兹密尔（Izmir）的居民数量从11万人增长到30万人，萨洛尼卡（Salonica）的居民数量从7万人增长到15万人；贝鲁特（Beirut）的居民数量从1800年的1万人增长到1914年的15万人。[11] 城市的扩张，很大程度上是农业商品化以及国内外贸易急剧扩张的结果。经历了1800年到1870年欧洲廉价进口商品的巨大冲击后，奥斯曼的制造业部门得到了极大复兴。工厂在城市中心内部和外围激增，特别是在伊斯坦布尔、萨洛尼卡、伊兹密尔和贝鲁特。随之激增的还有工人组织和劳工抗议活动。1908年，伊斯坦布尔拥有285家印刷厂，这是一个朝气蓬勃而充满批判性的出版界，其敢于嘲笑政客、讽刺现代生活（包括西方的服饰、汽车带来的车祸以及钟表驱动下的西方时间观念带来的迷失）。[12] 在第一次世界大战前，萨洛尼卡和其他主要中心城市的年轻人接受了西式的舞蹈、轻歌剧、自行车和影院。[13] 在20世纪之初，奥

19世纪末，伊斯坦布尔正快速变成一个现代城市。大量城市中产阶层的衣着逐渐西化，他们热衷于阅读报纸，并参与舞会、骑自行车和看电影这类中产阶层的休闲活动。

斯曼社会仍旧由农业占据主导地位，但城市中产阶层的生活的习惯也清楚地显现出与欧洲其他地方相似的变化模式。

混乱的源头

不管怎样解释 19 世纪的现代化步伐，相比于欧洲强国，奥斯曼的衰落都仍在继续。到 1909 年阿卜杜勒·哈米德统治的末期，它面临的困境似乎比以往任何时候都更为严峻。日本已经掌握了必要的手段，成了一个独立的掠夺性的殖民强国，并在 1905 年取得对俄罗斯的决定性胜利，而与此同时，奥斯曼人却割让出了在欧洲和非洲的大部分领土。在大国的支持下，塞尔维亚人（Serbs）、黑山人和罗马尼亚人在 1878 年正式独立。根据《柏林条约》（Treaty of Berlin），保加利亚获得自治的地位，奥地利和英国则分别获得对波斯尼亚和黑塞哥维那（Bosnia-Herzegovina）以及塞浦路斯名义上的控制权。1881 年，法国成为突尼斯（Tunisia）的保护国，英国则在第二年占领了埃及。奥斯曼帝国名义上是欧洲协调体（Concert of Europe）的成员，这个体制本意是维持大陆上的均势，但实际上，奥斯曼帝国的利益在它看来是可有可无的，帝国作为成员之一，遭受了巨大的领土损失。总之，奥斯曼帝国被看作欧洲"病夫"，它的死亡只是个时间问题。

领土的萎缩并非耻辱的唯一来源。1878 年，阿卜杜勒·哈米德抱怨英国"显然力图利用和控制'高门'，将其作为自己的属地和殖民地"[14]。1881 年，奥斯曼人的财政被置于公共债务管理委员会（Public Debt Administration）之下，由英国和法国监督，并由希腊和亚美尼亚作为中间人。19 世纪最后 20 年中，就像在中国一样，西方在奥斯曼的投资显著增长，帝国被分割成几大经济势力范围。也是这些大国，向基督教商人承诺给予经济和法律上的特权（所谓的"让步"），穆斯林商人对此十分不满。

可以确定的是，由于大国之间激烈的竞争，没有任何欧洲强国能够独自控制极具战略意义的近东地区。至少就当时而言，这一地区最好还是由奥斯曼人控制。由于欧洲强国的"默许"，奥斯曼帝国并未如暹罗的却克里王朝（曼谷王朝）或中国的清朝那样走向崩溃。俄罗斯渴望占领不冻港，特别

1914 年 "七月危机" 期间伊斯坦布尔的一次大规模示威活动。尽管照片中的示威者要求奥斯曼加入德国一边，但不大可能获得更广大的民意支持，更不用说事实证明干涉对于帝国而言是致命的。

是伊斯坦布尔，却受到英国的阻碍，后者决意保护近东这条通往印度的通道不受他国的染指。而且，欧洲协调体也接受对奥斯曼领土的逐步分割——只要这符合更为强大的国家的利益。不仅如此，奥斯曼帝国也无力抵抗欧洲的公共舆论，后者认为，穆斯林，特别是土耳其人，是迫害基督教徒的野蛮人。公共舆论偶尔也会影响对奥斯曼帝国的对外政策，这样的例子包括：1827 年，几个大国实施干涉，企图重启希腊独立战争；针对 1876 年发生的对保加利亚平民的屠杀（所谓的 "保加利亚惨案"），英国首相格莱斯顿（Gladstone）利用民众愤怒的情绪，赢得了 1880 年的选举。

帝国的福祉取决于欧洲的国内和国际政策，这不可避免地让伊斯坦布尔感到不安。同样不由自己掌控的，还有少数群体精英的忠诚度。举例来说，因 19 世纪下半叶许多由希腊政府支持的教育和文化机构迅速发展，帝国日益担忧希腊民族主义的觉醒。阿卜杜勒·哈米德决定提升穆斯林的福利，同时为了报复亚美尼亚民族主义者的行动，批准了 1894

年到1896年间对亚美尼亚人的屠杀，这些都反映了穆斯林精英群体中一种不断增长的担忧，即认为基督教少数群体需要为安全负责。其中，民族主义分离分子通过公开和（至少在奥斯曼人看来是）夸大对基督教少数群体的迫害以引诱大国介入的行为，特别令穆斯林精英感到担忧。在20世纪第一个10年中，许多改革的鼓吹者对把族群特殊性——即土耳其民族性——作为重建帝国的基石的兴趣日增。在齐亚·格卡尔普（Ziya Gökalp）和优素夫·阿克储拉（Yusuf Akçura）等知识分子的领导下，民众对土耳其民族的遗产和文化的兴趣与日俱增，与穆斯林截然相反的土耳其意识得以孕育，成为土耳其民族主义的源头。

普通奥斯曼人对这一民族主义贡献几何，是一个难以回答的问题。不同宗教间的冲突在19世纪显然增强了。巴尔干地区的民族主义革命明显是反土耳其和反穆斯林的，其中还包括了对巴尔干地区穆斯林的迫害和驱逐，这显然加剧了其他奥斯曼领地内对基督教徒的敌意。对从19世纪到1913年为止从俄罗斯涌入的500万到700万穆斯林而言，情况也是如此。1860年，黎巴嫩是屠杀异教徒的主要地点，涉及的主要是德鲁兹派（Druze）和马龙派（Maronite）基督教徒。对亚美尼亚人的种族灭绝（1915年）开始于1894年到1896年间，1909年发生大规模屠杀。1841年到1908年，为争夺克里特岛（Crete），基督教徒和穆斯林之间断断续续仍爆发暴力冲突。但必须注意的是，奥斯曼境内绝大多数穆斯林、基督教徒和犹太人在这一时期仍旧和平共处。更具特色的是地中海东部沿海地区孕育了生机勃勃的世界性城镇，所有宗教社区在这些地方互相交流和繁荣发展。在安纳托利亚北部和西部，穆斯林和基督教徒仍共同庆祝诸多的宗教节日，他们崇拜相同的圣徒，也向同一座神庙祈求灵丹妙药。20世纪初，民族主义还未开始渗入大众的意识，至少在第一次世界大战前，说着阿拉伯语的省份中的臣民仍然接受帝国的合法性。对生活在人口占据绝对优势的穆斯林中间的少数群体（大部分是希腊人和亚美尼亚人）来说，社区间关系的恶化必然会造成大量的损失。因此，他们并不特别接纳分离主义的民族主义思想。[15]然而，在帝国最后的、战火纷飞的十年（1912—1922年）里，这一关系还是不可逆转地恶化了，数百万穆斯林和基督教徒因其身份而遭受迫害和驱逐。

帝国的终结（1908—1922 年）

土耳其民族主义兴起于奥斯曼历史行将终结之时。1908
年，以加速政治改革进程、拯救帝国于将倒为目标，主要
由接受过西方教育的军官和官僚所组成的"青年土耳其运
动"（Young Turk movement）组织重建了包括议会体系在内
的立宪制政府，解除了阿卜杜勒·哈米德的权力。尽管这
一组织名字中带有土耳其，且大多数领导人将土耳其族人
看作自己天然的选民，但这些年轻的土耳其人发动的并非民
族主义运动。作为这一运动的政治机构的统一与进步委员
会（Committee for Union and Progress，CUP）反而将奥斯曼
主义再次排入日程。就如"青年土耳其"早期的一项声明
所言："我们要……捍卫全体奥斯曼人的权利和利益。我们
从未将亚美尼亚人、希腊人和土耳其人区别对待。"[16] 但到
1913 年 1 月，统一与进步委员会建立起了独裁统治，并抛弃

与德国结盟意味着奥斯曼帝国的命运已经注定。照片中，德皇和苏丹在伊斯坦布尔，坐在同一驾马车上。

了奥斯曼主义。政治上的幼稚、议会所在地的不确定和对中央集权化政策的广泛抵制，令他们对自己的政治计划感到沮丧。尤其令他们失望的是少数群体精英的反应，后者抵制奥斯曼主义，坚持要维护自己的特权。统一与进步委员会的领导人对这种忘恩负义感到困惑，开始越来越倚重自己的土耳其族群这一核心，这让"青年土耳其"开始严肃考虑建立一个单一族群的国家，其原因是1910年和1913年间发生了一系列严重的军事冲突。也门叛乱（1910年）和阿尔巴尼亚叛乱（1910年、1911年）表明，即便是穆斯林群体，也并非完全可靠。但事实证明，在1912年巴尔干战争中丧失大部分仅存的欧洲领土才是真正的转折点。保加利亚军队向伊斯坦布尔逼近，成千上万来自马其顿和保加利亚的穆斯林难民涌入安纳托利亚。而在安纳托利亚，穆斯林也开始公开表达对基督教邻人的不满，大规模参与对希腊商品的抵制，就是一个例证。大多数安纳托利亚境内的希腊人看到了墙上刷的标语，开始向希腊和俄罗斯移民。到1913年，奥斯曼帝国不再将自己视为一个众多宗教的集合体，并考虑驱逐对帝国安全威胁巨大的大量基督教群体，特别是希腊人和亚美尼亚人。

1914年，统一与进步委员会将帝国拖入战争并加入德国和奥地利一边，我们并不完全清楚其具体原因。成为欧洲最强大的德国的同盟国，对他们来说，似乎一定能最大可能地取回丧失的领土并重建帝国。事实证明，这是一个致命的错误决定。帝国四面受敌。英国人未经周密策划的通过加里波利半岛（Gallipoli Peninsula）入侵的行动被成功击退，但俄国人长驱直入安纳托利亚东

1922年，加里波利之战的胜利者穆斯塔法·凯末尔领导下的一场革命废除了苏丹。被称为"土耳其之父"的凯末尔成为总统，他积极投身于现代化事业，用拉丁字母代替阿拉伯字母，废除一夫多妻制，他还支持西式服装，并赋予女性和男性平等的权利。

北部，英国人也逐渐控制了阿拉伯省份。奥斯曼帝国一直坚持到了战争结束，但对大量农村地区的控制权已经落入盗匪团体手中，逃兵的加入使后者数量剧增。少数族群从战略敏感地区迁离，许多人在强制撤离的过程中死去。由军事强人小集团实际控制的政府以战争为借口，将亚美尼亚人从俄罗斯边境赶出，由此也打消了俄罗斯对安纳托利亚东部的领土要求。超过 100 万平民死于强制撤离、屠杀和饥饿。[17]

德国于 1918 年秋寻求停战，奥斯曼人别无选择，只能紧随其后。协约国提出的和平带有极强的惩罚性：安纳托利亚的大量领土，包括伊斯坦布尔在内，被获胜的大国分割。但余下的奥斯曼军队在加里波利之战的英雄穆斯塔法·凯末尔（Kemal Mustafa）的领导下再次集结，加上民众的支持，凯末尔的国民军（Nationalist Army）重新夺回安纳托利亚，使其继续成为一块独立的土耳其人家园。1922 年 8 月，国民军击溃希腊人的一支远征军，并迫使英国在 10 月放弃对伊斯坦布尔的占领。1923 年的《洛桑条约》（Treaty of Lausanne）确定了土耳其共和国今天的领土边界，同时，它也规定了土耳其与巴尔干国家，特别是希腊之间交换人口，以使安纳托利亚和东色雷斯（Eastern Thrace）更为土耳其化。

具有讽刺意味的是，正式终结奥斯曼帝国的不是欧洲大国，而是土耳其人自己。现在被称为"阿塔土克"（Atatürk，即"土耳其之父"的意思）的穆斯塔法·凯末尔在当时拥有不容挑战的权威，他在 1922 年 11 月 1 日迈出了历史性的一步。在"阿塔土克"和许多国民军的头脑当中，到那时为止，现代化比帝国本身要重要得多。随着大笔一挥，一个世界历史上长久与稳定的多民族国家——奥斯曼帝国——宣告终结。

第二章　西班牙

现代殖民主义的谱系

何塞普·弗拉德拉（Josep Fradera）

逐利的动机一直推动着帝国的扩张。荷兰画家西奥多·德·布雷（Theodore de Bry）虽然从未去过新世界，但他的画作生动地表现了原住民在征服者手下遭受的境遇（上页图）。

在查理五世的统治下，西班牙成为帝国。1519 年到 1533 年间，在他主政下，西班牙征服墨西哥和秘鲁，成为西方世界最富有的国家。

从罗马帝国和加洛林王朝的帝国传统来看，在西班牙国王卡洛斯一世（Carlos I，1516—1556 年在位，他更为人所熟知的头衔，是被选为神圣罗马帝国皇帝后的查理五世 [Charles V]）的统治下，卡斯蒂利亚（Castile）、纳瓦拉（Navarre）和阿拉贡（Aragon）王国是一个真正的帝国。[1] 这一政治实体将构成卡洛斯的卡斯蒂利亚王国的主心骨，也开启了王国在大西洋对岸以及环加勒比海的岛屿和大陆上的迅猛扩张。卡洛斯登基成为皇帝后，在他和儿子菲利普二世（Felipe II，1556—1598 年在位，菲利普没有继承他的父亲成为神圣罗马帝国的皇帝）统治时期，形成了一个扩展至美洲和菲律宾广大地区的区域，而卡洛斯的登基又和这种扩张有着千丝万缕的联系。1492 年，哥伦布发现美洲，很快，科尔特斯（Cortes）和皮萨罗（Pizarro）分别成功征服墨西哥（1519—1528 年）和秘鲁（1532—1533 年）。菲律宾群岛也在不久之后被西班牙人征服（1564—1571 年）。

在一个欧洲人一无所知的世界里，征服新的土地和人口，可以被看作天主教的西班牙统治者在伊比利亚半岛（Iberian Peninsula）内部扩张的延续。摧毁西班牙南部和东部的伊斯兰国家安达卢斯（Al-Andalus）的历史进程，传统上被称为"再征服"（Reconquista），这一术语反映了卡斯蒂利亚、葡萄牙和加泰罗尼亚—阿拉贡统治者无疑都接受了意识形态的假设和文化上的解释。事实上，与其说这一进程反映了一种"再征服"，不如说它反映了以伊比利亚半岛上的君主国为中心的社会群体对土地和人民的征服，他们在几个世纪的时间里将自己领土的边界向伊斯兰教的哈里发国家科尔多瓦（Cordoba）境内推进。[2]

这种征服开始于 13 世纪，一直持续到 1492 年攻占格拉纳达城（Granada）——也是在这一年，克里斯托弗·哥伦布出航。伊比利亚的天主教徒和穆斯林在几个世纪里互为邻里，只是他们共同居住在一起生活，免不了彼此间的劫掠——北方的基督教王国开始有计划地征服新的土地，由此也将他们的国界一步步向南推移。这些军事行动的核心，源于这样一种欲望：占领新的土地，将自己的支持者扶植为属臣，由后者统治和控制当地的穆斯林人口。[3]大多数例子中，安达卢西亚（Andalusia）的被征服者都遭到无情屠杀，加泰罗尼亚—阿拉贡王国富饶之地——马略卡（Majorca）和其他巴利阿里群岛（Balearic Islands）——上的穆斯林农民，也在西班牙人征服后一代人的时间里消失殆尽。那些留下来的，人口也在减少，他们耕种了几个世纪的土地被剥夺，并被迫在社会的边缘苦苦求生。作为建构大型封建领地的复杂进程的一部分，他们之前所占领的土地变成了武装营地，它们取代了旧的农地和私有土地，与此同时建立起一种新的农民社会。剩余的安达卢西亚穆斯林人口在基督教统治的夹缝中求生存，而在之后格拉纳达的阿尔普哈拉山脉（Alpujarra Mountains）地区消灭穆斯林的战役（1568—1571 年）中，

碰撞中的文化：1532 年，弗朗西斯科·皮萨罗在秘鲁的卡哈马卡（Cajamarca）会见最后一位印加皇帝阿塔瓦尔帕（Atahualpa）。这幅创作于 19 世纪的可信的现实主义镶嵌画记录的正是发生在这一地点的这一事件。

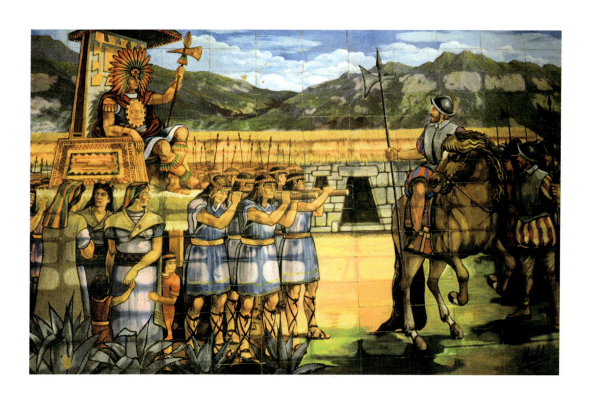

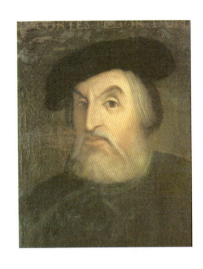

埃尔南·科尔特斯（Hernán Cortés）只用一小队西班牙士兵，便征服并奴役了强大的阿兹特克帝国。

穆斯林被推到了绝种的边缘，1609年，穆斯林最终被菲利普三世（Felipe III）彻底驱逐。现代关于"族群清洗"的概念，就这样在中世纪晚期的西班牙南部被创造出来——这是一个无可置疑的事实，却很难进入西班牙历史的传统叙事当中。

基督教王国在伊比利亚扩张领土的政策为征服美洲提供了直接的先例。在这一背景下，帕特里夏·西德（Patricia Seed）向我们表明，要求被征服的美洲人投降的"占领声明"（requerimiento），其格式可以追溯到更早的阿拉伯-穆斯林的传统。[4] 在海外扩张的其他方面——贵金属白银和黄金的大量涌入，对非洲人的大规模奴役政策，军事和航海技术在全世界范围内的大量运用——葡萄牙人则走在前列，卡斯蒂利亚人和阿拉贡人紧随其后。然而，以卡斯蒂利亚为中心的一批基督教王国的军事和社会实力要比葡萄牙人更为强大。西班牙之所以在大西洋开拓出新的殖民边疆，既和葡萄牙人在非洲遇到的瓶颈有关，也是因为西班牙顺利征服和统治了加那利群岛（Canary Islands），当然也和西班牙"黄金时代"来自热那亚的哥伦布船长的救世热情分不开。一些人将大西洋视为通往日本和中国的捷径，另一些人则认为经由它可以占领那些迄今为止的未知领地。[5] 西班牙的第一块殖民地伊斯帕尼奥拉岛（Hispaniola，现在由多米尼加共和国和海地共有）打开了新的殖民边疆，集中体现了西班牙延续了一个世纪之久的扩张愿望。文艺复兴的思想和创造将重塑这种扩张主义，但过去几个世纪对伊比利亚半岛和地中海的征服，是它的源头所在。

西班牙人在美洲

西班牙帝国的基石是美洲和大西洋世界。但这种说法必须从两个重要的方面加以限定。第一，16、17世纪，西班牙王国在欧洲本土便获得了庞大的领土。然而，在新教改革运动的背景下，出于对罗马天主教未来的信任，西班牙哈布斯堡家族在地中海地区抵抗土耳其帝国的持续扩张中也扮演了重要角色，这些都给"西班牙王国"施加了政治和财政上的沉重负担，也给卡斯蒂利亚社会带来戏剧性的影响。[6] 第二，同样重要的是，西班牙人在16世纪的帝国愿景并不局限于新近探索和殖民的美洲广大的土地，而是要统治整个世界。这就解释了为何西班牙王国从未放弃在北非的扩张主义意图，或是征服并使亚洲基督教化的计划，包括希望以菲律宾为大本营征服中国。[7]这一全球性的野心最终被限制在更为有限的范围内，但不能因为这一事实而模糊了对当时西班牙帝国自命的历史使命的范围的认识。

到16世纪末，帝国辽阔的幅员——在欧洲的领土从低地国家一直延伸到意大利南部，殖民地则涵盖了中美洲和南美洲的大部分地区、加勒比海的一些最大的岛屿、菲律宾群岛和非洲的一些落脚点——解释了其内部组织的特点。约翰·艾略特（John Elliott）将这一不同组织构架的混合定义为"复合君主制"，即一种由各个组成部分保留其各自组织结构的体系，至少在18世纪早期波旁家族君临西班牙之前是如此。[8]17世纪40年代和50年代是特别关键的20年，一些小的领地违抗马德里的君主的权威，制造冲突，导致葡萄牙和西班牙之间的分裂，以及卡斯蒂利亚统治的加泰罗尼亚地区（伊比利亚东北部）和那不勒斯（意大利南部）地区的严重冲突。西班牙帝国的另一个令人惊奇的特点，是其美洲领地和菲律宾在这一全球体系中的地位，或者准确地说，它们缺乏任何宪法体系或代议制政府，在行政管理上严重依赖卡斯蒂利亚王室的机构。有几个重要因素可以解释这种特殊的地位：首先，就征服美洲殖民地的合法性而言，王室和西

哥伦布从未意识到自己发现了一块新大陆。这幅创造于他返回欧洲后第二年的木版画，试图展示他的报告。在第一幅中，他的船只正经过一座想象中的城堡；在第二幅（题为"Insula Byspana"）中，探险者们正接受裸体少女们的欢迎；相同主题的第三幅描绘了一座小镇。

班牙教会两者内部都存在复杂的争议。[9]这一争论使用的是牢牢植根于中世纪末伊比利亚社会观念的教义中的术语，影响深远。争论的问题不仅仅是征服和统治美洲原住民的合法性问题，还有是否可以奴役原住民这一关键性问题。其次，在建构帝国的一个关键阶段，恰逢王室与卡斯蒂利亚的主要城市之间发生冲突。王室选择以母国来统治卡斯蒂利亚的海外领土（这一决定导致了大量立法——印第安法 [Leyes de Indias]——的出现），并植根卡斯蒂利亚传统，建立了一系列的市政和政治—司法机构（听证会 [audiencias]）。最后，鉴于在美洲创建帝国的苛刻条件，王室有理由倾向于直接控制那些广大而遥远的土地，这就导致了一个在西班牙王室的欧洲领地尚无先例可循的特殊的管理架构的建立。

西班牙创建美洲帝国从未遵循任何预定的计划。西班牙人首先征服了加勒比（1492—1496 年），接着征服了墨西哥的阿兹特克帝国（Aztec Empire）和中美洲（1519—1529 年），最后，基多（Quito）的印加帝国（Inca Empire）、秘鲁和智利（1531—1534 年）也落入西班牙手中。这一系列征服基本是由所谓的"胡埃斯特"（huestes）发起的，这是伊比利亚半岛上由资本家资助的小型武装团伙，他们被遥远、虚幻的暴富前景吸引，即便不能暴富，他们也能够统治当地人口并期待获取未来的财富。胡埃斯特征服海外土地后，王室和管理人（来自王室内部、俗界和教会）才在殖民的后期来到美洲。这一匆忙的领土扩张开始后，对宗教和文化上的扩张才草草启动，并给出了正当的理由。

私人集团对美洲土地和原住民的征服、破坏和征用开始后，王室的统治才到来，后者所确立的分而治之的扩张模式，是通过毫无节制的暴力手段建立起来的，一个极具代表性的例子，就是秘鲁内战（Peruvian Civil War，1544—1548 年）。[10]这些武装冲突背后的动力，其实就是王室与最初参与扩张的各种社会、世俗和宗教力量之间的斗争。后者通过监护征赋制（encomienda）（以印第安人转信基督教为条件接受其投降）尽可能多地征用当地原住民。一段时间过去，随着大肆"破坏印第安人土地"的消息传回国内，王室尝试对监护征赋制，特别是对被征服的印第安人的征税、强制劳动和特许权的世袭施加一定的限制。[11]这一关键性的斗争以监护

死于疾病的美洲印第安人远比征服者多。西班牙人带来了天花等新世界中的居民先前所不知道的传染病，他们对此毫无免疫能力。

征赋制在秘鲁和墨西哥被废除而告终。西班牙王室的意图是引入一种长期的殖民地剥削计划，而不是终结殖民化本身。就连支持恰帕斯（Chiapas）主教巴托洛梅·德拉斯·卡萨斯（Bartolomé de las Casas）的激进教士，和天主教会中最热心于一种"神权的共和国"（一种将印第安人置于教士的保护之下，以使其免受贪得无厌的殖民者的侵害的制度）的群体，也无法想象存在将原住民从建构殖民地的重负中解放出来的可能性。

征服美洲使人口大量减少，这一灾难也激化了不同殖民主体之间关于这些重要问题的争论。加勒比地区最初的居民数量骤减，只在一些小的岛屿上还保留了一些。西印度群岛的人口在随后则因为欧洲人和非洲人的陆续到来而再度恢复，其中的非洲人是持续了数个世纪的大规模强制移民的受害者。对岛屿上美洲原住民人口的灭绝，之后又在大陆上被残忍地复制，人种历史学家阿尔弗雷德·克罗斯比（Alfred Crosby）将这一过程定义为"哥伦布交换"（Columbian exchange），这一种族灭绝的规模是前所未有的，虽然并非预先安排，但也绝非偶然。[12] 在 80 余年的时间里，美洲人口骤减。在中美洲，人口减少了 20%；在印加帝国，由于病菌在高原寒冷地区更不易传播，其人口减少情况要好一些——减少了 10% 到 16.7%。[13] 原住民人口的骤减并不仅仅是因为印第安人感染对他们而言新的流行病（比如流感、麻疹、天花和百日咳）；在其中发挥作用的，还有社会和心理上的因素，以及殖民地强制劳动所导致的过劳死。这一人口消亡对殖民社会的兴起和成型所造成的影响，对美洲的未来而言毫无疑问具有决定性意义。

美洲原住民的大量消亡标志着前哥伦布社会的结束，他们的经济、社会和文化结构无法抵御这些灾难。在这一大规模的破坏和（如今已和解的）官方的帝国政府与早期的私人殖民者队伍的目标之间的互联中，一个新的殖民社会诞生了。当地社会抵抗和适应新主人要求的能力，同样也塑造了这一新的社会。一切都改变了，因为新的社会植根于死亡、替换和服从这一戏剧性的断裂之中。卡洛斯·森巴特·阿萨杜里安（Carlos Sempat Assadourian）的解释是，在这一殖民社会的生成中最具活力的要素，是秘鲁和墨西哥两大西班牙

科尔特斯以胜利者的姿态进入墨西哥人的首都。这是一幅近现代的欧洲绘画，画面的左边是被征服的阿兹特克人（上页图）。

多明我会、方济各会和耶稣会中的许多人反对野蛮对待印第安人。其中最强大的反对之声，来自多明我会的巴托洛梅·德拉斯·卡萨斯，他献身于这项事业，数次回到西班牙寻求国王的支持，并被冠以"印第安人的使徒"的称号。他至少获得了一定程度的胜利：国王改变了很多项政策，以保护印第安人。

总督辖区的采矿经济的繁荣，它所采用的形式为当地减少的劳动力找到了一种合理的替代。[14] 技术取得了决定性的进步，尤其是使用了所谓的"汞齐化法"技术。借助这一技术，人们用汞将矿石从脉石中分离出来。在这一新技术的基础上，一个充满活力的经济部门快速成型，并使当地经济发展的目标与帝国的需求结合起来。[15] 在四分之一个世纪的时间里，一个新的社会由此成形，在大型采矿区（最好的例子是秘鲁的波托西 [Potosí]）和行政中心（大多数来自欧洲的人居住的地方）建立起了和前西班牙社会的组织与商业目标非常不同的新的农业和国内产业形式。贵金属及其向母国的出口刺激了这些网络的形成：举例来说，在 1500—1650 年，181 吨黄金和 17000 吨白银被运到塞维利亚。[16] 随后，黄金和白银成为连接西班牙与这些南美洲出口物的最终目的地——一些北欧国家和多个亚洲社会，特别是中国——的媒介。

为了满足矿区对廉价劳动力不断增长的需求，帝国当局通过多种方式使美洲原住民服务于这一新部门的需求。其中最为人所熟知的例子，是由秘鲁总督托莱多（Toledo）在16世纪70年代初所设计的一种大规模的强制劳动体系——米塔（mita）。这就解释了为什么帝国经济蒸蒸日上时原住民人口却被耗尽。得益于这些财政和劳动力政策，到16世纪后期，大多数西班牙行政、经济和社会组织在新世界里站稳了脚跟。[17] 两个世纪后，这些结构仍将继续存在。

西班牙是"殖民"帝国吗？

关于西班牙海外帝国的本质持续时间最长的曲解，是混淆了其在制度上的表现和它的社会基础。在几个世纪的时间里，强大的天主教救世主义为这个由欧洲人、非洲人和美洲原住民组成的跨大西洋世界的存在提供了辩护。不管西班牙的神学家最初如何质疑征服殖民地的合法性，在日渐增加的西班牙臣民和基督教徒面前，所有这些都很快被放到了一边。而且，教宗在1494年的《托德西利亚斯条约》（Treaty of Tordesilhas）中将大西洋区域在卡斯蒂利亚和葡萄牙之间做了分割，表示了对征服的许可，为西班牙征服的既成事实提供了一种额外的辩护。王室、宗教界和西班牙教会所呼吁的强烈的救世主义，明确地将一种神圣的使命以西班牙国王

西班牙人关于无穷财富的梦想在秘鲁变成了现实，他们将所有黄金和白银开采殆尽。其中最大的银矿就位于波托西（右图是西奥多·德·布雷的画作），在那里，成千上万印第安人不停歇地劳作着。

西班牙人的统治也带来了一些文化上的影响。多明我会的传教士教自己辖区内的人用图画书阅读和写作，包括这本1512—1528年间的教义问答书。

意志的形式体现出来，虽然法国和新教国家对西班牙扩张持有敌意的态度，但西班牙的扩张还是得到进一步确认。

随着西班牙帝国日益扩张，在如此庞大的领地上如何建制的挑战被摆到了面前。制定《印地亚群岛法律汇编》（*Recopilación de las Leyes de Indias*,1681）是将与殖民地统治有关的数千项法令整合起来的过程，这是一项艰巨的任务，为这一"文书帝国"庞杂的立法任务提供了绝佳的例证。帝国的政治组织来源于早期的基础，甚至来源于征服时期与原住民签订的条约，但立法必须适应新的要求。总督区、军事权和总督职位被建立起来，但它们之间没有联系，而只对王室的中央机构负责——主要是印地院（*Consejo de Indias*），它是这幅由各种制度构成的马赛克画的中心。在这一政治框架下，各地所召集的听证会成为最高司法—政治权威。它们的功能之一是制衡王室任命的行政官——上至总督，下至智利和危地马拉偏远地区的印第安人治安官（*corregidor*）。这一制度结构与教会的管理（从主教区到堂区再到传教活动）在许多方面存在重叠；各级教会及其活动需要所谓的王室赞助，因而教会依赖于国王本人。召集起来的城市代表与国王组成的政治机构一起立法的卡斯蒂利亚模式被排除在殖民世界之外。同样，也不大可能像大英帝国那样赋予美洲领地某种形式的代表权。一直到拿破仑入侵西班牙并引发危机，这一选项才被纳入考虑的范围，这时，将政治代表权扩展至海外领地并授权他们派遣议会代表到西班牙就是一种明智的举措。

西班牙史学家远不能对帝国的制度因素做出公正的评估，再加上奇怪的帝国政治同化论，导致他们悖论式地否认西班牙曾对新西班牙和菲律宾进行"殖民"——这一立场是不同研究领域的混乱重叠所产生的荒谬的文字游戏。的确，在很长的时间里，西班牙并未使用葡萄牙、英国或是法国的贸易站（feitorias）、"种植园"或"殖民地"的概念——直到18世纪末，他们才开始使用英国人和法国人创造出来的"殖民地"一词，但即便到那时，这一概念也仅仅指的是加勒比地区的蔗糖产地。相比其他欧洲人，西班牙人会选择等待更长的时间再赋予事物真正的名字，这一事实可以方便地解释这些语义上的差异。不过，西班牙帝国建立在以提升母国及其臣民（既包括本土的，也包括居住在海外领地的）的地位为目标的严密经济组织之上，这也是一个原因。这种生产性的经济组织并不能简单地被定义为"殖民主义的"。不仅如此，这种殖民状态是不容争辩或不加限制地施加在原住民身上的，后者最好的土地、水源和资产被接连不断地转移到了西班牙人的手上。

我们有极具说服力的理由重申西班牙对海外领地的统治的"殖民"本质。首先，印第安人是唯一有义务缴纳人头税、提供强制劳动并购买与当地政治领导人勾结在一起的西班牙商人出售的商品的臣民。这些不公正的待遇一直持续到帝国终结，甚至在其崩溃之后还继续存在。简而言之，正是西班牙人向其他欧洲人展示了如何在长时段中消灭、制服和奴役大量人口。亚当·斯密（Adam Smith）和他确立的经济原则认为西班牙的例子不适合英国模仿，但这一事实并没有妨碍英国人在亚洲热情地追随西班牙的征服、殖民统治和经济剥削模式。不仅如此，无论在16世纪的圣多明各的蔗糖工业中，还是在17世纪的秘鲁沿海和18世纪的整个加勒比沿海，西班牙人都大规模地剥削西班牙美洲中来自非洲的奴隶人口，因而西班牙人与巴西的葡萄牙人和西印度群岛的北

最大程度地剥削，是帝国主义的西班牙的指导原则。1545 年，西班牙在作为当时秘鲁的一部分的波托西发现丰富的银矿。在接下来的一百年里，西班牙花大力气开采这些银矿，为西班牙王室创造了巨大的财富。波托西，一个人口稠密的城镇，棋盘状规划，其中包括政府大楼、城镇大厅、天主教堂和皇家铸币厂。矿场则位于背景中的山上。到西班牙统治末期，当地银矿已经被开挖殆尽。

LEST

DIPCION Đ ZERRO RICO Ê YMPERÌ
AL VILLA Đ POTOSI.

14	N.S. de la Concepcion.		Can.y Plaz principales.
15	N.S. de Copacavana.	28	Casa de Carildo.
16	S. Pedro.	30	Casas R.ˡ
17	S. Pablo.	31	Casa R.ˡ de Moneda.
18	Santiago.	32	Casa de Mercancia de P.ˡᵃ
19	S. Juan.	33	Casa de pas p.ˡᵒˢ Ynd.ˢ del Z.ᵗᵒ
20	S. Benito.	34	Plaza mayor.
21	S. Bernardo.	35	Plaza del Baratillo.
22	S. Francisco.	36	Laguna.
23	S. Martin.	37	Yngenio.
24	S. Lorenzo.	38	Camp.ˢ la Cal del Plata.
25	S. Xptoval.	39	Camp.ˢ la Cal del Cozco.
26	S. Sebastian.	40	Camp.ᵗᵃ Cal de Buẽ Ayres.
27	S. Roque.	41	Camp.ᵗᵃ la Colta.
	S.ᵗᵃ Barbara.		

ô en la misma Villa à costa de Dⁿ.

pez Ortega. por el Mro. Gaspar Miguel Berrío
En 24 de Sep.d 1758.

对传教士而言，新世界提供了一个前所未有的使其全体人民相信基督教所承诺的拯救的机遇。由此，洗礼也成为诸如多明我会这样的教会的首要任务。

方的欧洲人并没有本质上的区别。[18] 对奴隶制在所有经济部门中扮演的关键角色和由此带来的大规模蔗糖生产，唯一合理的解释是，这是真正大规模的殖民过程的一部分。[19]

种族、种姓和帝国

在接受了西属美洲和被征服的菲律宾本质上居于从属地位这一事实的同时，我们也不能否认，相比西班牙的中央机构，它的殖民地在演进过程中的确享有很大的自主权。一旦王室为其确立规则并确保其与欧洲和海外领地之间的互补地位，自己如何发展的广泛决定权就留给了殖民地社会。帝国的欧洲中心与殖民地边缘之间遥远的距离，再加上 17 世纪那场拖垮了西班牙的危机，使美洲殖民地的自治权得以扩增。理解帝国的种族和社会边界，对我们理解这些殖民地社会发展的某些方面是极其重要的。

首先是西班牙人的一种观念，即通过两种单独的"共和国"（印第安人的共和国和西班牙人的共和国）的形式来组织自己在美洲的领土。这一愿望体现在一种全社会对"血统纯正"——即西班牙人种族的纯洁——的着迷上,与此同时,它也反映了一些教派希望使印第安人免遭贪婪的西班牙殖民者控制的愿望。征服所带来的人口减少的灾难,加上对幸存者在地理上的重新安置,以及将他们与欧洲人和非洲人混合,使得与原生共同体分离的美洲原住民数量急剧增长——为躲避过重的赋税而进行的无数次逃遁,也促进了后者数量的增长。维持印第安社区的独立性和建立传教点,仍被视为解决将印第安人置于西班牙人控制之下但同时又避免两个族群间大规模接触这一难题的理想方案。然而,殖民破坏的后果是欧洲和非洲移民的到来,随之而来的是跨越种族的性关系和大型城市中心与新经济部门的兴起,以及新经济领域乃至家政领域对劳动力贪得无厌的需求。这就使得在两种社群的基础上组建一个殖民社会的理想变成了一种乌托邦。

从将两个不同种族各组成一个"共和国"的理想的失败中,慢慢孕育出了一个西班牙人所称的"种姓"社会——这一术语从葡萄牙耶稣会士那里借用过来,后者用它来描述16世纪印度社会的分层。在伊比利亚半岛上基本消灭了犹太人和穆斯林后,卡斯蒂利亚社会已经习惯于将种族烙印视作世代相传的,因此,通过身体上的差异区分种姓的思想在美洲找到了肥沃的土壤。随着时间的推移,种姓之间的区别逐渐变得微妙起来,一种复杂的将种族分成大类和子类的分类法逐渐形成。与那些同时代的奴隶社会类似,这一分类系统十分复杂,但它一步步明确了社会进步的界限和社会与文化等级制,当然其价值仍需要我们自行审视。对大多数社会和经济活动的参与,并未因某一种姓身份而受到过多的限制,在占有财产和从事特殊职业上也是如此。尽管这么说,但就种姓身份所包含的歧视的确切范围,我们仍旧不得而知,这可能仅仅是因为历史学家在这一点上提出的问题本身就存在严重的问题。要完全知晓种姓与种族分割的问题,需要对贸易与职业准入标准和不同种族在其中的地位、婚姻市场上的微妙规则、法官和治安官的行为以及担任官职和神职的要求进行艰苦细致的研究。

在18世纪下半叶,身体或者说种族上的差异成为一种被频繁使用的依据,这一事实似乎可以证明,这种区分并非

"肤色统治"(pigmentocracy)是由西班牙人引入的基于肤色的严格的等级体系。欧洲人、印第安人和非洲黑人之间存在着频繁的通婚或是性行为,但在18世纪之前,这些关系根据明确和非常理念化的体系被加以分类,每一种关系所产生的后代都被赋予一种称谓,并被置于社会等级制度中的某一位置。在此列举了16种,其中5种是:西班牙男性和印第安女性的后代被称为 metizo(第一列最上方); metizo 与西班牙人的后代被称为 castizo(第一列第二个); castizo 与西班牙女性的后代被称为西班牙人(第一列第三个); 西班牙男性与黑人女性的后代被称为 mulata(第一列最下方); 西班牙人与 mulata 的后代被称为 morisco(第二列最上方)。在所有这些排列组合的最后,是纯种的印第安人(下两页图)。

de Español, è Yndia
Mestizo.

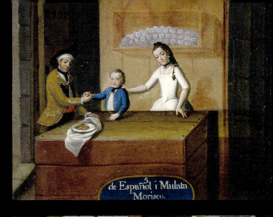

de Español i Mulata
Morisco.

de Mestiza y Español
Castizo.

de Español y Morisca
Albino.

de Castizo y Española
Español.

de Español y Albina
Negro Torna atras.

de Español y Negra
Mulata.

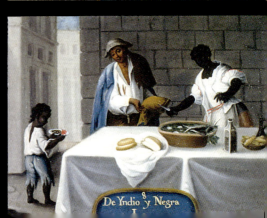

De Yndio y Negra
L

De Lobo⁹ y Negra Chino.

de Arvarrasado è Yndia Barsino.

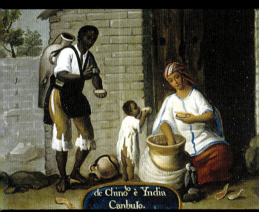

de Chino¹⁰ è Yndia Canbulo.

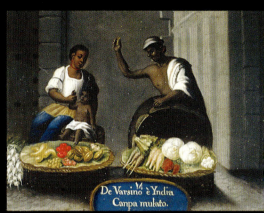

De Varsino ¹⁴ è Yndia Canpa mulato.

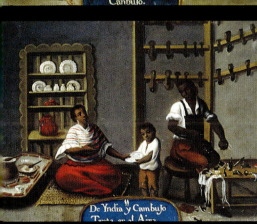

De Yndia y Cambujo Tente en el Aire.

De Yndio ¹⁵ y Mestiza Coyote.

¹²
De Tente en el Aire y Mulata, Albarrasad.

Frutas d la Nu. Esp.

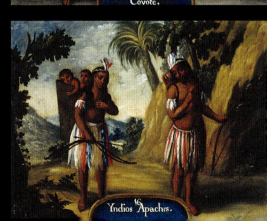

Yndios ¹⁶ Apaches.

穿戴奢华的一位女性。许多克里奥尔人与西班牙家庭的生活水平和母国最富裕的贵族相当，甚至超过后者。来自非洲大批的黑人奴隶被带到美洲，如今绝大多数南美洲人依然来自非洲人的后裔。

无关紧要。现代国家的发展为法律和秩序制造了新的需求，其中一些还被一些殖民地的社群有意地接纳和使用。掌管堂区并做了第一次劳动力统计的殖民地管理者和神职人员越来越关注人们的血统[20]，之所以这样，是因为种族间的交流在城市隔离制度和婚姻模式中也越来越显著。[21] 毫无疑问，多元化的交流是社会进步的关键要素，而不是个人聚敛资产的权宜之计。因此，政府禁止种族间通婚并由此再度强调殖民关系的不平等之基础，也就不足为奇了。就如维丽娜·斯托尔克（Verena Stolcke）所言，当母国 1776 年颁布的禁止种族间通婚的敕令到达美洲时，因为被应用于一个复杂的种族结构框架内，其效果被无限地放大了。[22] 在诸如古巴等地区，影响尤为深远，大量自由黑人和黑白混血种社群将敕令变成了一个规制婚姻市场的工具。因而，处于暮年的帝国笼罩在以等级制的社会秩序和社会排斥为重点的文化问题的阴影中。所谓的"有色种姓"（奴隶的后裔）能在不同劳动阶层的社会阶梯中逐渐往上爬，但在城市职业、军队和教会中，帝国的种族文化却阻挠人们的晋升并避免以肤色和奴隶血统为基础的社会结构的解体，这是对历史的一种讽刺。随着大种植园的形成而出现的奴隶制自身的转型，也与种族主义观点的强化有关。

西班牙帝国的顶峰及其财政和政治问题

尽管西班牙王室号称与 18 世纪国际事务的主流保持着距离，但在这一时期，帝国到达了发展的顶峰，也收获了最为广阔的领土。三种因素解释了这一惊人的和迟来的扩张主义之突进。第一，必须考虑到本地人口的恢复和混血种群的不断成长，从文化上来说，后者对欧洲人或是非洲人的后裔是开放的。第二，在南美洲，西班牙帝国的边疆持续地向北和向南扩张，还向着奥里诺科河（Orinoco）和亚马孙河流域这些未被殖民的"无人"地带扩展。第三，帝国的边缘地带被逐渐整合到它的经济和社会体系中——这一变化不但适用于美洲，也适用于西班牙本土一些原本未被吸纳进帝国体系的地区（比如加利西亚和加泰罗尼亚）。既包括边疆的推进，又包括边缘整合的一个最值得注意的例子，便是 1776 年拉普拉塔河（Río de la Plata）总督区的成功建立。[23]

如果要找出一个单一的原因来解释长期的扩张趋势的话，那就是帝国明确加入大西洋经济体系——作为改进后的重商主义中经济和社会变化的步骤中的一环。这一变化最明显的一个方面，便是跨大西洋经济交换的强化。[24] 另一个表面不那么明显但最终更为明显地展露的方面，是殖民地经济的两个主要部门之间的最终整合，即采矿、铸币和商品化农业之间的整合，其中商品化农业逐渐以欧洲市场为目标，为其提供原材料（棉花和染料）和食物（糖、烟草、咖啡）。这两大部门与殖民地经济的发展紧密相连，食物、纺织品和工具原本面向的是本地区的消费市场。两个部门之间的不断整合，是 18 世纪 60 年代和 70 年代所引入的商业和财政改革方法中的一环。西班牙原本实施的是贸易垄断体系（16 世纪末以塞维利亚为中心，1717 年后以加的斯 [Cadiz] 为中心），随着关税改革的推进，这一体系转变为一种包括不同西班牙大陆港口在内的寡头垄断，同时减少对贸易的管制、增加关税收入也是目标的一部分。[25] 以更充分地将帝国利用起来为目标的这类新的经济政策，从 18 世纪 20 年代以来得到了详尽的讨论，但直到七年战争（Seven Years' War，1756—1763 年）使得其势在必行时，这些政策才得以实施。

战争暴露了帝国在军事上的弱点，西班牙亟须改革武装力量并为这些改革筹集资金。在西班牙的美洲机构（听证会和市政厅）中，克里奥尔人（Creoles，指在美洲出生的欧洲人）和西班牙人如何分享权力，也是西班牙人争论的问题。[26]被开明君主及其大臣们视为至关重要的改革，就是彻底重组帝国的财政和权力体系，以使它们与自己新的优先事项更为紧密地结合起来。但在法国和英国的例子里，战争开支和随之而来的改革打破了母国和殖民地之间原本被小心翼翼维持着的内部平衡。[27]为了应对经济中的震荡，西班牙人施行了间接税、财政垄断（特别是对烟草的垄断）、强制借款和更高的关税。西班牙通过在美洲征收钱款，获得了保全一个帝国所需的资源，由此也实现了王室的主要政治目标。

西班牙加强对美洲的征税，其代价无疑是巨大的。从经济上来说，它把一些非正式的经济部门转移到了国家手中，同时抑制了其他产业的发展；在政治上，它激起了深层次的民怨，并在 1780 年的安第斯地区和 1810 年的新西班牙总督区爆发出来。[28]1808 年拿破仑入侵西班牙，帝国统治体系开始走向腐朽，针对美洲殖民地的分歧也日益增多，这将帝国社会推入了暴力的旋涡。在各个地区中，不论是保皇党还是殖民地造反的支持者的忠诚度，其中都有着显著的差异。在这样的情况下，作为 18 世纪经济扩张主要受益者的克里奥尔人中的资产阶级，成了唯一能够开启另一种文化和政治进程的社会团体。

西班牙帝国的衰落

由于西班牙军队败于美洲殖民地分离主义者之手，这一建立于 16 世纪的美洲帝国从 19 世纪 20 年代初开始不再正式存在。1810 年爆发叛乱，1813 年后，西蒙·玻利瓦尔（Simon Bolivar）接过领导大权，结果几乎所有的前殖民地都获得了解放，并建立起委内瑞拉、哥伦比亚、巴拿马、厄瓜多尔、秘鲁和玻利维亚 6 个独立国家——尽管玻利瓦尔自己

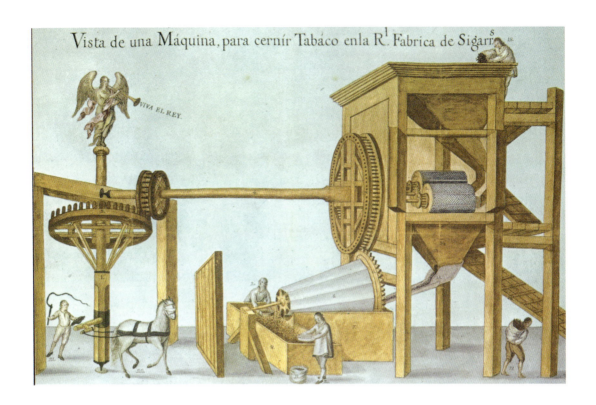

Vista de una Máquina, para cernír Tabáco enla R.¹ Fabrica de Sigarr.ˢ 16.

VIVA EL REY.

烟草也成为主要的产业。这幅18世纪的插图向我们展示了皇家烟草工场中一架用于转移烟叶的精密机械。

梦想建立的是一个单一的联邦国家。拿破仑战争后，尽管西班牙统治者试图把美洲定居者增选进新的代表机构，但仍无法阻止自己的全面溃败。这一野心勃勃的政治计划之所以会失败，主要是因为美洲一些地区中的民族主义者和支持独立的势力之间存在着不可调和的冲突，此外，西班牙也无法接受美洲的"联邦"地位。

尽管保持帝国在中南美洲完整性的尝试彻底失败，但西班牙还是成功保住了三个非常重要的殖民地：古巴、波多黎各和菲律宾。就如威灵顿不断对西班牙驻伦敦大使所说的那样，古巴是欧洲人在世界上占有的最富庶的地区之一。三块殖民地是有着极高战略和军事价值的飞地，1763—1782年间，和整个帝国一样，上述地区也实施了改革并获得成功，这解释了为什么这三个地方能继续留在西班牙的手上。不同于那些陆地上大型的总督区，这些海岛飞地在军事防御上获得了大量的资源投入；这些资源——用当时的财政术语来说就是补贴（situados）——来自帝国的其他地区。[29]

古巴成为一个充满活力的以蔗糖为基础的经济的所在地，邻近的法国殖民地圣多明各遭到破坏，导致糖价突然上涨，古巴也因此从中收获了巨额的利润。由于逃离圣多明各人们发现了一种生活在特定种类的仙人掌上的小昆虫，把它们捣成浆，可以产生一种被称为胭脂红的深红色染料，这种染料既可以用于纺织品，也可以用于食物的染色。这是新世界中另一种意料之外的红利。

的蔗糖种植园主的到来，以及 1820 年西班牙和英国之间签署禁止奴隶贸易的条约之前非洲奴隶的不断输入，古巴的蔗糖业获得进一步繁荣。拿破仑战争后，英国与大部分欧洲强国签订了废除奴隶制的条约，在国际上禁止奴隶贸易，但与此同时，和在巴西和美国南部一样，奴隶制却在古巴得到极大强化——西班牙当局对非洲人的走私视而不见。由于古巴蔗糖产业的繁荣，其他作物产业也向岛上其他地区转移，为 19 世纪的商品化种植园的发展开辟道路。农作物种植向土地肥沃的中心地带的转移使古巴得以成为世界上最大的蔗糖生产地，相应地也成为一块有着极高价值的殖民地，不论是对西班牙资本家还是对西班牙政府（西班牙依靠古巴的关税支持自己在加勒比的活动，还有大量的收益被用在西班牙本土）而言都是如此。[30] 在波多黎各，蔗糖和咖啡产业是平行发展的，两种商品经由邻近维尔京群岛的丹属西印度群岛的圣托马斯（St. Thomas）转运港，主要出口到北欧市场和美国，这就更足以构成母国在此地的利益诉求的基础。和古巴一样，波多黎各的蔗糖生意也依赖奴隶制，而种植咖啡的主要是欧洲裔的农民。

菲律宾常常构成西班牙帝国中非常特殊的一个例子。西班牙的这一最遥远的殖民地是通过一种复合的方式来维持的，包括对当地人的税收，来自新西班牙的补贴形式的财政援助，以及从 16 世纪末建立的阿卡普尔科（Acapulco）与马尼拉之间的重要运输线（以马尼拉为转运站的西班牙与中国

"解放者。"出生于委内瑞拉的西蒙·玻利瓦
尔成为 1812 年爆发的反抗西班牙统治的叛
乱的领袖。受到欧洲启蒙运动的影响,玻利
瓦尔信奉政治自由,梦想将所有前西班牙殖
民地统一成一个共和国。这一梦想虽从未
实现,但每个国家都仍将他尊为自己的建
国者。

蔗糖业在古巴繁荣发展，蔗糖很快成为当地最重要的出口物。画面所示是 19 世纪中期的甘蔗田景象，人们正在收割甘蔗并将其装上货车。

之间的贸易）中抽取的关税。在几个世纪的时间里，从南美洲出口到中国市场的白银在很大程度上保证了这块偏远且维护成本高昂的殖民地的生存（在中国市场上，由于中国的货币体系不使用纸币，因此白银价格较高）。在返回阿卡普尔科的途中，原本装载白银的大帆船装上了纺织品、陶瓷和其他让人垂涎的中国商品，以及来自东南亚岛屿的香料。除此之外，在帝国抵御东南亚的荷兰人和英国人进攻的最后一道防线上，菲律宾还扮演了关键的角色。

19 世纪伊始，西班牙帝国的危机不论是在政治上还是在财政上都将菲律宾推向了命运的边缘，但马尼拉政府还是找到方法，成功地将这一群岛留在了西班牙手上。[31] 在仅仅几年的时间里，他们就按照美洲的既定模式，建立起一个强大的财政垄断部门。烟草将在这一计划中发挥重要的基础性作用；对烟草的国家垄断很快成为菲律宾官方财政的基础（这种情况一直持续到 1882 年），由此也确保了西班牙人在菲律宾附近海域的存在。建立对烟草的垄断，意味着国家变成了一个经济代理人：这就要求在一些省份控制烟草种植并对其征税，建立烟叶的运输系统，在马尼拉工厂将其加工成制成品，还需要一个可靠的销售网络。从 1840 年开始，菲律宾垄断的烟草业也被要求向母国的工厂供应打折后的烟叶。这一国家垄断产业的管理者不得不一方面严格管控菲律宾农民习以为常的非法种植烟草，另一方面又要控制不断变化的零售部门——混血的（中国—菲律宾）中下阶级在其中扮演着重要的角色。在这种情况下，财政上的垄断就成了殖民化的一种主要工具。烟草垄断在经济整合中发挥了决定性的作用，借助蒸汽船及其军事行动，西班牙将殖民的边疆向内陆（吕宋岛和米沙鄢 [Visayas] 群岛）和菲律宾群岛南部的棉兰老岛（Mindanao）与苏禄岛（Sulu）上由伊斯兰教人口所占据的领土推进。在西班牙统治的最后 20 年中，财政上的垄断被解除，税收系统得到改革，西班牙资本的投资也得到鼓励。这些行动为西班牙统治创造了一个新的基础，并和新兴的当地资本以及在菲律宾港口建立的欧洲与美国公司竞争。

19 世纪，新绝对主义的君主制在西班牙最终崩溃后，一种新自由主义的西班牙殖民主义模式在上述生产和财政的基础之上建立起来。但奇怪的是，这些当初召集美洲和菲律宾同道建立一种单一代议制机构体系的自由主义者，在 19 世纪 30 年代掌权后，却与这一体系渐行渐远。他们仓促地建立起一种高度威权主义和军事化的政府体系，而不是一个包含代议制议会和政治权利的共享体系。这一体系是填补母国1837 年、1845 年和 1876 年自由主义宪法被悬置后在殖民地形成的政治真空的唯一方法。（一直到第一次古巴独立战争陷入僵局，奴隶制在 1886 年被最终废除后，西班牙政府才承诺将代表权扩大到古巴和波多黎各，而菲律宾仍旧含糊地保留着其殖民地的地位。）[32] 而后，因为在西班牙的加勒比地区的同室操戈，与美国相互间的不信任和后者在该地利益的不断扩大，随后产生了西班牙的同化论观念。这并不意味着西班牙不进行任何反抗就默许自己结束在美洲 400 年的统治。1898 年，25 万西班牙士兵被派往古巴，但这一强势的力量却并不足以粉碎古巴的动乱，在代表美帝国主义的威廉·麦金莱（William McKinley）总统的支持下，西班牙反抗的能力最终被摧毁。对美洲的帝国控制一松懈，西班牙便不再是一个横跨大西洋且控制力远及亚洲和北非的国家。

山姆大叔觊觎古巴："我垂涎那一小块土地已经很久了——或许我把它据为己有。"直到 1902 年甚至更晚些时候，古巴仍然处在美国的保护之下。

审图号：GS（2024）4170 号
（本书插图系原文插附地图）

西班牙的帝国模式

经历漫长的战争和若干年美国的军事占领后，古巴在1902年获得独立。波多黎各也在同一时间摆脱了西班牙的统治，不同的是，美国军队对波多黎各的占领持续到了1900年，波多黎各也在那时成为美国的一部分，但仅享有有限的自治。菲律宾也在美国的帮助下脱离西班牙统治——美国对该地的控制一直持续到1935年。

矛盾的是，就在行将终结之时，西班牙帝国却重新采纳了与15、16世纪高度类似的方法。19世纪中期以来，西班牙大陆的沿海地带的人口增长，加上长距离运输成本的下降，驱使成千上万西班牙人像几个世纪前的祖辈那样向美洲迁移。一直到1760—1770年间，以海外领土为目的地的旅行，很大程度上也还仅限于最接近以美洲为服务对象的主要港口的西班牙南部地区，就对象而言，也还仅限于水手、代理人和商人这些在这个跨大西洋帝国两岸间有着商贸联系的群体。19世纪40年代之前，向加勒比地区余下的殖民地或是美洲大陆前殖民地的移民还是带有很强的选择性，也偶尔会有间断。但在那之后，这一状况发生了变化。不间断的一波又一波的迁徙者将以一种在当时还未意识到的程度，将旧帝国的广阔领土特别是那些仍处在西班牙控制之下的地区"西班牙化"。19世纪50年代立法上面的变动，结束了之前那些限制迁移的政策，促进了大西洋对岸大批西班牙社区的形成。这一趋势一直延续到20世纪最初的几十年里，甚至在新成立的古巴共和国，西班牙移民仍被热情接纳。因此，毫不奇怪，在20世纪初的哈瓦那（Havana）和布宜诺斯艾利斯（Buenos Aires），仍存在着大量的西班牙裔社区，从他们的政治、文化和休闲活动中，可以看出他们拥有很高的社会地位。

1898年西班牙被美国打败后，一位美国评论家将西班牙的海外帝国比作一头鲸鱼——身体的各个部分都有用武之地。对它的肢解是在巴黎的外交沙龙中完成的，在这之前，马德里和华盛顿方面签署了一项条约，西班牙从中获得了一些商业和金融上的特权。美国加强了自己对加勒比海上的波多黎各和西班牙的亚洲殖民地菲律宾的控制，也强化了自己干涉古巴这颗19世纪西班牙王冠上的明珠的能力。和约的签订标志着西班牙对美洲和欧洲之外的世界长达四个世纪的侵占的终结，这一如此漫长的帝国历史值得我们停下来好好思考。

一个危机四伏的帝国走向终结是可以预见的，但这并不应该妨碍我们对其在历史上的地位及其塑造现代世界中的意义进行重估。尽管它与18世纪和19世纪世界历史的变化存在关联，但对这个故事的书写还不完整。西班牙帝国末期的历史，是出现在现代世界中的大国（特别是英国，但也包括法国、德国、美国和日本）历史的一个缩影。[33]本文试图展示，对现代世界发展历程中一些帝国的衰落和其他帝国的崛起的机制的理解，并不仅限于地缘政治：伊比利亚帝国的消亡为满足北欧向南半球扩张的需求提供了一个先决条件。因此，我们应该把伊比利亚帝国的衰亡理解为在现代帝国主义的经济、社会和文化性质的转变中发挥基础性作用的一个事件。

我们有理由将西班牙帝国视为欧洲旧世界与仍处在发展中的现代世界的接合点。那些在四个世纪里所积累的经验，是我们今天所知的世界形成的一个关键要素。但在很长的时间里，西班牙人用来为自己辩护的那些理由——对海外领土及其人口的那种天主教救世主义、君主制下的帝国主义和家长制的情感——却与那些启蒙运动和新教福音主义在建构自己的扩张的历史经验时所凭借的思想轻易地产生了共鸣，并使西班牙人从中获得自信。我们需要对西班牙帝国在历史上的地位做一个重新评估。但就像我们描述19世纪的历史时，已经不再以工业和交通技术的变革以及相应作为补充的发源于欧洲的思想为基础，西班牙的历史也需要重估。毫无疑问，在欧洲进入20世纪上半叶的扩张的过程中，西班牙人是先行者，西班牙帝国算是做了第一个大规模的尝试。实际上，由移民、教士和政府官员所承担起的将整个美洲大陆——以及预期之外的在亚洲的分支——殖民化的宏大工程，是对长时段里统治和控制非欧洲人口所做的第一次大规模尝试。其完全是为了创造一个可以凭借自己的力量一代又一代进行再生产的新的社会，就这些方面而言，这一试验是成功的。在这一框架内，君主制国家制定出自己的目标，母国则能够满足自己对财富和统治的渴望，而天主教会也找到了让文化和心理上精疲力竭的人口大规模地改变信仰的理想环境。后续发展的剧本早在16世纪就已经写好了。

第三章　葡萄牙

在新旧世界里建设帝国

吉尔·迪亚斯（Jill Dias）

日常生活中的小细节最生动地表现了帝国对普通欧洲人的影响。在殖民美洲之前，巧克力还不为人所知。在葡萄牙的若昂五世统治时期（1707—1750 年），国王在公开场合喝这种饮料是件尽显身份和地位的事情。

来自巴西的黄金和钻石使葡萄牙一夜暴富，但其对长期的经济发展并没有什么帮助。这幅 1775 年的水彩画生动地展现了钻石矿场上的场景，奴隶们在欧洲人的监督下工作着（上页图）。

葡萄牙是欧洲强国中第一个建立海外帝国的，也是最后一个放弃海外殖民地的。到 15 世纪 40 年代，这个欧洲最小、最偏远、最贫穷的国家之一，却已经建立起一个面积五倍于本土、足迹遍布全球的商业帝国。帝国的重心在 1600 年前从非洲转移到亚洲，后来又转移到南美洲，到 19 世纪 20 年代，又再次回到非洲。尽管葡萄牙人海外活动的方向发生了很大的变化，但葡萄牙人仍无处不在。在五个世纪的时间里，数百万人踏上前往亚洲、南美洲（巴西）和非洲的航船。亲缘网络仍是不同地缘政治区域间的历史纽带，编年史作者和诗人则使帝国的"想象的共同体"得到强化，他们精心构建了民族主义的意识形态和葡萄牙扩张的神话。同所有帝国一样，葡萄牙帝国的历史中也充斥着极端的暴力。在海外奴隶贸易中葡萄牙扮演了中心角色，它转移了 1000 万到 2000 万的非洲人，也在美洲创造了富有活力的新的文化和社会综合体。葡萄牙人与外部接触所留下的文化遗产，也在日本、印度尼西亚、马来西亚、帝汶（Timor）、巴西、安哥拉、莫桑比克、几内亚比绍（Guiné-Bissau）、圣多美群岛（São Tomé）和佛得角（Cape Verde）等后殖民社会内部的认同、语言和宗教上持续发挥其作用。葡萄牙自己很难说是帝国主要的经济上的受益者，它首先是一个破坏者。通过帝国获得重生始终只是海市蜃楼，同开始时一样，直到帝国终结，葡萄牙仍旧没能摆脱贫穷和落后。

在非洲起步：从休达到几内亚湾[1]

葡萄牙的扩张开始于 1415 年一支十字军对北非的入侵和对休达的征服。几个世纪前，穆斯林在地中海占据政治上的优势，将这些土地从罗马教会中分离了出去，教宗渴望夺回这些土地，因此这次战役取悦了教宗，也将葡萄牙推上了国际舞台。远征的策划者恩里克王子（Infante Henrique，或称"航海者"亨利[2]）也在 1443 年成为殖民大西洋上的马德拉（Madeira）及其周边岛屿的行动的设计者。编年史作者将亨利描写成一位虔诚和具有骑士精神的勇士，同时也是一位精明的商人和积极的奴隶贸易者。在 30 年的时间里，他把剥削马德拉的所得，以及从农业、贸易和私掠活动中获得的资金用于支持沿非洲西海岸而下的航海活动，由此，到 15 世纪 40 年代中期，欧洲人第一次接触到了塞内冈比亚（Senegâmbia）的非洲黑人社会。如果说寻求黄金和奴隶是其主要动机的话，那么突破伊斯兰世界的南部边界，希望通过征募非洲盟友一同对抗"摩尔人"（Moors）也是重要的动机之一。

第一次远征的目的是掠夺奴隶，这种方式成本高昂又充满危险，能抓到的奴隶数量也有限；不到十年，劫掠就让位于和平的贸易关系。到 1450 年，葡萄牙不再忙于在阿尔金岛（Arguin Island）上建立"代理机构"，而是致力于发展与人口更为密集的塞内冈比亚社会之间的商业关系，后者是跨撒哈拉黄金、象牙和奴隶贸易的一部分。为了攫取权力并发

葡萄牙控制下的果阿是各色人交会的一个地点。出版于 1614 年的一本荷兰旅行书为我提供了一幅不同种族会聚在街道上的全景图，图中既有纯粹的葡萄牙人和印度人，也有各种混血人种。

传教士紧随征服者而来。在引向帝国建立的混杂的动机当中，拯救灵魂这一动机不应被遗忘。这项事业也许并未给原住民带来什么好处，但对传教士来说却充满了危险。16世纪伴随对果阿和安哥拉的军事远征而来的耶稣会传教士，在努力建立基督教信仰的同时，却容忍了奴隶贸易。

起战争，沃洛夫（Wolof）的政治精英渴望获得马匹，葡萄牙人正好可以帮上忙。作为交换，他们得到了奴隶，15世纪50年代的交换比例是7个奴隶换1匹马；每年有1000到2000名黑人奴隶抵达葡萄牙——1440—1460年的总数在1.5万到2万名。[3]

1470年前后，里斯本商人费尔南·戈麦斯（Fernão Gomes）在王室许可下，派船只前往塞拉利昂（Sierra Leone）海岸。他们建立起与马拉格塔（Malagueta）海岸的胡椒贸易，发掘出黄金海岸（Gold Coast）的巨大潜力，穿越尼日尔三角洲（Niger delta）并发现了圣多美群岛。1455年，教宗尼古拉五世（Pope Nicholas V）宣布南大西洋为葡萄牙的领海，使葡萄牙人对航线的独占权和对几内亚湾（Gulf of Guinea）的征服得到确认。葡萄牙的权利在1479年得到确认，当年的《阿尔卡索瓦斯—托雷多条约》（Treaty of Alcaçovas-Toledo）将加那利群岛给了卡斯蒂利亚王国，作为交换，葡萄牙人获得了亚速尔群岛（Azores）、马德拉、佛得角以及"加那利群岛到几内亚之间已经发现和以后发现的陆地……以及其他可能发现和征服的岛屿"。

教宗批准这一条约的时间恰好是1481年若昂二世（João II）登基为葡萄牙国王之时。随后，若昂二世第一次提出通过海路到达印度的政治目标，其中既包括推动基督教传教活动，也包括控制利润丰厚的来自东方的胡椒和香料的贸易。[4]像阿方索·德·派瓦（Afonso de Paiva）和佩罗·德·科维利亚（Pero de Covilhã）这样的犹太裔并会说阿拉伯语的使者被派出去搜集情报。1487 年，他们伪装成穆斯林商人从开罗出发前往亚丁（Aden）。科维利亚继续航行进入印度洋，造访了卡利卡特（Calicut）、果阿（Goa）和索法拉（Sofala），然后从索马里（Somalia）内陆前往埃塞俄比亚的科普特基督教（Coptic Christian）统治者的王国，之后在当地停留了 13 年。与此同时，1488 年，巴托罗缪·迪亚士（Bartolomeu Dias）绕过好望角进入印度洋。

由于对非洲的征服仍旧比直接与亚洲进行贸易更具吸引力，因此在 15 世纪 90 年代初，若昂派遣使者前往马里（Mali）和廷巴克图（Timbuktu），为其寻找黄金和基督教盟友。[5] 占领土地和定居并非他们的首要目的，若昂想要的是可以用来开展贸易和传播福音的永久性基地。最早的圣乔治·达·米纳堡（São Jorge da Mina）建于 1482 年，由葡萄牙人从葡萄牙运来必需的石料和木材，并由葡萄牙石匠和木匠修建。超过 12 艘的船只每年从事两地间的贸易，将黄金

拿破仑入侵葡萄牙后，国王若昂六世于 1807 年在里约热内卢建立了自己的宫廷，里约热内卢由此成为巴西的首都。这是 1816 年的里约景象。

和其他贵重商品运往里斯本。[6]

葡萄牙商人渗透到非洲贸易的网络当中，在沿海地区交易来自刚果的树皮布和铜制马尼拉币、塞拉利昂的可乐果以及贝宁的珍珠。但奴隶才是最重要的地区性商品，他们从事着米纳（Mina）腹地的黄金生产商提供的搬运工作。在尼日尔三角洲茂密的沼泽和几乎无法穿越的森林里的"奴隶河"上，也有成百上千的奴隶参与服役。

到 15 世纪 90 年代，分别发现于 15 世纪 50 年代和 70 年代的塞内冈比亚沿海的佛得角群岛和圣多美催生了几内亚湾的商业和社会变迁。王室将这些土地授予那些凭借自己的力量定居和进行开发的个人，作为领主地或管辖地，赋予其司法、创设机构、军事和经济全权，由此将这些岛屿纳入葡萄牙的管辖范围内。第一批定居者包括了改信基督教的葡萄牙犹太人（"新基督徒"）、吉卜赛人和从葡萄牙流放至此的犯人。1493 年，若昂二世下令，所有被卡斯蒂利亚王国驱逐来到葡萄牙避难的犹太人的孩子都必须被隔离、受洗并遣送至圣多美从事殖民活动[7]；1506 年，共有 600 人在当地生活。[8]

扩张基督教是王室主要考虑的一个目标。作为一个标准意义上的基督教文明的传播者，迪亚士在葡萄牙国王的赞助下，在非洲海岸的主要据点都竖起了十字架石柱。若昂二世不断劝诫非洲统治者放弃"盲目崇拜"，但都被当成了耳边风。在米纳，葡萄牙优先从事黄金贸易，其重要性超越了让原住民转信基督教——尽管塞内冈比亚和贝宁的统治者对基督教表现出了一些兴趣，但随队远征的教士却没能在 15 世纪及之后成功让任何一个重要的非洲首领转信基督教。

随着大批的刚果当地精英承认并接受欧洲人的影响力，在刚果实现了 15 世纪 90 年代到 16 世纪 40 年代通过基督教和商业渗透到非洲内陆最野心勃勃也最成功的一次尝试。大量刚果当地精英信仰天主教，这是密集的传教活动的结果，尽管本地的信仰和习俗仍然存在，但刚果的基督教已具有很强的适应与融合能力。[9]在刚果，占据最大份额的是海外奴隶贸易。和米纳的黄金不同，刚果的棕榈树皮、木材和铜对葡萄牙人而言价值不大。因此，欧洲的商品被用来交换奴隶——由当地统治者提供的战俘、犯人、孤儿和债务人。刚果很快成为葡萄牙和圣多美以及之后的巴西主要的奴隶供应地。

葡萄牙的印度帝国可以追溯到 1498 年瓦斯科·达·伽马的登陆。这幅创作于 16 世纪初年的弗拉芒挂毯颇具想象力地展现了这一事件，达·伽马在画面左侧，正接受卡利卡特统治者的欢迎。达·伽马随身带了一船礼物，但没有一件引起这位统治者的兴趣。

与此同时，来自圣多美的殖民者在贝宁所从事的私人贸易也得到了加强。和刚果的国王们不同，贝宁的统治者从未依赖于欧洲的贸易，1520 年前他们禁止男性奴隶的输入和输出就是一个例证。但来自圣多美的商人和雇佣军对贝宁的制度和信仰发挥着巨大的影响，他们通过出售火枪支持当地统治者的扩张性战争。大量黄铜马尼拉币被熔化后铸成纪念版画，其视觉语言和战争叙事中就包含了葡萄牙士兵、廷臣和商人的形象。[10]

在到达西非后不到一个世纪的时间里，葡萄牙人在从塞内冈比亚到几内亚湾和刚果之间的地带发挥着影响力，其人数在 1450 年到 1500 年间可能从未超过 300 人。到 1500 年，15 万名非洲人从塞内冈比亚、贝宁和刚果被运往米纳、佛得角、圣多美、马德拉或是葡萄牙，持续互动和贸易的模式得到确立。

随着通往印度洋的航线被开辟，葡萄牙王室的中心已经从非洲转向印度。1495 年曼努埃尔一世（Manuel I）登基后，他不顾那些质疑好望角以东航线的价值的人的意见，提出远征印度。曼努埃尔高调地将船队交由瓦斯科·达·伽马统率[11]，他的决定受到救世主义信念的影响，他认为上帝"选中"自己去重新夺回耶路撒冷。15世纪90年代，随着对穆斯林势力的最后堡垒格拉纳达的征服以及对犹太人的驱逐，伊比利亚半岛出现了明确相信千禧年来临的趋势，这正呼应了曼努埃尔的新"大卫王"形象。[12]

葡萄牙人在东方：印度洋上的贸易帝国

> 船长（达·伽马）派一个被流放的犯人前往卡利卡特；他被带到两个来自突尼斯的会说卡斯蒂利亚语和热那亚语的摩尔人面前。第一次见面，他们是这样招呼他的：谁派你来的？你这魔鬼的信徒。然后他们问他：到现在为止你们在寻找什么？他回答：我们是来寻找基督徒和香料的。[13]

从里斯本出发，经过5个月的航行，1497年11月22日，瓦斯科·达·伽马的4艘轻型帆船绕过了好望角，开始沿着非洲东海岸航行。经受了严重的败血症后，船员们于1498年2月抵达莫桑比克岛（Mozambique Island）。由于担心遭到背叛，并急于获得淡水，他们在向北驶往蒙巴萨（Mombasa）和梅林迪（Melindi）之前炮轰了这个城镇。最终，在古吉拉特（Gujarati）领航员的帮助下，他们穿越大洋，于5月21日抵达印度西部的卡利卡特。让人感到惊讶的是，作为若昂二世情报员网络中的一部分，达·伽马和他

到16世纪中期，葡萄牙人已经把他们的东方领地当作自己的家。在一个大约发生在1540年的场景中，一群霍尔木兹的商人在水池中宴饮。霍尔木兹的第一位耶稣会传教士这样写道："这个地方非常炎热，葡萄牙人出行的时候几乎不穿衣服，并且总是待在水池里。"

葡萄牙对巴西最古老的城镇之一巴伊亚的控制，在1625年时受到荷兰人的挑战。在胡安·波蒂斯塔·马伊诺为马德里郊外的丽池公园（Buen Retiro）（葡萄牙在这一时期和西班牙联合）创作的这幅画中，唐·法德里克·德·托雷多将军正在揭开一幅挂毯，挂毯上，菲利普四世踩在异教徒身上，象征他平息了骚乱和战争。在他身后，胜利女神正在为他戴上橄榄枝王冠，在他的另一边，站着奥利瓦雷斯伯爵。背景中，伤者正在接受治疗。洛佩·德·维加（Lope de Vega）据此创作了歌剧《收复巴西》。

的船员对印度洋世界近乎一无所知。开始，他们认为卡利卡特是一座基督教城市，误把印度教的庙宇当作教堂。印度洋社会之复杂出乎他们的意料；卡利卡特的统治者倚靠在盖着黄金镶边布料、金银杯盆和花瓶环绕的卧榻上接见了达·伽马。惊慌失措中，达·伽马吹嘘葡萄牙国王是欧洲最富有的君主，不需要黄金和白银，但他所进献的寒碜的礼物——12条腰带、4件斗篷、6顶帽子、4株珊瑚、6个盆、1箱糖、两桶橄榄油和两桶蜂蜜——证明这些话是虚假的。因蒙受羞辱，主人拒绝接受这些礼物，称这些礼物还不如来自麦加的最廉价的商品。在卡利卡特的余下的时间里，这些葡萄牙人不但受到官方的骚扰，还受到来访的穆斯林商人的奚落和嘲讽。3个月后，达·伽马放弃了与统治者建立友谊的尝试，断然起航回国。[14]

1499年船队回国后，曼努埃尔得意扬扬地宣称葡萄牙"发现"了印度，并接受了"埃塞俄比亚、阿拉伯、波斯和印度征服、航海与通商之王"的称号。印度洋庞大的

沙·贾汗（Shah Jahan）位于阿格拉（Agra）的宫廷是来自已知世界所有地方的访客交会的大都会。在画面的左下方，一群葡萄牙人正向这位莫卧儿皇帝进献礼物。

商业世界远远超出了国王的想象。这些长期从事亚洲与欧洲间贸易的沿海的伟大城邦——亚丁、霍尔木兹（Ormuz）、基卢瓦（Kilwa）、坎贝（Cambay）、卡利卡特、马六甲（Malacca）和广州——则成了曼努埃尔意图占领的港口。

葡萄牙人意识到强大的海军实力是其中的关键，所以他们开始建造"巨船"（naus）船队。这些浮动的堡垒和仓库可以搭载一整列的大炮。袭击会出其不意地到来，这些港口城市的印度、马来和中国的商人无法抵御葡萄牙人的炮火。[15]

在达·伽马第一次远征后，更大规模、更为成功的商业航行紧随其后，这些船队由至少12艘装备精良的船只组成，其中几艘还配备了上千名的士兵。它们搭载着越来越多的葡萄牙骑士和贵族，为了正在东方出现的经济和军事机遇，贵族们愿意冒着生命危险踏上绕过非洲南段的极度危险的航程。[16]对许多人来说，通过抢劫穆斯林商船和定居点所获得的物质利润，比和平的商业贸易更有吸引力。在印度洋沿海社会的统治者看来，葡萄牙人的船队除了强大的海军力量之外，和冷酷无情的海盗并没什么分别。

距离达·伽马第一次在卡利卡特登陆仅仅七年，葡萄牙人就在印度永久性地站稳了脚跟。[17]1505年，葡萄牙王室建立了"葡萄牙印度"，并任命贵族弗朗西斯科·德·阿尔梅达（Francisco de Almeida）担任第一任总督。他的任务是确立葡萄牙海军在印度洋的优势地位，通过封锁红海终结穆斯林的香料贸易，占领东非斯瓦希里（Swahili）的基卢瓦和索法拉两个港口并建筑防御工事——后者是非洲黄金和象牙的主要输出地，并且从印度购买香料。到1509年，这些目标基本上实现了。葡萄牙国王还指示阿尔梅达前往苏门答腊、马六甲和更遥远的印度尼西亚香料群岛，"让这些岛上的国王和领主屈服于葡萄牙人"[18]。这一任务落到了阿尔梅达的继任者，葡萄牙人在东方扩张的代表人物阿方索·德·阿尔布克尔克（Afonso de Albuquerque）身上。通过建立旨在保护商业代理机构的一连串军事化的陆基堡垒——特别是在莫虽然葡萄牙的使命注定将以灾难而告终，但他们还是在日本获得了有利可图的特权。在这幅由日本艺术家狩野多弥（Kano Domi）创作于 1600 年左右的屏风画上，一群刚下船的葡萄牙人手里拿着进献给长崎的将军的礼物。

桑比克岛（1507 年）、果阿（1510 年）、马六甲（1511 年）和霍尔木兹（1507 年），阿尔布克尔克进一步加强了葡萄牙人对海洋的控制。

到 16 世纪 20 年代，葡萄牙的船只沿着科罗曼德尔（Coromandel）海岸，驶往东印度、孟加拉（Bengal）、缅甸的勃固（Pegu）和摩鹿加群岛（Moluccas）中的香料岛屿，在那里用印度的纺织品交换丁香、肉豆蔻和肉豆蔻干皮。通过征服这些岛屿和飞地上的统治者或使其主动臣服，葡萄牙王室迅速控制了这项贸易并将这些区域整合到自己的葡属印度之中。[19] 一些葡萄牙商人自发组建了贸易交易场所，其中最为重要的就是中国的澳门。[20]

相互间十分分散的各领地对位于果阿的总督政府的依赖，是葡属印度各区域最重要的共同特征。无论从哪一方面来说，总督都拥有独立的统治权，在他三年的任期内几乎拥有不受限制的权力。在果阿，由主要的民政和司法官、主教、军事将领和重要贵族所组成的顾问委员会协助总督的工作。葡萄牙人在北非拥有强大军事的力量，实施统治的是一些高级贵族。

在实际中，葡萄牙人在亚洲的政治存在虽然很广泛，但只是表面上的。那些统治者很大程度上只是通过缴纳一些象征性的贡物承认葡萄牙的宗主地位，当地的政治和行政体系基本未受影响。[21] 的确，葡萄牙王室的这些"领土"地理范围太广大，文化和政治多样性的程度也很高，要将它们纳入果阿的统一管理之下是不可能的。不仅如此，葡萄牙在孟加拉湾、东南亚和远东的军事力量比较薄弱，这也对葡萄牙人在这些地区活动的模式产生了决定性的影响。

1511 年，葡萄牙占领马六甲后，葡萄牙冒险家很快便和中国取得了联系。虽然 1522 年葡萄牙人被禁止在中国沿海活动，但仍然存在私人的秘密贸易，1543 年，自由贸易者也找到了去往日本的航线。葡萄牙人从中国对其臣民与日本贸易的禁令中获利，成为中国南部贸易中的掮客。16 世纪 40 年代初，他们将西方火器引介到日本，此举造成了重大的政治后果。新技术很快被地方上的军阀采用，1575 年，织田信长雇用了 3000 名火枪手，在长篠之战中所向无敌，引领日本走上了政治统一之路。[22]

葡萄牙商人打开了远东的大门，但后者从未成为其帝国的一部分。图中所示，是彼得·凡·德阿（Pieter van der Aa）所见的 18 世纪初期位于广州附近的澳门。

MAKOU,
Ville de la Chine.

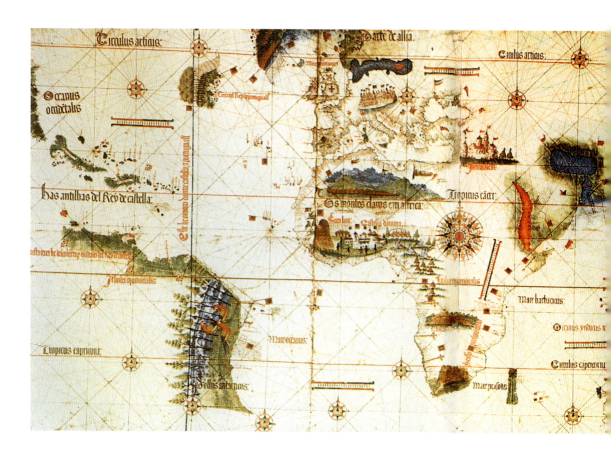

1494年教宗的敕令将新世界在西班牙和葡萄牙之间做了分割。依据1494年的《托德西利亚斯条约》，由北至南的分界线以西部分归西班牙所有，分界限以东部分则归属葡萄牙。这也是葡萄牙宣称拥有巴西的依据。这幅图由阿尔贝托·坎提诺（Alberto Cantino）于1502年绘制。

至此，亚洲内部新的贸易网络对葡萄牙人的重要性，超过了亚洲与葡萄牙之间的直接贸易。大多数亚洲内部的王室代理贸易被"特许航海贸易"取代，由贵族和关系通达的人所控制，作为交换，他们上交货物关税和自己收益的一部分。其中利润最为丰厚的，是果阿—马六甲—澳门—长崎一线的航海贸易，早在16世纪60年代，该贸易线路就已进行胡椒、香料、丝绸，以及铜、黄金、白银等其他贵金属的交易。日本银矿开采的扩张，极大地推动了该贸易线路的繁荣，白银构成了亚洲内部贸易的主要利润来源。在1560年到1600年间，葡萄牙人每年从日本购买22500千克～37500千克的白银，之后的30年中，白银的出口量达到187000千克。[23] 大多数白银贸易的组织设立在广州附近的澳门，它的存在类似于某种商业共和国，从1582年开始，由一个选举产生的市政府进行统治。[24]

密集的传教活动也是葡萄牙人在亚洲活动的另一个特点。到17世纪30年代，在葡萄牙人控制的亚洲地区有1800名传教士。他们代表了一些主要的宗教团体，人数最多的是耶稣

会[25]，其次是方济各会。其中超过三分之一的传教士居住在果阿，尤其集中在科钦（Cochin）。耶稣会士也在东亚特别是日本活动，其他的活动区域还包括埃塞俄比亚、莫卧儿帝国和中国西藏地区。到17世纪初，在亚洲大约有150万基督徒。在耶稣会士开展活动的头一个世纪里，日本基督教徒的人数迅速增加。1549年，当弗朗西斯科·沙勿略（Francisco Xavier）从马六甲乘船前往日本时，日本人把耶稣会士视作一种吸引贸易的手段。因此，对日本的地方军阀而言，允许传播福音是有利可图的，但随着日本走向政治上的统一，面对葡萄牙人的存在和传教士对其内部事务的干涉，政治和文化形势越来越严峻。从16世纪80年代开始，基督教传教士遭到残酷迫害，并在1614年被驱逐出日本。25年后，日本天皇禁止在长崎与来自澳门的商人通商；1640年，葡萄牙使团的61位成员被枭首，他们的船只也被焚毁。[26]

在葡属印度定居的臣民中，主要从事亚洲内部贸易的官方的葡萄牙商人构成了一个主要的社会群体。他们被称为casados（已婚男人），阿尔布克尔克希望在果阿和马六甲建立永久殖民地，这一概念即来源于此。总督为在当地定居并娶当地改信基督教的妇女为妻的葡萄牙人提供经济上的激励。同葡萄牙人控制的非洲或巴西的克里奥尔人社区类似，这些殖民者非常重视种族或出身上的区别——它们决定着一个人的社会地位。那些混血的人（mestiços）的地位被视为低于那些宣称"血统纯正"的由欧洲裔的父母在亚洲所生之人或是来自葡萄牙的移民。

要确定有多少葡萄牙人居住在亚洲是不可能的，往东方的移民，在规模上从未超过去巴西的移民。1540年，总督若昂·德·卡斯特罗（João de Castro）估计，在索法拉和中国之间的葡萄牙领地和代理机构中，有6000到7000名居民。其中400人居住在科钦，250人居住在马六甲，150人居住在霍尔木兹。到1600年，属于白种人的已婚男人和士兵的数量为5000人，其中光是在果阿就有2000人。规模最大的定居地是澳门，有500到600人。总的来说，即便是在主要的定居点，葡萄牙人也只构成当地人口的很小一部分；在马六甲，爪哇人、中国人、羯陵伽人（Kalingas）和马来人的数量明显比葡萄牙人多。在果阿，尽管信印度教的少数群体

原住民引发了前来统治他们的帝国主义国家的好奇心。1787 年，在亚历山德罗·罗德里格斯·费雷拉（Alexandre Rodrigues Ferreira）远征期间，这两个来自亚马孙地区的戴着面具的印第安人的形象被记录了下来。

为数不少，但到 17 世纪早期，基督教徒仍占当地人口的多数。在整个葡属印度的范围内，还有相当数量的家庭奴隶，包括给人做妾的女性奴隶——在果阿可能有 8000 人。

更多的葡萄牙人居住在城市之外、官方的定居点和葡属印度的要塞中。在 16 世纪早期，商业刺激并吸引了很多低级贵族和其他寻求财富的沿海小商人与雇佣兵。他们逃避葡属印度的政治控制，其行动独立于王室利益。到 17 世纪 30 年代，整个亚洲的白种和混血的葡萄牙人口数量不超过 15000 人，其中有 5000 人显然是为亚洲统治者服务的雇佣兵。[27]

到 17 世纪 30 年代，葡属印度的范围在不断缩小。早在 16 世纪的最后四分之一个世纪中，除了红海的奥斯曼人，葡萄牙人还不得不防备伊朗（波斯）的崛起以及莫卧儿帝国。但是，在葡萄牙官方势力的衰退中，比印度和其他亚洲国家更具威胁的是英国和荷兰的军事威胁，尤其是两国海军的敌对行动。在 17 世纪 20 年代到 50 年代之间，葡萄牙在荷兰的进攻下失去了占据的大量的亚洲土地，包括马六甲和印度尼西亚的其他重要的前哨、斯里兰卡和印度西南部地区。当 1663 年和约签订时，葡属印度实际已经缩小至印度西海岸的果阿、达曼（Damman）、勃生（Bassein）和第乌（Diu），东帝汶和非洲东海岸等定居点。

葡萄牙人在西方：南大西洋的贸易与殖民（约 1570—1820 年）

从 16 世纪 70 年代开始，随着在东方的利益受到外国敌对行动和其他困难的威胁，葡萄牙人逐渐把注意力转向西面的巴西利润丰厚的蔗糖经济。1500 年，驶往印度的佩德罗·阿尔瓦雷斯·德·卡布拉尔（Pedro Alvares de Cabral）的舰队意外地在巴西沿海登陆，依据 1494 年的《托德西利亚斯条约》——在教宗的祝福下，该条约将整个世界在卡斯蒂利亚和葡萄牙之间做了分割；佛得角群岛以西 370 里格的子午线以东的领土归属葡萄牙，以西的则归属西班牙——这片土地立刻被宣布为葡萄牙的领地。托德西利亚斯线穿过南美洲大陆的最东端，并构成了巴西的第一条边界线。相比亚洲，葡萄牙对新土地的殖民剥削有着独特的优势。葡萄牙与巴西之间的海上航线更短、更安全，对每年固定风向的依赖也小得多。和亚洲密集的人口与复杂的政治结构不同，分散在巴西沿海地区的半定居的美洲原住民没有集中化的政治或商业体系，对外敌入侵的抵御力也更弱。但即便如此，在一开始，葡萄牙人仍执迷于印度洋的财富，而没有太多地关注巴西的染料、木材、羽毛、猴子和鹦鹉。

到 16 世纪 30 年代中期，为了对抗法国人的殖民野心，占领巴西的土地变得紧迫起来，葡萄牙按照在马德拉和圣多美所推行的模式，将巴西分成 15 个辖区。1549 年，一个在总督领导下的集中化的政府被置于这些辖区之上，在接下来的 20 年里，当局致力于扩大自己的控制范围，刺激经济的发展，并把法国人从巴西南部赶了出去。在耶稣会士的协助下，政府加强了集中化的管理，尽管他们的人数比在亚洲要少得多，却发挥了极大的影响力。

巴西原住民并不总是心平气和地接纳葡萄牙人。西奥多·德·布雷根据欧洲亲历者的描述，再用想象创作这幅画。这幅出版于 1562 年的画作表现了定居者受到一大群印第安人攻击的景象，印第安人袭击了葡萄牙人的船只，并将树木砍倒，防止葡萄牙人逃回海上。

16 世纪 40 年代，在巴西的葡萄牙人口数量仍不到美洲西班牙人的二十分之一。但是，随着欧洲对糖的需求量的上升，殖民化的步伐不断加快。东北部肥沃的土地和湿润的气候十分适宜甘蔗、烟草和棉花的生长。容易获取的土地、蔗糖利润带来的财富和社会流动的机遇，吸引了葡萄牙移民建立起 "engenhos" —— 指蔗糖生产中包括的土地、房屋、奴隶、牲畜、工艺和资本所构成的整体。第一代移民出身相对低微。到 1600 年，有超过 5 万葡萄牙人，包括数量众多的妇女，集中居住在伯南布哥（Pernambuco）和巴伊亚（Bahia）。[28]100 座制糖作坊每年产出超过 1 万吨的蔗糖，占殖民地收入的 80%。17 世纪 20 年代前，蔗糖价格上涨，其产量也不断增加，迟至 1640 年，巴西仍然是世界最主要的蔗糖产地。尽管蔗糖带来了财富，但种植园提供的生计是不稳定的，它受到信贷、奴隶、天气和技术的限制。

蔗糖产业最初的增长主要依赖于当地图皮人（Tupian people）提供的廉价劳动力。[29]在耶稣会的要求下，葡萄牙国王禁止人们对这些人实施奴役，转而通过使其和平地转信基督教，从而变成温顺的劳动力。数千个图皮人家庭被重新安置到由耶稣会士保护和控制下的传教村内。事实证明，这类村庄，特别是位于蔗糖产区的村庄，很容易成为奴隶劫掠者的目标。殖民地区图皮族村民的流失，再加上天花和麻疹带来的高死亡率，导致 1560 年后劳动力的急剧短缺，而此时正是蔗糖产业快速扩张的时期。为了解决这一问题，种植园主们把目光转向了非洲。以葡萄牙和大西洋岛屿为目的地的奴隶贸易已经存在了超过一个世纪的时间，将其扩展至巴西只是一个自然的过程。在 16 世纪下半叶，有 5 万名非洲人通过大西洋奴隶贸易从几内亚、米纳、刚果和安哥拉被运往巴西的种植园。[30]

对非洲的影响：奴隶贸易的扩张

随着繁荣的蔗糖产业走下坡路，葡萄牙人转向保护自己在大西洋另一边的海岸的安全，他们重申自己在几内亚湾的权威，到刚果以南地区特别是安哥拉的内陆地区（据称这里存在银矿）寻找新的奴隶和矿产来源。来自圣多美的殖民

本质上独立于里斯本的克里奥尔寡头掌控着安哥拉和莫桑比克。这是罗芒·德·杰西·玛利亚（Romão de Jesús Maria）位于赞比西丛林中的庄园，可谓现代生活中的一处绿洲，庄园的收益来源于农业和奴隶贸易。

者以罗安达岛（Luanda）为基地，从事与非洲的安哥拉王国（从宽扎河 [Kwanza river] 一直到刚果边境）之间利润丰厚的奴隶走私贸易已经有很长的时间。从 16 世纪 20 年代到 60 年代，由于无法控制这一贸易，且无法通过与安哥拉统治者之间的和平关系使其皈依基督教，在耶稣会士的支持下，葡萄牙国王决定占领这个王国并将其殖民化。1571 年，一个小贵族保罗·迪亚士·德·诺瓦埃斯（Paulo Dias de Novaes）[31]，经特许获得约 161 千米长的贫瘠的海岸，以及对未来在宽扎河和刚果之间建立的王室殖民地的终生统治权。[32]1575 年 2 月 22 日，诺瓦埃斯带领 300 到 700 人的武装部队入侵了罗安达，随同的还有传教士。高死亡率、缺乏作物生长所需的降水和非洲人的敌对行动，导致这次行动迅速以失败告终。

但诺瓦埃斯还是设法在罗安达建立了一个立足点。他向自己的追随者和耶稣会士盟友承诺，除了授予他们土地之外，还将给予他们以奴隶形式从屈服的非洲酋长那里征收贡物——换取对后者的"保护"和在天主教信仰中给予指导——的权利。通过这种奖励，他也奠定了未来殖民的基础。到

16 世纪末，每年有几乎 3000 名奴隶从安哥拉被卖到巴西。[33] 与对奴役巴西当地居民的谴责形成对照，葡萄牙耶稣会士从教宗那里获得了豁免，因此他们并未对黑奴贸易存有顾虑。在非洲盟友和雇佣军的协助下，到 17 世纪 70 年代，诺瓦埃斯的继任者们强有力地完成了对安哥拉的征服。不断的战争和破坏持续超过一个世纪，导致被俘获的奴隶数量持续上升，从事奴隶贸易成为在罗安达的葡萄牙人的主要职业。

向巴西输入的非洲奴隶，特别是来自安哥拉的奴隶，其数量最终达到年均 1 万人。然而，1670 年后，由于外国的竞争，加上一场大范围的萧条对大西洋经济体的影响，蔗糖和烟草的价格急剧下跌。但到 1695 年，随着米纳斯吉拉斯（Minas Gerais）发现黄金（该地随后也出产钻石），巴西恶化的经济状况得到了改善。这次发现在从萧条的蔗糖产区到北部的殖民者群体中引发了一场淘金热。很快，这些人在数量上被来自葡萄牙的每年 4000 人的移民超过，到 18 世纪 20 年代，每年有 5000 到 6000 名非洲奴隶被输入米纳斯吉拉斯。到 1775 年，米纳斯吉拉斯拥有 30 万居民，占巴西人口总数的 20%，其中一半是奴隶。[34] 移民的涌入造成了一个极不稳定的社会，王室用了超过十年的时间才将其置于有效的控制之下。与此同时，黄金的产量快速增长，到 18 世纪 50 年代，其产量已超过 15 吨。人口的南移和经济以及军事活动，使里约热内卢（Rio de Janeiro）在 1765 年取代巴伊亚成为殖民地的新首都。随着蔗糖、靛蓝染料和稻米种植园的不断发展，促使人们输入一批批奴隶，这座城市变成了连接巴西和安哥拉、莫桑比克以及印度的重要贸易集散地。

殖民地政府、教会和商业界的上层由葡萄牙裔组成，寻求财富的亲属的不断到来也维系着跨大西洋的亲缘网络。依据官职、头衔，且借助军事行动，地方上的寡头和王室紧密地联合在一起。1700 年之后寻找黄金和钻石的移民——到 18 世纪末，其数量达到 50 万——的大批涌入，使得出生于当地的葡萄牙人对葡萄牙的认同进一步得到加强。[35] 直到 18 世纪末，出生于欧洲和出生于巴西的葡萄牙人之间的差别才显现出来，此时后者占人口的比重不断上升，而他们对葡萄牙几乎一无所知。

巴西：人口、文化和贸易

文化和知识上的依赖强化了巴西与葡萄牙的社会整合。在 19 世纪 40 年代之前，印刷业在葡萄牙人占据的地区是不被允许的。不仅如此，任何想学习医学或者法律的殖民地臣民，都要前往母国的科英布拉大学（University of Coimbra）就读。在殖民时期，有超过 3000 名巴西人进入该校学习。因此，在殖民地精英中，他们对更广泛和无所不包的葡萄牙传统的归属感也得到加强。[36]

尽管不断有葡萄牙移民涌入，但到 1800 年，非洲人及其后裔还是构成了殖民地人口的最大多数。他们中的大多数人是奴隶，但由于种族间的通婚和奴隶的释放，黑人和黑白混血种人仍旧构成了殖民地自由人口中的多数。[37] 虽然在表面形式上是欧洲化的，但巴西的文化和社会在其根本上受到非洲移民的决定性影响。大多数奴隶说葡萄牙语并皈依天主教，但不断输入的黑人也仍旧保留着他们的非洲传统。

在北美，种族的混合更多是出于不得已，以及主人与奴隶之间的屈辱关系，而不像葡萄牙人那样——如之后殖民主义的辩护者所宣称的——是来源于种族宽容的特殊智慧。[38]

葡萄牙人通过军事征服占领了非洲的土地。1895 年，一位名为古冈哈纳的首领领导一支人数超过一万的部队为自由而斗争，但被人数仅为自己十分之一的一支军队击败。此后，在一次可怕的突袭中，这位毫无防备的首领被抓获。葡萄牙画家莫雷斯·卡瓦罗（Morais Carvalho）为这一事件创作了这幅画。

实际上，葡萄牙人对待种族的态度经常充满极端的偏见，特别是在那些种族融合程度更高的地区。从法律上来说，混血的自由人是殖民地社会的正式成员，但实际上，他们是遭受歧视的。对与黑人融合的偏见并不适用于美洲印第安人，从第一次接触开始，葡萄牙人就和他们建立起性和婚姻上的关系。

随着巴西的黄金流入葡萄牙，国王高兴地发现，巴西是自己的"奶牛"[39]。但黄金掩盖了一个事实，即在对王室繁荣所仰赖的殖民地岁入的生产上，母国只是一种边缘性的参与者。用于交换非洲奴隶的纺织品和其他贸易品是从欧洲北部（主要是英国）进口的，而这些商品又是通过出售巴西蔗糖和其他热带产品换来的。随着 1670 年后黄金产量的下降和殖民地商品国际价格的回落，巴西进入了一个漫长的萧条期。[40] 王室岁入急剧减少，政府赤字增加，很明显，黄金热让葡萄牙变得比之前更加脆弱。

应对危机需要强有力的措施。葡萄牙首相塞巴斯蒂安·何塞·德·卡瓦罗·梅洛（Sebastião José de Carvalho e Melo），也就是后来的庞巴尔侯爵（Marquis of Pombal），将推动葡萄牙经济复兴的希望寄托在帝国特别是巴西身上，以挣脱对英国的经济依赖。塞巴斯蒂安·梅洛开启了激进的改革进程，他将财政集中化，使巴西更大程度地满足母国的需求。当耶稣会士表示拒绝后，他没收了耶稣会的财产并将其驱逐出帝国。为了使葡萄牙国民能够与外国商人竞争，葡萄牙设立了垄断公司，通过这些垄断公司，殖民地的贸易和发展被国有化。在塞巴斯蒂安·梅洛治下，丛林密布的亚马孙盆地成为棉花、咖啡、珍稀木材、香料，特别是可可的主要出口地。尽管如此，1776 年巴西的出口额也只是 1760 年的40%。

18 世纪最后 20 年，更有利可图的国际市场刺激了巴西出口的急剧增长。奴隶制得到加强，在 1780 年到 1800 年间，非洲每年的奴隶出口人数上升到 2 万人，而 1760 年时为 1.6 万人；其中安哥拉供应了总数的 70%。[41]1815 年《英葡条约》（Anglo-Portuguese Treaty，条约将合法的奴隶出口地限定为葡萄牙的南半球领地）签订后，这一数字进一步变大，安哥拉（其次是莫桑比克）成为主要的奴隶供应地。不出所料，奴隶的出口数量在 19 世纪头 10 年和 20 年代达到前所未有的高度。

1807 年，法国入侵葡萄牙前夕，国王若昂六世（João VI）同其家庭、宫廷、政府以及 1 万名包括文化精英在内的臣民在英国护送下被转移到里约热内卢，里约成为帝国的财政和文化上的首都。[42] 但 1810 年葡萄牙的自由党叛乱后，国会要求国王返回葡萄牙。此举也取消了巴西新近取得的作为帝国内平等的一个王国的地位，废除了宫廷在里约逗留期间所建立的新制度，并要求王储同时也是巴西摄政的佩德罗（Pedro）返回葡萄牙。但在巴西人的催促和英国人的许可下，佩德罗在 1822 年宣布巴西独立，并由自己担任国王。[43]

非洲帝国（1822—1974 年）

巴西的独立成为葡萄牙帝国解体的先声。[44] 当时帝国只剩下非洲沿海、远东等亚洲地区的一些被称为"荒废的碎片"的相距甚远的飞地[45]，国王对它们只拥有形式上的主权。当地居民会说一些葡萄牙语，他们主要是天主教徒，对自己的臣民身份意识比较淡薄。这些地区种族来源多样，居住地也较为分散，相比之下，非洲在帝国的维系中扮演的角色就更为关键。在非洲，葡萄牙臣民的主要财富几乎全部来自奴隶贸易。因此，在安哥拉，克里奥尔人寡头维系着葡萄牙人的存在。传统上，他们在军事、民政和教会中占据着地位较高和富有声望的职位，但他们对里斯本远算不上屈从。如果他们支持葡萄牙对自己的主权，也必须以他们自己的条件为前提。

国际环境的变化使得帝国的生存进一步复杂化。为了确保竞争的欧洲大国对自己的支持，葡萄牙在对殖民地主权的重申上不得不逐渐做出让步。尤其是奴隶贸易，它成为一个中心议题，且深刻影响着其他大国尤其是英国看待葡萄牙的非洲帝国的方式。到 19 世纪 20 年代，葡萄牙成了唯一没有将"可憎的"奴隶贸易定义为非法的欧洲强国。压制奴隶贸易或者说执行反奴隶贸易法律的失败，暴露了葡萄牙对其非洲领土行使主权上的无能，这给英国——自 19 世纪以来，英国便以葡英同盟的名义单方面对葡萄牙的海外殖民做

1891 年，一个皇家委员会被派往非洲，以解决葡萄牙的莫桑比克和英国的罗德西亚之间的边界问题。

出定义——干涉葡萄牙的殖民地事务提供了一个方便的、道德上的借口。在葡萄牙，重申反对英国对帝国国家主权的干涉主导了政治和公共辩论，并成为其民族主义情感的重要关注点。[46]

19 世纪的政治家和评论家逐渐转向帝国余下的部分，寄希望于其能解决葡萄牙的认同和命运的危机。19 世纪 20 年代革命开始时所定义的原则强调了民族与帝国之间的联系，这次革命引发了对普世价值、法律、政府和公民身份的启蒙主义信念。虽然有过几次中断，但 1826 年宪章（Constitutional Charter）在 1910 年宣布建立共和国之前一直发挥着效力。1826 年宪章将葡萄牙及其领地联结为一个不可分割的整体，非洲和亚洲的飞地转型成为母国的"省份"，并在位于里斯本的国会中拥有代表权。"大葡萄牙"的观念在 1974 年以前都占据着主导地位。19 世纪 30 年代，葡萄牙尝试将海外"省份"吸收到母国的管理结构之中，却很快因其不切实际而被叫停。与此类似，扩大公民权和赋予非洲人宪法权利等举措，因能有效传播葡萄牙文化的"文明化使命"缺位，也只是得到部分的实施。

在国会辩论和报刊中，殖民地成了一个与民族认同不可分割的议题，从中可以发现两种相互重叠的话语。第一种强调海外领土的历史价值，因其见证了民族的伟大和国王的丰功伟绩。这种观点受到另一种显然更加理性的观点的制约，但后者同样是神话性质的，它希望通过在非洲领土上建立一个"新巴西"来实现民族的救赎。这种思想建立在自16世纪以来便得到反复强调的一种信念之上，即非洲殖民地，特别是安哥拉，有着无穷无尽的矿产财富和肥沃的土壤，而欧洲的殖民和资本可以对其实现转化。

变动的帝国愿景

19世纪50年代，葡萄牙尝试通过在海外的殖民来实现国内的繁荣，事实证明，这在很大程度上是失败的。总督们手中掌握的贫乏资源并不足以克服资本和人力的短缺，用以逐渐废除奴隶制的立法也主要停留在纸面上。葡萄牙人采取鲁莽的行动，企图通过军事征服安哥拉和莫桑比克腹地来扩大葡萄牙的主权，但他们低估了非洲人的反抗力量，他们遭遇溃败，致命的热带疾病也使母国军队大批死亡。[47]到19世纪70年代末，根据一种说法，葡萄牙在安哥拉的帝国纯粹就是"想象的"，内部的殖民据点就好比"迷失在由原住民所组成的无边无际的海洋当中的小岛"[48]。

但悖论是，正是那些原住民的产业使殖民地免于破产。在19世纪40年代到20世纪头10年间，殖民飞地的繁荣完全依赖于和周边非洲社会的贸易。殖民地出口产品的更大部分来源于非洲农民、猎人和劫掠者的独立行动，欧洲的进口商品价格下降，而棕榈制品、蜡、松香、花生和象牙，以及之后的咖啡和橡胶等出口商品的价格则在上升。可以肯定的是，这些贸易中的大多数躲过了葡萄牙的财政控制。但即便如此，安哥拉殖民地的关税收入在19世纪40年代到70年代之间还是增加了一倍。这是沿海地区葡萄牙企业在边缘地区的代理人所从事的主要业务。他们将古老的奴隶贸易线路进一步延伸到大陆内部，以寻找更多的出口物，并传播葡萄牙的文化，扩大其经济影响力。

葡萄牙长期以来宣称占有刚果河河口地带，葡萄牙政治家自 19 世纪 20 年代以来便试图将其利润丰厚的贸易置于自己的财政控制之下，但 1885 年的柏林会议（Conference of Berlin）在国际上承认了比利时国王利奥波德（Leopold）的刚果自由邦。不过在原刚果王国年逾八旬的老统治者（他在 1881 年再次宣誓对葡萄牙国王效忠）的同意下，葡萄牙重新占领了刚果河以南的首都圣萨尔瓦多（São Salvador），一定程度上弥补这一损失。葡萄牙再次燃起实现旧时梦想的希望，葡萄牙人认为自己享有在非洲大陆扩张其帝国，将安哥拉和莫桑比克联结到一起的历史性权利。到 1886 年，葡萄牙正式宣布对非洲中部一大片区域享有权利。但是，占领该地后，却也将里斯本置于和塞西尔·罗兹（Cecil Rhodes）以及英国的直接冲突当中。1890 年 2 月，伦敦向里斯本递交了一份正式通牒，要求后者停止在该地区的行动。葡萄牙别无选择，只能让步并接受英国的协商建议。1891 年，葡萄牙和英国、德国分别签署条约，现代安哥拉和莫桑比克的边界得到最终确认。伴随着失去非洲及其潜在的巨大矿产和农业财富，葡萄牙人将中部非洲帝国变成"新巴西"的美梦破碎了。英国的通牒在葡萄牙人中激起了强烈的羞辱感，强化了他们保卫帝国的民族主义热情。

葡萄牙还面临着另一项挑战，即"绥靖"和占领安哥拉、莫桑比克以及几内亚比绍（其面积相当于整个西欧）三块相隔甚远的领地。尽管伴随传教活动和现金经济，非洲社会逐渐转型，但大部分非洲社会仍保持着独立。许多非洲统治者仍具备足够的动员数千名战士的权力，通过与外部交易获得的枪炮，他们有能力抵御殖民占领。直到 19 世纪 90 年代引入机枪后，这一天平才明显地偏向了殖民部队一边。但即便如此，由于葡萄牙军事力量比较薄弱，当地的抵抗还是持续了很长时间，特别是在安哥拉和几内亚，反抗一致延续到 20 世纪 30 年代。[49]

葡萄牙在莫桑比克投入了数量众多的白人士兵。在击溃非洲南部幅员辽阔的加扎（Gaza）帝国的战役中，葡萄牙投入了 1000 到 2000 人的兵力，而根据葡萄牙政治代表的说法，它的统治者古冈哈纳（Ngungunhana）则拥有 10 万名支持者，"虽然并非全都是战士，但全部是疯子"[50]。1895 年，葡萄牙军队只用了几个月的时间就击败了加扎。557 名葡萄牙人和 500 名非洲雇佣兵只用了 40 分钟的时间便击溃了 1 万到 1.5

万名古冈哈纳的战士，他们中的大部分被机枪和步枪打死。这次遭遇战具有决定性的意义。古冈哈纳也在一次大胆的突击中被俘虏。三个月后，古冈哈纳作为俘虏被运抵里斯本，这个"加扎之狮"和他的妻子、儿子、顾问被囚禁在一个囚笼中，胜利者将其放在一驾马车上游街示众，街道两旁站满了好奇的观众，随后他们便被转送到了亚速尔群岛上。[51]

加扎的一系列事件标志着一个有影响力的行政和军事官员组成的精英群体开始兴起，他们致力于复兴葡萄牙及其帝国。对"1895 年一代"而言，在非洲的战争不仅仅是为了恢复在海外军事行动失败之前葡萄牙昔日荣光的爱国行动，也是对非洲领地进行更为系统的经济剥削的关键前奏。安东尼奥·埃尼什（Antonio Enes）在 1898 年时强调："这个国家必须毫不犹豫地责成那些未开化的非洲黑人……工作，如果有必要，就采取强制措施。"这种观点在 1899 年严酷的劳动法中被确定下来，该法公开将强制劳动合法化，直到 20 世纪 50 年代末，这一法律仍旧在几乎没有修改的情况下得到执行。

19 世纪 90 年代到 20 世纪 30 年代，葡萄牙几乎不断遭受经济、财政和政治危机。1910 年取代了君主国的共和国试图通过行政分权、废除垄断和减少保护主义，实现对帝国更有效和更合理的剥削。但殖民地原材料价格骤跌、第一次世界大战的爆发和第一共和国自身在 20 世纪 20 年代政治上的

1934 年，为了弘扬帝国的荣耀，总统萨拉查在波尔图举办了一次展览。展品中就包括了这幅名为《葡萄牙不是一个小国》的地图，它将葡萄牙本土和莫桑比克以及安哥拉的面积做了比照。

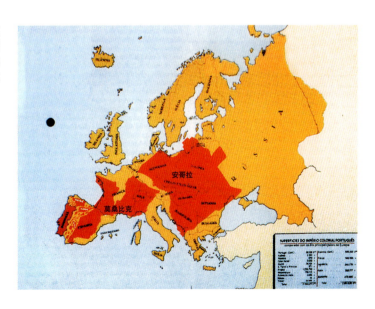

关于同化的讨论可谓用心良苦，但对安哥拉和莫桑比克的"土著"而言却毫无意义。这张约20世纪20年代前拍摄的种植园的照片所传递的信息不言自明。

分裂，使得这些政策没有取得预期的效果。

对于是否有必要通过白人的定居殖民使海外领地文明化，葡萄牙的政治舆论多多少少是有分歧的。在20世纪20年代之前，葡萄牙农村和城市中的贫民倾向于通过移民巴西（而不是非洲）来摆脱贫困，非洲往往被认为是惩罚罪犯之地和死亡之地。但安哥拉和莫桑比克的白人数量还是逐渐增长，一部分原因是绥靖部队的士兵在这些地方定居，内陆地区的矿业和农业也开始逐步取代商业。白人殖民者的增多导致既有的克里奥尔精英被疏远，在官僚体系中，因为对教育水平要求的提高以及对晋升的限制，克里奥尔精英群体中的成员被挤到了收入更低的职位上。

财政乏力的葡萄牙同时还面临着竞争对手（特别是英国）挑唆和分割其殖民地的持续不断的威胁。争论的主要焦点是，葡萄牙仍在从事奴隶贸易——尽管官方已经在19世纪70年代废除奴隶制，并以契约劳动体系取而代之。有悖常情的是，在20世纪头10年之前，大多数与殖民地企业签订合同的非洲劳工，在被克里奥尔商人从仍旧自治的非洲内陆社会中赎回前是奴隶之身。圣多美咖啡和可可种植园的繁荣使整个安哥拉投身于新一波奴隶贸易的浪潮当中，到1910年，这项贸易达到顶峰，每年签订合同的劳工数量在3000人到4000人之间。早在1877年，英国驻罗安达的领事就对此提出抗议，安哥拉和圣多美之间的劳工流动本应是自由的，现在却成了一个笑话，他还抗议劳工遭受的不人道的待遇，他们"像牲口"一样被运输，"像动物一样，没有隐私，异性之间也不分开，他们被迫与猪、山羊和绵羊睡在一起"。[52]在1925年的《罗斯报告》（"Ross Report"）中，这种谴责达到了顶点，这项报告是在国际联盟的要求下撰写的，它揭露了葡萄牙的非洲殖民地的残酷环境。

"新国家"与非洲殖民地（1930—1961年）

葡萄牙第一共和国在1926年的一场军事政变中宣告终结，独裁统治也由此开始。1933年以后，安东尼奥·德·奥利维拉·萨拉查（António de Oliveira Salazar）领导的威权式的"新国家"建立。在20世纪30年代和60年代，他的政权再一次将注意力放在用帝国来支持民族主义和复兴萎靡的

20世纪30年代的电影中反映爱国主义情感的例子有这部《帝国的魅力》（*The Enchantment of Empire*）。

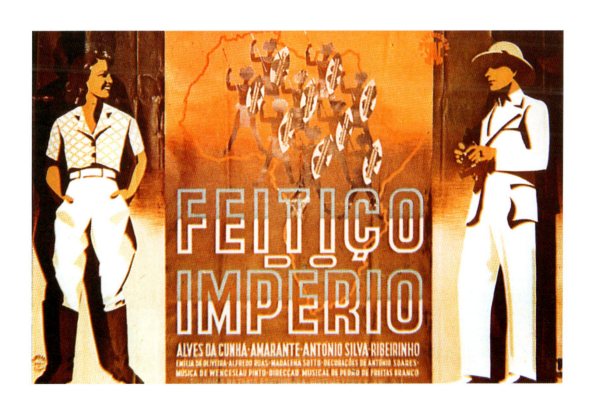

国内经济上。在 1930 年实施的政策中，殖民地的经济活动被严格置于新的"殖民地协定"所表达出的民族团结的观念之下。从根本上来说，这涉及对殖民地更为系统性的剥削：以殖民地为母国工业的原材料提供方，并将殖民地作为葡萄牙制成品的保护性市场。殖民地经济的国有化措施，再加上交通基础设施的改善，使得殖民地在 20 世纪 40 年代重新获得繁荣。第二次世界大战期间，得益于国际上对殖民地产品的需求及其价格的普遍提高，殖民地迎来了一波经济上的繁荣。到 1950 年，殖民地贸易和生产的大量剩余帮助葡萄牙成功摆脱了长期的贸易赤字。自从失去巴西以来，帝国第一次给葡萄牙带来了一定程度的繁荣。[53]

在殖民地进行经济动员的同时，"新国家"的空想家们还有意识地使用华丽辞藻和虚构，用帝国来增强民族荣誉感和认同。因此，对 1931—1935 年的殖民部长（Minister for the Colonies）阿明多·蒙泰罗（Armindo Monteiro）来说，帝国形象"超乎财政、经济和政治之上"。它是"葡萄牙理想的化身"，与过去以及道德和民族情感连为一个整体。[54]

到 20 世纪 50 年代，这些华丽辞藻和殖民地现实之间的鸿沟通过葡萄牙的"同化"原则表现得最为明显。在很长的时间里，葡属印度和佛得角不仅在文化上，也在政治上视为已经被母国同化。但在葡属几内亚、安哥拉和莫桑比克，葡萄牙为占人口多数的非洲人制定了特殊的政策。第一共和时期确立起"原住民"不同的法律地位和处理本地事务的特别立法，其目的是家长式的，即为了保护非洲人的土地和劳工权利免受侵犯。这种不同对待在独裁时期仍旧存在，1926年通过的《土著法》（Native Statute）将"文明人"和"土著人"的区分制度化[55]，后者依据自己的习惯而不是母国法律来进行统治。为了同化或者说享有和葡萄牙裔公民相同的法律权利，人们可以学习葡萄牙语、接受教育和信仰基督教。[56]这些友好的立法掩盖了大多数非洲人残酷的生活现实，因教育投入不足，以及对劳工持续的不公对待，这种状况持续存在。到 20 世纪 50 年代，在文化上被殖民地社会同化的安哥拉、莫桑比克和几内亚非洲人不到 0.5%。[57]

从非洲人的观点来看，20 世纪 20 年代到 50 年代的政府及其私人代理人推行的威权主义和日益高压的殖民地框架，

教育和宗教时常被看作殖民化带来的好处。这是基索瓦（Kisua）的美国卫理公会传教团的教师和当地学生。

似乎比周围的殖民政权更为暴力、更具压迫性。个体的人口流动被禁止，而一个个村庄却被重新安置，以方便对当地居民施加控制和征税。对建造、搬运、采矿或者甘蔗、剑麻、茶叶、咖啡以及棉花种植园中的劳动力的需求，则常常涉及对非洲劳工的强制征用。随着 20 世纪 40 年代的再次繁荣，强制的棉花种植也得到强化，特别是妇女和儿童被迫参加农业劳作和修路工作。在安哥拉，白人文明的传播和不断开发的种植园导致非洲人无法获得最好的可耕地。许多非洲人选择迁移到殖民地军队或劳工贩子无法到达的森林、灌木林或是山区，以避免与殖民地世界的直接接触或是被整合到后者当中。

面对新一轮的国际压力，在《联合国宪章》和《世界人权宣言》已发布的背景下，葡萄牙公开重申其背后的同化原则来为帝国申辩。1951 年，修改后的宪法公开地将葡萄牙定义为一个由欧洲和海外省份组成的、整合在无形的民族团结之下的"地跨多个大洲的国家"。

而实际上，20 世纪 50 年代，在诸如罗安达这样的殖民中心，种族关系日趋紧张，且不断升级。占据殖民地管理职位、技术性或准技术性职位的混血的或者"被同化"的非新的"更伟大的葡萄牙"的形象一直持续到 20 世纪中期，但这只是一个注定无法实现的理想。右图是一本用于初等学校教育的政府杂志的封面，标注的日期为 1960 年 10 月。

ÀS ACUSAÇÕES INFAMES DE QUANTOS SE EMPENHAM NA DESTRUIÇÃO DA UNIDADE NACIONAL RESPONDE, NA SUA CALMA CONFIANÇA, A EXPRESSÃO DESTE GAROTO DA NOSSA GUINÉ, QUE PARECE AFIRMAR, EM INOCENTE ACTO DE DESAGRAVO, O ORGULHO DE SER PORTUGUÊS

洲人，面临着来自那些拥有种族优越性的白人移民的巨大挑战。以肤色作为薪酬高低的依据的现象非常普遍。[58]20 世纪 50 年代，以保卫被同化者（assimilado）利益为目标的安哥拉人民解放运动（Popular Movement for the Liberation of Angola，简称 MPLA）兴起[59]，他们得到了罗安达城市中快速壮大的黑人劳工阶层的支持。到 20 世纪 50 年代末，萨拉查的威权政府已经同其他正在快速去殖民化的欧洲强国的社会民主政府渐行渐远。尽管已经尽了最大的努力，但 1957 年被派往非洲殖民地"新国家"的秘密警察，还是被证明无力制止安哥拉和莫桑比克兴起的民族主义和解放运动。1960 年，比属刚果独立，这鼓舞了安哥拉。从 1961 年开始，葡萄牙人的政权在葡萄牙本土和殖民地都遭到公开的挑战。在安哥拉，人们试图将因犯从罗安达的监狱中放走，随后他们又对白人的咖啡种植园和管理机构发动进攻。[60]与此同时，1961 年 12 月，印度进攻并占领了果阿、达曼和第乌。在非洲，殖民地冲突扩展到了几内亚（1963 年）和莫桑比克（1964 年），三块非洲领地上针对葡萄牙人的持续十年的武装斗争开始了。

1961 年，面对罗安达的动荡，葡萄牙实施了废除强制劳动、强制种植和《土著法》等多项举措。随着关注点再次转移到多种族社会的建构上[61]，最终通过广泛的学校教育和卫生保健，非洲人的生存环境得到很大改善。更多的工作机会和行动的自由使得非洲人大量走出村庄，来到殖民地的城市当中，这是高经济增长率带来的——殖民地对外国资本的开放和 20 世纪 30 年代所实行的保护主义措施的最终废止，吸引了数量上前所未有的白人殖民者的到来。1960 年到 1973 年间，安哥拉和莫桑比克的白人人口增长了一倍多，分别达到 32.4 万人和 1.9 万人，由此也为海外省份是葡萄牙的延伸这一想象增添了实质性的内容。因此，在抵制不断高涨的非洲民族主义浪潮中，葡萄牙政权能够比其他欧洲大国多坚持十年之久。1974 年革命最终开启了去殖民化的进程，1975 年，葡萄牙正式赋予其殖民地独立的地位。

第四章　荷兰

一个小国的帝国野心

埃斯特·凯普顿（Esther Captain）、古诺·琼斯（Guno Jones）

1975 年，苏里南获得独立，并采纳了这一纹章，上面带有用克里奥尔语和荷兰语写的格言。

帝国带来了大量的科学知识和物质财富。这本玛利亚·西比拉·梅里安（Maria Sibylla Merian）出版于 1705 年的内容丰富的自然历史书《苏里南昆虫变形记》，便是荷兰占领南美洲的苏里南（或者说荷属圭亚那）的一个结果。图中是一株孔雀花，它是苏里南历史中沉痛的一页。女性奴隶用它来帮助流产，免得生下奴隶（上页图）。

和之前其他的殖民主义国家一样，最近从荷兰内部也能听到对殖民主义和殖民制度的强烈批评。关注这些声音，不仅对本章的作者（两人都是后殖民时代的荷兰公民，都是混合族群的后裔，他们与东方 [凯普顿]、西方 [琼斯] 以及荷兰都有亲缘关系）而言很重要，对更公正地撰写荷兰殖民统治的历史和整体的去殖民化而言也非常重要。

从这个方面来说，2002 年是具有非同寻常的意义的一年。首先，在这一年，一个政府资助下的特别委员会和其他官方机构为荷兰东印度公司（Verenigde Oost-Indische Compagnie，简称 VOC）成立 400 周年举行了庆祝活动。但这些活动也受到了一些人的质疑与挑战，比如欧亚混血人、荷兰人、印度尼西亚和摩鹿加（Moluccan）后代的发言人在研讨会上强烈批评荷兰殖民主义，也出现了一个名为"对荷兰东印度公司 400 周年庆说不"（Celebration of 400 Years of VOC? No!）的委员会。其次，这一年的 7 月 1 日，在阿姆斯特丹，贝娅特丽克丝女王（Queen Beatrix）为人们期待已久的纪念西印度群岛废除奴隶制的纪念碑揭幕，众多荷兰和国际嘉宾出席。这代表了在承认奴隶制是荷兰历史的一个组成部分上迈出的重要一步。但揭幕仪式的许多参观者（其中多数是黑人）却被栅栏隔离在这些显贵的视线和纪念碑之外，他们受到的这种待遇引发了矛盾冲突和激烈的抗议。

然而，没有人能够否认历史上荷兰的海外殖民地的巨大规模。荷兰是一个小国，但随着 1621 年西印度公司（West Indische Compagnie，简称 WIC）的成立，荷兰的贸易、探索和（说到殖民化和奴隶制时候的）剥削延伸到了全球。在北美和加勒比地区，荷兰的领地包括了纽约这座由荷兰人

1664 年，巴达维亚的一位年长的商人皮耶特·克诺尔（Pieter Cnoll），同处画中的还有他的日本妻子、两个女儿和印度尼西亚奴隶。这个家庭处处显示出其富有——昂贵的珠宝、优雅的帽子和其中一个女儿手里拿着的黄金梣叶盒。

建立，最初名为新阿姆斯特丹（New Amsterdam）的城市，以及西印度群岛上的岛屿，包括阿鲁巴（Aruba）、博内尔（Bonaire）、库拉索（Curaçao）、圣马滕（Sint Maarten）、圣尤斯特歇斯（Sint Eustatius）和萨巴（Saba），这些岛屿现在仍旧是荷兰王国的一部分。在旧世界，除了印度尼西亚群岛，荷兰人还获得了非洲沿海、印度和斯里兰卡的贸易站点，荷兰布尔人（Boers，意为农民）还在非洲南部的好望角附近建立起大规模的定居殖民地。[1]

殖民化在很多方面增加了荷兰的财富，包括个人财富和国库收入，以及促成了新的由多族群后裔组成的居民群体的诞生——因而也丰富了这个国家的人口，使之更为多样化。荷兰对外关系的特点是和平、利润和某些原则的有趣混合。[2]从历史上来说，帝国主义可以被认为是荷兰贸易活动的附属品。去殖民化以来，荷兰人在全球事务中积极推动人权事业，援助和支持其他国家的发展。作为一个自由贸易国家和国际组织的活跃的成员，荷兰常常希望成为其他国家的榜样，但有时候，它也会忘记自己海外探索和剥削的复杂历史。[3]

非洲和美洲：意外中诞生的帝国

在讨论印度尼西亚和苏里南（Suriname）这两个本章的主要对象之前，有必要简单地提一下荷兰帝国事业中的另外两块区域。尽管它们在不同的环境下或许都产生了深远影响，但严格说来它们都不能算作帝国的一部分，这两块区域便是非洲和北美。

南非的定居点是荷兰人占领印度尼西亚的一个结果。从事香料贸易的荷兰东印度公司的船只养成了在非洲南端停泊，以及补充食物和水的习惯。1652 年，在该公司雇员的运作之下，一个永久据点得以建立，并由扬·范·里贝克（Jan van Riebeeck）总督统治。这一站点很快扩展成为一个初步的殖民地，在拥有永久地权的农场上，由非洲奴隶提供劳动力，到 1707 年，这一殖民地繁荣起来，拥有包括妇女和儿童在内将近 1800 名欧洲定居者。他们实行自治，当然最终还是要服从于巴达维亚当局和荷兰东印度公司的欧洲董事们。

这样一种使其本质上拥有了独立地位的安排一直持续到 18 世纪末。定居者所使用的南非语（Afrikaans）也逐渐与母国语言产生了显著的区别。在欧洲人的占领下，这块区域迅速扩大，唯一的反对力量来自克瓦桑（Khoisan）村民。殖民者是坚定的个人主义者，他们一般居住在远离城市的地方。他们中的很多人和非洲妇女产下后代，这些人后来被称作"开普有色人种"（Cape Coloured）。所有这一切塑造了一种本质上不受荷兰政府控制，同时和印度尼西亚以及苏里南非常不同的社会环境。人们也并没有尝试将荷兰人和非洲人整合到一起。

从大约 1780 年开始，南非的欧洲人和非洲人之间的关系开始恶化。随着布尔人占领了越来越多的土地，他们发现，像科萨人（Xhosa）这样的北方部落是比克瓦桑人更强大的敌人。1795 年，随着另外两个欧洲强国的到来，情况变得更为复杂。首先是法国人，他们征服了荷兰并据此认为荷兰的殖民地也应归自己统治。之后是英国人，他们以自己支持的合法统治者奥兰治亲王（prince of Orange）的名义占领了开普敦（Cape Town）。1814 年，维也纳会议（Congress of Vienna）裁定南非应属英国。这之后，开普敦就成为不列颠帝国历史的一部分，但在诸如法律、商业和土地所有权上，它仍旧保留了源于荷兰的重要特征。英语也随之成为官方语言。英国移民大量涌入，他们和布尔人也不来往。当12000名布尔人决定离开这块殖民地，建立一个自己的新国家时，双方的紧张关系达到了顶点。这便是从1835年一直持续到1843年的"大迁徙"（Great Trek）。1852年，在经历了相互间多年的敌对和流血后，一个新的共和国奥兰治自由邦（Orange Free State）获得承认，随之而来的便是持续更久的英国人、布尔人和非洲人三方之间的冲突，直到英国人赢得1899—1902年的布尔战争的胜利，这一冲突才宣告结束。1910年，南非成为英联邦的一个自治领地。以英国人和荷兰人之间（并非总是愉快的）相互制衡为特点，这即便算不上独特，但也可以说是一个不寻常的关于帝国终结的故事。从更准确的制度层面上来说，荷兰人保留了长时间的"种族隔离"这一意识形态和政治上的遗产，该制度由出生于阿姆斯特丹的亨德里克·维沃尔德（Hendrik Verwoerd）设计，在数十年的解放斗争和国际社会的持续施压下，这一制度才最终被废除。1990年纳尔逊·曼德拉（Nelson Mandela）获释后，压迫性的种族隔离体系最终解体，取而代之的是基于"一人一票"原则的非种族歧视的民主制。

北美是否也一样呢？1609年，荷兰东印度公司雇用亨利·哈得孙（Henry Hudson）前往探索今天的新英格兰海岸，受到哈得孙报告的鼓舞，荷兰宣称其为自己的领地。1614年，来自阿姆斯特丹和霍恩（Hoorn）的商人组建了一个公司，他们鼓励荷兰人移民到被他们称为新尼德兰的这块土地上定居和开展贸易。在这块土地上，荷兰人建立了奥兰治堡（Fort Orange，也就是今天的奥尔巴尼 [Albany]）和阿姆斯特丹堡（Fort

朝圣是穆斯林的义务之一。这个男人刚从麦加回来，时间是1854年。

Amsterdam，即曼哈顿岛 [Manhattan] 的南端）。荷兰人鼓励有意移民海外的农民穿越大西洋到此地定居。尽管 1641 年荷兰人与美洲印第安人发生了严重的冲突，但殖民地还是运作良好。1650 年，英国定居者在沿海的北部建立了另一块殖民地，并宣称拥有曼哈顿。1664 年，在荷兰人口达到 1 万人时，总督彼得·施托伊弗桑特（Peter Stuyvesant）被迫交出新阿姆斯特丹，也就是后来的纽约（New York）。除 1673 年到 1674 年荷兰人成功夺回港口这一短暂时期外，纽约的名字一直保留到现在，一些旧的家族传统和各种街道的名字成为荷兰殖民的遗存。而在世界其他地方，荷兰的殖民主义有着更长久的生命。

复数的帝国和单数的帝国：印度尼西亚和苏里南

2005 年，荷兰外交大臣本·波特（Ben Bot）前往雅加达（Jakarta），参加纪念印度尼西亚共和国独立 60 周年的纪念活动，此次出访甚至在日期的选择上都极具象征意义。荷兰政府第一次含蓄地承认，1945 年 8 月 17 日，也就是印度尼西亚首任总统苏加诺（Sukarno）宣布印度尼西亚独立的日子，而不是荷兰正式转交主权的 1949 年 12 月 27 日，才是当代印度尼西亚历史的关键日期。在这之前，甚至从未有荷兰政府的人参加过自己的前殖民地的独立庆典。

在西半球，2005 年，苏里南（在英语中常被称作荷属圭亚那 [Dutch Guiana]）也举办了庆祝自己独立 30 周年的活动。苏里南和荷兰都对作为分离日期的 1975 年 12 月 25 日没有异议。荷兰帝国的其他部分——荷属安的列斯群岛、阿鲁巴和西印度群岛的自治领地则仍是荷兰王国的一部分，但它们不在本章的讨论对象之列。

这些政治上的去殖民化行动在时间上的显著差异，从某些方面表明，把"荷兰帝国"当作一个单数来讨论是不可能的。"荷兰王国"包含了经济、历史、政治、制度和社会环境非常不同的地区。东方的印度尼西亚和西方的苏里南这两块前殖民地面积大小差别很大。在这些地方，荷兰人统治所确立的管理措施也不相同。在去殖民化的 30 多年时间里，这两块殖民地的历史背景也发生了极大变化。因此，母国给这两块殖民地也留下了不同的遗产。

　　但同样，在两块殖民地之间也存在着相似性，以及跨殖民地的联系。关于印度尼西亚人和苏里南人的种族主义观点曾被用来为荷兰人在这两块土地上的存在做辩护，在东方经过试验的管理方法有时候也被应用到西方。印度尼西亚和苏里南的人口都没有少到会温顺地服从于殖民主义及其遗产。尽管不同人群之间的疏离为殖民体系和背后的意识形态提供了根据，但是，不管是在东方还是在西方，殖民者和被殖民者都没有被完全隔离开。要理解印度尼西亚和苏里南是如何被殖民化和去殖民化的，就必须意识到，殖民者和被殖民者之间的差异是随着时间和环境自身的变化而变化的。

　　本章将回答四个主要问题：第一，荷兰是如何在印度尼西亚和苏里南建立起自己的统治的，与之相配套的又有哪些管理方法？第二，荷兰的殖民主义在荷兰所统治的地区留下了怎样的遗产？第三，这些地方的居民对荷兰的统治及其遗产如何反应？第四，这两个地方是怎么被殖民化的？颇为相

印度尼西亚的国教是伊斯兰教。荷兰传教士的努力实际上毫无成效。事实上，印度尼西亚在今天也仍是世界上穆斯林人口最多的国家。爪哇人的清真寺风格独特，和其他清真寺都不一样。

悖的是，从现在的情境出发，以当代的视角观照印度尼西亚和苏里南，反而更可能最容易对这些问题做出回答。

印度尼西亚是一个巨大的群岛，面积约为 192 万平方千米，人口 2.62 亿[4]，2022 年的国内生产总值（GDP）为 1.78 万亿美元。苏里南与之形成了鲜明的对比，苏里南的国土面积仅为 16.4 万平方千米，总人口为 61.7 万，国民生产总值为 30.11 亿美元。[5] 这种对比解释了为何荷兰作为帝国的自我形象首先会和东方联系在一起，而不是西方，也解释了为什么两个国家的去殖民化进程会如此不同。[6]

印度尼西亚和苏里南在文化和族群上都非常多元化，只是两者多元化的方式不同。印度尼西亚社会有着 300 个不同的族群和 250 种语言。[7] 穆斯林占这个区域中人口的大多数；印度尼西亚的确是世界上最大的伊斯兰国家。苏里南则没有占主导地位的宗教，除了现在数量稀少的美洲印第安原住民之外，这里还有荷兰农民、犹太人、中国人、黎巴嫩人、爪哇人（来自东印度群岛）、逃亡黑奴（Maroons，定居在这个国家内陆地区的逃亡而来的非洲奴隶的后裔）、克里奥尔人（有非洲血统的人或混血儿的后裔）和印度人（来自英属印度）的后代。就数量上而言，后面的四个群体（按照人数从少到多排列）尤其定义了苏里南族群的"马赛克"特质，同时混血人种的数量也在不断增长。[8] 基督教、印度教和伊斯兰教都有适当的地位。由于其祖先来自世界各地，苏里南又被称为"坚果壳中的世界"。这一术语反映了印度尼西亚和苏里南的多样性中的一个重要区别。荷兰人在印度尼西亚人口的组成上基本没发挥什么影响，因为在欧洲人到来之前，这里的人口多样性已经确立。另外，荷兰把世界各地的人带到（或是迫使其前往）苏里南，在当地创造了一批"自己的臣民"。

荷兰在印度尼西亚和苏里南的殖民统治

印度尼西亚一开始是荷兰的一块贸易殖民地，这种状态持续了若干个世纪；荷兰在东印度群岛的存在常常也是基于经济上的利益。1602 年 3 月 29 日，荷兰议会向荷兰东印度公司颁发特许状，赋予其在印度尼西亚群岛的管理权、开展

荷兰对印度尼西亚的统治由一位由母国任命的总督执掌。从 1617 年到 1630 年，这一职位由扬·彼德松·科恩（Jan Pieterszoon Coen）担任，他一方面击败自己的英国对手，另一方面对原住民"实施高压政策"。他建立了首都巴达维亚，荷兰的东方帝国的建立很大程度上也要归功于他，但他残酷无情，这也成了对他的记忆当中的一个污点。

位于爪哇的巴达维亚深水港，可容纳大型远洋帆船，它面对一个国际化的城市，有两个长长的码头和像阿姆斯特丹那样的运河系统。在这幅伊凡·莱恩（Ivan Rynne）创作于 1780 年前后的绘画中，体量巨大的荷兰船只矗立在脆弱的中国小船之间。

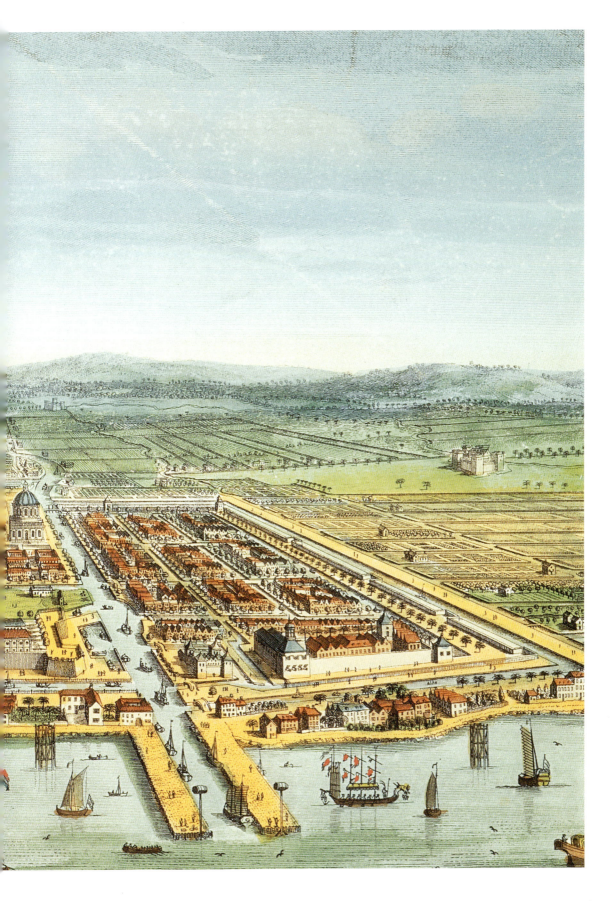

在 18 世纪和接下来的将近两个世纪的时间里，咖啡成为荷属印度尼西亚的主要出口品。这是一座种植园中的景象，站在中间的是它的欧洲主人，时间大约为 1876 年。

从西非输入的奴隶为苏里南提供了劳动力。19 世纪初，奴隶们发动叛乱，经过长时间的作战，最终遭受无情镇压和惩罚。约翰·加布里埃尔·斯泰德曼（John Gabriel Stedman）在 1806 年出版的书中表现了这种普遍的恐惧，其中便包括这幅名为《一个被钩子穿过肋部活活吊死在架子上的黑人》的绘画。背景中，骷髅戳在杆子上。

贸易的权利，以及与原住民统治者签订排他性条约的权利。东印度公司承认这些统治者和他们的法律体系，前提是这些安排不与荷兰的经济利益发生冲突。因此，直到 1830 年为止，印度尼西亚仍主要是一块荷兰的贸易殖民地。[9]

随着时间的推移，荷兰还是加强了对这一殖民地的控制。1796 年，荷兰人在印度尼西亚取得的财产转为国有，东印度公司的管理权也被解除。[10] 从此以后，荷兰通过由荷兰议会任命的总督对印度尼西亚实施直接的统治。荷兰人在东印度群岛大多数地区仍实行不干涉政策，将统治的重心放在群岛的特定区域，特别是爪哇和安汶（Ambon，摩鹿加群岛中最大的岛屿）[11]，对于其他被称为"海外省份"（Outer Provinces）的地区，荷兰也只是实施有限的统治。官方宣称，荷兰当局"应该在扩张上克制自己，并寻求和印度尼西亚的统治者建立良好的关系"[12]。这一政策一直延续到 1870 年左右。之后，更多的土地缓慢地但也确实落入了荷兰的统治之下。以亚齐苏丹国（Sultanate of Aceh）为例，荷兰一开始承认其独立，随后又在一场为期 30 年的战争中将其占领。[13]

不干涉政策并不妨碍荷兰牢牢控制那些被视为东方帝国核心的土地。举个例子，1830 年，总督约翰内斯·范·登·坡斯（Johannes van de Bosch）将强制种植制度（cultuurstelsel）引入爪哇。[14] 这种剥削形式让人回想起奴隶制和契约劳工制度。在这一反映了爪哇从贸易殖民地到农业殖民地的转型的体系之下[15]，荷兰当局强迫爪哇人为欧洲市场种植蔗糖、靛蓝、胡椒、烟草、咖啡、茶和肉桂等作物，而只付给劳工极其微薄的报酬。[16]这一体系凸显了印度尼西亚作为一块被征之地的地位——事实上，这也是荷兰国会在1854年对东印度群岛殖民地的定位。[17]

事实证明，强制种植制度持续的时间相对较短，1891年，该制度被废除。从1900年前后开始，所谓的"道德的政策"成为荷兰统治的指导性原则。在这一时期，荷兰以履行对群岛上的人民的"文明化使命"（mission civilisatrice）而被赋予合法性。为了完成文明化使命，"强大的国家权威"至关重要，当时荷兰殖民当局通过军事行动对这一"海外省份"建立了有效的控制。从1922年开始，荷属东印度群岛正式成为荷兰王国的一部分，而不再仅仅是后者的一块属地。即便如此，主权仍旧掌握在中央政府手里，而后者在很长的时间里都无视印度尼西亚的民族主义。尽管印度尼西亚的民族主义大约早在1908年便初次兴起，但在接下来的几十年中，并未被荷兰人接受，这也加深了荷兰人和印度尼西亚

1718年甘蔗收获的情景。和现在一样，蔗糖是当年苏里南主要的出口物之一。

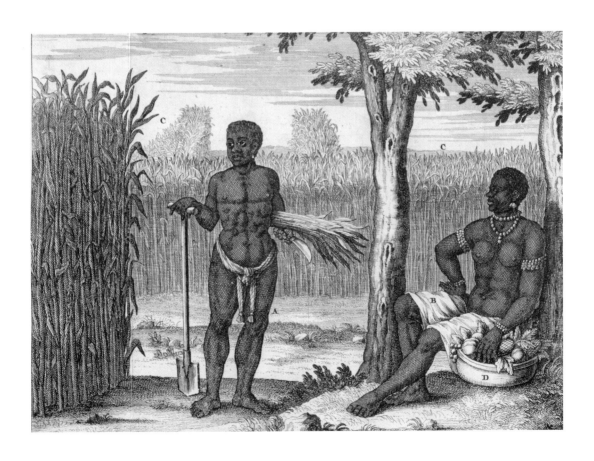

人之间的隔阂。在 1936 年的人民委员会（People's Council，荷兰东印度政府的一个顾问机构）中，温和的民族主义得到了表达——尽管这一"人民议会"（Volksraad）的设立并不意味着自治的开始。历史学家埃尔斯贝特·洛赫尔-斯科尔滕（Elsbeth Locher-Scholten）将荷兰遭受世界经济危机冲击的 20 世纪 30 年代称作荷兰在印度尼西亚统治的最压抑的十年。这一统治持续到 1942 年，随着日本人占领印度尼西亚，荷兰人的统治骤然终结，"殖民主义的等级制颠倒了过来"[18]。

在苏里南，荷兰建立殖民统治的初始目的和主要原因也是追求利润，1667 年，亚伯拉罕·克兰生（Abraham Crijnssen）代表泽兰省（province of Zeeland）从英国手中夺得苏里南。西印度公司和阿姆斯特丹市政府以及作为"苏里南公司"所有者的阿尔森·范·索梅尔斯迪克家族（Aerssens van Sommelsdijck family）一起管理苏里南。[19] 与主要从事贸易的东印度公司不同，在苏里南的荷兰人建立起以奴隶制为基础的种植园经济——奴隶制当然也存在于印度尼西亚，但和美洲不同的是，奴隶制在亚洲并非荷兰殖民主义的基础。[20]

尽管苏里南最初的奴隶是美洲印第安人，但作为非洲人的种植园劳动力很快被带到这里。在跨大西洋的奴隶贸易中，英国人、法国人、葡萄牙人、西班牙人和荷兰人等从非

龙目岛（Island of Lombok）是巴厘岛最后一位统治者阿纳克·阿贡·能加（Anak Agung Nengah）与凡·德·费特尔（van der Vetter）将军领导下的荷兰军队交战之地。这幅棉布上的蜡染作品大约制作于 1920 年。

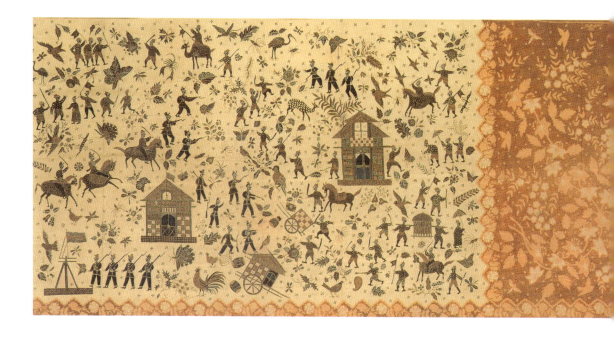

洲进口奴隶，然后把他们卖到整个美洲和加勒比地区。[21] 据估计，荷兰的奴隶贸易从业者承担了整个跨大西洋奴隶贸易5%的份额，经手的奴隶大约55.5万人。[22]

1791年，西印度公司破产，荷兰议会决定，对这块殖民地的管理权将逐渐由西印度公司原先所在的"苏里南特许公司"转交给"国家殖民地及领地委员会"。总督不再代表"特许公司"，而是代表荷兰政府。然而，这一变化并未终结奴隶制，后者直到1863年才正式废除。[23]

从1873年到20世纪初，荷兰从爪哇和英属印度招募的契约劳工取代了种植园中的奴隶，但这些劳工的工作环境同奴隶制时代相比并没有什么差别。[24]1898年出生于帕拉马里博（Paramaribo）的苏里南思想家和社会活动家安东·德·科姆（Anton de Kom）在1933年出版的《我们的苏里南奴隶》（*Wij slaven van Suriname*）一书中分析了殖民者和被殖民者之间的复杂关系，谴责了对代替奴隶的契约劳工的奴役和剥削行为。[25] 德·科姆还指出，只要饥荒、贫穷、失业、杀婴行为和糟糕的医疗还影响着众多苏里南人的生活，那么他们在本质上仍旧是奴隶。

直到第二次世界大战，苏里南一直处在直接的殖民统治之下。代表荷兰的总督是政府的首脑，他可以绕开并非代表制机构的人民委员会；直到1949年，苏里南才举行了第一次普选。[26]1954年，苏里南获得荷兰王国治下的自治地位，但直到20年之后才完成主权的移交。

文化多元主义与同化论之争

荷兰的政策对印度尼西亚人和苏里南人而言意味着什么呢？总的来说，印度尼西亚发展成了一个有着二元政治架构的文化多元的社会，而在苏里南，特别是在奴隶制被废除以后，荷兰统治的指导原则是同化。

在很长时间里，荷兰在东印度群岛的统治特征就是法律和管理体系上的多元化。殖民统治者尤其反对向印度尼西亚人传播荷兰语和基督教，这在很大程度上是因为印度尼西亚拥有广袤的土地和众多的人口，另外，伊斯兰教才是印尼的主体信仰。荷兰在印度尼西亚的统治遵循严格的

在苏里南的丛林中，最初只有水运这一有效的交通方式。

种族分类。1854 年，殖民地当局开始将人口分成三类：第一类是欧洲人（特别是白种的荷兰人，但也包括那些有着印度尼西亚和欧洲血统的法律上被承认的人群）；第二类是"外国的东方人"（特别是中国人和阿拉伯人）；第三类是"原住民"（即印度尼西亚人）。1892 年，这种分类法成为以种族理由拒绝给予最后一类人完全的荷兰公民权的基础。为大约 30 万的殖民地欧洲上层制定的规章制度，与适用于 6000 万印度尼西亚人（人数远超前者）的规章制度并不相同。根据荷兰政府的标准，一个人在多大程度上是荷兰人，取决于他或者她是不是可以通过教育、训练、就业、晋升、婚姻、社会关系和社会地位进入欧洲裔精英团体并获得相应的特权。种族群体之间的界限是可以跨越的，但这并不影响殖民地的结构和荷兰对印度尼西亚的主权。殖民地政府认为，用荷兰文化将其同化，并赋予殖民地所有居民平等的权利，可能会损害荷兰人的霸权地位。殖民当局用"尊重殖民地不同人群之间的差异"来为这种二元论辩护。这么做的结果是，殖民地官僚系统中重要的职位主要被欧洲精英阶层占据。甚至直到第一次世界大战结束后，基于种族分类的这种"二元体系"也没有受到真正的质疑。[27]

在1863年苏里南废除奴隶制之前，有奴隶和自由民两大"法定社群"，分别遵循不同的法律。全体白人，殖民地的社会—经济和政治精英，还有数量可观的被视为"有色人种"的一群人以及白人男性和黑人女性的后代，被归为自由民。在一些情况下，黑人、获得自由的奴隶和他们的孩子也可以成为自由民。法律上被归为奴隶的，主要包括黑人和一小部分有色人种。毫无疑问，这其中不包括白人。在社会和政治上，白人居于统治地位[28]，欧洲的生活方式、文化和宗教构成社会的准则。黑人奴隶一直处于从属地位，直到废除奴隶制之时，殖民政府依旧对他们的语言、文化和宗教不感兴趣。与印度尼西亚不同的是，1863年后，随着殖民政府下令全体苏里南人不论种族都应构成一个拥有单一语言和文化的共同体（以荷兰语为官方语言），情况发生了急剧的变化。这一同化政策是以"文明化"黑人并使其变成"良好的荷兰公民"的使命开始的。基督教、西方教育和荷兰语得到了积极的宣传。另外，非洲—苏里南的语言、文化和宗教则遭到严厉打压，比如使用黑人语言就被认为是冒犯。[29]在这一文化政策下，欧洲的东西被标榜为成功的准则，非洲—苏里南文化则被打上"有缺陷"的标签。[30]从1895年到1933年，同样的同化政策被应用在种植园中替代了奴隶的印度和爪哇的契约劳工身上。根据总督鲁特格斯（Governor Rutgers，1928—1933年在任）的说法，对苏里南的殖民政策的目标，是为了"使所有人——不管是白种人、棕种人、黑种人还是黄种人，也不论是欧洲人还是美洲人，非洲人还是亚洲人——联

印度尼西亚的权力共享者：苏拉卡尔塔（Surakarta）军团与荷兰驻当地公使。

结成为一个拥有单一语言和文化的，有着包括家庭和继承法在内的单一法律体系的共同体，苏里南因而将成为荷兰的第 12 个省"。荷兰殖民当局知晓自己在对待东西方方式上的差别。范·利尔（Van Lier）引述了殖民大臣科宁斯博格（Koningsberger）1928 年在苏里南对爪哇年轻人的讲话，科宁斯博格说，教育在这里的目的"和在东印度群岛是不同的，在后者那里，保持和发展它自己的语言、风俗和习惯是抚养和教育的最重要的原则，而在苏里南，教育自始至终的目标，是将包括爪哇人在内的所有种族融合到一个荷兰语言和文化的共同体中"[31]。

但在 20 世纪 30 年代，殖民地政策却发生了急剧的变化。1933 年上任的总督基尔斯特拉（Kielstra），在荷兰殖民地大臣维尔特（Welter）的支持下，通过建立仿照东印度群岛的村社模式、独立的"亚洲家庭法"和学校来鼓励对印度和爪哇文化的保护。之前在苏里南，现在在荷兰议会中抗议的克里奥尔精英对此表示强烈反对，但遭到基尔斯特拉的无视。殖民地政府相信，新政策对苏里南经济赖以维系的爪哇和印度契约劳工而言是公正的。但与此同时，这一政策也起到了"分而治之"的效果。同样，即便在同化政策过了鼎盛期之后，在苏里南的印度人和爪哇人也没能摆脱其留下的影响。就像历史学家汉斯·拉姆索（Hans Ramsoedh）在 1995 年时所写的那样："对契约劳工的后裔们而言也是一样，接受荷兰的语言和文化同化是在社会中向上流动的必要条件（sine qua non）。"

尽管奴隶制被废除后，种族间的不平等在苏里南的法律中已不存在，但苏里南社会在很长的时间里仍保持了种族分层。第二次世界大战刚结束的几年中，爪哇人主要在种植园工作，印度人是小自耕农，黑人从事非农业工作，有色人种担任低级公务员，欧洲人则占据着那些高级职位。[32]

荷兰殖民主义的影响

荷兰殖民主义的影响在东西方是不同的。一些人认为，荷兰对印度尼西亚的影响很小，而苏里南是彻彻底底的荷兰影响的产物。[33] 在苏里南，荷兰语成为官方用语，基督教也

荷兰东印度公司在印度尼西亚的总部位于巴达维亚的城堡内，安德雷斯·比克曼（Andries Beeckman）在1656年前后所作的这幅画的大背景便是。

仍旧占据重要位置。在东印度群岛，荷兰发现的不是像苏里南这样的"无人的国度"，而是一块有着大量人口、由众多族群和政体所组成、拥有自己法律体系的土地。荷兰语和基督教对人口中的大多数基本没有什么影响，独立后，殖民者的语言和宗教在印度尼西亚社会中也没有扮演什么重要的角色——现在的官方语言是印度尼西亚语（Bahasa Indonesia），不是荷兰语，伊斯兰教也仍旧是占据统治地位的宗教。1998年，赫特·奥斯廷迪（Gert Oostindie）对这一彼此相异的经验做出总结："荷兰人在西方（且只在西方）统治着他们自己带去的殖民地的大多数人，但在亚洲……他们只是闯入者而已。"后来有一种说法认为，他们只是留下了一些"krassen op een rots"（石头上的爪印）。而在加勒比，他们则创造了自己的臣民。[34]

尽管从某些方面来说这种判断无疑是正确的，但仍有待检验。在苏里南，被殖民者的反应并不只是简单地顺从荷兰殖民当局，还有对荷兰人的反抗，荷兰人的影响力也会发生变化。美洲印第安人和逃亡奴隶发动了对奴隶制的游击战，前文中提到的苏里南的奴隶叛乱并非最后一次。1832—1834 年，另一场起义爆发，将殖民地拖入混乱之中。画面中，三个之前的奴隶和一个扛着带刺刀的步枪的政府军士兵不期而遇。直到 1863 年，奴隶制才被废除。

这些战斗有时候能取得胜利，对殖民体系构成严重的威胁。[35] 爪哇和印度契约劳工也抗议在种植园中受到的剥削。[36] 苏里南的克里奥尔人中的文化民族主义者也反抗同化政策。[37] 在殖民地时代，苏里南的通用语（lingua franca）斯拉南语（Sranan Tongo）被视为一种"低等语言"，通过亨尼·德·泽尔（Henny de Ziel）坚持不懈地使用这种语言，这种污名才被清除——身为教师和杰出诗人的他以特雷弗萨（Trefossa）为笔名，出色地展现了斯拉南语可以表现最微妙和深刻的思想与情感。

荷兰文化在苏里南的影响也长期被"克里奥尔化"。宗教以一种融合的形式发展，融合了基督教和其他信仰中的要素。[38] 官方语言[39] 发展出了自己的变种——苏里南荷兰语。该语言作为一种苏里南的特殊方言，最近获得由荷兰、比利时、苏里南和南非组成的荷兰语言联盟（Dutch Language Union）的承认。

有人认为荷兰对其东方的殖民地只发挥了"很小影响"的，这同样忽略了荷兰在当地的殖民经历中的一些方面。东印度群岛上与肤色相关的殖民地等级制在印度尼西亚依旧存在——尽管只是作为一种非官方的分类法。"原住民"无法享受到殖民社会曾经提供给欧洲人的好处，比如欧洲式的教育，或者殖民地官僚机构中的高级职位。荷兰东印度总督和之后的殖民大臣 J. C. 伯德（J. C. Baud）在 19 世纪末坦率地宣称："语言、肤色、宗教、习俗、起源、历史记忆，在所有这些方面，荷兰人和爪哇人都是不同的。我们是统治者，而他们是被统治者！"[40]

欧亚混血的知识分子古斯·克莱因图尔（Guus Cleintuar）在 1952 年遭到了这种歧视，荷兰政府收回了他的荷兰护照。一位官员解释，因为克莱因图尔的曾祖父在 1892 年前拒绝在法律上承认自己的儿子，所以克莱因图尔从来就不是荷兰公民。因此他的荷兰公民身份，像他自己所说的那样，在"历经几代人之后"，就这样不复存在了。1992 年，克莱因图尔援引这次事件，认为它代表了"试图摆脱自己殖民历史中的不光彩遗产的荷兰国家的那种影响深远的法律主义"[41]。

然而，从克莱因图尔的个人经历中可以清楚地看到，殖民者和被殖民者之间并没有严格的二分法。在东方和西方，两个群体常常跨越相互的界限——尽管这种做法原则上和殖民体系相冲突。为了维持这个体系，必须清晰地区分"自由民"和"奴隶"（在苏里南）或者是欧洲人和"原住民"（在印度尼西亚）。但东方也好，西方也罢，理论和实践是两回事。[42] 在东印度群岛，欧洲男性和"原住民"或者"黑人"女性所生的混血后代被称作"印尼—欧洲人"，在苏里南则

1955 年，朱丽安娜女王访问苏里南的帕拉马里博，当地一家孤儿院的儿童穿着最好的衣服列队欢迎。

在印度尼西亚，水牛拉着隶属于荷兰壳牌公司（Shell Company）的油箱。该公司实际上是英、荷联营，由英国壳牌公司和荷兰皇家公司一同组建。

被称为"有色人种"[43]。多年后，他们中的很多人在法律上获得了和殖民地白人居民平等的地位（在东印度群岛他们被视作欧洲人，在苏里南他们被视为自由民），尽管他们仍然只处在社会等级的中层位置。1900年前后，殖民地政府公开将种族间的互通定义为对欧洲人霸权的威胁，在殖民地建立白种人的"荷兰"大家庭也成为一种理想。[44]

　　另一种跨越界限的方式，是"纵向"的合法的社会流动，个人可以从处在殖民地等级底层的群体中向上流动。一些情况下，在东印度群岛，印度尼西亚"原住民"可以取得和欧洲人平等的地位。在苏里南奴隶制时期成功摆脱奴隶身份的"自由黑人"偶尔也可以上升到殖民地社会的重要位置上。伊丽莎白·萨姆苏（Elisabeth Samson）就是一个例子，她是一位获得自由的女奴隶的女儿，通过辛勤劳动，她成了富有的咖啡种植园的拥有者。萨姆苏自己也雇用奴隶劳动力。[45]另一个例子是扬·恩斯特·马策利格（Jan Ernst Matzeliger），他生于1852年，是一个黑人女奴隶和一个德国工程师的儿子。作为一个自由人，他在1871年前往美国，八年后，他发明了绷楦机，给制鞋产业带来了革命性的变革。[46]

自由、去殖民化和移民

　　第二次世界大战结束后，印度尼西亚和苏里南都经历了去殖民化，但具体过程很不一样。在印度尼西亚，伴随1949年的主权移交而来的是两场血腥的独立战争，具有讽刺意味的是，荷兰人在苏里南保持了强大的影响力，1975年，在没有发生冲突的情况下，苏里南获得独立。两者之所以会走上不同的轨道，一部分要归因于荷兰认识到东印度群岛和苏里南在重要性上是不同的，以及在两个独立日期之间的这段时间中，国内和国际对殖民关系的态度发生了变化。

　　长期以来，东印度群岛是荷兰最富庶的领地，印度尼西亚的民族主义有着悠久的历史。早在1949年主权移交之前，印尼—欧洲人和印度尼西亚人中的民族主义者——有时候他们的诉求是相同的，有时候则存在着利益的冲突[47]——就在为拥有更大的内部自治权而斗争。[48]1936年，人民议会通过了一项关于内部自治的动议，但遭到荷兰的否决。

爪哇三宝垄（Semarang）的一间乐器作坊。

1942 年到 1945 年，日本对荷属东印度的入侵和占领结束了欧洲人的统治。欧洲人关于战时的日记和回忆录表明，对他们而言，日本的占领意味着"殖民地等级秩序的彻底倒转"[49]。与此同时，和日本人在意识形态上存在重叠，立志使亚洲摆脱西方占领者的激进的印度尼西亚民族主义者的力量得到加强。在 1942 年 12 月 6 日的广播讲话中，威廉明娜女王（Queen Wilhelmina）展望了东印度和西印度的自治前景[50]，但印度尼西亚民族主义者认为这种承诺毫无意义。[51] 1945 年 8 月 15 日，日本投降，两天后[52]，以苏加诺和哈达（Hatta）为首的民族主义者宣布印度尼西亚独立。[53]

荷兰随后竭尽全力试图保住被自己称作"Gordel van Smaragd"（"翡翠带"）的印度尼西亚群岛，但荷兰政府和民族主义者们在赋予印度尼西亚更大自治权的战后协议的内容上无法达成共识，于是战争爆发了。在荷兰，发生在 1947 年7 月和 1948 年 12 月之间的战事被委婉地称作"治安行动"，而在印度尼西亚的历史书写中，它被称作荷兰的军事侵略。[54]最终，经过议会漫长的辩论——转交主权无疑被当作一次创伤性的国家事件——荷兰于 1949 年 12 月 27 日将主权转交给印度尼西亚。荷兰下议院议员赫布兰迪（Gerbrandy）表达了一种当时普遍的感受："我们令人震惊地放弃了群岛 [东印度群岛] 这块伟大的土地，它像一条翡翠带一样分布于赤道上，现在，我们已经无法再在那里重建法律和秩序了。"[55]

这种情绪化的表达代表了政治家们对印度尼西亚独立的典型态度。荷兰在当地的统治被视为一种自然的状态，而独立则意味着文明化使命的戛然而止。但荷兰的政治家们将荷兰的印尼—欧洲人和摩鹿加移民（数量分别为 20 万人和12500 人）看作不那么"自然"的一部分。对于他们的到来，最初的政治反应是防御性的[56]；即便把 20 世纪 50 年代与工作和住房紧缺相关的经济问题放在一边，在荷兰人看来，他们在"心理和生理上"也都无法适应荷兰的生活。

扬·布恩（Jan Boon，更为人熟知的是他的笔名 Tjalie Robinson 和 Vincent Mahieu）是一名欧亚混血儿的记者和作家，他打算前往荷兰，却因贷款问题遭遇困境。尽管扬·布恩的父母在荷兰旅行期间生下了他，但他还是花了四年多的时间，通过写申请和向政治家提出请求，才让自己及其家庭

和其他帝国主义国家一样，荷兰也经历了殖民化的逆转。画面中，1960年的阿纳姆（Arnhem）街头，欧亚混血的一家人漫步街头，旁边是一家欧亚混血人开的中餐馆。

离开了印度尼西亚。1955年，在抵达荷兰一年之后，扬·布恩写道："我是一名荷兰公民，因为我的父亲是荷兰公民。如果我的父亲是一名印度尼西亚公民，那么我也将是印度尼西亚公民。但我坚持做我自己。护照并不能决定我的身份，但可悲的是，它能决定某种控制我的权力。但是国家并不拥有我啊。"[57]

苏里南走向独立的进程和印度尼西亚很不一样。具有讽刺意味的是，威廉明娜女王关于更大的自治权的广播讲话的本意是为了"控制"东印度，但事实上，它最终也和西印度殖民地联系在了一起，从1954年开始，包括苏里南在内的殖民地赢得了自治。[58]在1954年9月9日一项规定荷兰、苏里南和安的列斯群岛的新关系的法令中，苏里南被赋予荷兰王国治下的自治地位。相比20世纪30年代印度尼西亚的那种民族主义，荷兰更喜欢苏里南温和的民族主义。[59]在与印度尼西亚民族主义者的关系危机和1949年主权转交之后，情况发生了变化。[60]由于印度尼西亚去殖民化进程"伤筋动骨"，1954年的法令对荷兰而言算是一种安慰。[61]荷兰议员对朱丽安娜女王（Queen Juliana，威廉明娜女王的女儿）第二年成功出访苏里南表示欢迎[62]，在他们看来，这是对"王国观念"的强化，为此使荷兰与南美洲前殖民地之间的联系

欧亚混血女性和一个荷兰女性（中间）穿着传统荷兰服饰，时间约为 1960 年。

更为紧密。[63]

　　尽管在新的宪法条款下，苏里南和荷兰在王国内形式上是平等的，但从经济和体制上来说，荷兰远比苏里南强大。律师埃迪·布鲁马（Eddy Bruma）领导下的激进的苏里南民族主义团体要求结束这种不平等。他的行动一开始是针对苏里南的荷兰文化的统治地位及其遗产做出的民族主义的文化回应，但最终指向了苏里南独立，其中的一部分原因，是苏里南希望在国际机构中占有一席之地。在自治的条件下，这是不可能的，因为对外政策仍旧是"国家的事情"；因此，1959 年，荷兰在对联合国就谴责种族隔离的一项决议投票时选择了弃权，苏里南对此感到特别沮丧。[64]

　　20 世纪 70 年代，苏里南的民族主义斗争恰好遇上荷兰国内政治要求推进去殖民化的运动。布鲁马领导下的民族主义共和党（The Nationalist Republican Party，也就是苏里南的民族主义者）在 1973 年加入联合政府。由于大多数非洲、亚洲和加勒比的欧洲殖民地都已独立，荷兰似乎有在国际上掉队的危险。1969 年，荷兰为镇压当时发生在库拉索（位于荷属安的列斯群岛）的最大规模的动乱提供了军事上的支持。在国际媒体上，荷兰士兵投入"海外"行动的照片损害了荷兰作为一个进步国家在国内和国际上的声誉，当时荷兰希望摆脱它的殖民形象。苏里南已经做好了"政治上完全独立"的准备，左翼也在荷兰执掌政权，前方的路日益清晰。随着荷兰国内苏里南移民数量的增长，移民问题成为 20 世纪 70 年代荷兰的一个政治问题，为此，荷兰政治家更希望苏里南能够尽快独立。如果独立，苏里南人就将正式变成外国人，其入境荷兰将受到限制。所以，与进步主义的政治议程相伴随而来的是，苏里南人被排除在荷兰民族国家之外。[65]但具有讽刺意味的是，苏里南独立的结果却和自己所设想的恰恰相反：大量荷兰（前）公民涌向母国。自 20 世纪 60 年代末至 1975 年前，苏里南即将独立的"传言"导致大量苏里南人出走荷兰，这在殖民地向母国移民的历史上是前所未有的。[66]

结果表明，印度尼西亚和苏里南在政治上的去殖民化并没有终结殖民主义的心态。曾作为殖民社会特征的关于白种人和混血人种之间差异的思想——以弱化了的形式——部分地植根于对独立后来自这两块殖民地的移民的防御性态度。但荷兰社会似乎已经接纳了这一遗产；荷兰人宣布印尼—欧洲人和苏里南人现在已成为荷兰人的一部分，尽管这些来自前殖民地的荷兰公民的思想状态可能仍在"那里"和"这里"、"现在"和"过去"、"黑人"和"白人"，以及"我们"和"他们"之间摇摆着。

第五章　斯堪的纳维亚

欧洲帝国主义的局外人

克努德·J.V. 耶斯佩森（Knud J. V. Jespersen）

远北之地比帝国野心更能引发人的好奇心，但丹麦人早年间在格陵兰建立定居点的尝试却无果而终。从这群 1614 年访问丹麦的因纽特人身上，可以清楚地看到他们对异域风情的好奇。

利用奴隶贸易牟利的尝试收效甚微。17 世纪，丹麦人在今天的加纳取得了一处落脚点，直到 1850 年离开。这幅某种程度上透露出乐观情绪的画作描绘的是一个在非洲的殖民者和一个黑人奴隶，画上清楚地注明了创作时间是 1817 年 9 月 17 日，而丹麦早在 1803 年便废除了奴隶贸易（上页图）。

与现代早期依赖航海事业、构建起庞大殖民帝国并由此在全球历史上留下持久印记的欧洲大国不同，斯堪的纳维亚的海外领土一直很小，不论是规模还是历史的重要性都微不足道。在某种程度上，这要归咎于这一地区相当落后的经济，但同时也必须考虑到其地处欧洲最北部漫长而寒冷的冬季，常常使航道结冰，因而每年有若干个月的时间暂停航运。所以，在整个欧洲的海外扩张历史上，斯堪的纳维亚注定只能作出很小的"贡献"。另外，斯堪的纳维亚诸国的殖民经历仍然是更大的模式的一部分，同时也是斯堪的纳维亚历史中一个奇特的要素。出于这些理由，讲述这一历史是有价值的。

一直到 17 世纪中期，也就是葡萄牙和西班牙的发现使欧洲人看到海外世界的两个世纪以后，斯堪的纳维亚人才开始对在遥远的大陆上获取领地表现出一定的兴趣，而在这些大陆上，葡萄牙人、西班牙人、荷兰人和英国人早已确立起自己的领地。斯堪的纳维亚人并不像维京时代那样，渴望发现新土地，而只是简单地想从殖民贸易的巨大利益中分一杯羹。另一个强烈的动机则是重商主义这一流行的经济教条，认为国家必须自给自足，在贸易上应该实现平衡。要在竞争日益激烈的世界经济当中实现这些目标，拥有海外殖民地就显得至关重要。这也使得直接进入利润丰厚的东方市场这一问题成为现代早期斯堪的纳维亚政治中的一个重要议题。

现代早期的斯堪的纳维亚由两个大国统治：第一个是包括了芬兰在内的瑞典王国，另一个则是由丹麦奥尔登堡（Oldenborg）王室所统治的丹麦—挪威王国。[1]

从地理上来说，瑞典包括了斯堪的纳维亚半岛的北

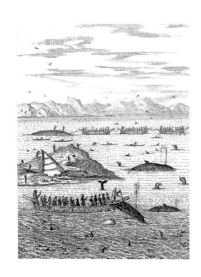

斯堪的纳维亚人从因纽特人那里学会了捕鲸和猎杀海豹。这幅18世纪的版画的作者可能并不完全了解这一过程，但他试图表现这种场景。

部和东部，由于拥有芬兰，它又占有从波的尼亚湾（Gulf of Bothnia）到芬兰湾（Gulf of Finland）之间的土地。斯堪的纳维亚半岛西海岸的约塔河（Göta River）河口附近的狭窄区域，是瑞典与国际贸易路线自由连接的唯一通路，正是在这块区域上，最终诞生了大型的商业城市哥德堡（Gothenburg）。否则的话，所有瑞典的货运就必须穿越西兰岛（Zealand）和斯堪尼亚（Scania）之间狭窄的松德（Sound）海峡，而直到1658年，该海峡仍旧是一条处于丹麦海军严密控制之下、隶属于丹麦的水道。

出于地缘政治上的现实原因，瑞典并没有使用远洋船只从事长途贸易的传统。相反，它成功建立了一种经济模式，主要以穿越波罗的海与东欧开展贸易。但是到了17世纪中期，这些根本条件发生了变化。瑞典在一系列与丹麦以及德意志境内的战争中获胜，占领了斯堪的纳维亚半岛上的前丹麦省份——松德海峡也由一条丹麦控制下的海峡变为一条国际航道。更为重要的是，瑞典还占领了德意志西北部的商业城市不来梅（Bremen），使得自己可以和国际贸易路线畅通无阻地对接。只有到了这个时候，瑞典政府才有可能计划去建立海外殖民地。

至于另一个大国丹麦—挪威王国，其领土包括了今天挪威和丹麦全境，还包括石勒苏益格（Schleswig）和荷尔斯泰因（Holstein）公国。和瑞典人不同，丹麦人和挪威人拥有一整条从北角（North Cape）延伸至易北河（Elbe）的开放的海岸线。因为有温暖的湾流，沿着这一条海岸线分布的众多天然港口在一年中大多数时候是不结冰的，而内陆的丹

挪威人于中世纪早期在冰岛定居，1380年，冰岛亦随挪威一起并入丹麦。冰岛神话故事是古斯堪的纳维亚文学的主要内容。按照传统的说法，其首都雷克雅未克建于874年。在这幅19世纪的绘画中，丹麦的商船停泊在海岸边。

格陵兰荒凉的海岸见证了若干次殖民运动，其中一些以悲剧告终。乌马纳克（Umanak）是其中最远的一个据点。

麦航道和波罗的海在冬天的月份里常常冰冻，使丹麦的航运长时间瘫痪。因此，丹麦—挪威有着良好的开展远距离航海的自然条件，也可以吹嘘自己继承了维京时代骄傲的航海传统，事实也确实如此。[2]

在中世纪，丹麦和挪威是两个不同的王国，但在丹麦国王的统治下，这两个国家于1380年联合。联合一直持续到1814年，拿破仑战争后欧洲版图有了调整，无奈之下，挪威和瑞典联合，代替了之前和丹麦的联合。这一联合持续到1905年，在经历了500多年外国人的统治后，挪威最终获得独立。

北大西洋传统

1380年，挪威和丹麦签署关于联合的条约，前者在北大西洋上遥远的领土也随母国一起加入这一联合当中，成为丹麦国王的帝国的一部分。这些领土包括法罗群岛（Faeroe Islands）、冰岛（Iceland）和格陵兰岛，早在维京时期，它们便被以挪威移民为主的殖民者拓殖。最初定居者的后裔仍旧把挪威视作自己的母国，最后，也把丹麦国王当作他们合法的领主。1814年，当挪威解除和丹麦的联合时，这些北大西洋殖民地仍处在丹麦的统治之下，到今天，其也仍是丹麦的一部分（冰岛除外）。[3]

1944年第二次世界大战期间，冰岛被英国人占领，丹

波尔·伊吉德（Poul Egede）最先把《新约》翻译成格陵兰岛上的因纽特语，并于1766年在冰岛出版，这是《马太福音》的第一页。

麦本土被德国人占领，最终冰岛和丹麦之间的纽带被割断，1918年以来便享有半独立地位的冰岛变成了一个独立的共和国。法罗群岛在1821年正式成为丹麦的一个郡，由此也成为丹麦的一个组成部分。出于这个原因，这些岛屿仍旧被包括在1849年丹麦民主宪法之内。第二次世界大战期间，法罗群岛和冰岛一样，也被英国占领，并实际上脱离母国达5年之久，这在法罗人中引发了日益高涨的分离主义运动，1948年法罗群岛引入了一项自治的动议，赋予法罗人民在丹麦宪法的框架下广泛的自治权。这也是今天法罗群岛在北大西洋联邦中享有一定的地位的原因。

与冰岛和法罗群岛不同，由于格陵兰严酷的气候及其与母国遥远的距离，北欧人对它的殖民化是虚弱和不稳定的。在经历了维京时代的短暂发展后——这一时期北欧殖民者最远甚至到达了纽芬兰——格陵兰的北欧人殖民地逐渐衰落并在几个世纪的时间里消失在人们的视野当中，北极地区则留给了当地的原住民因纽特人。但在18世纪早期，丹麦和挪威的殖民者与传教士再次回到格陵兰岛，他们在西海岸发现了一些定居者。与此同时，在哥本哈根政府的支持下，他们还开辟了一条格陵兰和本土之间的常规贸易路线。

尽管与格陵兰之间的通信十分糟糕、时断时续，但是丹麦还是设法保持了对这座北极岛屿的主权。这项工作取得了显著的成效。1917年，作为丹麦转让西印度群岛给美国的条约内容的一部分，美国正式承认丹麦对格陵兰岛的主权。虽然格陵兰岛在地理位置上处在西半球，并且美国国内反对这一安排的公众压力也不断增长，但丹麦还是保持了格陵兰岛作为自己殖民地的地位。

第二次世界大战期间，美国在格陵兰岛上建立起军事基地，因为此举，丹麦对该岛的主权被暂时削弱。之所以做出这种安排，依据的是美国政府与丹麦驻美大使亨里克·考夫曼（Henrik Kauffmann）之间的协定——考夫曼绕开了德国控制下的荷兰政府单独行动。1945年，这一协定得到丹麦解放政府承认，从那时候起，丹麦便允许美国在格陵兰岛上部署军事基地，作为回报，美国承认丹麦对格陵兰岛的主权。

1953年，根据修改后的丹麦宪法，格陵兰从殖民地变为和法罗群岛一样的丹麦的一部分，格陵兰与丹麦之间的纽带进一步得到强化。从 1979 年开始，格陵兰便享有自治的地位，其居民拥有广泛的自治权；与丹麦本土和法罗群岛不同的是，格陵兰选择不加入欧盟。但公正地说，格陵兰的经济仍严重依赖于丹麦每年的综合补助金，以及从仍活跃于该地的美国军事基地那里获得的收益。

瑞典走向美洲

早在 17 世纪 20 年代，瑞典政府就考虑建立一个海外据点。但瑞典在欧洲冲突中介入得越来越深，这一计划也就被一度搁置。一直到 17 世纪 30 年代，这一计划才在一个可行的基础上被再次提出——具体形式是，试着在距离今天的费城不远的特拉华河（Delaware River）西岸建立一块瑞典殖民地。[4]

这个想法最早是由一个叫彼得·米纽伊特（Peter Minuit）的荷兰商人提出的。他曾在邻近的荷兰殖民地——新尼德兰——担任正式的领导角色，并且在和当地原住民开展贸易上有着丰富的经验。和自己的荷兰同事发生争执后，米纽伊特向瑞典政府靠拢，其领导者也渴望在特拉华河口建

和其他王后一样，丹麦国王弗雷德里克三世（Frederick III，1648—1670 年在位）的王后索菲·阿玛丽（Sofie Amalie）也必须有一名黑人奴隶。在这幅画作中，（在阴影中很难看出来的）奴隶举着一只外国猎鹰站在她的身前。这幅肖像画的作者是亚伯拉罕·武奇特斯（Abraham Wuchters）。

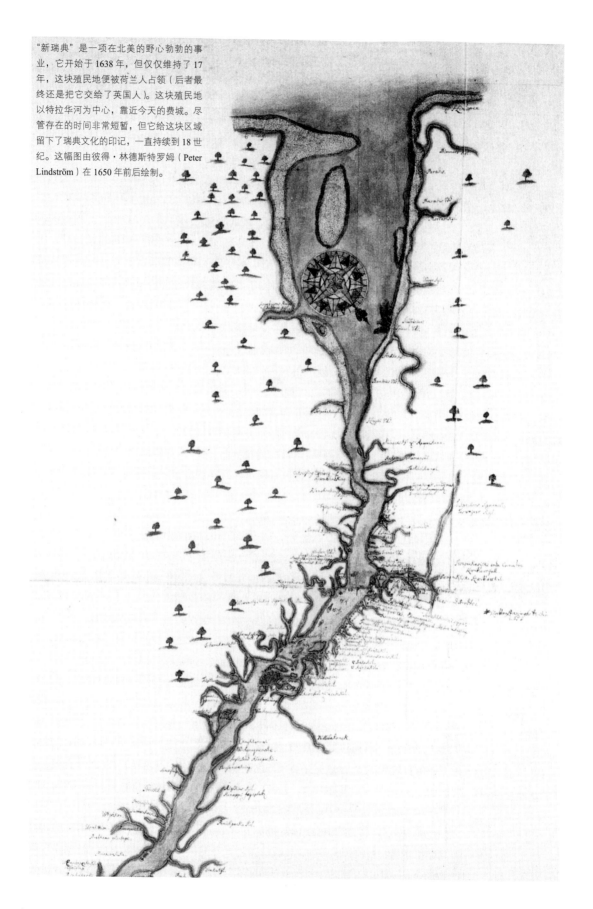

"新瑞典"是一项在北美的野心勃勃的事业，它开始于1638年，但仅仅维持了17年，这块殖民地便被荷兰人占领（后者最终还是把它交给了英国人）。这块殖民地以特拉华河为中心，靠近今天的费城。尽管存在的时间非常短暂，但它给这块区域留下了瑞典文化的印记，一直持续到18世纪。这幅图由彼得·林德斯特罗姆（Peter Lindström）在1650年前后绘制。

立一个瑞典贸易站点，并对从荷兰人手中拿走一部分皮毛生意的计划产生了兴趣。

因得到瑞典与荷兰资本的资助，再加上瑞典政府的具体指示，米纽伊特的两艘远洋船于 1637 年 11 月从瑞典出发，前往指定地点建立一块瑞典殖民地。1638 年 3 月，米纽伊特抵达目的地，并立刻建立了一个贸易站点，他以在位的瑞典女王的名字将这个地方命名为克里斯蒂娜堡（Fort Christina）。堡垒所用土地从当地人手中购买，建在这块土地的中间位置的河岸上。从此，一块北美大陆上的瑞典殖民地——新瑞典（New Sweden）——变成了现实，瑞典政府想建立一个海外据点的梦想也终于落地了。

但瑞典人的事业从来就没有成功过：仅仅维持了 17 年，1655 年，殖民计划突然宣告终止，邻近的新尼德兰总督彼得·施托伊弗桑特最终决定占领毫无防备的瑞典殖民地，将其变为荷兰的领地，从而终结了双方之间的竞争。但没过多久，荷兰在北美的殖民地也被英国占领，变成英国的殖民帝国的一部分。与此同时，这一区域的主要城市新阿姆斯特丹也改名为纽约。

1785 年，瑞典在西印度的圣巴泰勒米岛上建立了一块殖民地，人们以国王古斯塔夫三世之名将其命名为古斯塔维亚。在拿破仑战争期间，这块殖民地凭借中立的身份得以繁荣发展。画面中是其在 1800 年时的景象。但 1831 年后，它开始衰落，于 1878 年被废弃。

关于瑞典的殖民计划为何会失败，有这样几种解释。第一，相比于荷兰和英国，瑞典在美洲是一个后来者。瑞典人到来时，英国早已在新英格兰、马里兰和南边的弗吉尼亚建立起殖民社区，荷兰人在曼哈顿西南的中间区域也已经活动了几十年。所以，想在不和早已牢固建立殖民地的英国与荷兰发生冲突的情况下，与美洲原住民建立永久的贸易关系，对小小的瑞典殖民地来说，是非常困难的。第二，在整个殖民大环境下瑞典殖民者仍只是极少数。到1650年，有将近44000名英国殖民者居住在美洲的东海岸，荷兰人大约是4000人，而瑞典殖民者的数量仅为185人。毫无疑问，这区区一二百人注定只能生活在占多数的英国和荷兰人的支配之下——但就像前文提到的，这种支配也在1655年终止了。第三，殖民地和瑞典本土之间的通信非常困难。在1638年到1655年之间，只有11艘来自瑞典的船靠岸——也就是说一年不到一艘。由于船上糟糕的卫生条件，当这些船只抵达港口时，很多船员和乘客都已经死亡。这种糟糕的交通可以归咎于瑞典深陷欧洲战事，但不可避免的是，殖民者们在很长时间里感到自己被母国抛弃了。仅凭自己，他们是无法抵挡荷兰人的进攻的。

事实证明，新瑞典的历史只是一个短暂的插曲，但瑞典人还是在这一地区留下了深远的印记。在之后很长的时间里，这一地区在文化上仍被视为是瑞典的。即使到了18世纪末，当地仍有超过1200人懂一些瑞典语，从母国而来的教士也仍在为6个瑞典教众团体服务，这种情况一直持续到美国独立为止。直到1789年，瑞典国家教会才得出结论：不需要再向美洲输送更多的教士，新瑞典殖民者的后裔最终也被完全整合到更大的英语社区当中。

瑞典在西非的插曲

瑞典人希望在西非建立一个永久的据点，以便从快速增长的与美洲之间的奴隶贸易中分一杯羹，但成效有限。17世纪30年代时，政府对这一计划的提案做了讨论，但因为瑞典介入三十年战争（Thirty Years' War），计划不得不被延后了20年。1648年的《威斯特伐利亚和约》（Peace of

Westphalia）后，计划才重新启动，根据和约，瑞典控制了不来梅—费尔登（Bremen-Verden），由此也获得了通往公海的通道。[5]

瑞典还重新启动了有关非洲的计划，这要归功于工业大亨路易·德·吉尔（Louis der Geer），他生于荷兰，但最终归化成为瑞典公民。1648 年 12 月，他自己出资，在瑞典政府授予的特权的保护下，装备了两艘船，以瑞典女王的名义驶往西非，建立一个永久属于瑞典的贸易站。

远征是成功的。1650 年，作为计划领导人路易·德·吉尔的代表，亨里克·卡洛夫（Henrik Carlof）和当地非图（Fetu）部落的首领签订了一个正式条约，根据这一条约，瑞典人买下海岸角（Cape Coast）周围一块条带状的土地，并有权在这块土地上建立一个贸易据点。之后，瑞典人在海岸角东西两侧沿着海岸线建立起一些其他的贸易站，和当地业已存在的英国与荷兰的奴隶贸易据点形成了三足鼎立之势。1663 年之前，瑞典人一度占据上风，但在经历了一系列分别来自英国与荷兰的军事劫掠后，瑞典人不得不选择放弃——英国与荷兰之间也爆发了三次航海战争（Navigation Wars）。出于这个原因，瑞典也被迫支付这两个非洲海洋上最大的海洋大国之间的战争开销。瑞典成为跨大西洋奴隶贸易永久成员的尝试宣告结束。

找到一条通往印度和远东的西北通道是许多欧洲强国的梦想。1619 年，丹麦国王克里斯蒂安四世派出一支由延斯·蒙克率领的远征队，蒙克两次在巴芬岛（Baffin Island）登陆捕猎，但这一尝试还是以失败告终，损失超过 60 人。

贸易权换岛——圣巴泰勒米岛

瑞典占据最长久的海外领地，是法属西印度中的瓜德罗普岛（Guadeloupe）边上的圣巴泰勒米岛（Saint Bethelémy）。但直到欧洲扩张的最末期，瑞典才将其置于自己的控制之下。1784年，在巴黎停留期间，瑞典国王签署了一项条约，根据条约，法国将这座无人居住的岛屿转让给瑞典，以换取在哥德堡的贸易权。[6]

第二年，一批战士被征召到这座小岛上——拥有一个良好的天然港口是它唯一吸引人的地方。在几个月的停留期间，这批人在这座未来繁忙的港口城市上修建了第一批房屋，并把这座城镇命名为古斯塔维亚（Gustavia），以纪念瑞典国王古斯塔夫三世（Gustav III）。在接下来的几年里，定居者数量稳定增长，最终，这里变成了一座著名的商业城镇。法国革命和拿破仑战争期间，这座小岛发展到了极盛期。在这一时期，古斯塔维亚成为战争各方之间的一个中立的自由港，在较短的时期内，它甚至成为瑞典最大的城市之一。因瑞典维持中立，繁荣的贸易也给它带来了短暂的兴盛。

但当拿破仑战争结束后，圣巴泰勒米岛的黄金时期也很快结束。1831年，英国再次向美国船只开放自己在加勒比海上的港口，给这座小岛带来了致命的一击。如此一来，这座瑞典港口就显得多余了，它承担转运港这一关键角色的命运也走到了头。从1800年前后开始，这座岛屿成为瑞典的资产，但在经历几十年的黄金期后，它变成了一个负担。更糟糕的是，几场严重的飓风还袭击了这座小岛，将它仅存的商业基础设施也破坏殆尽。面对这些糟糕的事实，瑞典政府在1878年决定将这座岛还给它原先的所有者法国。对瑞典而言，海外扩张的时代彻底结束了。

寻找西北通道

和许多其他欧洲王公一样，丹麦国王克里斯蒂安四世（Christian IV，1588—1648年在位）一直关注荷兰和英国的海外行动。看着来自东方贸易的巨大利润流入阿姆斯特丹和

1620 年 5 月，丹麦人的远征队抵达锡兰，这是最为接近在印度建立帝国的一个里程碑。这块被称为特兰奎巴的殖民地以丹斯堡为中心，在和母国分离的日子里存在了将近 30 年（1640—1669 年），并且在整个 18 世纪里繁荣发展，给哥本哈根带来巨大的财富。1868 年，特兰奎巴最终被卖给了英国。

伦敦这样的商业首都，这位国王十分嫉妒。丹麦国王自信可以复制西方海洋强国的成功经验。问题是，丹麦人应该选择哪条路线进入利润丰厚的东方市场，才能不陷入和已经存在的贸易国家的公开冲突当中？当然，最理想的解决方案是，在绕过非洲南端前往印度的传统路线之外，找一条不同的路线。这个想法促使丹麦人沿着美洲或亚洲大陆的北部寻找新的路线。从丹麦人的角度来看，这一方案还有其他好处，如果有这样的路线，他们将穿过北大西洋，而这正是丹麦王国宣称拥有主权的区域。丹麦在更早的时候也做过尝试，但那次尝试清楚地表明，寻找俄罗斯以北的东北航线，这并不现实。所以，丹麦政府转而决定，尝试确认是否存在一条美洲大陆以北的西北线。[7]

　　为了解答这一问题，1618 年到 1619 年间，在经验丰富的挪威船长延斯·蒙克（Jens Munk）的带领下，丹麦组建了一支远征队。蒙克拥有快速帆船和更小一些的船各一艘，并指挥着 64 人的队伍。1619 年夏天，远征队离开哥本哈根，开往当时发现的哈得孙湾，以便探索它的内陆地区，有可能的话再找到一条前往亚洲的航线。

　　但事实证明这是不可能的，任务最终以悲剧结尾。远征队经历了两个寒冬，寒冷的极地气候杀死了至少 61 名成员，

出版于 1715 年的泰米尔语版《圣经》。这是第一次用印度次大陆上的语言印刷《圣经》，标志着特兰奎巴在文化上的一次胜利。

经过英勇抗争后，延斯·蒙克和他幸存的两名成员准备用那艘小船做横跨大西洋的航行——那艘快速帆船必须被抛弃。1621 年夏天，在经历了 2 个月危险而筋疲力尽的航行后，他们最终穿越大西洋，抵达挪威海岸。这次试验给所有进一步开辟一条西北航线的计划泼了一盆冷水。剩下唯一的选择，就是走传统的绕过非洲南端然后穿越印度洋的那条航线了。

丹麦国王在印度的事业

在丹麦人尝试通过传统航线抵达印度之前，发生了一些颇具戏剧性的事情。这一切都源于一个名叫马塞利斯·德·伯舒尔（Marcelis de Boshouwer）的颇具事业心的荷兰商人——事实证明他是一个冒险家——一个精明的小把戏。

伯舒尔在印度经商多年，1617 年秋天访问哥本哈根期间，他要求拜见国王克里斯蒂安四世，他自称是锡兰皇帝来自康提的赛纳拉特（Rajah Senarat of Kandy）的代表。作为这位统治者的所谓的代表，他向国王提议，签署一份锡兰和丹麦之间的正式协议，授予丹麦人对所有欧洲与锡兰之间的贸易为期 12 年的垄断权，并允许丹麦在该岛上建立一些贸易站。

国王显然被他的口才俘获，也被他口中令人惊愕的观点吸引，并在条约上签了字，并下令组建一支由 4 艘大船组成的海军部队，立即出发前往锡兰。远征队由 24 岁的海军上将奥韦·杰德（Ove Giedde）率领，其资金则由新成立的由丹麦国王担任最大股东的东印度公司提供。1618 年 11 月，远征队从哥本哈根起航前往锡兰，历时 535 天，于 1620 年 5 月 16 日抵达该岛。

但等待他们的将是一个令人震惊的结果：赛纳拉特国王一口咬定，自己对这个条约一无所知，整个远征队面临以彻底的失败而告终的结局，一个冒险家生动的想象将以悲剧结尾。但杰德上将不是那么容易就被赶走的。被这位国王拒绝后，他成功地和另一位本地王公——坦贾武尔（Tanjore）的首领——达成了一项协议。作为丹麦国王的代表，他从后者那里购得印度次大陆东南沿海的一块条带状的海岸以及建筑一座堡垒的权利，他将这座堡垒命名为丹斯堡（Dansborg）。这也是荷兰的特兰奎巴（Tranquebar）殖民地的开端。

特兰奎巴在当时只是一个被几平方英里的荒地包围的小渔村，却正好可以利用当时葡萄牙与荷兰商人在这一地区的冲突，为中立的丹麦治理下的贸易提供良好的机会。在接下来的 20 年中，在丹斯堡的大炮的保护之下，特兰奎巴发展成为一个繁忙的商业中心，满载东方商品的船只也定期驶回哥本哈根，东印度公司的股东对此感到非常满意。

但由于 17 世纪中期丹麦和瑞典几乎始终处在战争状态中，丹麦政府无力再派出船只前往遥远的特兰奎巴。事实上双方间的通信中断了将近 30 年。1669 年，一艘荷兰舰只在港口下锚，丹麦本土与特兰奎巴之间的联系才得以恢复。让

在印度大陆上，丹麦人在胡格利河畔建立了另一个贸易站，该贸易站也成为其东方贸易的中心。1868 年，这块殖民地免费转让给了英国东印度公司。

负责的官员感到欣慰的是，在勇敢和有魄力的丹斯堡的指挥官的领导下，这一殖民地挺过了漫长的失联时期，甚至比 30 年前发展得还要好。换句话说，丹麦在印度的据点仍旧完好无损。到 18 世纪末时，这将成为一项重要的资产，那时归功于丹麦在世界范围内大国间对决中的中立，丹麦的东方贸易达到了顶峰。

1755 年，丹麦人在特兰奎巴这块最初的堡垒外，又在孟加拉建立了第二个堡垒——英国控制下的加尔各答附近的胡格利河（Hughli River）西岸一个名为塞兰坡（Serampore）的小地方。1756 年，一个小规模的、与外部隔绝的尼科巴群岛成为丹麦的领地，这个群岛后来又根据丹麦国王的名字，被命名为弗雷德里克群岛（Frederik Islands）。塞兰坡的新贸易站很快发展成为丹麦东方贸易的一个重要中心，但尼科巴群岛的表现则不尽如人意，由于岛上气候容易使人感染疟疾，且不适宜居住，它从未在丹麦的贸易网络中扮演重要的角色。

巨大的财富从这一遥远的印度贸易站网络被带到哥本哈根。海边巨大的新仓库见证了 18 世纪后期的几十年里，东方贸易是如何把这座沉睡的丹麦首都变成一座世界性城市，又是如何将它保守的商人阶层变成一个富有的都会精英群体。

然而，这一惊人的繁荣是建立在一个脆弱的前提条件之下的，即丹麦在英国同拿破仑·波拿巴的法国的大决战中能够保持中立。得益于丹麦的中立地位，大量丹麦商船得到为

非洲人也被征召加入荷兰军队，以保卫西非沃尔特河畔的据点。丹麦医生保罗·艾德曼·伊斯尔特（Paul Erdmann Isert）于 1784 年创作的这幅版画描绘了阿克拉（Accra）部落国王奥索（Otho）领导下的军队在这里参加一个庆祝活动。

交战双方运输货物的特许，免除了被其中一方羁押的危险，这门危险的生意的报酬当然是很高的。1807 年，由于担心庞大的丹麦海军落入拿破仑手里，英国决定先发制人，丹麦的中立地位也突然宣告终结。当年夏末，英国的一支远征部队袭击了哥本哈根，几天的炮击过后，丹麦政府将海军交给了英国人，同时加入对法战争当中，战争一直持续到 1814 年。自此以后，对丹麦来说哪怕是维持一小部分海上长途运输的基础都已经不复存在了。[8]

战争期间，丹麦在印度的领地被英国占领。尽管战争结束后，丹麦又取得了这些领地，但很明显，丹麦已无力维持与这些遥远站点之间的定期航运。丹麦政府对这些地方失去了兴趣，在经历了与世隔绝下的凋敝后，1845 年，丹麦决定将这些领地卖给英国东印度公司（尼科巴群岛除外），但后者不想购买。因而，在 1868 年，这些岛屿最终被免费转让给了英国。在这之后的几年时间里，英国当局曾尝试迫使丹麦政府出面，对在这些岛屿上活动的马来西亚海盗实施干涉。再后来，这些岛屿被用作英属印度的罪犯流放地。

这便是丹麦在印度殖民事业的结局。尽管丹麦在当地从来都不强势，但还是给当地留下了一些永久性的印记。特兰奎巴陈旧的丹斯堡在来自丹麦的基金的资助下得到重新修缮，在这一地区，仍旧存在一些基督教团体，它们建立的时间可以追溯到 18 世纪早期的丹麦虔信派传教士。印度的第一座基督教大学就位于塞兰坡——现在是加尔各答大都市的一部分。这座大学由洗礼派传教士于 1793 年创建，他们在这块小小的丹麦飞地上寻找到了开展活动的最佳场所。

黑金

同许多其他欧洲强国一样，丹麦也想从 17、18 世纪繁荣的奴隶贸易中分一杯羹，正如我们所见，要实现这一目的，就有必要在西非取得一个落脚点，因为这里是黑奴被运往美洲前的聚集点。

1661 年，丹麦非洲公司（Danish African Company）第一次成功地在几内亚海岸获得了一个小规模的据点，但一直要等到克服了众多麻烦和挫折后，丹麦政府的代表们才

丹麦人的殖民事业在加勒比地区达到了顶峰，特别是在圣托马斯、圣约翰和圣克罗伊三个岛上。这幅由约翰·弗雷德里奇·弗里茨（Johann Friedrich Fritz）创作的胶版画表现的是 1798 年左右圣克罗伊岛上的克里斯琴斯特德的场景。

于 1694 年获得允许建立一个他们自己的奴隶要塞，他们以丹麦国王的名字将其命名为克里斯蒂安堡（Christiansborg）。但总的来说，丹麦人在此地并不安全，他们严重依赖当地非洲部落和欧洲的奴隶生意代理人之间持续的政治博弈。相应地，在大多数时间里，丹麦获得的利润并不高，但是，在 18 世纪后期的利好年份里，丹麦人事实上相当成功地扩展了自己的势力范围，并在沃尔特河（Volta River）河口西岸又建立了 4 座要塞。

随着法国革命的爆发，由于其对人权的重视，欧洲的整个公共舆论开始逐渐转向反对奴隶贸易。在这一背景下，1803 年，丹麦通过了一项禁止奴隶贸易的法律，这些在非洲的要塞也在一夜之间失去了价值，反而成了贸易公司和国家财政的经济负担。这些要塞走向衰落，很大程度上也被相关团体忽视，1850 年，它们作为一种象征性赔偿被转交给了英国。英国人之所以接受这项交易，只是为了防止这些要塞被法国人购得。总而言之，丹麦在西非的这块狭长领地仍旧只是一个微不足道的插曲，给丹麦本土只留下了一点点的印记；在今天的加纳，也只留下了一些丹麦语的地名。

"王冠上最耀眼的明珠"

从严格的字面意义上来说，丹麦在印度和非洲的领地不是殖民地，只是贸易站，而且还要经常看当地势力和航海大国的脸色。但圣托马斯（Saint Thomas）、圣约翰（Saint John）和圣克罗伊（Saint Croix）岛，这三座位于波多黎各以东的加勒比海热带小岛是真正的殖民地，还在某种程度上成了丹麦移民的定居点。

1672 年，丹麦西印度公司入侵了圣托马斯这座无人居住的岩石岛。丹麦西印度公司看中了岛上优良的天然港口，将其作为船只的良好避风港。这座岛表面上归西班牙国王所有，但无法从其他事务中抽身的西班牙还是默许了丹麦人的占领。1718 年，丹麦西印度公司又占领了邻近的无人小岛圣约翰岛。1733 年，丹麦西印度公司又从法国人手里购得了更大的圣克罗伊岛。丹麦在加勒比的小帝国至此宣告建立。1755 年以前，这三座岛屿都是丹麦西印度公司的私人财产，但在该公司破产后的同一年，三座岛屿正式成为丹麦的国有资产，由国王任命的总督统治，并驻扎有一支常备军。

这三座岛的经济基础是蔗糖生产。大量从西非进口的黑人奴隶，在白人管理者和种植园主的严密监督下从事着种植园中繁重的工作。由于这是一项劳动密集型的生产，奴隶的人口数很快超过白人数倍。1754 年，白人和黑人的人口比例是 1∶8，在 18 世纪末的经济繁荣期，黑人人口数量进一步

一个商人将圣托马斯、圣约翰和圣克罗伊三座岛比作"国王陛下王冠上最耀眼的明珠"。这是 H.G. 贝恩菲尔德创作于 1817 年的一幅画，表现了克里斯琴斯特德后期的繁荣景象。但在 19 世纪，三座岛屿都开始衰落。1917 年，它们以 2500 万美元的价格卖给了美国。

20 世纪初，丹麦帝国基本上宣告终结。威廉·哈默修伊（Vilhelm Hammershøi）于 1902 年为位于哥本哈根的亚洲公司办公楼所创作的这幅充满怀旧气息的画作，似乎已经属于过去。

增长。白人组成了一个小规模的精英群体，他们普遍过着殖民主子的舒适生活。

在没有破坏性飓风和降水充足的丰年，种植园会出现相当数量的粗糖剩余，这些粗糖被运回丹麦进行精加工。18 世纪末，这条运输线为母国带来了巨大的财富，商人尼尔斯·吕贝里（Niels Ryberg）在一封给国王的信中认为，有理由把这三座岛看作"王冠上最耀眼的明珠"。

但出于某些原因，随着新世纪的到来，丹麦人在这一地区的冒险活动已经日薄西山。第一，1803 年进口黑奴的禁令加重了劳动力的普遍稀缺，导致工资上涨。第二，与英国的战争（1807—1814 年）使丹麦的航运能力骤然下降，运费急剧上涨。第三，甜菜糖被引入欧洲市场，意味着蔗糖不再具有竞争力。

所以，在 19 世纪，岛上原本繁忙的蔗糖作坊开始慢慢衰败，人口也减少了，与此同时，丹麦的国库开支却在急剧地增加。简而言之，维系丹麦的这块热带殖民地的基础已经不复存在。在这一背景下，丹麦开始谈判出售这几座岛屿，经过一个复杂的外交过程和丹麦国内的全民公投后，1917 年 3 月 31 日，在一次军事典礼上，三座小岛以 2500 万美元的总价被转卖给美国。

丹麦在这三座加勒比海岛上的存在确实持续了超过两个

世纪的时间，但到今天，只有那些敏锐的观察者才能发现丹麦人活动的遗存：几座丹麦建筑风格的房屋和几个地名。丹麦人的时代在当地之所以只留下极少的印记，主要原因在于丹麦定居者从来就不多。前文中提到，从一开始，黑人即占据了人口的绝大多数，而且，即便是人数较少的白人社群，也有着很强的多元化特征。在这一社群当中，最常用的语言是英语和荷兰语，而不是丹麦语。根据一项规定，只有军团和文官政府中的官员才是丹麦人，但他们一般也不会在当地待很长的时间。岛屿被转卖给美国后选择继续留下来的丹麦人，也很快被吸纳到人口占多数的美国人当中，成为新的美国文化的一部分。相反，为数不多的一些解放了的奴隶选择了移居丹麦，在当地的白人中间，他们一开始组建了一个小规模但引人注目的团体。但经过几代人之后，这一团体也已经完全被整合到了丹麦人口当中。

束手束脚的海外扩张

开始于 17 世纪结束于 20 世纪的斯堪的纳维亚国家的殖民事业，相比于那些殖民强国，只是一种边缘化的现象，它们的海外活动的时间跨度比较小，也从未给受其影响的地区留下永久性的政治或文化上的印记。与此同时，斯堪的纳维亚人受到诸多约束，他们只能在大国允许的范围内享有行动自由。此外，只有当处在领先地位的国家被互相间的战事掣肘时，他们的计划才有可能成功。所以，当 17 世纪末英国与荷兰交战，18 世纪末英国与法国在全世界交战时，正是斯堪的纳维亚国家在海外取得最大成功的时候。1815 年，和平的环境得以恢复，却也为斯堪的纳维亚的殖民冒险敲响了丧钟。

尽管只是扮演了配角，但斯堪的纳维亚国家的海外经历还是在它们漫长的历史中留下了奇特的一页，不然的话，它们的历史可能会被认为只是局限于平静的北欧和狭小的波罗的海地区。因此，斯堪的纳维亚的海外事业的历史也许能够让人记住，不论是好是坏，和世界上所有其他地方一样，斯堪的纳维亚一直以来都连于并依赖着一个更大的世界。

第六章　不列颠

翻云覆雨的帝国

柯尔斯滕·麦肯齐（Kirsten Mckenzie）

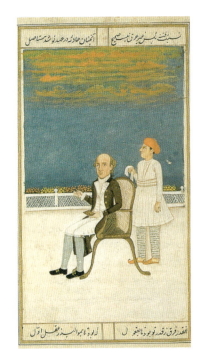

沃伦·黑斯廷斯的例子以一种不同寻常的方式阐释了帝国主义。1785 年，在担任孟加拉总督十年后返回英国的他遭到弹劾，理由是贪污和敲诈，但经过漫长的审判之后，他被宣布无罪。这是一幅由一位莫卧儿画家创作于约 1782 年的肖像画。

几乎定义了英国风情的一种特征的饮茶，是帝国带来的小小的后果之一。起初，茶只是一种局限于上层阶级的昂贵物品，但在 18 世纪的发展进程中，它逐渐成为一种平民化的饮料。这幅画作展示的是家庭内的一个景象，作者是理查德·科林斯（Richard Collins）（上页图）。

对托利党候选人亨利·拉塞尔斯（Henry Lascelles）而言，在 1807 年约克郡那个不同寻常的炎热的春天，不列颠帝国给他带来的影响可谓是福祸参半。到 18 世纪末，近两个世纪的殖民扩张积聚的财富已经改变了不列颠群岛的社会和地理景观。毫不意外，这一时期兴起的新贵（nouveau riche）为流行文化所吸引，"庸俗"（vulgar）一词也正是在这个时候具有了我们今天最常见的意义。[1] 从 18 世纪 80 年代到 19 世纪 20 年代，英国贵族头衔的数量以前所未有的速度增长，其中一部分原因是受到帝国新贵的影响。[2] 富裕的"富豪"（nabob，指那些在印度发家致富的人）和西印度种植园主成为公共辩论和流行的讽刺作品中的描绘对象。诸如 1778 年的《富翁》（The Nabob，作者萨缪尔·富特 [Samuel Foote]）和 1771 年的《西印度》（The West India，作者理查德·坎伯兰 [Richard Cumberland]）这样的喜剧，在伦敦的剧场中颇受欢迎。在整个英格兰乡村地区，帕拉第奥（Palladian）式样的宅邸纷纷拔地而起，在大多数情况下，这些钱都是从英国对大西洋世界和（逐步地）对印度的扩张中获得的。

约克郡的拉塞尔斯家族用在西印度群岛聚敛的财富建造了许多宏伟的建筑，其中哈伍德庄园（Harewood House）是众多宏伟宅邸中的一处，它既是拉塞尔斯家族所在地，又是当地政治权力的神经中枢。在哈伍德庄园，他们创造出了新古典主义的世外桃源景致。他们也将源自帝国的财富用于其他方面，比如哈伍德庄园的室内装饰由罗伯特·亚当（Robert Adam）设计，园林则出自能人布朗（Capability Brown）之手。这些在 18 世纪尽善尽美的品位下建造起来的建筑，无论如何都不是为一个古老的贵族家庭而建的，在这个家族获得爵位几十年之前，这座庄园便已经存在；而这座庄园的拥有者与加勒比地区的奴隶贸易之间的关系，也在当代对它小心翼翼地呈现中展示了出来。一本由该庄园一位前雇员撰写的旅游指南这样写道："众神可能会把这里当作极乐世界。"[3]

　　尽管帝国对当时英国的国内生活来说至关重要，但对于一些问题，人们并不是视而不见。在一些政治阴谋事件（比如 1788 年英国驻孟加拉总督沃伦·黑斯廷斯 [Warren Hastings] 被弹劾的事件）中，关于帝国暴行的丑闻也浮出水面。尽管对许多人而言，特别是那些利用帝国财富在英国社会阶梯向上攀爬的人，不看、不了解和不听可能会更好，但当大家都知道这些事实后，新贵们柔滑的丝绸服装就会被戳破。1807 年，也就是英国废除奴隶贸易之年，拉塞尔斯家族在约克郡残酷的竞选中遭遇失利。拉塞尔斯家族被描述成"奴隶贸易的辩护者"，从"流血的非洲"中发家致富，约克郡愤愤不平的服装工人指责这个家族试图使用更多西印度群岛的劳动力，而不是为英国劳动者创造就业机会。[4] 不过话说回来，英国人永远不会成为奴隶。[5]

　　亨利·拉塞尔斯的政治活动的时间，大致处在英国将近 400 年的帝国扩张和衰落的中间时段。我之所以选取他的故事作为开头，是因为它包含了我在叙述更为宏大的历史时呈

乔治王时代的艺术和建筑上的成就，很大程度上要归功于从奴隶制中得到的利润。正是因为从西印度群岛上获得了利润，拉塞尔斯家族才得以在约克郡建造起哈伍德庄园。

位于伦敦的东印度公司大楼，是处在不列颠帝国扩张核心位置的全球贸易事业的神经中枢之一。带有寓言性质的作品装饰其中，比如这幅《东方人向布列塔尼亚女神进献财宝》。

现的三个主题。18 世纪和 19 世纪，这些主题展现得最为明显（尽管早在 17 世纪便有了前兆），并且它们也非常有助于揭示 20 世纪帝国衰落时的环境。

第一，如果说英国建立了帝国的话，那么也可以说，帝国重建了英国自身。如果说英国的帝国扩张及之后的瓦解改变了全球各地无数人的生活，那么英国以及英国人自身也（以不同的表现形式）被这段历史改变。第二，这一转型并不只是发生在社会层面，也发生在个人的身份认同层面。拉塞尔斯家族或许能通过帝国的财富重塑自己，但从更广泛的层面上来说，帝国的经验对于种族、性别、阶级和地位等观念如何在英国及其殖民地运作这一问题至关重要。这些变动的身份对个人权利和自由实践产生了具体的政治影响。而我的第三个主题便是，英国的财富和自由是如何建立在对他者的剥削和奴役之上的。1807 年的约克郡服装工人非常清楚，谁将享有那些权利和自由，谁又将被排除在外，这将是英帝国历史进程讨论中的一块关键性的基石。

当然，从哪里"开始"这段历史，也同样是有争议的问题。都铎王朝时期征服的爱尔兰，是不是大英帝国统治的第一个例子呢？如果是的话，威尔士和苏格兰又能否被我们心安理得地当作这个帝国主义国家中心的一部分？爱尔兰人、苏格兰人和威尔士人都是英国全球扩张中关键的参与者，但毋庸置疑，他们自己的国土又处在英国的经济和政治统治下。尽管可能有观点认为应该把时间往前推，但我还是把对不列颠帝国的叙述的起点定在 17 世纪，在这个时期，它开始对全球经济和领土做全面的扩张。

木已成舟（约 1600—1780 年）

不列颠帝国的第一个世纪中，对普通人来说，"不列颠"和"帝国"这两个词尚未获得我们今天表达的那种意义。1603 年的君主联合（the Union of the Crowns）包括了英格兰、苏格兰和爱尔兰三个王国。苏格兰的詹姆斯六世（James VI of Scotland，同时又是英格兰的詹姆斯一世）使用不列颠一词来指代他的领地[6]，但"不列颠人"的观念真正扎根于民众内心，则要等到一个世纪之后。[7]与此类似，帝国的观念也并不一定意味着包含向海外扩张的野心。但到 17 世纪末，帝国征服的主要模式已经确立下来：通过榨取海外的原材料，财富流入不列颠群岛，同时，又通过占据土地（并保护其免受欧洲对手国家的侵扰）来为这种行为保驾护航；维持这种经济需要强制性的劳动，这又导致世界出现了前所未有的、大规模强制性的人口转移。到 18 世纪初，这些冒险活动获得成功，它意味着，不列颠人的身份认同可以奠定在它作为一个与天主教的法国和西班牙对抗的全球性新教国家的地位之上。

一些历史学家认为，16 世纪北美和加勒比的剥削性质的种植园模式发端于 15 世纪的爱尔兰。[8]北美大陆上第一个永久性的定居点于 1607 年在弗吉尼亚的詹姆斯河（James River）畔建立。随后，早期殖民者在其北部又建立了其他的定居点，比如 1620 年建立的普利茅斯（Plymouth）和 1630 年的马萨诸塞湾殖民地（Massachusetts Bay colonies）。1623 年，英国人在加勒比海地区建立了第一个定居点圣克里斯托弗（Saint Christopher，又称圣基茨 [Saint Kitts]），之后或是以占领的方式获得了其他岛屿（比如 1625 年获得的巴巴多斯 [Barbados]），或是从像西班牙这样的竞争对手手里购买岛屿（1655 年取得牙买加）。英国人最初尝试在新来者和原住民之间进行文化上的调和，但这类尝试都夭折了。对欧洲人来说，大西洋世界中的土著民族固守他们自己的社会组织和

烟草可以用来嗅、吸或咀嚼——分别对应上图中的三位品鉴者，他们分别是法国人、荷兰人和英国人。在伦敦，"最好的弗吉尼亚"是咖啡馆中最吸引顾客的烟草牌子之一。

帝国在美洲的种植园经济对廉价劳动力的需求是无止境的。在大西洋奴隶贸易时期,非洲人和欧洲人均参与到了对大约1100万男性和女性的大规模抓捕与奴役活动当中。

经济状态,这让他们十分苦恼。欧洲人对土地和劳动力的贪婪需求很快招致了地方上的暴力反抗。比如1622年的一场有组织的起义,几乎摧毁了整个弗吉尼亚殖民地。同之前的爱尔兰一样,"文明开化的"殖民者教化"野蛮的"原住居民的种族主义话语很快通行开来。经济作物的生产(首先是烟草,之后是蔗糖)确保了英国人在北美和加勒比的商业冒险获得成功。撇开这些故事的主角,这出在大西洋世界进行帝国扩张的戏剧,也可以被写成是对英国强大的信奉天主教的对手(西班牙以及之后的法国)的反抗。

被流放的犯人和贫穷的英国人"自愿"接受契约,成为白人的契约奴隶,他们很快便取代了有限的北美和加勒比本地劳工。从17世纪40年代开始,黑人奴隶开始从非洲输入,到17世纪末成为北美大陆南方和西印度群岛殖民地首选的劳动力来源。随着白人和黑人在经济和社会上开始出现分离,自由人的财富和地位日益与被奴役者紧密捆绑在一起。随着白人定居点的扩大,各种立法会议开始在大西洋世界里建立起来,黑人因而也被排除在参与立法的成员之外。

如果说英国在大西洋世界的扩张受到了像棉花、糖和烟草这些大宗产品的刺激的话,那么在东方的扩张,则是通过贸易来榨取当地的产品并以此获利。1600 年，受到欧洲人对亚洲作物，特别是胡椒、香料以及像丝绸和棉纺织品这些制成品的贪婪需求的刺激，英国王室为英国东印度公司颁发了特许状。到 17 世纪末，英国东印度公司开始成为在亚洲最成功的欧洲贸易公司。在整个 18 世纪，英国东印度公司也建立了一个属于自己的帝国。与亚洲的贸易充满了风险，运输成本高昂，对马来群岛上或是印度大陆沿海所建立的永久性贸易据点（被称作代理商）而言，当地的环境也并不稳定。同欧洲的贸易竞争对手，特别是法国之间的竞争从未停止，甚至可能爆发暴力冲突。在 17 世纪，在印度开展贸易的英国人必须适应这块次大陆上已有的权力结构。到 18 世纪，随着莫卧儿帝国的灭亡以及由此带来的对地区稳定的破坏，环境开始发生变化，东印度公司开始利用当地的盟友获取政治权力，并提出领土上的要求。为了给不断扩大的贸易体系和保护本国商业利益的公司下属军队提供资助，英国需要保证税收收入，因此，在一些人看来，领土的扩张似乎是不可避免的。英国对印度的征服行动超越了以往所有的帝国扩张。1757 年，在罗伯特·克莱武（Robert Clive）的领导下，英国人取得普拉西之战（Battle of Plassey）的胜利，并在孟加拉站稳了脚跟。仅孟加拉一地就为英国人带来了 2000 万新臣民和 300 万英镑的收入，一支庞大的新的军队和公务员队伍也随之建立。[9]

英国人通过建立商业公司管理 "帝国"，而非由国家来治理，这背后的推动者主要是商业团体的私人军队。罗伯特·克莱武加入东印度公司时只是一个职员，之后成为一名士兵。1757 年，在当地贵族米尔·贾法尔（Mir Jafar）——后来被扶植成为一位亲英的统治者——的帮助下，克莱武在普拉西之战中打败了孟加拉行政长官西拉杰·乌德·达乌拉（Siraj ud-Daula）。1765 年，克莱武为英国人取得了对孟加拉的实际控制——以迪瓦尼（diwani，即征税权）的形式。

1773年，在抗议英国对茶叶征税的行动中，一群波士顿人将自己伪装成印第安人，将茶叶倾倒进港口。这就是所谓的"波士顿倾茶事件"，它是导致美国独立战争爆发的最初的反抗行动之一。

到18世纪，英国东印度公司从中国进口的茶叶和作为调味的从大西洋世界奴隶经济中获得的蔗糖，逐渐成为英国人餐饮中重要的组成部分。茶叶在北美殖民地也同样受欢迎，这也是为什么1773年它们会被倾倒入波士顿湾。为了弥补与法国争夺大西洋世界控制权而爆发的战争中巨大的财政亏损，英国优先选择对备受欢迎的茶叶征税。难道殖民地居民不应该为自己受到的保护而付钱吗？但英国人得到的回应却是越来越愤激的拒绝，所谓的波士顿倾茶事件（Boston Tea Party）就是导致美国独立战争（1775—1783年）的若干反征税抗议运动中的一个。

就像英国政治家埃德蒙·柏克（Edmund Burke）所认识到的那样，在某一些人是奴隶的共同体当中，"那些自由人对他们的自由的自豪感和戒备心，是目前为止最强烈的"[10]。

约1639年，东印度公司在南部印度的东部沿海建造了圣乔治堡，这是马德拉斯城的核心所在地。在18世纪英国和其欧洲竞争对手之间为争夺在印度次大陆的地位的争斗中，这座堡垒经受住了频繁的进攻（下两页图）。

绘制人类世界和自然世界的版图（约 1780—1815 年）

乔治三世：皮特阁下，殖民地有什么消息吗？

皮特：美利坚现在是一个国家了，陛下。

乔治三世：是吗？好吧。我们必须试着去习惯它。

我知道一些奇怪的事情。我曾经看到过一只五条腿的绵羊。[11]

从后见之明的角度来说，情况并不像乔治三世（George III）所认为的那样糟糕，1783 年丧失美洲殖民地对英国的帝国扩张而言，还远不是什么永久性的后退——至少从阿兰·本内特（Alan Bennett）的电影对乔治三世的描绘来看是这样。大西洋世界中的帝国和 1783 年后它的发展，两者之间存在着相似性，[12] 不过 18 世纪末的确标志着不列颠帝国在本质上的一次巨大转变。历史学家所谓的"第一"和"第二"不列颠帝国之间的关键区别之一，便是它的地理范围。从 1600 年以来，穿越大西洋的帝国扩张便一直在向西发

探索引向了征服。澳大利亚和新西兰成为不列颠帝国的一部分，这要归功于库克船长。库克是一位出色的航海家，对知识有着十分广泛的兴趣，1779 年死于与夏威夷岛民的一次意外冲突。

展——通往北美大陆的东岸，穿越加勒比海。但现在，关注点则逐渐转向了东方——通往印度，穿越太平洋。帝国的重心也从大西洋转移到了印度洋。[13]

如果没有 18 世纪后期的太平洋探险，就不可能发生上述重心的转移。在这一时期的探险活动中，没有谁比詹姆斯·库克（James Cook）与之关系更为密切。从 1768 年开始，一直到 1779 年死于夏威夷岛民之手，库克领导了三次远航太平洋的行动。他远航的目的是帮助英国绘制太平洋边缘的地图，这是一片无比巨大的海洋，没有大面积的陆地，小型的岛屿点缀其间，在领航员仍旧要费力才能精确计算出经度的年代，船队很容易在这片海上迷失方向。库克的远航取得了成功，但航行的目的还包括以其他方式绘制世界地图。库克的船队装备了最新的科学实验仪器，搭乘着像约瑟夫·班克斯（Joseph Banks）和丹尼尔·索兰德（Daniel Solander）这样的艺术家和科学领域的专家。库克的船队就是一座移动的实验室，他们是科学革命和启蒙运动知识热潮中产生的新型探索方式的继承者。[14] 他们所希望的，不仅仅是绘制地理学意义上的新世界，还想对自然界和人类进行分类。当时最伟大的分类学家林奈（Linnaeus）的学生索兰德搭乘这艘船，并不是没有原因的。库克航行的部分原因是为一些发展中的渴望原始数据的欧洲科学的分支学科收集信息。因此，探险带来的不仅是在太平洋——特别是澳大拉西亚（Australasia）——的领土扩张，还有对人类新的思考方式。

18 世纪后期，启蒙主义关于文明的社会理论，将在接下来的一两个世纪中收获种族分类学这一残酷的遗产。可能正是出于这个原因，詹姆斯·库克仍旧是对帝国的流行看法的一根引雷针一样的存在。早在 18 世纪 80 年代，库克就被"封为"帝国的殉道者和英雄。历史绘画描绘了他死于夏威夷岛民之手的场景；版画则对库克升天，并且在代表宇宙和不列颠寓言的人物伴随下进入天堂的场景进行了想象。到 19 世纪后期，澳大利亚的白人殖民者将库克奉为建国之父，他们更愿意忘记自己是来此接受刑罚的定居者的后裔。到了 20 世纪后期，又冒出了一个非常不同的角色。在反殖民主义的叙事中，库克成为欧洲压迫的前驱。"让我来提醒你一下，英国是第一个废除奴隶贸易的欧洲强国，随后，英国海军被授予抓捕外国奴隶船的权力。许多"被解放者"最后成为英国殖民地上的契约劳工。这张拍摄于 1868 年的照片展示的是一群被一艘海军舰船营救下来的非洲人。

是我们杀死了库克。"20 世纪 90 年代一位夏威夷民族主义者在一次会议上自豪地如是说。在大众千变万化的记忆世界里，18 世纪海滩上一场争执中的受害者，[15] 在 19 世纪变成了一位英雄，到 20 世纪后期，（在一些人眼里）又变成了恶棍的代名词。

从 19 世纪中期开始，澳大利亚殖民地的定居者急于将库克塑造成自己家园的创立者，因为正是库克的航行使人们将澳大利亚和新西兰的海岸线绘制下来。这么做容易忽略一个事实，即澳大利亚的大部分定居点是以流放地的形式建立起来，或是从中扩展开来的。随着美国的独立，英国已不可能持续地向大西洋对岸强制性地流放罪犯。解决英国国内犯罪问题的一个方法，就是将罪犯输送到世界的尽头。1788 年，第一艘运送罪犯的船只抵达植物学湾（Botany Bay），在接下来的 70 年里，超过 15 万名罪犯登陆澳大利亚沿海。早年的新南威尔士（New South Wales）和范迪门地（Van Diemen's Land，后称塔斯马尼亚 [Tasmania]）中流放犯人的殖民地危机四伏。当地气候远比计划者从库克的航行中推论出的更为恶劣，原住民数量也更多（且更富敌意）。尽管要面对"致命海岸"带来的真真切切的恐惧，[16] 但降低成本、保证定居点居民生存和繁荣的现实需求，迫使殖民者降低了对罪犯管制的严格程度。人们很快便发现，当劳动能给罪犯带来奖励时，他们就会工作得更起劲。从这种对罪犯的松散的管制中，诞生了一个富有创业精神的社会，他们首先从捕猎海豹和鲸中获得第一桶金，之后则开始从事畜牧业和羊毛的生产，摧毁了澳大利亚大陆上原住民赖以生存的经济基础。白人定居社会在澳大利亚，包括之前在北美的成功，是建立在对当地原住民残忍的掠夺和其人口大量死亡之上的。

善意的帝国[17]（约 1815—1880 年）

19 世纪将见证英国在亚洲、非洲和太平洋史无前例的领土扩张，相伴随的还有在中国和西班牙美洲的"非正式帝国"，那些并未被英国正式控制的国家被拉入英国贸易的范

1816 年，英国人颁布了一项针对澳大利亚原住民的宣言，以宣示英国法律面前人人平等，但对其意义的阐释方式仍然引起了争议。

围之内，这种情况有时是源自强迫，比如 1840—1842 年和 1856—1860 年两次鸦片战争中的中国。但除了加拿大、南非和澳大拉西亚以外，新的正式殖民地将不会是定居殖民地。从 18 世纪到 19 世纪，不列颠帝国发生了第二个本质上的变化，这对后启蒙时代人类世界进行分类（和统治）的方法产生了重要的影响。对白人定居殖民地的管理，和对以非欧洲人口占多数的亚洲和非洲殖民地的统治模式之间的鸿沟逐渐扩大。白人定居殖民地特别希望扩大这种鸿沟，并将自己与印度这样的殖民地区分开来。白人定居殖民地需要展示出自己的社区和英国本土的社区具有同等的地位，因而也应享有相同的政治权利。随着白色这种肤色在 19 世纪逐渐成为一种稳定的权力象征，享有社会和政治上的"英国人的自由权利"的白种英国殖民地臣民与那些没有独立的、被统治的棕种和黑种英国臣民之间的区别，也变得越来越大。[18] 凯瑟琳·霍尔（Catherine Hall）写道："白人定居殖民地组织基于一种双重的需要：将原住民赶走，在他们的土地上建立一个定居者群体。"[19] 白人定居者何以痴迷于英国对自己的认可——这在下一个世纪的一些时候被打上"文化谄媚"的烙

1788 年在植物学湾登陆后，英国人在附近的杰克逊堡定居下来，这个地方后来发展成为新南威尔士殖民地的行政中心，也就是悉尼。在托马斯·沃特林（Thomas Watling）的这幅水彩画中，这里只是一个村庄，却有着一个绝佳的天然港口。

欧洲人与澳大利亚原住民相遇，土著和非土著的艺术家为我们留下了丰富的视觉遗产。上页图是汤米·麦克雷（Tommy McRae）所画的墨累河上游（Upper Murray）的瓦冈亚（Wahgunyah) 部落中所见之场景，时间约为1880 年。上图是贝恩朗（Bennelong）的肖像，作者是一位身份不明的被称为"杰克逊港画家"的欧洲艺术家，时间约为1790 年。1789 年，希望学习他的人民的语言和习俗的总督菲利普下令将贝恩朗和他的同胞科尔比（Colbee）逮捕。

印——需要在这一背景下去理解。举几个例子，白人定居者对欧洲的着装、卫生和婴儿抚养标准近乎执迷的攀附，是和个人、社会和政治地位的需要相联系的。在政治领域，到了19 世纪，这些期望变成现实，白人定居殖民地获得了代表权，而后又建立起相应的立法机构。

1815 年，当拿破仑战争结束时，英国以世界最现代的工业国家的身份崛起，成为全球最具统治力的经济体。到 19世纪 20 年代，世界上约 26% 的人口居住在由英国统治的土地上。[20] 彼时，英国大规模扩张的领土遍布全球，大量文化和种族上与英国人迥异的民族被置于英国的控制之下。伴随这些变化而来的，是英国人对帝国本质越来越激烈的争论。在许多改革者的头脑中，经济和政治上的统治力需要道德和人道主义的高标准与之相匹配。其中一个令他们非常担忧的问题是，英国人将成为哪一种帝国主义者——它将成为一个信神的帝国，还是一个不信神的帝国？到 20 世纪的头 10 年，人道主义改革者的担忧在政治领域变得越来越强烈。在他们看来，支持弱小和非独立的人群——帝国中的妇女、儿童、奴隶和原住民——和英国自身的转型同样重要。人道主义改革者采纳了一种新的性别政治的行动愿景：白人中产阶级男性受益于工业化带来的经济变革，认为自己应该承担起用更人道的方式塑造这个世界的责任。人道主义者在意识形态上的能量首先被注入了关于奴隶制的辩论当中。人道主义者不只是用道德语言来陈述自己的观点，他们把奴隶们自己的证词作为一种强有力的武器[21]，还宣扬自由劳动的美德，认为在一个全新的工业化世界中实施奴隶制是落后的表现。

令拉塞尔斯家族在 1807 年妥协的反对奴隶贸易的抗争，以及之后反对奴隶制本身的抗争，在 1834 年取得了一定的成果。奴隶主的财产权则通过政府的补贴得到了保护。这标着着帝国的愿景得到进一步认可，它将英国的国民性与人道主义情感联系在了一起，将反对奴隶制变成了"国民美德中的一种象征"[22]。帝国开始注重自由劳动及其道德，在这个国家新的道德形态中拥有了广泛的号召力。它为英国人提供了一种将其内在道德性和对自由的热爱传达给外国人的手段。通过对殖民化手段中道德优先的强调，英国人对殖民地的看法也发生了改变。在英国盛行合乎道德的改革和反奴隶制的

氛围下，关于殖民化的新思想在 19 世纪二三十年代赢得了一批准备就绪的受众。强制劳动在道德上的堕落和无效率的观点，已经被用于谴责奴隶制，现在也被用来向强迫罪犯劳动发动进攻。1834 年，奴隶制在帝国范围内被废除。就在 6 年后，英国议会终止了向新南威尔士输入奴隶。但丑闻仍在继续，范迪门地的奴隶输入又持续了 10 年；在西澳大利亚，由于对劳动力的需求，奴隶的输入一直持续到了 1868 年。

反对奴隶制的斗争伊始，保护原住民免遭剥削的信念便紧随而来。1836 年，英国和海外原住民保护协会（British and Foreign Aborigines Society）在伦敦成立。1837 年，国会在一项针对帝国内原住民生存现状的调查中发现，在南非、澳大拉西亚和北美的殖民化造成了灾难性的后果。特别委员会的全名是："为保障英国定居点所在地之原住民及周边部落的权利、确保其受到公正对待、促进文明在他们中间传播、引领他们和平与自愿地接纳基督教而酌定适当措施的特别委员会。"这一名称很能说明问题。直截了当地说，关于白人和黑人平等的人道主义观点是有前提条件的，即黑人应该信仰基督教，并以白人的方式被整合到白人社会当中。

事实证明，在这方面不论是获得自由的奴隶还是被殖民的民族，都不是容易"管教"的。果不其然，对这种将自己变成服从和恭顺的自由劳动力的行动，他们表达了反抗。他们更愿意选择自给自足，并追求自己的文化和经济目标，由此带来的张力削弱了改革的意识形态。不仅如此，人道主义者还被殖民地上他们的主要对手视为巨大的威胁，后者是南非、澳大利亚、新西兰和加拿大的牧场主与那些希望占领并开发大片土地的白人定居者，他们不希望受到干涉，也不想看到原住民受到保护。人道主义者和他们在英国及殖民地上的对手爆发了一场意识形态的战斗。定居者们强烈抗议原住民特别委员会提出的观点，他们宣称自己才是真正将文明带到殖民地上的人，他们正投身和野蛮人的战斗。作为人道主义话语的对立面，牧场主及其盟友们建立了一套资本主义进

A VILLAGE IN PUKAPUKA, UNDER HEATHENISM

欧洲人视角下的基督教的好处。这是库克群岛上的一个村庄在皈依基督教前后的两种不同景象。

THE SAME VILLAGE, UNDER CHRISTIANITY.

程和文明受到野蛮威胁的语言。[23] 在不列颠帝国的种族等级制度和经济剥削遭到炮轰的后殖民主义时代，我们有必要意识到殖民计划自身的多样性。它的内部是断裂的，各种相互矛盾的意愿充斥其间。

最终，人道主义运动所提出的更加尊重土著文明和土地权利的承诺早早地被人抛之脑后。在阻止白人无节制的经济扩张对原住民的急遽驱逐上，这一运动很大程度上是失败的。到 19 世纪中叶，在改革者中间弥漫着一股强烈的幻灭感。这就在很大程度上为放弃这些认为应尊重原住民权利的道德理念铺平了道路。那种强调人类在本质上是同一的，但同时又认为放弃非欧洲文化对"文明"有利的人道主义情感，让位给了流行于 19 世纪下半叶的社会达尔文主义和科学种族主义思想。作为这些变化的表现，凯瑟琳·霍尔认为，托马斯·卡莱尔（Thomas Carlyle）的《关于黑人问题的片论》（*Occasional Discourses on the Negro Question*）——后改为更具侮辱性的题目《关于黑鬼问题的片论》（*Occasional Discourses on the Nigger Question*）——的出版，"标志着公

19 世纪中叶，对英国统治的抵触和反抗运动在整个帝国爆发，包括在 1857 年的印度和 1865 年的牙买加。两次反抗运动都被残酷镇压。前者在今天的英国仍广为人知，"印度叛乱"的称谓仍存在争议，这场运动从军队扩大到更广泛的民众中间。英国人的报复手段包括了大范围的绞刑。

解放奴隶后，种植园主运用了多种策略尝试维系之前的奴隶与种植园之间的纽带。这幅画创作于 1850 年前后。

众人物可以合法地持有黑人本质上低人一等的信念并宣称黑人生来就应该被管教且永远不能达到欧洲文明水平"[24]。

在一些事件中，殖民者牢牢地掌控着其局势与进程，这些事件也凸显了此类意识形态上的变化。到 19 世纪 60 年代，不列颠帝国遭遇到一系列巨大的冲击，这些中击被广泛解读为对英国政策和价值观的拒斥。不管是获得自由的奴隶，还是被征服的"当地居民"，都未对将他们转变为信仰基督教的和可控制的劳动力的计划做出"应该有"的反应。西印度群岛上的种植园争端四起，之前的奴隶也没有获得完全的民事和政治权利，由此导致的加勒比地区的紧张态势在 1865 年牙买加的"莫兰特湾叛乱"（Morant Bay Rebellion）中爆发了——叛乱最终被总督爱德华·艾尔（Edward Eyre）残暴镇压。在这之后，牙买加众议院支持接受英国的直接统治，从而自行解散，尽管此举遭到少数黑人议员的抗议。439 名牙买加黑人被吊死，600 人遭到鞭笞，数千个家庭在报复中被摧毁，艾尔处理叛乱的方式在英国的白人中间引发了激烈的争论。这场辩论发展到后来，既是对艾尔的行为的争论，又是对获得自由的黑人奴隶的性质问题的讨论。在新西兰发生的事件也引发了对人道主义改革的幻灭感。1840年，帝国出台了《怀唐伊条约》(Treaty of Waitangi)，旨在解决欧洲人和当地毛利人之间土地权的分歧，却导致了持续三十多年的武装冲突，毛利人在这些冲突中被证明是一个劲敌。

19世纪中叶，最具心理破坏性的一次冲击发生在新帝国的中心——印度。印度人的反抗爆发于1857年，在印度人的记忆中，它被称作"大反抗"(Great Rebellion，在英国有时候也称之为"印度大叛乱")。到19世纪中叶，东印度公司私人军队所执行的一系列兼并和战争将英国统治的边界扩展到了次大陆的大部分地区。依照英国的文化模式对印度社会实施改革和改进的计划，与英国的利益息息相关，但一直存在安全隐忧，英属印度政府(British Raj，这是英国政府在

为牙买加奴隶进行大规模洗礼表面上是出于被洗礼者的利益，因为它承诺他们个人的灵魂可以得到拯救。但这种行为并不受种植园主的待见，1791年，相关的传教士遭到逮捕。画面中是1842年的一个场景。

印度的称谓）也无力掌控当时的局势，混乱在 1857 年爆发了。反抗开始于孟加拉部队中的印度士兵，弹夹上被涂上从仪式上来说不洁的动物油脂，其行为引发了士兵们的抗议。这一事件可能是有意设计用来侮辱印度教徒和穆斯林的，而英国当局对士兵们的不满的回应却很专横，这只会使情况变得越发糟糕。然而，最初的不满只是导火索，其背后是更深层次的对白人统治印度政治、社会和经济的不满。起义从部队士兵扩展到了城市和农村——印度北部陷入暴乱。反抗的理由多种多样，但局限于部分地区，相当一部分印度人感到支持英国比站到反抗者一边更符合自己的利益。反抗最终失败，但事件发生时被广泛重复的一个预言——东印度公司的统治在普拉西之战后只能维持一百年——却并非完全是妄言。反抗的结果是，东印度公司的统治宣告结束，印度被置于王室和议会的直接统治之下。虽然印度人的反抗中有着特定、复杂的动机，但这无疑导致了英国在夺回控制权时的惨烈战斗，双方也有意犯下了诸多暴行。应该谨慎地、避免情绪化地看待 18 世纪末 19 世纪初英国在印度的统治陷入的艰难处境。[25] 与此同时，我们要看到，试图在英国人和印度人之间进行跨文化调适，这一希望在 1857 年破灭了。在殖民统治者和被殖民者之间已经存在的鸿沟持续扩大，在印度和其他非定居殖民地按照英国模式实施改革和改进的理念也无可挽回地落空了。

新的帝国主义（约 1880—1910 年）

19 世纪中叶后出现了一种"更为温和的帝国观"[26]，正是这一锋芒毕露的种族、文化和权力观孕育了 19 世纪后期所谓的"争夺非洲"和"新帝国主义"运动。在 19 世纪后期之前，英国对占领非洲的土地毫无兴趣，但如我们所见，英国人热衷于奴役和使用非洲的居民。从 17 世纪以来，英国对非洲人口的大规模绑架推动了大西洋世界的奴隶经济。两百年后，尽管跨大西洋奴隶贸易对非洲人口造成重大影响，并带来严重的动荡，但相对而言非洲的土地还未被染指。英国人只在西非占据了一些小的据点，以便购买奴隶和其他商品。另外就是开普殖民地（Cape Colony），英国人在

欧洲之间的竞争，是帝国故事的主要构成要素。在南非战争（即英国人与布尔人战争，1899—1902 年）中，英国的敌人是荷兰殖民者的后裔，为了应对游击战，英国人发明了集中营，但糟糕的管理导致大量人口死于疾病和饥饿。

18 世纪末期的革命战争和 19 世纪初的拿破仑战争中从荷兰人手中将其吞并，其主要目的是保护通往印度的海上通道不受法国人的侵扰。但到了 1900 年，英国人已经在整个非洲大陆获取了大量的领土。在东南亚的进展可能没有这么引人瞩目，但英国人还是占领了缅甸和马来半岛。

英国在 19 世纪晚期惊人的领土扩张，始于 19 世纪 80 年代的涓涓细流，10 年后则如洪流般不可阻挡。为此我们可以从战略和经济上作出解释，其中一个因素是，英国阻止像法国这样的老对手，或是新近统一的德国这些崛起的欧洲帝国主义国家向这些地区扩张。到 19 世纪末，事实清楚地表明，英国已经丧失自拿破仑战争以来所取得的无可撼动的帝国地位。另一个同样重要的因素是，英国拥有在经济上具有重要价值的特定的资源和市场，尤其是棕榈油、象牙和野生橡胶等具有突出地位的原材料。借助这些战略和经济上的资源，英国同样推动了"非正式帝国"的进一步扩张。就像鸦片战争迫使中国接受了英国式的自由贸易（或者像西蒙·沙玛 [Simon Schama] 所称的"毒贩帝国主义"[narco-imperialism]）暧昧不明的优势那样[27]，这种影响力也在 19 世纪 70 年代和 80 年代强制性地扩展到了土耳其和埃及。1869 年苏伊士运河的修建——运河由法国和埃及出资修建，1875 年由英国人购得——将英国和印度之间的航行时间缩短了一半。这也使得英国先前取得的那些殖民地的重要价值更加凸显出来：1819 年占领新加坡，1826 年占领马六甲海峡两边的据点。1882 年，英国入侵埃及并将其置于"占领"之下，完成了维护自己在埃及利益的最后一步。

19 世纪晚期的新帝国主义不仅关乎战略和经济利益，也促进了英国对自身和殖民地身份的新思考。19 世纪晚期，英国和其他欧洲大国陷入了激烈的帝国主义竞争当中，同时英国也逐步加强对海外非英国人的控制。在这一时期，种族通过竞争而演化的理论大行其道。用历史学家比尔·纳森（Bill Nasson）的话来说，"种族思想中的民族优越论，骄纵地认为征服战争能带来荣耀的文化，以及英国扩张过程中相对低廉的成本"，这些点燃了帝国主义的热情。[28] 因此这不仅与认同有关，也与权力有关。对 1895—1903 年的保守党殖民地大臣约瑟夫·张伯伦（Joseph Chamberlain）来说，赢得英国公众舆论的支持对帝国事业至关重要。以白种人的活力和高度富于战斗性的男性气概等所构想出来的帝国使命，为大众音乐厅内的娱乐、艺术、文学、教育和诸如童子军这样的青年运动提供了素材。

但事情的发展并不都像新帝国主义者所预料的那样。即便帝国的后代读着拉迪亚德·吉卜林的作品，或是沉浸于

南非战争中的残酷的战斗预示了 1914—1918 年的恐怖，尤其是堑壕战的运用。这是 1900 年 1 月斯皮恩山之战（Battle of Spion Kop）后的纳塔尔（Natal）的战壕里死去的英国人。

《男孩杂志》（*The Boy's Own Paper*, 创立于 1879 年）中的扣人心弦的冒险故事，在不列颠帝国的范围内，还有着另一些日益强烈的有关帝国的愿景。但与此同时，不论是在黑人社区还是白人社区，反帝国主义者的身份认同和政治上的动员都在进一步加强。澳大利亚激进的民族主义者在大量发行的出版物中提出，除了忠诚于帝国之外，还可以有其他选择。这些出版物的受众是受益于教育改革且具备识字能力的新一代。诸如《公报》（*The Bulletin*，创立于 1880 年）这样全国性的画报极力称赞澳大利亚的风光，将牧场生活理想化，并致力于建立一个强烈排斥亚洲的白种澳大利亚国度。这份报纸在 1887 年宣称："作为廉价劳动力的黑人、中国人、印度人、南太平洋岛民和有色人种，均不是澳大利亚人。"[29] 因推动使用廉价的黑人劳动力，并侵犯白人劳动者的权利，英国在澳大利亚受到责难，但澳大利亚始终维系着对帝国的忠诚。对南非的白人来说，情况则恰恰相反。欧洲裔南非人的共和国与英帝国主义强权之间爆发了南非战争（South African War，1899—1902 年），这为南非带来了巨大的灾难，为欧洲裔南非白人的民族主义播下了种子，其苦果就是将近 50 年之后的种族隔离政策。

上文提到的 19 世纪中叶帝国的控制力危机表明，对殖民压迫的有组织反抗并不是什么新鲜事物。但到了 19 世纪

殖民地也被拖入他们的统治者的战争当中。照片上，英国陆军部长基奇纳（Kitchener）将军正在检阅印度军队，时间为 1914 年。

晚期，因殖民地上所有种族间的大众教育运动的发展，识字率上升，随后产生了意想不到的效果。大众教育运动的发展和识字率的上升推动了殖民地国家语言和制度中的民族主义运动，同时也拒斥了实行欧洲统治的意识形态。比如在印度，英国人依靠识字的当地知识精英来实施管理。但培养出这些管理者的教育系统同时也孕育出一代批评者，他们可以运用学到的新技巧，用自己的语言评判帝国主义的统治。[30] 1885 年成立的印度国民大会（Indian National Congress）要求印度人更大程度地参与到英国人的管理当中。到 1906 年，印度国民大会提出印度自治的目标，并逐渐演变成一项平民化的运动，1919—1922 年，在"圣雄"甘地的组织下，国民大会发起了一波抗争行动。与之类似，1912 年南非原住民国民大会（South African Native National Congress）——1923 年成为非洲国民大会（African National Congress）——的创立者也出自接受过教育的、肩负使命的精英群体，他们可以在自己的议会选区里同白人抗衡。尽管非洲国民大会不断地向英国当局提出请愿保护非洲人的权利，但这类组织在英国人和欧洲裔南非人之间的谈判中还是被边缘化了，1910 年南非联盟（Union of South Africa）建立后，白人至上主义实际上一手遮天。

衰落和遗产（20 世纪）

新帝国主义在 19 世纪晚期达到高潮，J.R. 西利（J. R. Seeley）在他出版于 1883 年的《英格兰的扩张》（*The Expansion of England*）一书中表达了这样一个著名的观点：不列颠帝国是在"一时失去理智"中取得的。比尔·纳森最近指出，这种评价并不是没有来由的。这是一个缺乏地理上的邻近感、统一的法律框架和单一的语言或宗教的帝国。在四百年的扩张里，并没有一种前后一致的模式可供遵循，不列颠人对帝国的情感和支持是非常易变的。[31] 但考虑到"英国"这一所谓的不确定性造成的大规模的全球性影响，包括经济剥削和强制数百万人移民，西利的表述中所体现的幽默感，现在看来并不仅仅是一个冷笑话而已。

英国的帝国主义遗产仍然激发人们热烈地辩论，让人情

不列颠帝国的终结在不同的地区呈现出不同的形式——从武装斗争到和平的说服。后一种方式最著名的倡导者，要属"圣雄"甘地，他首先在南胁，进而在印度采用了公民不服从的策略。1930年，甘地带领众人步行320多公里前往海边制盐，以表示对英国加诸印度的盐税的抗议。

绪高涨。对帝国的追述仍能（从正面和负面两方面）触及人们的灵魂深处，部分原因是，去殖民化的历史就发生在我这一代人身上，时间上非常接近。为了保护自己的优势不受欧洲竞争对手的威胁，英国参加了第一次世界大战，为了达到这一目的，英国还动用了帝国大量的人力资源和自然资源。在战后对战败国家的分割中，土耳其和德国分裂。英国通过托管加强了在中东的控制。似乎没有任何迹象表明英国的帝国势力遭受了毁灭性的打击。但在第一次世界大战中，英国却付出了巨大的成本，人员损失惨重，它还开始深陷于美国债权人的债务当中。美国是一个新的世界大国，它几乎没有参与维护由欧洲人实施直接殖民统治的体系。[32] 20年后，随着第二次世界大战的爆发，帝国的资源需要被再次整合。从战争中期开始，情况看上去变得非常不妙。1942年，日本入侵新加坡，澳大利亚似乎处在被入侵的边缘，而印度则正处在大规模平民不服从运动（"退出印度"[Quit India]）的震荡中。

与第一次世界大战中一样，美国再次强化了自己不断增强的全球统治力——这一次它在太平洋战场上使用了原子弹。所以，尽管第二次世界大战后英国在领土上并没有受到太大的影响，但去殖民化的种子已经播下。帝国崩溃的原因既可以在有关国家利益的变化的观念中去寻找，也可以在诸多外部压力中去发现。英国开始从帝国的本身转向对美国和西欧蓬勃发展的经济的投资。全球性的军事、金融和经济优势完全从英国转移到了美国这边。殖民地的民族主义运动也以自己的方式从根本上摧毁了英国的势力。在大多数例子中都涉及议会游说和民众的抗议活动——后者可能会遭到暴力镇压，但在一些地区（如肯尼亚和马来亚）也爆发了武装抵抗运动。随着纳粹的种族主义恐怖活动和日本的帝国主义野心被击溃，在普世权利的宣言被提出和联合国成立的背景下，国际上对帝国主义的批评越来越激烈。

去殖民化一旦开始便发展迅猛。在第二次世界大战结束后不久的 1947 年到 1948 年间，英国在印度次大陆和巴勒斯坦的统治宣告终结。1957 年到 20 世纪 60 年代中期，在非洲、加勒比地区和马来半岛出现大批新独立的国家。在第二次世界大战结束后的 25 年时间里，不列颠帝国的整个全球体系很大程度上已经处在崩溃之中。就如英国首相哈罗德·麦克

肯尼亚的茅茅党反抗运动（Mau-Mau Rebellion），其主要参与者是基库尤人，1952 年，政府宣布进入紧急状态。茅茅党运动的受害者既包括了欧洲定居者，也包括了当地的基库尤人。大约 8 万人被拘捕，约 1.1 万名反抗者被杀害。

米兰 1960 年在南非议会欣然指出的那样，"变革之风正涤荡这块大陆"。为应对变革，种族隔离制度的设计者可能已经严阵以待，随后造成了悲剧性的后果，但他们毕竟只是少数。麦克米伦所指的反殖民的民族主义不仅在非洲，也在整个帝国范围内逐步站稳了脚跟。

常有人断言，英国在第二次世界大战后退出帝国主义阵营时，比其他欧洲帝国主义国家要更温情，更少使用暴力。为自治"做准备"的说辞也许能让英国人更容易接受撤离的事实，但这并不意味着在这一过程中他们没有使用暴力。如果完全靠英国人自己，帝国主义撤离的进程可能要比实际慢得多。比如肯尼亚的乔莫·肯雅塔（Jomo Kenyatta）和马来亚的东古·阿卜杜拉·拉曼（Tunku Abdul Rahman）这些民族主义领袖，他们自己或许并不支持暴力起义，但毫无疑问，民族主义运动确实从动荡中受益。[33] 英国人并没有打算长期与这种暴力对抗。不同地区的情况也有差异。即便英国人以相对和平的方式离开或是被赶走，其他人也需要面对一个棘手的局势——比如 1948 年的巴勒斯坦，以及一年前的印巴分治。那些饱受分崩离析带来的暴力之苦的人，如果知道英国的去殖民化没有出现像法国在阿尔及利亚和印度尼西亚那种极端的暴力，或许可以从中获得一丝安慰。如果将英帝国主义置于更广泛的欧洲帝国主义时代之中，将其与其他欧洲强国作比较，而不是构建某种历史的资产负债表，那么我们或许可以获得更多的信息。[34]

事实证明，帝国的适应能力比我们从去殖民化和帝国衰落的历史中看到的要强得多，至少在文化、想象和认同的层面上是如此。正当不列颠帝国似乎已经日薄西山时，1982 年英国同阿根廷之间爆发了马尔维纳斯群岛战争（Malvinas War），表明其仍存在帝国主义的心态。愤世嫉俗者还认为，这场战争将人们的视线从撒切尔执掌下的英国托利党式的糟糕局面中转移开来。在流行文化上，这一时期也出现了所谓的"印度意识复苏"（Raj revival）的电影，这些电影常常由美国投资拍摄。在国际范围内的白人中产阶级中，去殖民化似乎激发了一种强烈的后帝国主义时代的幻想和怀恋。随着《印度之旅》（A Passage to India，大卫·里恩 [David Lean] 导演，1984 年上映）《走出非洲》（Out of Africa，西德尼·波

拉克 [Sydney Pollack] 导演，1985 年上映)、《欲望城》(*White Mischief*，迈克尔·雷德福 [Michael Radford] 导演，1987 年上映) 等电影的上映，木髓头盔成为一种时尚，并出现大量名字中带有"不列颠印度"的服装连锁商店。从 20 世纪 50 年代以来，大量人口从印度次大陆和西印度群岛移民到英国，这显然和 80 年代英国的真实生活经验大相径庭。这些电影的主角往往有些古怪，以至于和极端顽固的主流构成某种反差。如果说这些电影隐含着对帝国主义的批评的话，那么它们同样也在美化殖民主义历史，同时弱化了凯伦·布里克森（Karen Blixen）这类女性的家长式作风所带来的后果。正是布里克森对她在肯尼亚农场的回忆启发了电影《走出非洲》。梅丽尔·斯特里普（Meryl Streep）优雅地穿行于非洲的平原，她的穿着打扮符合 20 世纪 80 年代对殖民地风尚的理解，而电影《印度支那》(*Indochine*，由雷吉斯·瓦格涅 [Régis Wargnier] 执导，于 1992 年上映) 中的凯瑟琳·德诺芙（Catherine Deneuve），则可以满足那些法国的倾慕者，观

1948 年，英国承诺允许殖民帝国或英联邦的公民自由进入英国。20 世纪 60 年代，大量移民，特别是来自西印度群岛、印度和巴基斯坦的移民涌入，引起了广泛的争论。1962 年的《英联邦移民法》对此施加了限制。

众完全沉浸在对帝国的怀恋所营造的舒适氛围之中，而没有感知到这些主人公的生活暗含着对少数群体的压迫。[35] 自由和不自由这一矛盾的主题再次出现在我们面前。在像肯尼亚这样的殖民地上，诸如布里克森这样的独立女性，其个人取得的成就是同"她"对肯尼亚基库尤人（Kikuyu）的剥削密不可分的。反映印度意识复兴的电影代表了一种温和的家长式统治，同维持这种生活而对当地土地和劳动力的压榨形成对比，这能帮助我们理解不列颠帝国本身所包含的复杂内涵。

当下关于帝国的辩论中，时常会有一种不相匹配的对话，学者普遍尝试着对历史变化做出一种较为复杂且符合一定标准的回答，而公众则希望得到一种确定性的（并且常常是道德上的）判断。同其他所有的帝国一样，在对不列颠帝国做出评估时，我们应该考虑到道德责任、后果、起因等因素。如果答案不可避免地被某些标准限制，这也是理所应当的。英国 400 年全球扩张及衰落的历史是复杂和充满矛盾的。这就是历史应有的面貌。相比其他任何一个消失的帝国，在 21 世纪初期，英国的帝国主义对各个国家和地区可能有着更加难以估量的文化、语言和结构性的影响。

在去殖民化的过程中，反殖民主义运动倡导民族国家的统一，但这些新国家的地理边界却经常是前几个世纪中帝国主义干涉的结果。从另一个更大的层面上来说，英国的帝国主义对世界人口的模式产生了巨大的影响。是英国将数量最多的（1100 万）非洲奴隶运到美洲，他们仍是美洲人口的重要组成部分——包括今天加勒比地区绝大多数的人口。奴隶制被废除后，依靠契约劳工体系，英国仍旧将大量的印度人和中国人从他们的祖国带到新加坡、马来西亚、南非、毛里求斯、特立尼达和斐济等国家。是不列颠人和他们的后裔驱逐和大范围地取代了北美和澳大拉西亚的原住民。[36] 英国自身也经历了人口上的转变，特别是从 20 世纪中期开始，英国迎来了来自之前帝国的大量移民。

在思考不列颠帝国的历史时，我们没有必要只谈论领土的扩张、军队的活动、对原材料的榨取或是那些管理者的生活——在这里仅举四种更为"传统"的可能的回答角度。我们可以从帝国如何影响我们此时此地的生活的角度来理解帝国；帝国是一种文化现象，它给我们的日常生活留下了丰富的遗产。不管我们喜欢与否，帝国都是思考与塑造我们身份认同或社会分歧的一种视角。英语对今日世界的统治使我们关注英国给全球带来的文化影响，但英国自身也得到了重塑。帝国就处在我们传统上可能会认为是英国所独有的一些事物的核心，比如（拉塞尔斯家族所熟知的）等级体系、（没有它就不会有好吃的布丁的）糖，当然了，还有下午茶。

Midi le jour, Minuit la nuit.

en A.O.F.

第七章 法兰西

帝国与母国

雅克·弗雷莫（Jacques Frémeaux）

"当我们在甘蔗作坊里劳动时，如果手指不小心被压榨机卡住，他们就会立刻砍下那只手。这就是你在欧洲享用糖的代价。"这是伏尔泰笔下的老实人和一个黑人奴隶之间的一段简短的对话。伏尔泰是力主废除奴隶制的人之一。这幅版画创作于1787年，也是黑种人之友协会成立的前一年。

对很多人来说，"欧洲的帝国主义者将好处带给被征服的民族"，这是为帝国辩护的主要理由，而且认为这并不完全只是一厢情愿的想法。在这幅图中，一位法国殖民者正在教非洲儿童认时间，时间大约为1920年（上页图）。

16世纪末以来，黎塞留（Cardinal Richelieu，1624—1642年担任路易十三的宰相）和科尔贝尔（Colbert，1665—1683年担任路易十四的宰相）等法国政治家开始为商人和南特（Nantes）、波尔多（Bordeaux）以及马赛（Marseille）这些大港口的船主的殖民冒险提供支持，以保护法国在海外的市场和利益。其结果就是，法兰西帝国开始向多个方向扩张。在北美，法国人首先在新法兰西（New France，即今天的加拿大）开展殖民活动，他们从圣劳伦斯河河谷（St. Lawrence Valley）开始，建立起魁北克（Quebec，1608年建立）和蒙特利尔（Montreal，1642年建立）殖民地，向南延伸至包括整个密西西比河盆地（Mississippi basin）和1718年建立的新奥尔良（New Orleans）在内的路易斯安那（Louisiana）。在加勒比地区，他们先是在马提尼克岛、瓜德罗普岛和伊斯帕尼奥拉岛东部（也就是圣多明各——后来的海地）定居下来，接着又前往格林纳达岛（Grenada）、圣卢西亚岛（St Lucia）、多米尼加（Dominica）和多巴哥（Tobago）。法国人在南美建立了更多的定居点，卡宴（Cayenne）便是在1635年建立的。法国人也同样关注印度，1664年法国东印度公司（French East India Company）成立后，他们于1674年和1684年先后在本地治里和昌德纳戈尔（Chandernagore）建立基地；除此之外，法国人还取得了印度洋上的一些岛屿——马斯卡林群岛（Mascarene archipelago）的波旁岛（Île Bourbon，即今天的留尼汪岛）和法兰西岛（Île de France，即今天的毛里求斯），这些岛屿是亚洲航线上重要的中转站。

王室的帝国

　　法兰西帝国的扩张成为英国统治者的心头大患。英国不希望看到法国在北美的领地阻挡自己在大西洋沿岸的 13 块殖民地向西扩张的进程，而杜布雷（Dupleix）领导下的法国东印度公司野心巨大，也引起了其对手英国极大的警惕。法国对英国构成很大的威胁，导致英国政府在 1755 年初向法国宣战。第二年欧洲爆发七年战争，迫使法国缩减其在海外的投入。凭藉海军力量上的优势，英国人征服了法属加拿大，并占领了法国在加勒比地区和印度的领地。通过和俄罗斯的结盟，英国适时地赢得了战争，根据 1763 年的《巴黎和约》，法国不得不放弃新法兰西和密西西比河以东的所有领地；西班牙控制下的佛罗里达被英国占领；作为补偿，法国将路易斯安那让给西班牙。和约只给法国留下一些岛屿：马提尼克岛、瓜德罗普岛、圣多明各岛的一半、波旁岛和法兰西岛，以及纽芬兰沿岸的圣皮埃尔岛（Saint-Pierre）和密克隆岛（Miquelon）这些小岛屿。至于在印度，法国人则保留了五个他们业已控制的口岸，但保证不再做进一步扩张。

　　但这一退却并不代表法国帝国野心的终结。通过参与美国独立战争，法国在 1782 年重新夺回了塞内加尔和多巴哥，但给法国带来前所未有的繁荣的，是和这些殖民地之间的贸易。和亚洲之间的贸易也有了巨大的增长，这给马斯卡林群岛带来了巨大的财富，同时西印度群岛向法国出口越来越多的糖、咖啡和棉花。1788 年，法国的殖民地贸易额超过了英国。但事物总有两面性，就殖民地自己而言，种植园大部分劳动力为非洲奴隶，他们对自己的生存状况越来越不满，时时都有爆发反抗的危险。在法国，启蒙时代的哲学家——像孟德斯鸠、伏尔泰和孔多塞（Condorcet）——谴责奴隶制在根本上是对人权的侵犯。建立于 1788 年的黑种人之友协会（Société des Amis des Noirs）极力呼吁废除奴隶制。与此同时，西印度群岛的殖民者则既反对法国终止奴隶贸易或是废止奴隶制，也批评政府要求殖民地只能和母国开展贸易并且必须挂法国旗帜的贸易体系。一些人甚至提出让殖民地独立于巴黎的要求。

革命与帝国

　　1789 年大革命及其余波极大地撼动了整座殖民大厦。革命的制宪会议（Constituent Assembly）通过了《人权与公民权宣言》（*Declaration of the Rights of Man and Citizen*），却拒绝废除奴隶制。事实证明，1790 年的立法议会（Legislative Assembly）同样毫无作为。直到 1794 年 2 月，新的更为激进的国民大会（Convention），在罗伯斯庇尔（Robespierre）的支持下决定废除奴隶制，但为时已晚。1793 年初便和法国作战的英国，后来占领了若干法属西印度群岛上的岛屿。奴隶暴动下的圣多明各岛，也被获得自由的黑人革命领袖杜桑·卢维杜尔（Toussaint Louverture）控制。留给法国人的只剩下加勒比的瓜德罗普和圭亚那。法国人也失去了在印度的前哨。波旁岛在革命后改名留尼汪岛，声名扫地的旧制度王朝的名称被弃用，这个岛屿和法兰西岛一起，成了袭击英国东印度公司商船的法国海盗的基地。18 世纪 90 年代后半段的督政府时期，年轻的将领拿破仑·波拿巴（Napoleon

法国和欧洲其他地方对糖的需求依赖于西印度群岛由奴隶从事劳作的种植园。对于种植园的所有者而言，奴隶是一笔巨大的财富来源。

Bonaparte）在 1798 年春远征埃及，以期在当地建立一个通往印度的落脚点，并以此威胁在地中海的英国人。远征极大地提高了波拿巴的声誉，这是一个阿拉伯国家第一次被占领，但这次远征却失败了。由于纳尔逊在海上摧毁了法国舰队，远征军孤立无援。1799 年 9 月，波拿巴回到法国，远征军遭到英国人和土耳其人的进攻，并于 1801 年 8 月被迫投降。

1802 年，成为第一执政官（First Consul）且越来越炙手可热的波拿巴与英国签订《亚眠和约》（Peace of Amiens），但他却恢复了法国在大革命之前的所有领地。但拿破仑的殖民政策却与大革命的原则完全相背，他再一次将奴隶制引入殖民地种植园，并再次占领了圣多明各；杜桑·卢维杜尔被捕并被遣送到法国，于 1803 年 4 月死去。不仅如此，法国和敌国之间的休战并未持续太久，1803 年 5 月，战争再一次爆发。当年 3 月，预见到战事将再起的波拿巴，以区区 8000 万法郎，将路易斯安那卖给了美国（托马斯·杰斐逊 [Thomas Jefferson] 任总统），希望借此与美国人建立良好的关系。1804 年加冕为皇帝并认识到自己是欧洲最有权势的人之后，拿破仑继续追寻他的伟大事业：他考虑和俄罗斯人一起向英国人发起进攻并将其赶出印度，他还派遣侦查队前往阿尔及利亚、叙利亚和波斯。但如果没有强大的海军，这一切都将只是白日梦。特拉法尔加之战（Battle of Trafalgar）后，英国海军的霸主地位相比之前更加稳固，法国的殖民地一个接一个地落入英国人手中。当拿破仑的帝国终结的时候，法国在海外没有留下一块殖民地。

重 建

革命导致殖民地地位发生剧烈变化。像阿贝·雷纳尔（Abbé Raynal）这些启蒙运动的代表人物，在几十年的时间里都在谴责奴隶制，但直到 1794 年，罗伯斯庇尔领导下的国民大会才废除了奴隶制，并同意来自殖民地的代表参加巴黎的法国议会。画中的人物是圣多米尼克的代表让·巴蒂斯特·贝莱（Jean Baptiste Belley），作者是吉罗代（Girodet），画中的贝莱倚靠在雷纳尔的半身像上。和杜桑·卢维杜尔不同，贝莱视自己为一个爱国的法国人，却在执政府时期被囚禁，并于 1805 年死于法国（下图）。

1814 年的《巴黎和约》又一次让法国拥有了 1789 年控制的法兰西岛（毛里求斯）、圣卢西亚岛和多巴哥岛以外的所有殖民地。在当时，一些重要人物，诸如海军大臣波塔尔男爵（Baron Portal），大西洋沿岸大港波尔多和南特以及地中海港口马赛的造船业者，都决心用法国的船只征服大洋，以此重现旧时的荣光。法国人急于重新占领已经被归还给法国的这些土地，却遭遇了一次悲剧事件。装载着前去重新占领塞内加尔的部队的"梅杜莎"号（La Méduse）轻型战舰

G·T·RAYNAL·

a qui le Maroc?

"谁应该拥有摩洛哥？" 这张 1906 年的讽刺明信片上，法国、德国、西班牙和英国正在追逐骑在骆驼上逃跑的摩洛哥。

沉没；虽然大多数船员登上了救生筏，却死于饥饿和缺水，这一事件被定格在画家席里科（Géricault）的《梅杜莎之筏》（*The Raft of the Medusa*，1819）之中。但法国人还是牢牢控制住了塞内加尔、马提尼克、瓜德罗普、留尼汪和印度的五座城镇，它们被称作旧殖民地（*vieilles colonies*），以区别于 1830 年之后获取的领地。

每一个后继的法国政府都为海外帝国的重建作出了自己的贡献。波旁王朝复辟时期（The Restoration, 1815—1830 年）重新占领了旧殖民地，之后将注意力转到了北美。1830 年 7 月 5 日，在法国人入侵后，在奥斯曼苏丹名义上的宗主权下实行统治的阿尔及利亚总督向法国人献出了自己的城市。七月王朝（July Monarchy，1830—1848 年）、第二共和国（Second Republic，1848—1852 年）和第二帝国（Second Republic，1852—1870 年）则征服了阿尔及利亚剩余的广大领地。这些政权还在大洋洲开拓了新的领地，其中塔希提（Tahiti）便是在 1842 年取得的；它们还在远东扩张，1859 年，西贡（Saigon，胡志明市旧称）落入法国手中。但殖民帝国最大规模的扩张发生在第三共和国时期（Third Republic，1870—1940 年）。在这一时期，法国将突尼斯（Tunisia）和摩洛哥（Morocco）变成自己的被保护国，还在西非和赤道非洲、马达加斯加、印度支那和南太平洋取得领地。1871 年到 1914 年间，法国的海外领地从面积大约 70 万平方千米、人口约 700 万，扩张到面积超过 1100 万平方千米、人口将近 5000 万。第一次世界大战后，法国通过国际联盟授予的托管权，继续扩大自己的控制区域：从撤退的德国那里取得了多哥（Togo）和喀麦隆（Cameroon），从战败的奥斯曼帝国那里取得了叙利亚和黎巴嫩。1930 年左右，法国的领地涵盖了将近 1200 万平方千米的土地和 6600 万的人口（法国本土面积约为 551000 平方千米，人口仅为 4200 万）。法国成为仅次于英国的世界第二大殖民帝国。其中超过 90% 的领土位于非洲，但法国在亚洲、美洲和大洋洲也拥有领地，可以说"五大洲都有法国的身影"。

作为解放者的法国

极端保守的查理十世（Charles X）的宫廷将征服阿尔及利亚视作基督教的一次胜利，但所有这种残余的中世纪十字军东征意识形态，很快便从官方的政策中消失了。1830 年以来的历届法国政府，手执从大革命中继承下来的三色旗，标榜自己是启蒙运动和 1789 年《人权与公民权宣言》的继承者。但将战无不胜的帝国主义和这些原则调和在一起的，却是两个共和政权。第二共和国在维克托·舍尔歇（Victor Schoelcher，1804—1893 年）的主导下，最终于 1848 年废除了奴隶制。第三共和国时期，皮埃尔·萨沃尼昂·德·布拉扎（Pierre Savorgnan de Brazza，1852—1905 年）释放了阿拉

"梅杜莎"号出航，是为了重新占领塞内加尔，后者在拿破仑战争时期丢失，但在 1814 年重新回到法国人手上。法国人意图在非洲建立一个乌托邦社区，把当地居民视为"朋友和同盟"，而不是奴隶。这是这一沉船事件及其乘客遭遇的悲惨命运有如此大的影响力的原因之一。但从一开始，这便是一个有缺陷的计划。这幅画比席里科那幅象征着法国腐朽社会的更著名的画更接近当时的真实情况，它所展现的是船上的人看到救援船只时的景象。

1830 年 7 月阿尔及尔被法国人攻陷,这一行动的背后是法国的国家野心,而不仅仅是消灭柏柏尔人海盗。阿尔及利亚剩下的领土未被征服,其人民坚持抵抗到了 1817 年。

伯商人在非洲刚果盆地捕获的奴隶;约瑟夫·加列尼(Joseph Gallieni)将军则在马达加斯加废除了奴隶制。在伊斯兰国家中,对犹太人和基督教少数群体的歧视也被废止。

法国人也开始将自己文明中的基本制度移植到海外。他们建立了初级学校和中学,引入母国的教学大纲,在所谓的"原住民"精英中传播法国的语言和文化。另外,他们也蛮有兴致地学习当地的传统文化。举例来说,1898 年西贡建立了远东法语学校(École Française d'Extrême-Orient),其在柬埔寨伟大的吴哥窟考古遗址的发现中扮演了重要的角色。巴黎的历届政府也强调改善海外的卫生和医疗条件。大量的医生和学者投身到了此类活动中:1880 年,阿方斯·拉弗朗(Alphonse Laveran)在阿尔及利亚研究疟疾时发现了这一使人感到软弱无力的疾病的传染源;1894 年,驻守香港的亚历山大·耶尔辛(Alexandre Yersin)发现了引发鼠疫的病菌;第三帝国建立了巴斯德研究所(Pasteur Institutes),其任务便是研制和分发对抗传染疾病的疫苗。

法国的殖民地游说

赢得一个帝国并不是一项涉及整个法兰西民族的工程。19 世纪的法国人很少移民,即便是那些移民的,也常常被看成是一些无法在祖国安身立命和适应本土文化的人。大多数殖民地的气候为热带或是赤道气候,欧洲人定居非常困难,唯一能够吸引一部分定居者的,是那些位于北非的殖民地，特别是阿尔及利亚。并且，只有大约一半的定居者是法国人，剩余的则主要来自西班牙、意大利和马耳他（Malta）。但在第一次世界大战开始后，几乎没有法国和南欧的新殖民者移居殖民地。同样，法国在海外的代表还包括一些特殊的团体——军事官员、政府官员、传教士（主要是天主教的，但也有一些新教的）、种植园主和商人。他们被社会的快速进步或是巨大利润所吸引，但是——特别是在帝国主义的早期，他们是负债的一方，在严酷的条件下苦苦生存，他们中的许多人因为过度疲劳或是疾病年纪轻轻便死去。

在法国统治阶层中，"殖民冒险"往往被看作一个缺乏吸引力的目标。爱国的法兰西人极富野心，他们想把莱茵地区变成自己同普鲁士以及1870年后的德国的边界。富有同情心的左翼反对殖民征服，视其为对民主原则的背离。共和党的领袖，特别是莱昂·甘必大（Léon Gambetta，1838—1882年）和茹费理（Jules Ferry，1832—1893年）在"殖民党"（并非正式的政党，而是一群为海外扩张游说的人）的支持下，成功地压制了反对势力。"殖民党"包括了陆军与海军军官、商人、造船商和探险家。阿尔及利亚的定居者和其他拥有法国公民身份的人选出了自己在法国议会的代表。1914年之前，最知名的要数欧仁·艾蒂安（Eugène Étienne），他掌握着阿尔及利亚的奥兰（Oran）的代表席位，并担任了若干届政府部长，被冠以"殖民地的庇护者"的绰号。还有一些则以私人组织的形式出现，比如巴黎地理学会（Société de Géographie de Paris）这样的地理学组织，非洲法国人委员会（Comtié de l'Afrique Française）和亚洲法国人委员会（Comtié de l'Asie Française）这类促进与改善帝国不同区域的协会，以及专注于商业利益的殖民地联盟（Union Coloniale）。众议院和参议院各自也都有自己的殖民地团体或殖民地党团。

法国为何想要殖民地

茹费理宣称："殖民政策是工业政策之女。"毫无疑问，工业革命在殖民扩张中扮演了重要角色，和所有欧洲强国的军队一样，法国的陆军和海军也从中获得了他国难以匹敌的

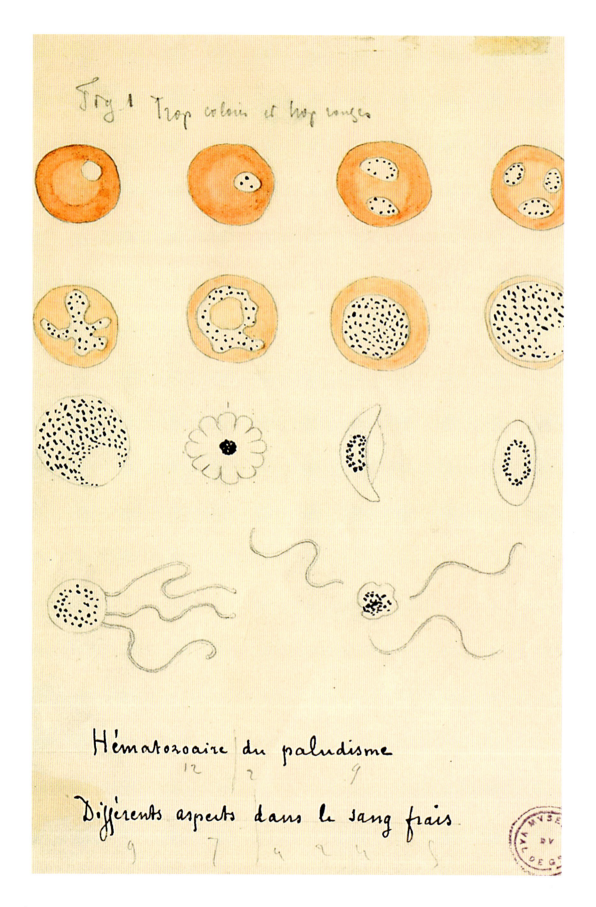

法国人推动的医学上的进步无疑改善了非洲和东方的被殖民者的生活。印度支那巴斯德学会的会长亚历山大·耶尔辛发现了鼠疫病菌，并发明了一种用于对抗这种细菌的血清。在阿尔及利亚工作的阿方斯·拉弗朗则发现了传播疟疾的寄生虫，此图展示的是他所绘制的该寄生虫不同的生长阶段（上页图）。

技术优势。对远征部队来说，交通和军事物资的供给变得更加简单，随着新型武器的发明和使用，军队的火力也大大增强。国家拥有了更多的财富，这为其谋求殖民扩张提供了充足的财政资源，而不需要担心预算不足。在工业和商业圈内，殖民扩张也助长了人们寻找新的利润来源。1914 年，帝国占到法国对外贸易的 10% 多一点，在英国和德国之后，位列世界第三。殖民地也吸引了投资，在接受资本输入的排行榜上，法国同样位列世界第三，排在俄罗斯和拉丁美洲之后。在 20 世纪 30 年代的大萧条中，帝国在商业上的角色变得更加重要，作为某种金融避难所，帝国吸引了法国三分之一的对外贸易和 40% ～ 50% 的对外投资。

法国民众都渴望保持世界主要强国的地位，这无疑是追求殖民领地的另一个因素。征服阿尔及利亚这一事件表明法国海军力量已得到复兴，同时也显示了其重建拿破仑战争期间丧失的在地中海的地位的野心。拿破仑三世（Napoleon III，他是波拿巴的侄子，1848 年的"亲王一总统"[prince-president]，并在若干年后将自己加冕为皇帝）梦想着一项大阿拉伯政策：以阿尔及利亚为模板，通过引入现代科学和技术使东方"获得重生"。他还谈到在远东地区建立一个"名副其实的帝国"。然而，拿破仑三世在 1870 年的普法战争中遭受了耻辱性的失败，法国被迫将阿尔萨斯（Alsace）和洛林（Lorraine）两省割让给德国，他的政权也走到了尽头。新的第三共和国的多数党领袖茹费理和莱昂·甘必大，将征服海外领土视为保障法国国际地位的一种手段。1885 年，茹费理宣称："有影响力却不采取行动、不介入国际事务……对一个伟大的民族而言——相信我——就如同退位，而且所用的时间比你想象的要短；这就意味着从 [世界大国中的] 第一梯队掉到了第三或第四梯队。"他强调殖民地可以为法国海军提供基地和通往世界所有大洋的停靠港。军方最后也强调了一个事实，即殖民地可以为人口相比德国较少的法国提供士兵。1910 年，注定成为第一次世界大战中伟大的军事领袖之一的查尔斯·曼金（Charles Mangin）出版了《黑人部队》（*La Force Noire*）一书，他在书中提议为法国军队征募大量非洲士兵。

法国的海外领地被建设得尽可能像法国本
土。这张阿尔及尔的照片生动地阐释了这一
点。建筑物是法式的，大多数人（尽管不是
全部）穿的衣服也是法式的。

法国如何获得殖民地

人们以不同的借口为殖民征服行动辩护。举例来说，占领阿尔及利亚，是为了报复其总督侯赛因公开侮辱法国领事和炮轰搭乘有法国全权代表的船只。1859 年占领西贡，是为被谋杀的天主教传教士复仇。贸易自由和保护贸易成为法国占领塞内加尔和尼日尔盆地的部分理由，反对奴隶制的斗争则为在刚果盆地和乍得（Chad）的扩张提供了合法性。1881 年法国入侵突尼斯的理由，是所谓的阿尔及利亚边境上的部落间的冲突。而入侵摩洛哥，同样也打着干涉的名号。1903 年，当地政府最开始被指控无力确保自己与阿尔及利亚边境的安全。之后，一场发生在卡萨布兰卡（Casablanca）的针对欧洲居民的起义为 1907 年法国人占领这座港口城市提供了很好的理由。最后，发生了一场对苏丹的叛乱，法国人趁此于 1911 年占领了摩洛哥首都菲斯（Fez）。

帝国的建立主要依靠军事力量。1839 年到 1857 年，经过漫长的冲突和几乎非人道的暴力，阿尔及利亚最终屈服于法国；1880 年到 1897 年，对法属西非的征服尽管持续时间不长，但同样残暴；1912 年到 1934 年，对摩洛哥的征服虽然没有那么暴力，但也经过了激烈的战斗。在印度支那，法国对越南中部的安南（Annam），特别是对偏北的东京（Tonkin）的占领，投入了大规模的军事行动，其最主要的目的是确保对中国边境地区的控制。对马达加斯加的征服同样持续了若干年。与之形成对比，在邻国暹罗王和安南王的虎视眈眈之下，为保全王国，柬埔寨的统治者于 1863 年接受法国作为自身的保护国。1875 年到 1882 年，布拉扎领导下的对法属刚果的征服以和平方式完成；1885 年到 1887 年，探险家奥古斯特·帕维（Auguste Pavie）成功说服老挝臣服于法国。但之后，即便是那些愿意屈服于法国人统治的国家，仍会爆发频繁的叛乱。其中一些规模很大，比如 1871 年发生在卡比利亚（Kabylia）的阿尔及利亚人叛乱，但没有任何一次叛乱足够威胁法国的统治，直到 1946 年末在越南爆发了共产党人领导的起义。

获取殖民地的另一种主要途径是国际外交。19 世纪，法国和英国达成的协议对保证法国和它的海外领地之间的通信至关重要。巴黎和伦敦之间"第一个"友好协约，是在 19

世纪中期由路易·菲利普（Louis-Philippe）的宰相弗朗索瓦·基佐（François Guizot）和英国首相阿伯丁爵士（Lord Aberdeen）达成的；这一协议促成了法国人对阿尔及利亚的征服和对塔希提的占领。在拿破仑三世统治时期，法国和英国之间保持了友好的关系，但1882年英国占领埃及，让法国政府感到极度不安，两国间的关系又开始紧张起来。1898年，在尼罗河上游的法绍达，法国军队在让-巴蒂斯特·马尔尚（Jean-Baptiste Marchand）的指挥下，从法属刚果向东行进，遭遇了占领喀土穆的基奇纳爵士（Lord Kitchener）的军队，导致了一场巨大的国际危机。法国人被迫放弃所有在埃及的权利。英王爱德华七世（Edward VII）和法国外交大臣泰奥菲勒·德尔卡塞（Théophile Delcassé）签署了第二个友好协约，以对英国有利的方式最终解决了"埃及问题"。作为交换，英国允许法国将摩洛哥变成自己的被保护国。由此，法国政府得到了伦敦的支持，以便遏制德国的殖民野心。德国放弃了摩洛哥，作为补偿，法国将其在赤道非洲的一些领地割让给了德国的殖民地喀麦隆。

物质的交流是所有帝国的基石。这被认为对双方都是有好处的，但天平总是不可避免地倾向于殖民者一边。这是19世纪20年代的一本学校教科书，展示了世界各地殖民地的各种产品。

表 7-1　法国的主要殖民地（约 1939 年）

名称	地位	面积 （万平方千米）	总人口（万）	法国公民数	法国以外的欧洲人数
阿尔及利亚	省	22.05	780.0	853000	134000
摩洛哥	被保护国	41.50	630.0	177000	60000
突尼斯	被保护国	12.50	260.0	108000	
叙利亚和黎巴嫩	国际联盟托管地	19.00	320.0	3000	
法属西非	殖民地联盟 [1]	470.20	1470.0	97000	7000
喀麦隆	国际联盟托管地	43.10	210.0		
多哥	国际联盟托管地	5.20	74.0		
法属赤道非洲	殖民地联盟 [2]	220.00	300.0	3800	900
马达加斯加	殖民地	61.60	380.0	25000	14000
西印度群岛	殖民地 [3]				
圭亚那	殖民地	9.00	3.7	26000	6000
留尼汪	殖民地	0.24	20.9	203000	
吉布提	殖民地				
印度支那	殖民地联盟 [4]	74.00	2300.0	30000	
新喀里多尼亚及 相关岛屿	殖民地	3.00	11.3	15000	2000
法属波利尼西亚	殖民地	0.40	4.0	22000	

1. 包括毛里塔尼亚、塞内加尔、法属苏丹（马里）、尼日尔、几内亚、象牙海岸（科特迪瓦）、达荷美（贝宁）、沃尔特河上游（布基纳法索）。
2. 包括刚果、加蓬、乌班吉（Ubangi，中非共和国）、乍得。
3. 包括瓜德罗普、马提尼克及周边岛屿。
4. 包括东京（越南）、安南、交趾支那（越南）、老挝、柬埔寨。

征服的理由从来都不难找。几个欧洲大国都垂涎摩洛哥。德国和法国都在摩洛哥拥有相当多的特权。1907 年，在卡萨布兰卡的一场针对欧洲人的起义爆发后，法国加紧了对摩洛哥的介入。四年后，法国人镇压了一场针对菲斯（Fez）的苏丹的叛乱。在这张拍摄于当时的照片中，摩洛哥战俘正在等待接受审讯。1911 年，法国与德国达成协议，1912 年，摩洛哥成为法国的被保护国。尽管摩洛哥从未像阿尔及利亚一样成为法国的领地，但一直到 1956 年，它才完全获得独立。

同化的政策更多只是一种理想。阿尔及利亚女性可能在理论上具有和法国女性同等的地位，但她们之间仍旧无法跨越文化上的鸿沟（上页图）。

帝国的管理

殖民者之间的冲突很常见。1898年，英国和法国希望建立跨非洲的通道（一条自南向北，另一条自西向东），两条线路恰好在尼罗河畔的小村庄法绍达相交。马尔尚上尉率领的一支部队和基奇纳将军率领的一支英国部队遭遇。1899年，法国人机智地撤退了。

尽管一些人希望由中央对帝国实施统治，但帝国从来都不是由单个的统治机构管理的。在1881年设立殖民地副部长（Under-Secretariat for the Colonies）一职之前，殖民地都由海军部直接管理。1894年，该机构升格为完善的殖民部（Colonial Ministry），但即便到了此时，它的管辖范围也并未包括全部的法国海外领地。阿尔及利亚一开始归陆军部，从1870年开始，被分配给了内政部。突尼斯和摩洛哥附属于外交部，之后，叙利亚和黎巴嫩也加入这一行列。这些明显反常的现象缘于海外领地各自不同的状况。阿尔及利亚以省（département）为单位划分行政区——应用的是理论上和母国相同的体系。摩洛哥和突尼斯是被保护国，继续保有其主权，从原则上来说，它们仅仅受法国的一般性监督。叙利亚和黎巴嫩是法国以国际联盟的名义保护的托管地；巴黎当局在当地的使命是指导这两个国家尽可能顺利地完成独立——但这一目标却不适用于另外两块托管地——多哥和喀麦隆。

然而，所有的法国海外前哨之间都存在一些相似之处。每一块殖民地都交由一名高级官员直接统治，直接对巴黎负责，并且常常被授予总督的头衔。总督指挥着一个集中化且享有广泛权力的由所谓的行政官或督察组成的行政系统。他们密切关注着当地社区中的本地官员（诸如北非的卡伊德 [caïds]，即村庄和州的首领）。他们负责征税、组织警察部队、仲裁纠纷；他们还负责公共事务、执法和卫生，有权实施监禁和罚款。总督罗贝尔·德拉维涅特（Robert Delavignette）写道：他们才是"帝国真正的首领"。他们常常因为在抑制地方首领权力时，未采用英国人的"间接统治"，而倾向于采用更为严厉、直接的统治形式受到批评。但支持者则强调，他们在殖民地学校——1889年在巴黎成立的培训学校——中接受了很好的教育，毫无疑问，他们也是正直的。

总体上说，对殖民体系的批评是有限的。最常见的批评来自公众人物或政党，但他们攻击的也只是权力的滥用，而不是殖民化原则本身。最强大的压力来自社会党（Socialist Party），它的知名领袖让·饶勒斯（Jean Jaurès，1859—1914

年）谴责在征服摩洛哥中使用暴力，甚至拒绝为将摩洛哥变成法国被保护国的协议投票；但他也没有要求赋予那些被征服的国家独立的地位。唯一真正激烈的反对来自法国共产党，受到列宁的启发，他们在1920年建立了一个自己的共产主义政党，并对所有形式的帝国主义都进行了系统性的谴责。1936年，人民阵线（Popular Front）在选举中获胜并组建政府，本届政府主要由社会主义者组成，同时得到共产党的支持，后者收敛起锋芒，将自己的需求限制在殖民地改革上。在他们和大多数法国人看来，海外殖民地只要留在法国体系之内，就能得到自己想要的任何东西。在他们的想象中，这一体系可以提供安全、自由和从法国无产阶级的社会进步中获得好处的机会。

被殖民者的境况

在对待当地人民的方式上，同样存在着相似性。很多时候，他们在婚姻、继承和起草合同上仍然遵从自己的法律和习俗，但刑事侵权行为则要根据法国刑事法典来处理。法国的民法往往只适用于涉及欧洲人的财产或土地交易，而且，尽管当地人拥有绝对的宗教自由，但民事和政治权利却是有限的。大多数情况下，要么完全拒绝授予本地人投票权，要么以非常严格的方式授予当地人，结社和集会的权利也是如此。出版业被置于严厉的控制之下，本地人未经审判就可以由警官或行政官实施监禁或罚款。本地人随时会被强迫参与道路维护和公共服务，第一次世界大战后，年轻人可以被强制征召服兵役。本地人很少被授予法国公民权，除非本人同意遵守法国民法典，但这也就意味着他要放弃各种传统习俗。

在日常生活中并不存在官方的族群隔离政策，每一个人都可以使用交通工具、公共空间、学校和医院。法国人将其与英国人和美国人的态度作对比，且为这种融合感到骄傲。尽管茹费理宣称"高等种族"有权利和义务教化"低等种族"，但种族主义并未出现在任何官方的学说当中。就个人行为而言，法国殖民者并非无可指摘。从温情脉脉的家长制，到对暴行的漠视，有着一种对本地人的蔑视，所谓暴行一般限于口头上的侮辱，但有时也会扩展到肢体暴力。的确存在真正的平等关系，但总体表现很少。在法国学习过的本地精英发现，法国殖民者和母国的法国人的行为之间存在着显著的差异，母国的法国人似乎对那些拥有其他背景的人持更开放的态度。

一些黑人接受了法国专为培养杰出学者而组织的培训，他们进入高等学府并最终担任了重要官职。来自瓜德罗普的卡米耶·莫泰诺尔（Camille Mortenol），其父亲是一个 1847 年获得自由的奴隶，他通过了二级学校的结业考试，获学士学位，并于 1880 年获得著名的理工学院（École Polytechnique）奖学金，还成为一名船长。1931 年，来自塞内加尔的代表布莱兹·迪亚涅（Blaise Diagne）成为主管殖民地事务的政府副秘书。1938 年，来自法属圭亚那的黑人费利克斯·埃布埃（Félix Éboué）被任命为瓜德罗普总督，1940 年，法国被纳粹德国击败后，他是第一批加入戴高乐将军领导的自由法国运动的人之一，被戴高乐任命为法属赤道非洲的总督。第二次世界大战后，圭亚那参议员加斯东·莫内维尔（Gaston Monnerville）在 1947 年到 1968 年担任了法国参议院的主席。1960 年到 1993 年期间担任象牙海岸总统的费利克斯·乌弗埃-博瓦尼（Félix Houphouët-Boigny），1960 年到 1980 年担任塞内加尔总统的利奥波德·塞达尔·桑戈尔（Léopold Sédar Senghor），都在 20 世纪 50 年代第四共和国时期里担任过政府部长。

这些闪光的履历引起了世界其他地方少数群体的嫉妒，比如像学者杜波依斯（W. E. B. DuBois）这样的美国黑人，但法国殖民地的这种上升阶梯只提供给拥有特权的极少数人。大范围的贫穷使得大多数黑人无法接受高等教育。殖民地的高等教育是为重要人士的儿子们或一些引起法国教师注意的有特殊天分的学生准备的。即便是那些达到与法国本土学生同等水平的人，也会因为其原住民身份而被拒之门外，举例来说，军队中很少有本地军官，即便有，他们也很难从低阶向上获得晋升。直到 1945 年，这种情况才真正得到改变——这对新近获得晋升的军官而言显然太晚了，他们并不觉得自己可以在法国的体系内得到一份成功的事业。从这时候开始，社会进步的主要后果，便是为未来独立的国家培养了一个精英群体。

作为法国生命线的帝国

"欧非共同体"的理念从 19 世纪持续到 20 世纪中叶。1931 年殖民地博览会的这幅海报为比本土大好几倍的"大法兰西"欢呼。

　　1914 年后法国遭受的磨难增强了它和它的海外领地之间的纽带。1918 年第一次世界大战结束之后,帝国似乎成了这个遭受战争破坏的国家维持其人口和经济地位的最好手段。殖民部长阿尔贝·萨罗(Albert Sarraut)在 1920 年提出,"一个更伟大的法国,其安全不再依赖于 4000 万人,而是 1 亿人,且有能力从面积是母国 20 倍的统一的领土上获取所有基本的物资"。来自马格里布(Maghreb)和其他非洲地区的士兵常驻法国,表明他们在保卫这个国家方面具有重要的地位。甚至是初等学校,也在歌颂像皮埃尔·萨沃尼昂·德·布拉扎、约瑟夫·加列尼元帅(马达加斯加的征服者)和于贝尔·利奥泰元帅(Marshal Hubert Lyautey,摩洛哥的征服者)这些伟人的事迹。香蕉、可可和稻米的广告总是装饰以异国情调的风景和穿着传统服饰的人物。这些画面中最著名的,可能要属一款名为"Banania"的巧克力饮品的广告画,画面中是一个大笑的塞内加尔士兵,这幅画后来被认为有冒犯的意味,最终在 19 世纪 70 年代消失了。1931 年在巴黎举办了国际殖民地博览会(Exposition Coloniale),在 6 个多月的时间里吸引了大约 800 万名游客,这也帮助了人们更好地理解殖民地。

　　第二次世界大战中,帝国成为一个至关重要的问题。1940 年,当法国军队正面临一系列败仗时,出现了这样一个问题,即政府是否应该放弃本土,而在海外继续战斗。掌权者中的大多数人否决了这一方案。贝当元帅(Marshal Pétain)的政府通过和德国人签订休战协定,使帝国免遭占领,因而保留了重建这个国家的机会,他们对此还颇为得意。与此相反,戴高乐将军的自由法国运动则坚持要让帝国加入战争。戴高乐成功地将法属赤道非洲和其他一些殖民地聚集到这一旗帜下,并在随后控制了叙利亚和黎巴嫩,自由法国的战士还帮助英国军队与维希政府军作战。1942 年 11 月,英国和美国的部队在摩洛哥和阿尔及利亚登陆后,所有法国领地都交归戴高乐统帅,在法国本土解放前,自由法国还在阿尔及利亚建立了一个临时议会。由此,北非成为解放欧洲的基石,新喀里多尼亚则成为美国军队在太平洋战场上与日本作战的基地。

殖民地的支持确实变得越来越不可替代。在第一次世界大战期间，殖民地为法国提供了将近60万名士兵和大约20万名工人。随后，法国千方百计地试图扩大征召，强制兵役制被引入所有殖民地。1940年，法国军队将64万名殖民地居民和在北非的定居者送上战场，其中包括17.6万名阿尔及利亚人、8万名突尼斯人、8万名摩洛哥人和18万来自撒哈拉沙漠以南的非洲和马达加斯加的士兵——这些人加在一起占战斗部队总数的10%。这些部队作战勇敢，许多人在行动中战死或者被俘。征兵并没有随着法国战败而结束，殖民地士兵成了戴高乐自由战士中的大多数。1943年，法国人用美国的装备在北非组建起一支法国部队，同样，构成这支部队的主要还是殖民地士兵。1944年，在633000名士兵中，大约60%是"原住民"。剩下的40%当中，大多数是法属阿尔及利亚人（即后来所谓的"黑足"士兵），他们中的很多人事实上从未到过法国。这支部队在突尼斯、法国和德国，与来自英联邦和美国的部队一起作战。

战时共同的遭遇似乎加强了法国和它的海外领地之间的纽带。1944年，在布拉柴维尔（Brazzaville）殖民地长官和行政官会议开幕式上，戴高乐将军称其为一种"确定无疑的

"将不同种族整合在一个单一的政治单位当中"，法兰西帝国比欧洲其他的帝国更有意识地追寻着这一理想，但从未真正实现过。这是1858年在阿尔及尔举办的一次"不同种族间调解法庭"会议。

纽带"。1946 年 10 月通过的第四共和国宪法，将"帝国"一词替换成了"法兰西联盟"，这一术语本身就暗示了不可分割的纽带之义。在取得了这样一个帝国后，法国人已经习惯将帝国视作民族遗产的组成部分。1949 年的一项民意调查显示，81% 的人认为拥有殖民地符合这个国家的利益。20 世纪 50 年代初，总理皮埃尔·孟戴斯-弗朗斯（Pierre Mendès-France）宣称，算上海外领地，法国在人口和面积上仍旧是可以和美国以及苏联相提并论的世界大国。1953 年，他的内政部长弗朗索瓦·密特朗（François Mitterrand）写道，感谢法国在非洲的附庸，使法国成为"南起刚果、北到莱茵的世界第三的大陆国家"——这是法国又一个可以和美国与苏联相提并论的地方。在当时，一些人甚至设想在他们称为"欧非共同体"的框架内维持新欧洲（欧洲经济共同体 [European Economic Community] 成立于 1957 年）和保留下来的非洲领地之间的纽带。

政治的演化

在很长的时间里，帝国的政治架构并没有发生变化。1870 年后，西印度群岛、留尼汪、塞内加尔、印度贸易站和阿尔及利亚向巴黎选派自己的代表。但在 70 多年的时间里，从来没有人提及将这些权利扩展到所有殖民地，也没有人设想像英国那样，为它们建立一个分权的制度体系。第二次世界大战末期，赋予殖民地更大程度自由的愿望反而转变为母国对殖民地更大程度的吸纳：来自殖民地的代表被召集到新的议会，为第四共和国准备一部宪法；1946 年，塞内加尔人拉明·盖伊（Lamine Gueye）提出了一项法律，赋予法兰西联盟（Union Française）全体成员公民的身份，但殖民地在法律上依然享有法兰西联盟的权利。有了这一条款，一切都指向了把殖民地公民变成像法国公民一样的法国人这一最终目标。但这一整套观念都基于一个双重的幻觉，或者说一个双重的误解。

首先，帝国中各民族并没有永久性地接受法国统治的愿望。尽管大多数人并不想切断和旧殖民国家间所有的联系，但他们还是希望由自己来统治。他们是最近才被征服的，他

法国和它的殖民地臣民之间的团结程度超过了其他任何帝国主义国家，这从1914年他们对母国的支持中就可以看出来。这也是最终的分离如此痛苦的一个原因。照片所示的是第一次世界大战中的阿尔及利亚步兵团，它是法国陆军的重要组成部分。

"三种肤色，同一面旗帜"：第一次世界大战期间的一幅海报呼吁整个帝国内共同的爱国主义（下页图）。

们也深刻地意识到，自己是被迫屈服的，他们时常遭受到的羞辱性对待也强化了这一意识。尽管殖民地对法国文化时常有着真诚的兴趣，但这并没有减弱当地人对自己民族文化的热爱。阿拉伯和印度支那的国家为自己隶属于古老的文明而骄傲，这也是为西方人所承认的；而非洲文化尽管在很长的时间里被误认为是"原始的"，但通过人类学家和现代艺术家的努力，它也重新赢得了尊重。第一次世界大战后，独立运动开始在印度支那人和马格里布人中间发展，但其中大多数还是非常温和的。第二次世界大战后，他们从美国和苏联那里获得了支持，也得到了诸如联合国和阿拉伯国家联盟这样的国际组织，以及埃及和印度这些新近独立的国家的援助。

其次，法国人从未真正考虑过在母国和海外领地之间建立真正的同盟。没有人认为当地人已经准备好了接受法国式的制度，且很多人认为，赋予政治权利就意味着殖民化的终结。他们担心，解除权力当局的压倒性力量后，后者将不再能镇压反抗。他们也担心权力可能转移到选举产生的对法国统治持敌意的当地人手中。有些人甚至预见到法国本国政治生活中将出现的可怕后果。19世纪50年代末，仍处在法国统治下的非洲国家的总人口数和法国本土基本相当（4500

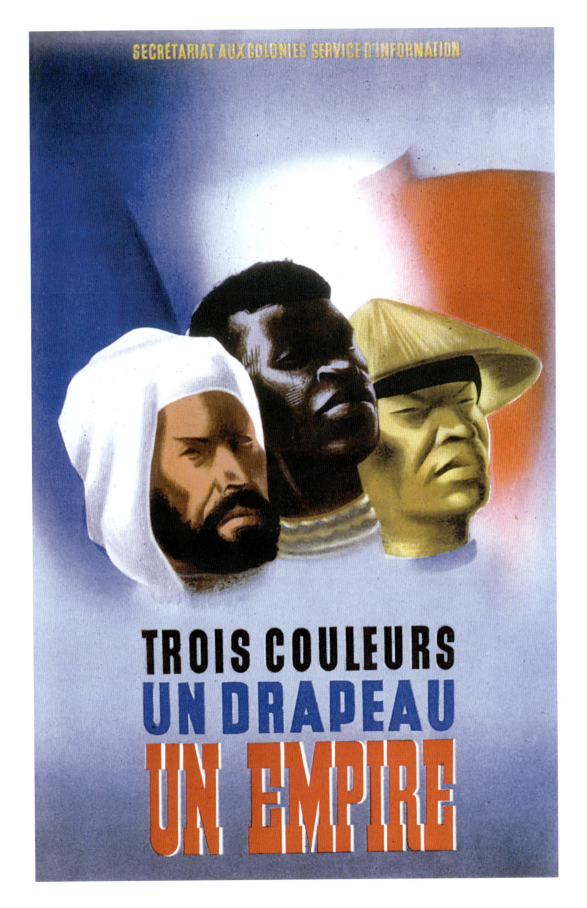

万），但他们的人口增长相比于后者要快得多。从长远看，平等的权利将导致形成一个来自海外的多数代表群体，这也将意味着"原住民"管理者不仅将在殖民地，也会在法国本土取代法国管理者。没有人希望看到母国变成"殖民地的殖民地"。

经济的演化

法国当局几乎从未改变对法国和它的殖民地经济关系的最初理念，即帝国应当是一个不断膨胀的原材料供应者和制成品的购买者。必须用尽一切办法提升当地的生产力，同时保持一定的生活水平，并由此维持殖民地的购买力。国家的开支长期以来受到这样一种原则的限制——这一原则在1900年变成了法律，即母国的预算应该只能够包含所谓的"主权"开支，即在海外领地的军事开支和法国官员的薪水。支付给当地官员和警察的薪水，政府大楼、医院、学校的建造和维护的开支，必须由殖民地自己承担。他们也必须为基础设施——道路、港口等——买单。可以通过税收和贷款来筹集资金，贷款的利息则包括在殖民地自己的预算当中。

第一次世界大战后，修改财政体系的计划被提了出来。1923年，为了加强法国和它的殖民地之间的联系，殖民部长阿尔贝·萨罗提出了一个"殖民地发展总体规划"。1941年，他的继任者，维希政府成员之一的普拉东上将（Admiral Platon）也提出了一个类似的计划，目的是实现"帝国内生产和交换的统一化"。从1946年开始，法国希望将预算用于推动殖民地经济和社会的发展。正是为了实现上述目标，一个名为殖民地经济和社会发展基金（Fonds de développement économique et social，FIDES）的特殊基金经由国家补贴建立起来，但人们很快意识到开支太过庞大。1956年后，由记者雷蒙·卡蒂埃（Raymond Cartier）提出的一个口号——"要科雷兹省，不要赞比亚殖民地"（La Corrèze plutôt que la Zambèze）——赢得了众多支持，卡蒂埃呼吁将财政支出用于法国国内的发展，而不是海外殖民地。事实上，法国在这方面的预算并不是特别多，并且要求纳税人为殖民地越来不牢固的"主权"做出牺牲也是不明智的。

暴力的去殖民化

　　第二次世界大战结束后,事态日益严重并凸显出来。1945 年 5 月,在阿尔及利亚发生了一次大规模的起义,马达加斯加也于 1947 年发生叛乱。在这两次事件中,叛乱都遭到了残酷地镇压。但在叙利亚,英国军队的干涉迫使法国政府对发生在 1945 年 5 月大马士革的骚乱做出让步;法国人不得不从叙利亚和黎巴嫩撤出军队,遵守自己 1941 年的承诺,赋予这两个国家独立的地位。

　　1945 年,在日本占领印度支那期间,丧失力量的法国当局希望再次控制这一地区的国家,这正是印度支那战争的起因。越南共产党宣布独立,法国希望和他们达成协议,却无果而终。1946 年末,战争爆发。经过 7 年的战争,法国部队损失 9 万人,越南共产党部队的损失更大,此外还有众多平民伤亡。随着法国在奠边府(Dien Bien Phu)遭遇军事灾难,战争宣告结束。在几个月的时间里,日内瓦会议(Geneva

白人和黑人参与同一场斗争,却都是平等的"阿尔及利亚人"。

Conference）将法国在越南、柬埔寨和老挝的政治影响清除殆尽。

1954 年 11 月，激进的阿尔及利亚民族解放阵线（Algerian National Liberation Front）发动了阿尔及利亚战争，这场战争同样被证明是一场灾难，25000 名法国士兵、5000 名法国平民和 20 万到 30 万的阿尔及利亚人丧生。即使法国在军事上没有失败，这场战争还是以阿尔及利亚匆忙的独立宣告了终结，而这次独立也带来了灾难性的后果：总计 100 万法籍阿尔及利亚人被迫逃离，他们被剥夺了财产，并被强制遣返回国；成千上万和法国人关系密切的阿尔及利亚人遭到屠杀，尤其是所谓的"哈基"（harkis，指那些曾在法国军队中服役的阿尔及利亚人），同时还有同样数量的人遭到驱逐。

这两场冲突也对国内政治产生了影响。由于强大的法国共产党的猛烈反对，印度支那战争显得特别引人瞩目。法共站在越南共产党一边，支持越共打击法国军队。但法国政府最终放弃了，不再试图控制印度支那，这让广大民众松了一口气。在对待阿尔及利亚战争上，法国人的分歧则要大得多。印度支那战争只使用了职业军人，但在阿尔及利亚战争中，大约 100 万法国年轻男性被征召到北非服兵役——这一行动引起了公众强烈的敌对情绪。反战者来源广泛，例如左翼的同情者、知识分子和学者，以及天主教和新教教会。他们团结在要求政府给予阿尔及利亚独立的旗帜之下，并特别谴责了军队采取的包括拷打在内的不人道的手段。冲突将法国拖到了内战的边缘。1958 年 5 月，在驻扎阿尔及尔的部队的一场叛乱的助力下，第四共和国被推翻了，戴高乐将军重新掌权。戴高乐要动用自己的所有权威来反对那些支持法国继续控制阿尔及利亚的人，以结束这场战争。1961 年 4 月，他成功地平息了一场未遂的军事叛乱，之后又镇压了一场"秘密军队组织"（Organisation armée secrète，OAS，反对阿尔及利亚独立的恐怖组织）策划的颠覆活动，后者组织了一系列的暗杀活动，试图破坏戴高乐与阿尔及利亚民族主义者的谈判。1962 年 3 月，法国最终举行了全民公投，91% 的投票者支持法国与阿尔及利亚民族主义者一同起草的、授权阿尔及利亚独立的《埃维昂协议》（Évian Accords）。

协商下的去殖民化

1945 年击退日本人后，随着中国共产党支持下的胡志明领导的越南独立运动的进行，法国对印度支那的控制走到了终点。1950年，美国对法国实施援助。但 1954 年 5 月，法国的最后一个堡垒奠边府陷落，给法国及其声望以沉痛的打击（图中，法国士兵正被押解前往战俘营）。越南分裂为南北两个部分，法国对两边的控制也全部丧失。1976年，随着美国撤出，越南得以统一。

　　不能因为这些不幸和血腥的冲突而忽略另一面，摩洛哥和突尼斯就是通过它们令人尊敬的领导者以谈判的方式取得独立的。这两个国家也曾面临严重的危机，但都没有恶化为公开的冲突。摩洛哥在穆罕默德五世（Mohammed V）的领导下，突尼斯在总统哈比卜·布尔吉巴（Habib Bourguiba）的领导下取得完全的独立，并在 1956 年得到承认。非洲黑人国家和马达加斯加也是通过和平的方式获得独立的。在 1946年取得法国公民权后，法兰西联盟下的各国人民看到，取得更大程度的自由，有可能使自己的诉求得到关注。1956 年以来，第四共和国同意非洲殖民地和马达加斯加实行国内自治；1958 年的第五共和国宪法，则用共同体（Communauté）代替了法兰西联盟，规定其全体成员都可以获得独立。1960年非洲殖民地和马达加斯加的独立就是例子，各地方政府一提出要求，便立刻获得了独立。

去殖民化并没有给公共舆论造成持续性的打击。民意调查显示，人们很早便确信有必要做出这样的改变。戴高乐将军也以比较光彩的方式认可了这一让步，不至于使国家尊严受损。他用长篇大论论证了抓着这些"贫瘠、代价高昂和没有出路"的领地不放是没有意义的，反抗去殖民化的普遍趋势也是毫无意义的。他表示，用经济和文化上的合作取代过时的帝国主义，将在全世界所有新兴独立国家中赢得善意，法国将从中获益良多。因此，他也成功订立了一整套的外交和军事协定，为法国在后殖民时期的非洲奠定了坚实的基础。

但帝国的一些殖民地仍旧延续到了1962年之后。马提尼克、瓜德罗普、留尼汪和法属圭亚那等老殖民地，在1946年成为法国的"省"以后，仍游离在去殖民化之外。一些海外领地——科摩罗（Comoros）、吉布提、新喀里多尼亚、法属波利尼西亚和瓦利斯（Wallis）与富图纳群岛——在1958年不愿加入共同体，因而继续维持着和法国之间的纽带。但1975年印度洋上的科摩罗群岛（不包括仍归属法国管辖的马约特岛）和1977年位于非洲之角（Horn of Africa）上的吉布提都是在非常顺利的情况下实现独立的，法国也继续保留了自己在当地的利益。南太平洋上的新喀里多尼亚在20世纪80年代遇到了一次严重的危机，从1988年开始，新喀里多尼亚开始走上一条更加和平的独立道路。法属波利尼西亚也可能走上同样的道路。

这些有时被称为帝国的"五彩纸屑"的东西，对后继的法国政府而言也并不是没有意义的。合作的政策使得法国在撒哈拉沙漠以南的非洲获得了重要的落脚点。诸如达喀尔附近的佛得角、红海入口处的吉布提这些基地，在冷战以及保障石油供应中扮演了重要的角色。法属波利尼西亚在1995年以前都被作为原子弹试验基地。法属圭亚那则成为火箭——特别是欧洲的"阿丽亚娜"（Ariane）系列火箭——发射基地。1994年以来，法国占有无数岛屿和群岛，这意味着它可以独享长达320多千米的海岸线，以及面积达1100万平方千米的海洋专属经济区。

同样，殖民化也给法国人的集体记忆留下了无法抹去的印记。阿尔及利亚战争导致那些支持法国统治阿尔及利亚的对法国人来说，失去阿尔及利亚是件更痛苦的事情。战争开始后不久，便爆发了一场穆斯林领导下的独立运动。双方间的敌意越来越强。在法国，对这个问题的意见也出现了严重的分化。1958 年，戴高乐将军当选总统，民众普遍认为他将为法国保住阿尔及利亚。但戴高乐确信，独立才是解决问题的唯一办法。这导致在阿尔及利亚爆发了由部分军队支持的一场叛乱。1962 年，阿尔及利亚人获得了自决权。

被遣返者以及哈基们（本地雇佣军）的后代，和那些为阿尔及利亚独立而战者的后代相互对立。很大一部分法国人中实际是来自阿尔及利亚的移民的后裔。奴隶的后代构成其人口大多数的法属西印度群岛，仍在要求法国为参与过奴隶制度而发表"悔过"声明。从更为广泛的国际层面上来看，对殖民化的影响，存在着相互对立的评价，即便是法国政府当局，对此也有着不同的观点。2005 年 2 月 23 日，法国国会通过一项法律，以国家的名义，向那些参与法国殖民地工作的男男女女表达了谢意。巴黎城为那些在 1961 年 10 月 17 日由民族主义者组织的一次示威游行中被警察杀害的阿尔及利亚人竖立了纪念碑，与此同时，当局于近期拒绝了在马赛附近的马里尼亚纳（Marignane）为秘密军队组织（OAS）成员竖立纪念碑。实际上，距离法国的殖民历史变成纯粹的学术话题，还有很长的路要走。

第八章　俄罗斯

欧洲的竞逐

格雷姆·吉尔（Graeme Gill）

历史上存在着两个强大的俄罗斯国度：一个是从 16 世纪 50 年代延续至 1917 年的沙皇俄国；另一个则是更富争议的苏维埃，建立于 1917 年，解体于 1991 年。在很大程度上，它们有着重合的物理空间（在边界上略有不同）和相似的地缘政治视野，前者还为后者提供了强大的历史和文化遗产，尽管如此，两者之间还是有着巨大的差异。

帝国的物质基础

俄罗斯帝国的心脏地带，是围绕着莫斯科城的欧亚平原的一部分。这一地区到 16 世纪中叶成为斯拉夫诸公国中最强大的一个，并且产生了一批前后承袭的君主（沙皇 [tsars]），他们似乎都怀揣着扩张的野心。然而，这些计划赖以实现的经济基础却非常薄弱。俄罗斯的作物生长期非常短，大约只有其他主要粮食生产地的一半，大量的国土并不适合农业种植。耕种的方式也颇为原始。结果就是，俄罗斯大约每三年就要经历一次歉收。[1] 随之造成的无法持续维系农产品剩余的困难，也阻碍了一个强大的和独立的贵族群体的发展，但这也削弱了对绝对主义君主制的一种潜在的阻碍力量。农业上的困难同样使沙皇俄国难以获得更多的税收，这些收入本可用于促进强大的国家机器的发展。薄弱的经济基础，需要并渴望从其他地方寻找资源，这是激发精英圈子内部的扩张主义冲动的因素之一。

俄罗斯国家核心地带所处的位置，是从另一个角度解释其扩张的一个重要因素。莫斯科位于一个大平原上，周围缺乏可以阻挡外部敌人从而保障安全的物理屏障。在其南方和

苏维埃是强烈反对帝国主义的（它将其定义为资本主义中原生性的东西）。但在很多例子中，沙皇俄国吞并的土地被苏联以相似的方式获得和占据。卡累利阿（Karelia）就是这类领土中的一块，从历史和种群上来说，它属于芬兰。这幅 1926 年的题为《卡累利阿提高了的生产力》的鼓舞人心的海报，将其描述为取得了革命性进展的一个地区（上页图）。

在历任沙皇统治下，亚洲的广大领土被置于俄罗斯的统治之下。1724 年，彼得大帝派遣丹麦航海家维特斯·白令（Vitus Bering）前往探索西伯利亚。白令发现了亚洲和美洲之间的海峡，即今天以他的名字命名的白令海峡。探险的结果之一是，阿拉斯加在 1799 年到 1867 年成为俄罗斯帝国的一部分。

西南方，有通往莫斯科地区的通衢大道，13 世纪中叶，蒙古帝国正是从这个方向长驱直入，占领了这个俄罗斯国家。蒙古帝国作为其宗主的地位维持了将近两个半世纪。在西方和北方，同样也缺乏重要的障碍物，在这一方向上，历史上也存在强大的敌人——立陶宛 / 波兰和瑞典。因而，16 世纪在莫斯科周边发展起来的这个国家，感到自己无力抵抗外部的敌人。解决的办法就是扩张国家的领土，并将边界从首都尽可能地向外推移。

沙皇俄国的成长

作为鞑靼人属国的莫斯科以最重要的俄罗斯公国的身份崛起，逐渐进行领土扩张，并将得来的土地置于自己的控制

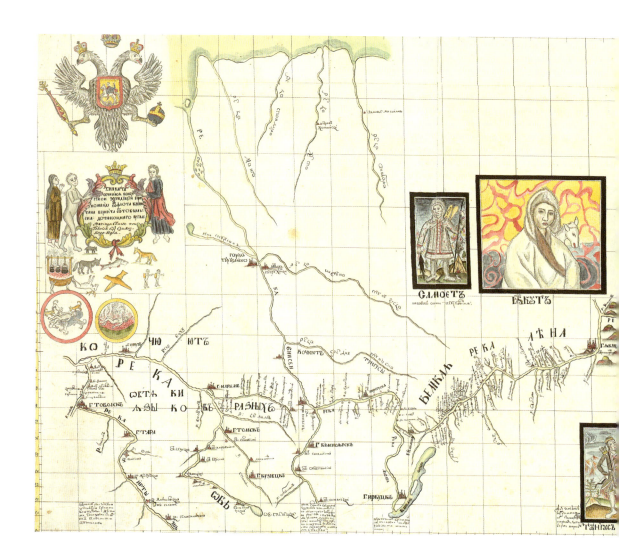

之下。在挣脱了鞑靼人的桎梏后，新的俄罗斯国家得到了扩张，特别是在伊凡四世（Ivan IV，即"雷帝伊凡"）的统治下。因此，到 16 世纪中叶，第一代俄罗斯国家，即之前的基辅罗斯（Kievan Rus）的大部分土地，被置于莫斯科的牢牢掌控之下。俄罗斯国家由此开始了巩固帝国的过程，之前并不属于俄罗斯的土地被兼并——其中一些由敌对势力占领。在 16 世纪下半叶，伊凡发动了一场针对喀山（Kazan）、阿斯特拉罕（Astrakhan）和克里米亚（Crimean）汗国的战役，并最终取得胜利，国境线向前推进至里海。16 世纪 80 年代初，叶尔马克（Yermak）率领一支哥萨克小部队穿越乌拉尔山脉（Ural Mountains），占领了西伯利亚的秋明汗国（Tiumen）。17 世纪，西伯利亚被征服；17 世纪中叶，俄罗斯人的扩张延伸到了太平洋沿岸。沿着河流航道修建的木

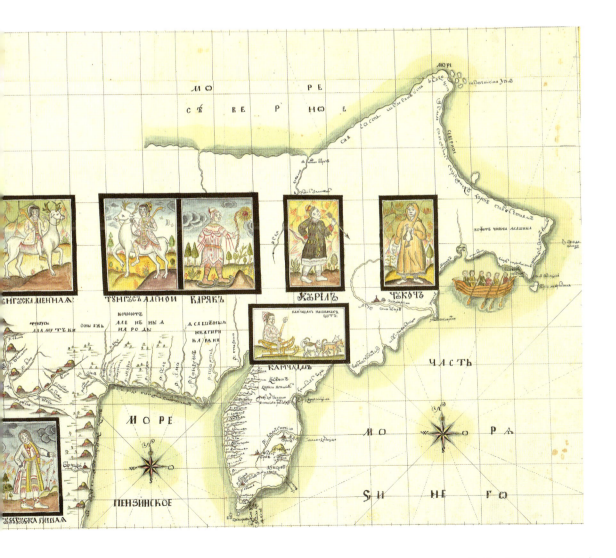

结构堡垒构成了以毛皮贸易为生的城镇的基础，但一直要到两个世纪之后，这些适宜农耕的地区才出现大范围定居的民众。且一直要到1915年西伯利亚大铁路贯通，这一地区才建立起一条可靠的交通线路。主要受到毛皮贸易的吸引，俄罗斯人的开发和殖民甚至拓展到了阿拉斯加，直到后者在1867年被卖给了美国。18世纪，俄罗斯人的控制区域推进到了蒙古边境，即今天的乌克兰南部，高加索山脉的边缘，向西则进入波罗的海诸国、波兰、今天的白俄罗斯和乌克兰西部。所有这些土地的取得依靠的都是军事力量。19世纪，远东的阿穆尔河（Amur）地区、哈萨克斯坦和南部的高加索地区、芬兰、波兰的剩余部分和西边的今天的摩尔多瓦（Moldova）都被俄罗斯控制。这是一次大规模的领土扩张，俄罗斯的土地面积从1462年的约24000平方千米扩张到1914年的约1350万平方千米。[2]

这一扩张受到经济和战略因素的共同驱使。进入西伯利亚几乎完全是出于经济上的考虑，是为了控制利润丰厚的毛皮贸易并发掘这一地区丰富的自然资源，特别是可耕地、矿产和木材。向南进入"新俄罗斯"（主要是乌克兰南部和伏尔加河中下游地区）的主要动机，则是击溃蒙古汗国的残余势力，并获得其西部大草原肥沃的黑土地。这一地区也控制着向南流动的主要河流，控制这一地区也就意味着控制了通往黑海的通道。向西推进则主要出于战略上的考虑，俄罗斯希望在自己腹地的心脏地带和西方强国之间制造一个缓冲地带，特别是控制芬兰便是受到了让国境线远离（1709年以来的）首都圣彼得堡意图的驱使；在波罗的海地区的扩张中，另一个重要目的就是获取通往海洋的通道。俄罗斯人坚持要控制哈萨克斯坦和突厥斯坦，部分是出于地缘政治上的考虑。在克里米亚战争中，英国人希望在西南方向封锁俄罗斯，俄罗斯的反击措施，是将自己的控制区域向英属印度推进。这一地区很快因为棉花生产而在经济上变得重要起来。挺近高加索地区，则是因为东正教同胞格鲁吉亚人呼唤俄罗斯的支援，同时也是因为感受到有必要稳定这一作为宗教和文化的十字路口、被视为帝国南方潜在不稳定因素的地区。

俄罗斯势力的扩张和由此创建起来的帝国，将大量在语言、文化、历史和发展水平上有着巨大多样性的族群置于帝

除了作为犯人的流放地之外，欧洲人对西伯利亚几乎一无所知。这是额尔齐斯河（River Irtysh）上的塞米巴拉金斯克（Semipalatinsk）的一条街道。1890 年，俄罗斯人、吉尔吉斯人和鞑靼人在此地居住。

国的控制之下。帝国境内有超过 100 个不同的族群，他们使用各种不同的语言、信仰各种不同的宗教、拥有不同的文化和经济生活方式。从北方的完全不识字的驯鹿牧民到贝加尔湖地区信仰佛教的游牧民，从俄罗斯中部沦为奴隶的农民到定居点之外的正统的犹太人，从穆斯林车臣部落到大城市中受过良好教育且有教养的俄罗斯精英，帝国是不同族群、宗教和文化身份所组成的一幅拼贴画。俄罗斯族是其中最大的单一族群，1897 年，其人口占总人口的 44%，如果把乌克兰和白俄罗斯的斯拉夫人包括在内，斯拉夫族则构成了帝国总人口的三分之二。[3] 随着帝国的扩张，在这些人群中产生的移民的规模也扩大了。其中特别重要的是，俄罗斯人向那些传统上的非俄罗斯地区移民。在很大程度上，这种族群扩张常常是为了寻求经济机遇，但出于帝国管理上的需要，其也能帮助将帝国联结在一起。

尽管俄罗斯的帝国主义部分地受到经济动机驱使，但直到苏联时期，俄罗斯才开始开发这些新近"吸收"的大片地区。虽然对西伯利亚的自然资源已经有一定程度的开发，但直到苏联大规模开发这一地区的矿产资源，俄罗斯人才开始真正尝试在经济上发展这一地区。沙皇俄国工业发展的一个显著特征，是 19 世纪最后十年和 20 世纪最初十年中的飞速发展，但这一发展主要集中在莫斯科周围（主要是纺织业）和乌拉尔山脉以及乌克兰的煤矿上。帝国大部分剩余地区仍旧处在相对落后的状态中；西伯利亚在帝国内扮演的主要角色是作为政治犯的流放地。

这是毡房（yurt，一种八角形的小屋，其屋顶为圆锥形，由树皮搭建），起源于帐篷，鞑靼人居住其间。

沙皇是大权独揽的君主，不受任何宪法性的限制。末代沙皇尼古拉二世迫于1905年革命，签署了一份敕令，对帝国的制度实施改革。

进入18世纪，帝国境内有着异域风情的民族引起了欧洲境内俄罗斯人的兴趣。这幅彩色的版画出版于1799年。按照从第一排到第三排、每排从左至右的顺序，分别是：波兰人、拉普兰人（Lapp）、芬兰人、吉尔吉斯人、来自克拉斯诺雅茨克（Krasnoyarsk）的萨满、雅库特人（Yakut）、亚美尼亚人、黑海哥萨克人和鞑靼妇女（上页图）。

对帝国的统治

在沙皇俄国内部，并没有区分母国与殖民地的强烈意识，其部分归因于俄罗斯是一个以土地为基础的帝国，缺乏明显的物理分界。这可以从帝国的管理结构上反映出来。尽管需要对来自首都的权力做一些分化，但这主要是为了管理那些依据大致的行政区划而不是族群界限而确定下来的地区或省份（guberniia）。此外，统治精英的构成也可以反映这一特征。俄罗斯精英将自己视为欧洲价值观的继承者，这一立场使其对俄罗斯族以外的其他族群保持了开放的态度。俄罗斯统治圈子内大量的波罗的海日耳曼人（特别是在18世纪），便是这种特征的反映。

大多数省份由一位文官总督领导，一些边境地区、首都和其他具有特殊意义的省份，则由可直接与沙皇联系的总督领导。[4]总督直接对中央政府负责并由中央政府任命，他们不需要对自己所统治的人民负责。这一体系在很大程度上被保留下来（1837年，总督的权力得到了一定程度的加强），彼得大帝将俄罗斯缔造成一个正常运作的现代国家，并且基本上引入了帝国的观念。他是一位卓越的领袖，既有政治上的冷酷无情，又有敏锐的对知识的兴趣，同时还非常务实。这幅肖像画的背景是荷兰的一座造船厂，彼得自己曾在此工作，他像一个木匠一样手握一把斧头（下页图）。

直到 19 世纪 60 年代的"大改革"将代议制政府的要素引入当地事务的运作。然而，不论是就人事任免权还是就这一机构（zemstvo，意为地方自治组织）的管辖权范围而言，这种代表制都有很大的局限性。它们最重要的角色，是作为表达开明舆论的一种论坛。芬兰和波兰则被排除在这种总体的管理规则之外，但它们在内部事务上享有很大的自主权。

总督在省一级的权力，远远不能和皇帝在中央的权力相比。绝对主义君主制建立于 16 世纪，尽管出现了一些弱势的皇帝，中央集权的君主制在 17 世纪初期也遭到了破坏 5，但这一原则还是一直延续到了 1905 年。沙皇，或者说皇帝，援引皇权神授的原则，并且相信不需要对自己所统治的人负责，因而拥有至高无上的权力。政府首相纯粹只是顾问，能否保有官职要看皇帝的好恶。尽管一些首相能够在不同时间对政府的政策施加重大的影响——19 世纪初的斯佩兰斯基（Speransky）和阿拉克切耶夫（Arakcheev）与 19 世纪末的谢尔盖·维特（Sergei Witte），但从正式的意义上来说，他们只是皇帝的传声筒，最终的决定权往往掌握在后者的手里。1905 年革命后所进行的改革引入了一个由选举产生的立

第一届杜马，或代议制议会，紧随着 1905 年以失败告终的革命，于 1906 年 5 月召开。杜马希望俄罗斯变成一个奠定在宪法之上的民主国家，但很快，沙皇便重新确立了自己的权威，整个计划收效甚微。

法机构——杜马（Duma），这似乎改变了帝国政府中的绝对主义，但在实践中并未抑制皇帝的特权。

理论上高度的中央集权在实践中并不总是能够实现。这主要是因为这个国家的官僚系统并不是一台非常有效率的机器，如果想对帝国实施有效的统治，必须能够涵盖其辽阔的幅员，而这是当时的官僚系统无法轻易做到的。交通和通信的缓慢与迟钝反映了当时技术的状况，俄罗斯大部分地区在经济上比较落后，各地相隔也很远。不仅如此，许多官僚腐败，相比提升管理效率，他们更关心怎么捞油水自肥。并且在当时的大多数时间里，许多人也缺乏足够的教育，无法令人满意地履行自己的职责。

支撑这一帝国体系的，是一种称为俄罗斯例外论（Russian exceptionalism）的意识形态。随着1453年君士坦丁堡落入土耳其人之手，以及1589年独立的莫斯科主教区的创立（正式将俄罗斯教区从君士坦丁堡独立出来），"第三罗马"的学说被提了出来。这一学说宣称，罗马和君士坦丁堡都背叛了真正的信仰，莫斯科现在成为这一信仰的中心；莫斯科是"第三罗马"，并且不会再有第四个。这一观念被注入"神圣俄罗斯"的概念中，时常被政治和宗教领袖引用。这暗示了王朝、教会和人民的统一，并反映在对许多人而言象征着俄罗斯特殊地位的正教、专制和民族三位一体的观念之中。这一意识形态上的建构强调了人民、皇帝和教会的统一，支持对君主制的普遍信仰和忠诚。相比之前，19世纪国家管理层上层的多元主义越来越式微、俄罗斯主义越来越强大，上述意识形态也变得越来越强大，俄罗斯例外论也成为俄罗斯扩张主义的一块基石。

俄罗斯的地缘政治角色

从帝国扩张伊始，俄罗斯总是希望在国际舞台上扮演重要大国的角色。它寻求这一角色的主要竞技场是在欧洲。从彼得一世（Peter I）将首都迁到新城圣彼得堡，为俄罗斯提供一个"向西的窗口"的行动开始，俄罗斯的大部分精力指向的便是欧洲。但是，由于其非正式的帝国机制、财政和薄弱的商业力量，俄罗斯被迫主要通过国家行动——外交的和

1700 年，彼得大帝颁布法令，要求贵族剪掉络腮胡，这是他决心实施现代化改革的象征。如同一场冲刺，俄罗斯从中世纪跨入了现代世界。

军事的——在国际舞台上寻求扩大其影响。

　　西方对俄罗斯的抱负感到不安。欧洲的领导人对俄罗斯扩张主义的历史再清楚不过了。除此之外，俄罗斯人还被视为是粗鲁无礼的，缺乏西欧人的精致；"俄罗斯熊"的比喻深入人心。欧洲的大臣们也对俄罗斯的军事力量感到担忧。担忧的源头不在于俄罗斯武器技术的先进，而在于欧洲人臆想中的俄罗斯能无限提供农民士兵。西方的领袖们担心俄罗斯这辆巨大的军事压路机可能会进入中欧，1814 年，在击败拿破仑后，俄罗斯部队进入巴黎，也使这种恐慌得到了强化。这类担忧意味着，俄罗斯人在西方舞台上寻求利益时常常要面临着不友好的国际环境。

　　俄罗斯不断试图克服自己所要忍受的地理上的限制。在北方和东方，俄罗斯没有常年不冻的港口。在西方和西南方，俄罗斯通往更广阔世界的海上通道被限制在潜在的敌对国家控制的几处瓶颈地带：进出波罗的海（同时也就意味着进出圣彼得堡）的通道，是瑞典和丹麦之间一条狭窄的走廊，而通往黑海沿岸的港口，则必须通过达达尼尔海峡

（Dardanelles）。在这种情况下，俄罗斯在海上的军事和商业行动就十分脆弱，它一直试图打破这一束缚。克里米亚战争（The Crimean War，1853—1856年）爆发的部分原因，便是俄罗斯希望控制达达尼尔海峡并借此打破上述限制。

欧洲竞争者的敌对行动，也加速了第一个俄罗斯帝国的最终崩溃。1914年第一次世界大战爆发，俄罗斯帝国陷入与自己西部边境接壤的德国和奥匈帝国之间的直接冲突中。就军事上而言，对俄罗斯来说，战争从一开始就是灾难性的。到1917年，在俄罗斯军队因一连串败绩而士气低落的情况下，加之国内舆论转向反战，沙皇尼古拉二世（Nicolas II）宣布退位，终结了俄罗斯的君主制，实际上也标志着帝国的终结。但这一崩溃并不应该只归咎于战争中的失利，帝国权威在国内发展中遭到破坏也是其重要的原因。

沙皇俄国的崩溃

在克里米亚战争后的半个世纪里，出于政府政策和经济发展的原因，俄罗斯社会内部出现了巨大张力。克里米亚战争失利后，政府开启了一项庞大的自由化计划。"大改革"开始于这一时期，其内容包括引入地方和地区自治，建

在亚历山大二世（Alexander II）统治下实施了俄罗斯历史上影响最为深远的改革：1861年的解放农奴运动。这场改革取得了一些成果，为庆祝这一事件而创作的这幅画，（可能无意间）传达出了农奴们自己的心态：对这一改革的不理解。亚历山大在东方积极推动帝国扩张，但对出售阿拉斯加也负有责任。具有讽刺意味的是，这位最开明的沙皇却在1881年遇刺。

立更正规化的司法体系，教育体系也经历了扩大、自由化和重建，还有解放农奴。这些改革措施中的前三项为一个自由的中产阶级社会的兴起创造了条件，尽管这个社会在19世纪末时仍旧只代表了帝国人口中很小的一部分，却统治着主要城市中的教育和文化生活。许多革命领袖正是在这种环境下出现的。改革的另外一项内容——解放农奴也非常关键。尽管这项改革满足了农民长期以来的诉求——控制土地，但其中的条件却迫使大多数农民陷入长期的甚至更多的债务当中，其结果是导致了农民广泛的不满。

解放农奴也推动了当时另一个现象的发展，即农民离开土地，转移到城市中工作。在19世纪最后几十年中，俄罗斯经历了工业的飞速发展。财政大臣兼时任首相谢尔盖·维特支持下的国家政策在其中起到了部分推动作用。工业上的发展改变了经济和国家的工业集中区的面貌（主要是莫斯科和圣彼得堡，乌拉尔山脉的部分地区和乌克兰的矿区）。人口大量涌入城镇，城市工人阶级也得到发展。这些人的生活条件非常艰苦；许多人因住房不足被迫住在公共棚屋里，将自己的家庭留在村庄里，而且基本上也不存在为他们而设的基础设施或是社会机构，也没有法律保护他们免受雇主的侵害。这也为兴起的工人阶级易受革命鼓动创造了条件。

知识分子对沙皇体系的幻灭感也越来越强烈。整个19世纪，许多受过教育的俄罗斯人向西方看齐，他们将政治上建立了代议制、更加自由的西方社会的发展，与他们自己在俄罗斯的经验做比较。在沙皇统治下的俄罗斯，绝对主义继续为继任的沙皇所坚持。19世纪60年代，一场革命运动已悄然酝酿。但革命运动的不同势力之间并不团结，他们在战略和策略的使用（比如使用恐怖手段），以及用何种体系取代现存体系的问题上存在着分歧。其中一股重要的、最初只是少数派的势力，受到卡尔·马克思和他的俄罗斯门徒格奥尔基·普列汉诺夫（Georgii Plekhanov）思想的影响，正是革命运动中的这股力量在帝国崩塌的时候掌握了权力。

在沙皇拒绝对自己的权威加以限制，或者更具体地说，拒绝宪法和政治上的代议制后，自由主义圈子也变得越来越不安分。革命的和自由主义的这些势力，似乎在1905年的时候走到了一起。随着俄罗斯帝国在日俄战争（1904—1905

沙皇统治下的铁路建设是巩固帝国的主要措施。正是亚历山大三世（Alexander III）和他的首相维特伯爵推动了跨西伯利亚铁路的建设。

年）中战败，革命爆发了。这次革命被军队强力镇压下去，但它也迫使沙皇引入了一系列稳定局势的措施。内政大臣兼首相彼得·斯托雷平（Pyotr Stolypin）引入了有着深远影响的土地改革计划，意图在农村地区创造一个稳定的农民阶级。1906 年杜马这一立法机构的建立同样具有重要的意义，其目的是让杜马在政府中发挥一定的作用。但是，沙皇在杜马休会期间仍拥有绝对权力，并且可以任意地解散杜马。久而久之，随着保守派操控特权，再加上沙皇行使解散杜马的权力，杜马的权力实际上被剥夺了。尽管如此，第四届杜马（1912—1917 年）对沙皇的战争政策和整个帝国统治的批评仍越来越激烈。

战争引起的紧张，再加上之前半个世纪所制造的张力，已足够颠覆政权。尼古拉二世退位后，他的兄弟拒绝接受皇位，俄罗斯领导圈内也没有足够的支持重建君主制的力量。结果，俄罗斯帝国经历了为期 8 个月的临时政府统治，在此期间，公众舆论变得越来越激进，作为马克思主义革命运动一支的布尔什维克也准备夺取权力。他们在 1917 年 11 月夺取了政权，接着开始重建帝国。

"苏维埃"的成长

苏联领导人所拥护的意识形态认为，帝国源于资本主义，因此，社会主义的苏联不可能是一个帝国。当然，这也就意味着"帝国"一词有着特别负面的含义，美国总统里根的"邪恶帝国"的提法便是很好的例子。苏联控制了和沙皇俄国几乎相同的领土，也包括了之前的大多数族群，且在很大程度上也仍然由俄罗斯人统治。尽管苏联在很多方面和沙俄有所不同，但在某些方面却非常相似。

1917年，当布尔什维克取得权力时，领土上面临着紧迫的武装冲突的问题。和德国的交战仍在继续，直到1918年3月的《布列斯特—立托夫斯克条约》（Treaty of Brest-Litovsk）结束冲突为止，但三个月后，内战爆发并一直持续到1921年。伴随沙皇统治的终结，旧帝国的一些地区宣布独立。新的苏维埃领导人接受了芬兰和爱沙尼亚、拉脱维亚、立陶宛三个波罗的海沿岸国家的独立。在发动战争失败后，也接受了波兰的独立。这些是旧帝国内仅有的得到承认的独立国家。并非巧合的是，这些国家正好位于西方最容易进入苏联的位置，俄罗斯人重新控制这些地区的任何尝试，都可能引起西方更大规模的介入。波兰还取得了当时的白俄罗斯和乌克兰西部的部分领土，罗马尼亚则占领了比萨拉比

俄罗斯在和日本的战争中被击败是第一次革命的起因之一。1905年2月发生在奉天的骑兵战是其中决定性的一个转折点。这是尼古拉·萨莫基斯（Nikolai Samokish）的绘画。

成排的俄罗斯人尸体由于数量过多而来不及掩埋。1905年后，似乎战无不胜的俄罗斯军队声誉扫地。最后的一击在1917年俄罗斯人未能击退德国人时到来了。不满在不断积聚，长达几个世纪之久的沙皇统治崩溃了。

亚（Bessarabia）。

前帝国的其他地区也希望脱离俄罗斯。1918年1月，乌克兰宣布独立，立马就遭到新组建的红军的武装干预，直到内战结束，共产党对乌克兰的控制才稳定下来。1918年5月，格鲁吉亚、阿塞拜疆和亚美尼亚三个外高加索地区的共和国也发表了类似的独立宣言，但这些政府都在1920年到1921年苏维埃的干涉下解散。在前帝国的其他地区，苏维埃政权主要通过将军事力量扩展到这些地区，建立起对这些地区的控制。

到20世纪20年代初，苏维埃政权控制了前帝国的大部分领土。进一步的边界变更发生在"伟大的卫国战争"（Great Patriotic War，苏联人对第二次世界大战的称谓）前。1939年9月，被波兰占领的白俄罗斯人和乌克兰人的领土被夺回；1940年3月，芬兰的两个地区加入了苏维埃社会主义共和国联盟；1940年，罗马尼亚把比萨拉比亚交还给苏联；1940年8月，波罗的海三国再次并入。尽管直到战争结束（在这个时候，苏联还取得了东普鲁士的一部分地区），除波兰和芬兰外，苏维埃政权对这些领土的控制还不稳固，但这些行动使沙皇俄国的疆域得到了恢复。

苏维埃

从1918年第一部宪法开始，苏联形式上就是一个由名义上的自治共和国组成的联邦。共和国成员数量随着时间的推移发生着变化，但根据 1936 年宪法，它的大框架由 15 个共和国组成，这一框架一直延续到苏联解体时期。共和国根据族群的界限划分，也就是说每一个共和国的领土，都是某一特定族群共同体的家园，尽管事实上每个共和国都是多族群的，并且拥有大量的俄罗斯人。每个共和国被分配到的族群给人一种由占多数的族群实行自治的表象，这也是 1991 年这个国家分裂的一个重要因素。

尽管这个国家在形式上是一个联邦，但在实际运作中，它是高度中央集权的。共和国政府几乎没有自治权，大多数重要决定都出自莫斯科，其中的重要权力机构就是苏联共产党。这一高度集权化和纪律严明的架构是苏维埃体系中高效的权力中心。它对这一体系施加管理控制的能力是苏维埃存亡的关键要素，也是和沙皇俄国形成鲜明对比的一点。

苏维埃体系的背后是马克思列宁主义这一正统意识形态。所有政策都要依此来制定，至少从形式上来说，它指导着所有决策。以大规模的政治教育系统为基础，全体苏联公民都被认为接受了这一意识形态所包含的价值观，并因此投身于它所代表的事业。意识形态的主要作用是为现存的苏维埃体系提供合法性，苏联提出，历史和社会经济的发展将最

列宁领导的 1917 年 11 月的布尔什维克革命从 3 月的那场更加民粹主义的起义那里夺取了权力。到 1921 年，他成功地结束了战争，并在照片中的地点——莫斯科红场——检阅民兵。

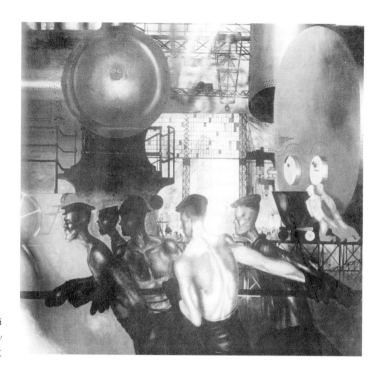

右图是尤里·伊万诺维奇·皮缅诺夫（Yuri
Ivanovich Pimenov）的《重工业》（*Heavy
Industry*，1928）。图中的人物是因收获丰收
而喜悦的农业工人。

苏维埃政府以一种新的意识形态统治其人
民，其宣传画面中始终表现出客观和欢乐的
情形。

终实现一个理想的终极状态——共产主义，并做深入阐释。
那些遵循马克思列宁主义的人就能够建立社会主义，并通过
社会主义实现共产主义。按照官方说法，从 1936 年开始，
社会主义就在苏联实现了，因此剩下的任务就是建设共产主
义。在这一意识形态的指导下，党是最适合领导共产主义建
设和统治国家的机构。与此相关的突出象征是普通的男女劳
动者，这与其他帝国的象征形成鲜明的对比。

　　这种意识形态的关键点是平等。要实现平等，一方面是
取消生产中的私人所有制，另一方面是建立国家对大量资
源，如教育、医疗、住房、交通和就业的掌控。在这个问题
上，还有一个重要的方面是族群间可见的平等。开始时，布
尔什维克是支持当地民族文化发展的。在苏维埃统治的第一
个十年中，大量资源被投入支持国内非俄罗斯族地区民族文
化的发展和成长当中。这一"本土化"的进程不但导致非俄
罗斯文化开始繁荣，而且使许多非俄罗斯族人在地区管理上
取得了重要的地位。但是，随着 20 世纪 20 年代末工业化和
农业集体化的推进、本土化政策转向，斯拉夫人特别是俄罗
斯人，被安排到全国各地的领导岗位上。这是和使国家"现
代化"的愿望结合在一起的，因此就需要依靠"更先进"族
群的成员。从 1936 年开始，全面的俄罗斯化政策开始推行，

其目的是消除族群之间的差异并将他们都变成俄罗斯人。这一政策在卫国战争期间又得到了强化，斯大林在官方层面复兴了俄罗斯民族主义，将其作为鼓励爱国主义、激发战斗力的一种工具。随着 1953 年斯大林逝世，极端的俄罗斯化得以缓和，但总的原则被保留了下来。尽管从 1964 年开始一直到苏联解体的这段时间内，在实际中，其他族群的精英在共和国和较低层级上行使权力拥有更大的自由，[6] 但在整个苏联时期（不考虑斯大林的格鲁吉亚族血统），政治系统是被俄罗斯族统治的，就像整个联邦是被俄罗斯统治的一样。

苏联最重要的一个特征，是它经历了大规模的经济开发。统治者使用高度集权化的经济体系来指导经济，以此为手段，其将一个革命时期的农业国家转变为战后的超级大国之一，而这主要依靠强制性的工业化和农业的集体化。苏联与共和国之间的经济关系至今仍旧存在争议。[7] 毫无疑问，莫斯科"剥削"了这些共和国的经济潜力。具体来说，中亚基本上变成了单一的棉花经济，阿塞拜疆的石油和乌克兰的粮食与煤炭被开发出来，其用途则由莫斯科的计划制定者来决定，所有单个共和国的发展都被放在作为一个整体的苏联经济的发展之后。但这种"剥削"并非事实的全部，许多共和国从苏联的政策与行动当中收获颇多。从经济上来说，一些共和国并不能做到自给自足，而是依靠来自中央的有效补贴生存；如果没有苏联的输入，许多共和国在经济上就不可能发展到这样的规模。通过苏维埃所做的工作，许多人不仅接受了教育，还学会了书写，享受标准化的民族文化。而且毫无疑问，很多来自非俄罗斯族的个人通过苏维埃体系获得了权力、地位和影响力。所以，苏联并不只是简单的一种"剥削性"的帝国架构，它也是一种为成员共和国创造利益的体系。

苏维埃的地缘政治角色

从建立之初，苏维埃俄国就不断面临着来自西方国家的敌意。其中部分原因是，苏联代表了一种意识形态上的对欧洲国家组织方式的威胁。苏维埃版本的现代化拒斥西方赖以生存的资本主义原则，而提供了另一种对许多人而言更具吸

БЬЕМ
ПО ЛЖЕУДАРНИКАМ

"我们捶打懒惰的工人"：苏维埃的劳动英雄像机器人一样不停地工作，背景中，"坏分子"则拒绝和他们一起战斗。

引力的选项。但苏联也被视为一种地缘政治上的威胁，明显的表现是这个新国家从建立伊始就拒绝接受许多既定的国际规则（如拒绝偿还沙皇政府欠下的债务）和试图支持希望推翻西方政府的革命阵营。一开始，苏联身上就有一种救世主的特质，要把共产主义传播到全球。相应地，在这个新国家试图披荆斩棘地前行时，它所处的国际环境对其也充满了敌意。正是因为这种外部敌意，20世纪20年代斯大林选择发展快速工业化和农业集体化。这些成就被认为具有两项正面影响：削弱国内的敌人，和增强国家的军事力量以保护自己。这种经济发展的体量是非常巨大的。仅仅用了十年多一点的时间，这个国家就变成了一个主要的工业强国。的确，工业发展的规模大到足够让这个国家在卫国战争中抵挡德国的入侵，并和它的西方盟友一起击溃纳粹的威胁。

苏联从战争中崛起，成为全球两个主要大国之一。被破坏的经济得到恢复，被摧毁的城市获得重建，核武器的发展也极大地增强了它的军事实力。在战后，苏联获得了自俄罗斯帝国以来未曾享有过的，也是苏维埃时期最高水平的国际政治影响力。苏联是全球几乎所有地区事务的重要参与者。尽管冷战中西方国家的反对意味着苏联并不总是占有优势，但它在全球舞台上显然是一个比俄国有着更高地位的成员。苏联的船只在全球所有海洋上航行，外交官和特工在全球开展工作，它的影响遍及全球。[8]

在中东欧这个历史上最重要的地区苏联肆意彰显自己的权力。第二次世界大战结束后，苏联得以在中东欧建立起一个实际上的"势力范围"。有时候，它被称为苏联的"外部势力"，以区别于苏联自己的"内部势力"。这个"外部势力"几乎包括了全部的中东欧地区和巴尔干半岛，除了希腊、南斯拉夫（1948 年脱离苏联）、阿尔巴尼亚（1961 年脱离）以外——可能还有罗马尼亚（20 世纪 60 年代与莫斯科疏离）。其他国家——波兰、德意志民主共和国、捷克斯洛伐克、匈牙利和保加利亚——则是苏联安静的卫星国。它们通过多种国际组织（主要是华沙条约组织 [Warsaw Treaty Organization] 和经济互助委员会 [Council for Mutual Economic

各族人民支援苏维埃：这张布尔什维克党人的海报描绘的是本国欧洲领土外的民族向红军提供面包、肉和黄油的场景，海报欢呼道："西伯利亚欢迎红军，苏维埃俄国欢迎西伯利亚。"

Assistance]）、严厉控制的经济关系和苏维埃政党对当地共产主义政党的控制被联系在一起。领导人的变更和主要决策在当地实施以前，几乎无一例外地都要获得莫斯科的同意。实际上，这些国家都是由苏联领导下的几乎可以被称为总督的一批人统治的。尽管莫斯科为本地区国家的政治和经济结构所制定的标准在程度上有所差异，但这最终都要仰赖苏联的"善意"。当一个国家走得太远时，比如 1956 年的匈牙利和 1968 年的捷克斯洛伐克，苏联就会使用军队来重整秩序。这一"外部势力"在苏联和西方之间建立了一个缓冲带，但在苏联经济陷入困境的 20 世纪 70 年代，它也被证明是一个经济上的负担。

苏联通过各种方式支持国外执政的和未执政的政党，却不断消耗自己的预算。维持冷战中苏联阵营的地位的经费和军备竞赛所花费的军事预算，也是一笔巨大的支出。当 20 世纪 70 年代苏联经济陷入困境时，这类开支在其中占了很大的比重，这也推动了苏联的解体。

苏联解体

从政治—行政结构上来说，苏联是独一无二的。政治和经济机构间的高度整合，以及这一结构作为一个高度集权化的整体，创造了一个独特的体系。这一高度集权化的体系，意味着国家经济是由政治领导人直接控制的，并且是一项服务于政治目的的工具。这种结构在 20 世纪 30 年代快速工业化和战后重建中非常有用，但到了六七十年代，当需要将其塑造成一个偏于消费导向型的社会（以符合民众的期望）时，这种结构就不那么令人满意了。然而，苏维埃精英们不是寻求改革这一体系，而是简单地应付了事。到 20 世纪 80 年代中期，苏联经济陷入了危机。

作为回应，苏联领导人米哈伊尔·戈尔巴乔夫（Mikhail Gorbachev）在经济、政治、文化和对外关系领域引入了一系列改革措施。[9] 但这些措施并未被整合成一个连贯的计划，也没有得到有效的实施，最终，经济状况未得到改善，政治上反对改革的声音增多，民众的不满日益增加。最为重要的是一些非俄罗斯族的共和国中民族主义情绪滋长，从 20 世纪 80 年代末开始，这种积聚的情绪被共和国的精英利用，以便谋求独立。与此同时，苏联控制的中东欧国家的民众不断施压，在戈尔巴乔夫拒绝援助后，这些国家摆脱了苏联的控制。在 1991 年 8 月发生的一场未遂的试图推翻戈尔巴乔夫的政变后，苏联解体为 15 个独立的国家。

苏联的解体带来了与欧洲殖民帝国崩溃时类似的后果：附属国的独立。俄罗斯自己也获得了独立。尽管在其疆域内生活着超过 100 个不同的族群（1989 年苏联还是一个整体时，俄罗斯人在官方数据中只占到人口的 50.8%），但俄罗斯族还是占了绝对多数——大约 83%。[10] 俄罗斯被缩小了，尽管还是在苏联曾经的疆域之内，但这块区域主要以传统意义上的莫斯科公国为中心，包括了位于欧洲的俄罗斯北部和南部地区，以及被沙皇控制的西伯利亚。

MAXIMILIANVS I IMP.
ARCHIDVX AVSTRIÆ
DVX BVRGVNDIÆ.

PHILIPPVS HISP. REX. I.
ARCHIDVX AVSTRIÆ.

MARIA DVCISSA
BVRGVNDIÆ MA

FERDINANDVS. I. IMP.

CAROLVS V. IMP.

第九章　奥匈帝国

缔造中欧

瓦尔特·绍尔（Walter Sauer）

古罗马的双头鹰，成为神圣罗马帝国的象征。尽管从理论上来说，它的皇帝是选出来的，但许多代皇帝都是哈布斯堡家族的成员。

哈布斯堡帝国在许多方面都是欧洲其他帝国的先驱者。但它是一个"家庭式"帝国，而不是一个由相隔遥远的领地组成的集合体。通过王朝间的联姻和精明的外交，哈布斯堡家族的皇帝们得以将他们的统治延伸到中欧的大部分地区——奥地利、匈牙利、捷克斯洛伐克、塞尔维亚的一部分、斯洛文尼亚、波兰、意大利和德国。这些国家有着共同的文化，而其中起着维系作用的唯一的纽带就是皇帝自己。这是哈布斯堡皇帝马克西米利安和他的家族的一组肖像，作者是伯恩哈德·斯特里格尔（Bernhard Strigel）（上页图）。

奥匈帝国是哈布斯堡（Habsburg）家族统治下庞大的多民族和多族群国家的集合体。尽管民族主义运动的压力和第一次世界大战中的失败使其走向终结，但在19世纪，它乃是欧洲几个最强大的国家之一。虽然哈布斯堡家族并未建立起一个海外帝国，但他们在欧洲内部的扩张引人注目。1908年，哈布斯堡家族吞并了以穆斯林人口为主的巴尔干半岛的一块区域——波斯尼亚（Bosnia）和黑塞哥维那（Herzegovina）。除此之外，缺乏海外殖民地并没有妨碍奥匈帝国介入许多国际纷争，比如参与迫使埃及和苏丹臣服于西方帝国主义的行动、镇压中国的义和团运动。来自的里雅斯特（Trieste）港的商人和奥匈帝国的科学家、传教士、冒险者活跃在殖民世界的众多地区，不仅如此，毫不掩饰自己国际野心的维也纳政府，也乐于支持19世纪末和20世纪初欧洲的"集体帝国主义"。

哈布斯堡帝国的一部分源于征服，由帝国首都实行集中统治，所谓的"历史上的民族"和境内臣服于哈布斯堡家族的各族人之间在地位、政治权利和经济发展上存在着显著差异，19世纪，时而发生帝国族群反叛和政治运动。从某些方面来说，奥匈帝国的确有着作为现代世界景观一部分的、在地理上更为迥异的帝国的特点。

由于对中欧历史的兴趣越来越浓厚，今天人们对奥匈帝国的历史特别感兴趣。这一趋势丝毫没有减弱的迹象，原因不言自明。早在20世纪70年代，在东西方职业历史研究者之间就已经有了活跃的讨论，但1989年后，东欧和东南欧社会精英的意识形态也发生了转向，政治上的这些发展带来了一个新的挑战——不仅更为关注历史，还有对先前解释的频繁修正——用史蒂芬·贝莱尔（Steven Beller）的话说，就是"重新塑造中欧"[1]。对过去历史的批评和超脱，被对（尽管互相矛盾的）文化遗产的分析所取代，而"中欧"则是当下找寻身份认同的一个参照点。[2]

在几个世纪里，中欧在文化、政治和经济上都是相对同质化的，以哈布斯堡家的君主为核心的国家结构一直延续到1918年。[3]意识到这一点并不是什么新鲜的事，改变的是对这个帝国的认知。将这个多瑙河王国看作"Völkerkerker"（民族的囚笼）的民族主义式的分析，以及对其拒绝民主的启蒙主义式的批评，让位给了一种时常是怀乡式的意象——一个多族群的文明共同体，一个"温情脉脉的帝国"。美国艺术史家戴安娜·雷诺兹（Diana Reynolds）回顾奥地利在波斯尼亚和黑塞哥维那的政策时，将其与（比如说）德国的帝国进行比较，甚至将其称作"奥地利母亲"。[4]

这种观点将"漫长的20世纪"（埃里克·霍布斯鲍姆[Eric Hobsbawm]语）末对中欧的后现代主义研究，同多年前克劳迪奥·马格里斯（Claudio Magris）提出的对奥匈帝国历史本质的新的和更加哲学性的评估联系在一起。[5]但它也包含了一种前现代的观念，这种观念在哈布斯堡王国最后几十年里广为流行，它将奥匈帝国视为老式帝国，它的命运是不确定的，但文化上的多样性使它免受新时代来临时那种缺乏人道的混乱的困扰——换句话说，这是现代国家之外的另一种选项。

在文学领域，我们或许可以从约瑟夫·罗特（Joseph Roth）的《拉德茨基进行曲》（*The Radetzky March*）或是罗伯特·穆齐尔（Robert Musil）在《没有个性的人》（*The Man Without Qualities*）中对卡卡尼亚社会（Kakania）的描述中看到这一点。在今天已经被奉为神话的《王储之作》（*Kronprinzenwerk*，之所以这么称呼，是因为它是在王储鲁道夫[Crown Prince Rudolf，1889年自杀]提议下为了复兴奥地利而出版）中也有类似的观念。这部百科全书式的研究成果，于1885年到1902年间在德国和奥地利同时出版，篇幅超过1200页，有4500多张插图，其意图是保存哈布斯堡帝国统治下渐渐消失的社会和文化生活方式的记忆。[6]在两次世界大战和20世纪90年代对巴尔干地区诸多战争和干涉的背景下，这一对相对和平的世界理想化的意象，显然适应了今天的某种需要。因此，专家们也注意到了《王储之作》中的哈布斯堡王国和苏联解体后中欧的繁荣两者之间的相似之处，并且（带有一点讽刺意味地）推断出，"由于对现实的不满，每个人都希望从当年的帝国那里找到一些在现实中找不到的东西"[7]。

哈布斯堡家族的崛起

在这里大致地勾勒一下哈布斯堡王国的历史可能会有所帮助。1526 年到 1527 年，哈布斯堡家族统一了位于中欧的、日后构成奥匈帝国核心的三个国家。这一转折点发生在匈牙利—波希米亚国王路德维希二世（Ludwig II）和奥斯曼人的莫哈奇之战后（见本书第 29 页）。作为 1515 年联姻和继承条约的结果，年轻的哈布斯堡大公斐迪南（Archduke Ferdinand）[8] 控制了以下地区：

——奥地利大公国，该大公国和阿尔卑斯山地区的若干领地（蒂罗尔 [Tirol]、施泰尔马克 [Steiermark] 等）有着家族上的联系，从 1278 年起就被哈布斯堡王朝统治。从 15 世纪上半叶开始，哈布斯堡家族就拥有神圣罗马帝国国王或皇帝的头衔。

——富裕的波希米亚王国（与摩拉维亚 [Moravia] 和西里西亚 [Silesia] 各公国相联结），它也是神圣罗马帝国的一部

约瑟夫二世，1765 年到 1790 年在位的皇帝。在巡视摩拉维亚的途中，他做出扶犁的动作以示对公民的尊重，这成了他开明统治的某种象征。

对帝国团结最严重的威胁来自三十年战争（1618—1648年），在这场战争中，德国的许多地区加入新教改革的阵营，宣布放弃对天主教的哈布斯堡家族的忠诚。战争始于布拉格，选帝侯斐迪南派遣顾问，试图重塑自己的权威。波希米亚反叛者将这些顾问从城堡的窗户里扔了出去（即布拉格掷出窗外事件），由此导致的对阵很快就波及几乎整个欧洲北部地区。

die Statt Gi[...]

ne verbrandt
herber

分，从 12 世纪以来由不同的王室家族统治。

——匈牙利王国（大致包括今天的匈牙利、斯洛伐克、克罗地亚和罗马尼亚东北部），它在 9 世纪被迁徙至此的马扎尔人（Magyars）占领，成为连接东欧和南欧的战略与经济上重要的桥梁。

继承先前亚盖洛家族（Jagiellons）控制的王位不是一件简单的事情。整个欧洲社会正经历着急遽的社会变动：在城镇，新兴的中产阶级要求更多的权利；在农村，农民越来越大胆地表达着自己的不满；马丁·路德（Martin Luther）和乌尔里克·茨温利（Ulrich Zwingli）这样的宗教改革者和托马斯·闵采尔（Thomas Müntzer）这样的革命者提出的教义对大多数人来说，似乎为他们政治上提出变革要求提供了正当的理由。甚至在哈布斯堡家族统治了大约 250 年的奥地利，也可以听到同样的政治诉求，特别是来自维也纳中产阶级的政治诉求。1522 年，在哈布斯堡王朝处决了一些领导人物后，这些声音却被压制了。国王斐迪南发现自己在匈牙利和奥地利面临着更大的问题，在这两个国家，代表贵族、野心勃勃的中产阶级和教士的议会，都在追求着各自的利益。

1526 年 10 月，斐迪南被正式选为波希米亚国王，但 20 年之后，他将不得不面对第一次叛乱。哈布斯堡家族大力推动天主教的反宗教改革运动，但许多群体却对宗教改革表示同情，这导致了越来越多的冲突。1618 年 5 月，冲突升级为所谓的"布拉格掷出窗外事件"（Defenestration of Prague），引发了三十年战争（Thirty Year's War）。两年后，天主教同盟的军队血腥地镇压了波西米亚的暴动。

匈牙利的情况则更为糟糕。在这里，社会阶层之间从一开始就存在分裂。大地主们选择大公斐迪南作为他们的国王，但相对贫穷的贵族却更喜欢当地巨头亚诺什·佐波尧（Johann Szapolyai）。当斐迪南率领军队准备进攻匈牙利时，佐波尧向奥斯曼苏丹苏莱曼二世求援。后者于 1529 年向维也纳进军，尽管进攻被击退，但匈牙利分裂成了三个部分：一部分由哈布斯堡家族统治，一部分（包括首都布达 [Buda] 在内）由奥斯曼人统治，锡本布尔根（Siebenbürgen，德语名称）则由佐波尧的继承者统治。1683 年，奥斯曼人第二次围攻维也纳失败后（见本书第 33 页），哈布斯堡家族在匈牙利的统治才得以稳固，随后，他们的军队在欧根亲王萨伏伊（Prince Eugene of Savoy）的统帅下成功征服匈牙利、克罗地亚和塞尔维亚；[9]1699 年的《卡尔洛维茨条约》（Treaty of Karlowitz）和对匈牙利贵族的残酷镇压又巩固了他们的统治。

到 18 世纪初，哈布斯堡家族和与之有关系的来自不同族群的贵族家族已经使用皇帝的头衔。哈布斯堡家族还牢牢控制了中欧的一大部分地区，并在当地推行天主教的反宗教改革运动。1700 年，奥地利王室中西班牙血统中断，导致奥地利失去西班牙连同意大利南部的殖民地，仅有后来属于比利时的部分地区处在奥地利的统治之下。政治上的相对稳定和以奥地利巴洛克艺术为形式的文化繁荣，使得后世历史学家将查理六世（Charles VI）的帝国描述为"一个伟大的国家"。但他们却忽视了农民起义、城镇下层的抗议和宗教异议分子频繁的反对活动所引发的社会持续不断的动荡。直到 1740 年奥地利哈布斯堡家族的男性血脉断绝，还有其他欧洲强国开始挑战这个王国的政治和军事，才让当时的决策者和后世历史学家认识到这个"伟大的国家"的内部基石是多么脆弱。[10]

查理六世的女儿，玛丽娅·特蕾莎女大公（Archduchess Maria Theresa，1740—1780 在位）发动旨在保卫自己王位的战争。这场战争为帮助王国存续的改革提供了一个非常实际的理由。改革使农民从贵族地主的剥削中逐渐解放出来，其目的不仅是刺激粮食生产，从长远看也是为了扩大国家的税收基础；在国家管理中，日益强化的中央权威带来了更强的统一性和更高的效率，也为经济复兴创造了必要的法律框架；结构性和技术性的创新帮助军队实现了现代化；在限制天主教教士过度的权力上也迈出了第一步。1748 年和约在艾克斯拉沙佩勒（Aix-la-Chapelle，也就是亚琛 [Aachen]）签订时，尽管奥地利被迫将意大利北部的部分地区割让给波旁家族统治的西班牙，将西里西亚地区割让给普鲁士，但哈布斯堡—洛林王朝（Habsburg-Lothringen）的生存获得了保证。18 世纪 70 年代，在波兰分裂和奥斯曼帝国开始衰落的背景下，哈布斯堡家族甚至还获得了大量领土，包括波兰南部、加利西亚（Galicia，乌克兰西部）和布科维纳（Bukovina，今天罗马尼亚的一部分）。

启蒙、革命和拿破仑

在生命的最后阶段，玛丽娅·特蕾莎相对温和的改革措施被她的儿子约瑟夫二世（Joseph II，1780—1790 年在位）更严厉的措施取代。与此同时，奥地利乃至欧洲的社会和政治环境也发生了巨大变化。在经济领域，资本主义贸易、殖民政治和工业革命开始从大陆西部向东部传播。中产阶级在向专制君主和特权贵族要求政治权利方面，也变得越来越自信。受到启蒙运动哲学影响的皇帝及其顾问们尝试用有限的改革来主导发展，例如调整封建土地所有制、改革法律体系、实施宗教宽容政策，并进一步限制天主教教会的权力，短时间内放松了审查制。[11]

然而，朝着自由的狂奔如果越过了当局所能承受的地步，统治便会收紧，这一现象特别是在约瑟夫的下下任继任者，奥地利的弗朗茨二世（Franz II，同时也是一世，[①] 1792—1835 年在位）统治时期尤为明显。18 世纪 90 年代，若干次所谓的"雅各宾"阴谋——指那些同情法国大革命的人——被挫败。[12] 这使得哈布斯堡王室得以杜绝大革命的直接影响，但经济和政治的稳定只是相对的，1805 年，拿破仑的大军向维也纳进发时，几乎没有遭遇抵抗。

封建君主国奥地利、俄罗斯和普鲁士组成的同盟在 1813 年和 1815 年击败"新来者"拿破仑，这为整个欧洲的政治重整铺平了道路。1814 年到 1815 年在维也纳举行的以重整欧洲为目的的会议，事实上在某种程度上表达了对哈布斯堡家族顽强抵抗拿破仑的支持。从领土上来说，奥地利皇帝（弗朗茨在 1804 年宣布自己为奥地利皇帝，两年后解散了当时已经运作无力的神圣罗马帝国）最大的收获是威尼斯和萨尔茨堡（Salzburg）。维也纳会议的重要性体现在重新划定了众多的边界（包括大量海外殖民地的边界），政治上重整了整个欧洲合法的王室，签订了欧洲大国之间的多边协定。会议所提出的"欧洲协调"为第一次世界大战前的国际关系提供了一个相对稳定的结构，也可视为欧洲联盟的某种非正式

---

① 作为神圣罗马帝国皇帝，是弗朗茨二世；作为奥地利帝国皇帝，则为弗朗茨一世。——译者注

维也纳会议（1814—1815 年）将大部分哈布斯堡家族的土地归还给了拿破仑之前的统治者。恩格尔伯特·西尔伯茨（Engelbert Siebertz）的这幅画中是做出这些决定的主要人物，帘子之间从左至右分别是法国外交大臣夏尔-莫里斯·德·塔列朗（Charles-Maurice de Talleyrand）、巴伐利亚首相马克西米利安·冯·蒙特哲拉（Maximilian von Montgelas）、普鲁士的卡尔·奥古斯特·哈登贝格（Carl August Hardenberg）、奥地利首相克莱门斯·冯·梅特涅和大会秘书弗雷德里希·冯·根茨（Friedrich von Gentz）。

的先驱。[13] 首相克莱门斯·文策尔·冯·梅特涅（Clemens Wenzel von Metternich）是这一新体系中最为重要的角色之一，同时也将是接下来几十年里奥地利最具影响力的政治家。[14]

但无论是欧洲协调还是奥地利、俄国和普鲁士国王之间的"神圣同盟"（Holy Alliance），都无法阻挡不断增强的自由主义、公民权和民主的趋势。不断积累的社会和民族冲突，加上经济危机的影响，导致了 1848 年 3 月政治革命在奥地利和其他欧洲国家爆发。在维也纳和布拉格这些帝国境内的城市，主要是政治和社会层面的诉求，而在布达佩斯，最响亮的呼声则是平等的民族权利。旧制度的代表们解除了梅特涅的职务，同意制定新宪法，却在做出最初让步后很快又反悔了。1848 年 10 月末，帝国的军队围困并占领了反叛的维也纳城，对平民实施了残酷镇压。议会被转移到偏远的摩拉维亚城的克雷姆希尔（Kremsier 或 Kroměříž），并将在此起草新的宪法。在俄国的大力支持下，军队也被派往匈牙利镇压当地的革命。1849 年 10 月，独立运动的主要代表人物在阿拉德（Arad，今天罗马尼亚的一部分）被处决。[15]

随后的新绝对主义（neo-absolutism）时期——弗朗茨·约瑟夫（Franz Joseph）皇帝 18 岁登基后统治的最初几年——的特点是王室、军队和教会建立了保守联盟，还有姗

第二场危机开始于 1848 年的"革命之年",哈布斯堡帝国的若干个民族要求制定更自由的宪法。皇帝斐迪南一世被迫做出让步,传位给自己的侄子——18 岁的弗朗茨·约瑟夫。这幅版画呼吁工人、学生和民兵之间以"权利、自由和我们敬爱的皇帝"的名义团结互爱。

姗来迟的经济、行政和教育改革。[16] 但面对来自外部日益增强的挑战,如意大利的统一、法国和普鲁士的扩张主义,贵族加教士统治的政治基础被证明太过脆弱。在经历了同法国、普鲁士和意大利支持下的撒丁王国(Sardinia)的血腥战争后,1859 年,帝国丧失了伦巴第(Lombardy)的大部分地区。1866 年,帝国又失去了威尼斯。这也标志着 1848 年以来盛行的反革命势力的崩盘。经过几次三心二意的宪法试验后,皇帝和其他大臣最终于 1867 年 12 月同意制定一部自由主义的宪法。这部宪法确立了基本的民主权利,建立以财产资格为基础选举产生的两院制议会,授予匈牙利一些明确界定的"一般性事务"以外的自治权。[17] 从那时开始,哈布斯堡国家开始以奥地利—匈牙利的名称为人所知。

最初的宪法程序的确立和与匈牙利之间的妥协(Ausgleich),似乎为新绝对主义试验结束后深陷巨大政治危机的王国找到了一条出路。但这些措施并不彻底,也为新的政治冲突提供了土壤;捷克的民族主义者对此并不满意;社会上层的自由放任式的自由主义,也和日益激进的工人阶级的社会需求发生了冲突;信奉自由主义的日耳曼工业家和封建主义的匈牙利地主之间的经济利益,也只是在表面上互相妥协。经历 10 余年的自由主义政府(在外表现为 1878—1879 年由欧洲协调在柏林会议上授权的对波斯尼亚—黑塞哥维那以奥斯曼苏丹的名义的占领)和 15 年的保守主义政府维亚纳的国会将意大利北方大部分划给了奥匈帝国，所有的意大利爱国者对此深感不满。伦巴第和皮埃蒙特于 1959 年、1961 年先后宣布独立。也是在 1861 年，维托里奥·埃马努埃莱建立了意大利王国——威尼斯于 1866 年加入。这幅纪念画展示的是威尼斯代表团抵达都灵王宫的场景（下两页图）。

统治，日耳曼、斯拉夫和匈牙利民族主义者之间的冲突日益加剧，到 19 世纪末，内部的政治也不再那么稳定。一些政府机构，特别是指定的王储斐迪南大公日益倾向于采取专制主义。与此同时，欧洲强国之间的对抗、奥斯曼帝国的摇摇欲坠和沙皇俄国的动荡，都致使爆发战争的危险越来越大，而且战争不仅将席卷欧洲，也将席卷所有殖民地。1908 年，违反国际法的吞并塞尔维亚和黑塞哥维那的行动，被一部分人视为是为了转移国内的危机，而这也加快了 1914 年 6 月 28 日大公斐迪南在萨拉热窝（Sarajevo）被刺杀的进程，从而加速了第一次世界大战的爆发，而奥匈帝国也将随着战争的结束而终结。

在封建帝国和多民族国家之间

从对奥匈帝国领土、政治和历史的简短考察中，可以得出两个结论。第一，这是一个大陆领土扩张的过程（我们将在之后考察其与欧洲海外殖民主义的关系）；第二，帝国的稳定是建立在哈布斯堡家族和各领地封建精英与天主教教会之间的联盟之上的，而后又需要一个中央集权的官僚体系。

1844 年的起义很快席卷欧洲——传播到了布达佩斯、布拉格，尤以维也纳最为严重。这是 3 月 13 日发生在一家工厂大门口的一场示威活动。

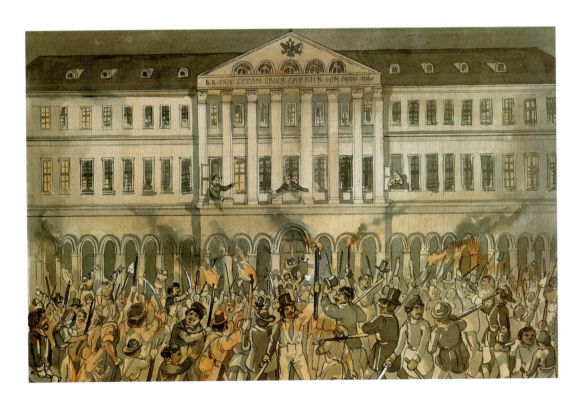

弗朗茨·约瑟夫继承了分裂和充满敌对的帝国，他被认为是一个强硬但灵活的立宪君主。革命运动遭到严厉镇压，但自由主义的改革也开始了。1867年，新的宪法以"奥地利—匈牙利"的名义界定奥地利和匈牙利的权利和权力。皇帝的受欢迎程度得到了提升，随着他的年龄的增长，他被称为帝国的象征和实际上的保护人。他活到86岁，经历了许多个人悲剧，但受到公众的广泛爱戴。

中产阶级、农民和非天主教人口的利益，则基本上是在迫不得已和很不情愿的情况下才会被考虑。

　　表面的数字非常引人注目：1910年，也就是第一次世界大战爆发前几年，包括波斯尼亚和黑塞哥维那在内的多瑙河帝国（Danube empire）面积达677000平方千米，人口为5140万。就领土面积而言，奥匈帝国是仅次于俄国的欧洲第二大国，人口则是欧洲第三（仅次于俄国和德国）。[18]但我们必须承认，在19世纪下半叶，奥匈帝国的政治地位开始不断下降。到20世纪初，奥匈帝国领土面积和人口上引人注目的统计数字，无法掩盖其内部冲突和急剧降低的经济竞争能力。1913年，以国民生产总值衡量，奥匈帝国在欧洲国家中仅排名第15位，按人均国民生产总值来算，则排名第11位。[19]这两个因素侵蚀了王国作为主要大国的地位，削弱了其在欧洲协调中的影响力。现在，它发现自己越来越经常地沦落到扮演沉默的观察者的角色，当欧洲人讨论对外事务时，在"博斯普鲁斯海峡病夫"之外，又多了一个"多瑙河病夫"。

　　我们现在具体地考察哈布斯堡帝国社会—政治的三个关键方面。

虚弱的民主

　　除了逼皇帝就范制定的克雷姆希尔宪法和19世纪60年代初的试验外，直到1867年末，一项制定新宪法的协议才

1914年，一位塞尔维亚爱国者谋杀了奥匈帝国的继承者，正是这次谋杀行动成为第一次世界大战的导火索。画面中，大公和他的妻子的身体被庄重地摆放着。当帝国对塞尔维亚宣战时，两个国家也将它们的盟友——德国、俄罗斯、法国，最后是英国——拉了进来。

萨拉热窝并不在塞尔维亚境内，它是波斯尼亚—黑塞哥维那的首都，后者在1914年是帝国的一部分。然而在当地存在着强势的要求与塞尔维亚合并的民间运动，这座城市也是塞尔维亚民族主义的中心。刺杀行动之后，两边的政党之间发生了激烈的冲突，这也成为后续事件的预演。

获得通过。奥匈帝国实际上存在着两部宪法，即一部奥地利宪法，一部匈牙利宪法，两部宪法通过复杂的条例共同运作。当然，从中世纪以来，在全部所谓的王室领地上，就存在着政治参与的机制——代表大会（*Ständeversammlungen*），但有代表资格的仅限于贵族、教会和个别城镇。现在，在两个王国内部，都建立起基于法律和宪法的两院制议会。但是议会权力受到政府的强势地位的制约，特别是皇帝的广泛特权的限制。总而言之，1867年的议会体系在投票权上存在局限，它要求相当高的缴税额度，一开始便将超过90%的人口排除在了任何具有实质意义的代表权之外。19世纪80年代，政府放松限制为主要政党的建立奠定了基础，但一直要到1906年，经过多年工人运动的抗争，普遍和平等的投票权才得以实现，尽管在当时享有投票权的还全部都是男性。和其他国家相比，奥匈帝国宪法的发展似乎是自相矛盾的。和沙皇俄国与奥斯曼帝国（这两个多民族国家）相比，奥匈帝国的一部分人至少还是可以在一定程度上参与政治的，基本的人权和公民权也得到一定的保障。但相比西欧国家——尽管它们的情况也并不完美，奥匈帝国的立宪政府建立得比较晚，直到其终结也只存在于有限的范围内。除此之外，它在

正是如此多样的民族和语言在一个政府下共存，使得这个帝国对一些人充满了吸引力，同时让另一些人感到愤恨。这幅 1900 年的田园风光图展示了自中世纪以来马扎尔人所定居的特兰西瓦尼亚（Transylvania）仍旧几乎保持了封建主义的状态。一位富有的地主手拿鞭子，严厉地注视着他的农民。

历史上也缺乏解放的传统。在几个世纪里，哈布斯堡的统治者用尽一切办法镇压所有意识形态和政治上的异见运动。18 世纪和 19 世纪的一切革命尝试都失败了，审查、监督和缺乏公民运动的勇气扼杀了萌芽中的所有自由化趋势。尽管有 1848 年的农民解放，但在农村实行的仍旧是封建制。因此，自由主义毫无疑问是非常脆弱的，民主意识非常淡薄。1867 年，奥匈合并协议签订后，两个王国内部的报纸、社团和政党参与了大量的公共讨论，但这种讨论很大程度上局限在中心城市，并且一些禁忌话题，比如军事事务或王室劣迹，都不在讨论范围之内。对农民大众的政治教育，毫无例外，仍然是教士和土地贵族的职权所在。

尽管参与政治的机会受到严格限制，但民众对"奥匈"的认同却并非流于表面。人们对帝国首都维也纳和皇帝弗朗茨·约瑟夫有着强烈的热爱。约瑟夫在一开始并不受欢迎，他希望将国家塑造成世界大国，随着这一政策发展的失败，他受欢迎的程度不降反升。随着国内危机的升级，他实际上成了国家团结的唯一象征。一本与 1906 年选举制度改革有关的公民手册中写道："权利与权利针锋相对，民族与民族彼此对立，传统与传统相互抗衡，在奥地利，在某些情况和某种程度上，只有统治者的神圣主权能够居中调停、实现妥协和公平处理——如果我们不想让至善沦落为至恶，不想让社会的和平永远消失的话。"[20] 虽然自中世纪以来，哈布斯堡家族统治下的大多数政治实体便有了参与的机制，但在新兴的大众媒体和其他大规模组织化手段的帮助下，民粹主义煽动者能够轻易地将这些机制转化为民族主义的意识形态。

多民族国家中的民族主义

在最后的人口普查中，这个国家的人口按照语言被分成 24% 的德语人口、20% 的马扎尔人、16.4% 的捷克人和斯洛伐克人、10.3% 的克罗地亚人和塞尔维亚人、10% 的波兰人、8% 的鲁塞尼亚人（也就是乌克兰人）、6.4% 的罗马尼亚人等。即便是在帝国一分为二的两部分中，宪法上拥有特权的民族也仍旧没有占到绝对多数：说德语的人口只占内莱塔尼亚（Cisleithania，也就是奥地利部分）人口的 36%，而匈牙利 48% 的人口是马扎尔人。[21]

　　问题并不在于语言的多样性。18 世纪以来，帝国的国家机构已经发展出与不同人群使用他们自己的语言进行沟通的能力——尽管在匈牙利，高级场合只允许使用马扎尔语。的确，如果不是一些民族在宪法上和现实中享有以其他民族为代价的特权，一个国家内不同语言、文化和宗教的融合甚至可能被视为所有相关方的共同财富。在 1867 年的妥协中，捷克人的利益尤其受到无视。19 世纪 70 年代，一些人尝试将这个双头王国变成一个三头王国（奥地利—匈牙利—波希米亚），但在日耳曼和捷克极端分子的反对下失败了。在王国的匈牙利部分，马扎尔人的统治地位得到了法律的确认，而说罗马尼亚语、斯拉夫语和乌克兰语的人群则处于劣势。然而克罗地亚人在匈牙利却享有一定的自治，这无疑是对他们 1848 年提供军事援助的奖赏。但即便是 1867 年妥协对其他民族作出了有限让步，在已经享有特权地位的日耳曼民族

1897 年，语言变成了一个问题，巴德尼伯爵（Count Badeni）试图引入一项立法，将捷克语定为波希米亚官方语言中的一种。这一提案被愤怒的维也纳议会否决。

看来也太过头了：1897 年，当奥地利政府试图在波西米亚和摩拉维亚实行两种官方语时，日耳曼民族激烈的反斯拉夫宣传导致了臭名昭著的"语言暴动"和议会的瘫痪。始于 19 世纪 80 年代的逐渐激烈的反犹主义也起源于日耳曼民族以及基督教组织，矛头指向上层阶级中的犹太人成员（比如维也纳和布拉格地区），同时也针对王国东部（比如加利西亚）已经在经济上被边缘化了的犹太人。

根据民粹主义精英所代表的民族划分人权法律地位，或许可以被看作仅仅是个人政治权利缺失或不充分的替代物。比方说，由于不存在投票决定共同的政治制度的民主权利，所以作为产生共同政治思想和行动的前提之一，它是有所缺失的。这也使得那些政治上占统治地位的族群精英可以使用甚至是建构他们的"民族"语言、象征和认同，并以牺牲其他民族为代价来增强或扩展自己的权力。这种情况或许可以被拿来和其他西欧民族国家作比较，在后者那里，"民族"的概念中也排除了国内的少数族群，但在奥匈帝国，"民族"概念是在包含强烈封建要素，且已经具有潜在分离主义倾向的多民族国家中产生的。各民族派别越是激进，他们就越是相信，通过加入邻近的"民族国家"（比如大日耳曼，或是斯拉夫联邦），甚或建立自己的国家（比如一个独立的匈牙利国家，或是一些人梦想在巴勒斯坦建立的犹太人国家，或者在非洲建立一个定居殖民地），他们的愿望获得实现的可能性就越大。[22]

经济的退步

回看历史，我们可以说，奥匈帝国在 19 世纪末有以下几个特征：不存在广泛的政治参与传统；人民对政治参与冷漠，且对国家的认同衰减；不同民族精英之间的竞争日益激烈；最终，国家制度的运作越来越困难。这一切都是哈布斯堡家族和他们的政治同盟实行压制性政策的结果。之后，即使在外部压力下，奥匈帝国实施了缺乏诚意的改革，却为时已晚。此处便已包含着研究奥匈帝国经济发展的历史学家称之为国家崩溃的起因。事实证明，在最后的几十年里，这个王国无法利用新出现的经济好转来实现政治上的稳定，"帝国的肢解可能并非不可避免，但显然它的政治制度在适应现代经济增长带来的压力上面临着巨大的困难"[23]。

特别是从 1820 年到 1870 年，西欧和哈布斯堡王国之间在经济上的差距扩大了。拿破仑战争和意大利战争的后遗症（即维持大国地位的开销）、1848 年 3 月的革命和新专制主义之前出现的社会发展的停滞（即维持特权精英统治地位的开销），可能是其中的原因。但是，在匈牙利妥协后，特别是 1873 年的国际经济危机之后，帝国境内出现了一个相对较高的经济增长率和一系列技术创新，部分地区的基础设施建设有了巨大进展，高效的银行和商业也得以建立。但在增长和经济生产率的分配上，存在着巨大的地区差距。服务业和制造工业主要集中在奥地利一侧较发达地区（包括石油生产快速发展的加利西亚），而在匈牙利这边，占据主导地位的还是农业。这一不平衡带来的结果，是偏远农业地区的边缘化、越来越多工人开始向外迁移——特别是向维也纳和布达

奥匈在经济上落后于西欧，关心社会问题的艺术家开始将随之产生的问题作为自己作品的主题。米哈伊·蒙卡奇（Mihály Munkácsy）创作于 1895 年的这幅《罢工前》（Before the Strike）对工业的危机给予了极大的关注。

佩斯两个首都的迁移和主要以美国为目的地的大规模移民。在国家的两个部分中，不公平的财富分配并没有得到真正改善，这也导致了无数城镇工人和农村农民的示威活动。但总的来说，我们可以看到国民生产总值是增长的。1830—1870年人均国民生产总值的年增长率仅为 0.5%，而 1870—1913年，这个数字增加到了 1.45%，尽管这个数字仍旧远远落后于瑞典和丹麦，并稍稍落后于德意志帝国，但它还是比挪威和瑞士略微好一点，并且比比利时、法国和英国高出许多。[24]奥匈与西欧之间的经济差距也由此开始缩小。

不同地区的经济重心仍旧不同。奥地利南部地区、摩拉维亚和波西米亚的工业——主要由信奉自由主义的说德语的企业家经营——的主要目标，是将生产的产品卖到国内和海外。正因为如此，1850 年到 1851 年间，奥地利撤销了与匈牙利之间的关税界线，并对德意志帝国和其他西欧国家开放自由贸易，这两个举措具有非常重要的意义。这一对外自由贸易的政策自然受到竞争力相对较弱的匈牙利农民的抵制。不仅如此，俾斯麦控制下的德意志帝国灵活地将其对外贸易和关税政策作为在和哈布斯堡王国的关系中加强自己政治强国地位的一种手段。但无论如何，1873 年的国际经济危机之后，欧洲是趋向于保护主义的，所以，19 世纪 80 年代，德国和奥匈之间得以达成一项适度的关税政策。这一政策考虑到了双方的需要，但对南欧的小国却是一种歧视。在这个时候，王国抱着巨大的热情开辟新市场，这并不意外，因此，这个王国再次把通过大陆和海外殖民的方式参与帝国主义对世界的分割提上了自己的日程。

全球抱负？

总的来说，哈布斯堡王国（和斯堪的纳维亚半岛国家及瑞士一起）并未走上强势殖民主义的路线。这也是 1945 年以来奥地利的历史学家和地理学家强调的一个观点。[25] 理由是，哈布斯堡王国并未参与任何欧洲殖民主义的主要活动，比如 19 世纪后半叶的"非洲争夺战"——其中的原因，我们将在下文中讨论。它的扩张背后的思想，更符合获取土地再收取纳贡的欧洲封建主义，而不是 20 世纪初典型的资产阶级统治的垄断资本主义的利益。但还是有非典型的案例，也就是1878年对波斯尼亚—黑塞哥维那的占领。从官方的消息来源中可以清楚地看出，这一地区不仅被维也纳政治圈内的领导派别视为一块唾手可得的殖民地，后者还在这一地区拥有大量"现代"的经济利益——特别是它的原材料和铁路。奥匈政权在实现波斯尼亚现代化上取得的成就，甚至被夸张地视为对伊斯兰社会施行殖民主义"文明化"的模板。

然而，说奥地利（和奥匈）的外交和对外贸易政策——两种政策在许多方面都是帝国主义的——仅限于欧洲内部的殖民，并不完全正确。将视角扩大，可以看到，哈布斯堡王国当然参与了欧洲的海外殖民，并且是相当深入和多层次的。[26] 奥匈作为欧洲协调体的主要成员国家，全面参与了这

建立海外殖民地的尝试无果而终。这些事业的领导者是皇帝弗朗茨·约瑟夫的兄弟，大公斐迪南·马克西米利安。1864年，他鲁莽地接受了墨西哥流亡者的邀请，成为这个国家的皇帝，在拿破仑三世的支持下，他在1864年到1867年间戴上了这顶令人多灾多难的皇冠。但1867年他的支持者被法国人抛弃并被共和军击败，他自己也被处决。

一组织在海外的行动，比如 1839 年到 1840 年对"现代埃及之父"穆罕默德·阿里·帕夏（Muhammad Ali Pasha）的进攻，1900 年到 1901 年对中国的义和团运动的镇压。它也全程参与了欧洲强国殖民扩张的基本规则的制定——1884 年到 1885 年的柏林刚果会议（Berlin Congo Conference）、1889 年到 1990 年的布鲁塞尔反奴隶制会议（Brussels Anti-Slavery Conference），以及 1906 年在阿尔赫西拉斯（Algeciras）举行的摩洛哥国际会议（International Morocco Conference）。在这一背景下，我们还应该提到奥匈在埃及债务危机中扮演的角色（非常活跃）——1876 年 4 月，科迪夫·伊斯梅尔（Khedive Ismail）被迫宣布埃及破产，在这次行动中，奥匈帝国作为主要的债权国，和法国、英国、意大利一起实施了干涉。

以上所有问题都不是单个国家的殖民扩张，而是和某种整体的、相互竞争的欧洲强国间的帝国主义合作相关，也和为他们的殖民政策寻求"合法性"有关。[27] 尽管多瑙河王国很少直接参与殖民主义，却在政治和意识形态上参与了欧洲的"共同的殖民主义"——换句话说，也就是参与了以欧洲殖民国家利益为指向的帝国主义世界秩序的建立。

哈布斯堡王国和它的官员为建立殖民地进行了多次尝试，这是另一个常常被历史学家忽略或忽视的重要的行动领域。这显然是巨大的疏漏。1777 年到 1781 年，奥地利东印度公司（Austrian East India Company）在莫桑比克的德拉瓜湾（Delagoa Bay）和尼科巴群岛（Nicobar Islands）设立贸易站，尽管这可能只是奥地利历史上一个短暂的片段，却在莫桑比克早期殖民史上具有重要的意义。[28] 这类政策在 19 世纪中叶前后（比如说新绝对主义时期）也得到了成功实施，这一事实显然也值得引起更多的关注。在这一背景下，殖民主要的领导者是皇帝的兄弟、海军统帅大公斐迪南·马克西米利安（Archduke Ferdinand Maximilian），海军与以的里雅斯特为中心的海上贸易和工业团体有着密切的合作。我们也可以把奥地利对苏伊士运河计划的支持纳入这一框架当中。开始于 19 世纪 50 年代的主要计划则有：[29] 向南苏丹派出耶稣会传教士（19 世纪 50 年代和 60 年代），这一行动在殖民层面产生了深远的影响，尽管并未建立起期望中的奥地利殖民地，但在它的帮助下，埃及对这一地区的控制被摧毁，因

1878 年，鲁道夫·斯拉丁进入苏丹的埃及人政府当中，在当时，包括奥匈在内的欧洲债权国控制着科迪夫的政策，后者只是名义上的统治者，斯拉丁转信伊斯兰教。1884 年，他被马赫迪（当时正在发动对埃及的叛乱）囚禁，但十年后被英国人救出。1898 年，当马赫迪被基奇纳击败后，他担任了苏丹的监察长，直到 1914 年。

和帝国在经济和政治上的相对衰落不同，维也纳的文化生活却出现了前所未有的繁荣。在艺术上，诞生了新艺术，脱离了奥托·瓦格纳（Otto Wagner）、阿道夫·鲁斯（Adolf Loos）、约瑟夫·马里亚·奥布里希（Anton Maria Olbrich）、埃贡·席勒（Egon Schiele）和奥斯卡·科柯施卡（Oskar Kokoschka）的传统；在文学上，诞生了罗伯特·穆齐尔和阿尔图尔·施尼茨勒（Arthur Schnitzler）；在心理学领域，诞生了西格蒙·弗洛伊德……这幅由古斯塔夫·克里姆特创作的海报，是为 1898 年的分离派画家的一次画展所作的广告（下页图）。

而也为欧洲的象牙和奴隶贸易打开了大门；年轻的海军中尉威廉·冯·特格特霍夫（Wilhelm von Tegetthoff）执行"秘密"使命（实际上是公开的秘密），1857 年 3 月，他取得了亚丁湾（Gulf of Aden）内的索科特拉岛（Socotra），将其作为奥地利船只前往亚洲的一个基地和犯人的流放地；对印度洋上的尼科巴群岛的第二次占领，这是 1857 年到 1859 年诺瓦拉舰队（Novara fleet）全球巡航的任务之一，尽管这一行动在最后一刻被放弃。

所有这些殖民冒险行动的失败主要归咎于资金短缺、军事上的弱势，特别是王国内越来越严重的政治危机。新绝对主义无法整合自由资产阶级，这就意味着基于哈布斯堡家族欲成为世界大国的野心的殖民政策缺乏支持；唯一支持这一政策的中产阶级，是来自的里雅斯特的企业家，他们来自王国内的意大利语区，也正是出于这个原因，他们不受说

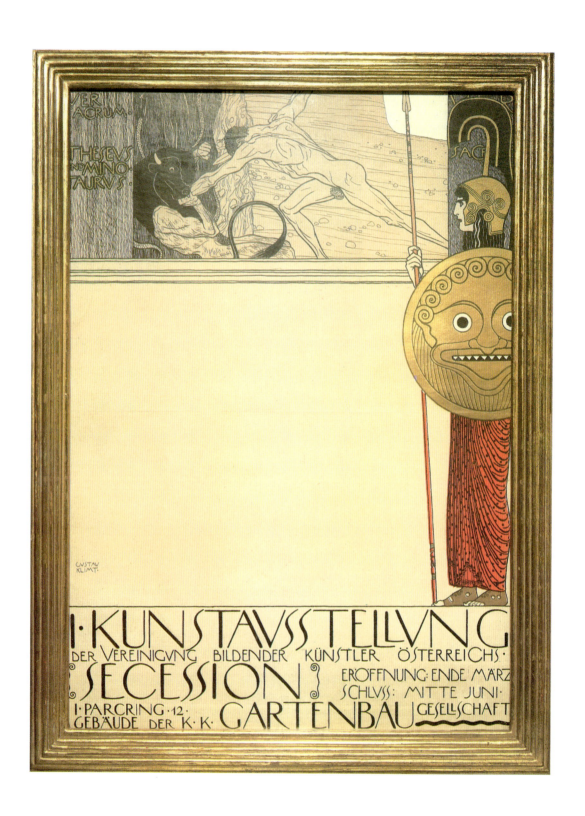

德语的自由主义者的待见。有一个场景非常符合这一描述：1864年，显然是殖民政策狂热支持者的大公斐迪南·马克西米利安，作为领袖和6000名奥地利商人（他们是在当局的默许下招募的）一起接受了建立法兰西帝国事业的差遣。在拿破仑三世（Napoleon III）的恩待下，马克西米利安短暂地做了墨西哥"皇帝"，这场冒险也将最终导致他的死亡。[30]

即便是在后期，殖民主义的梦想仍旧萦绕在奥匈帝国贵族和军事团体的头脑之中——虽然资产阶级总体上对此并不感兴趣，除了因为墨西哥的灾难和他们在意识形态上对国家预算已无力维持的权力政治的拒斥外，更重要的原因是，很少有商人能从任何由国家参与的殖民活动中获利。最后但并非最不重要的一点是，奥匈帝国没能建立起任何一个定居殖民地，这个问题在移民率极高的19世纪80年代常被人们讨论，这在很大程度上要归咎于民族间不断加剧的冲突。"那些定居到海外领土上的人可以在当地移植何种民族传统呢？"一位有影响力的经济学家弗朗茨·克萨韦尔·诺依曼-施帕拉特（Franz Xaver Neumann-Spallart）问道，"是日耳曼、捷克、波兰、乌克兰、斯洛文尼亚、塞尔维亚—克罗地亚、斯洛伐克、罗马尼亚、马扎尔、意大利，还是全部？""……奥匈移民数量之少和语言的隔阂已经让人放弃了所有建立独立定居地的想法，此外，移民的质量也让人对他们能顺利在一个他们自己的殖民地上发展成为一股有活力的力量不抱任何希望。"[31]

19世纪末，欧洲的殖民狂热达到顶峰，随着殖民地商品进口的增长导致王国贸易赤字不断增长，殖民主义才再一次成为维也纳关注的焦点。考虑到王国有限的经济资源，政治权贵倾向于发展殖民巴尔干地区，而不是海外冒险（前文已经提到的波斯尼亚就是一个参照），但也有另一个由不同经济利益驱动的派别主张迅速地抓住所剩不多的机会获得海外领地——这一游说势力得到了王储斐迪南大公的支持。1895年到1896年，海军指挥官马克西米利安·冯·施特内克（Maximilian von Sterneck）上将甚至将一支小规模的舰队交给奥地利钢铁和武器工业中最重要的一家公司克虏伯（Krupp）差遣，以便得到所罗门群岛上一座拥有丰富原材料的岛屿。但当地人的反抗使这场被官方称为"私人行动"的冒险归于失败。毫无疑问，这次惨败的经历也促使王国终止了购买西属西撒哈拉的计划。唯一给王国的殖民野心带来一点象征性满足的是对中国的多方军事干涉：1901年到1914年间，奥匈实际上控制着天津一块面积约6平方千米的土地。[32] 然而，即便是这样一个非常不起眼的海外历史片段也清楚地表明，不论是奥匈帝国的决策层，还是普遍的公众舆论，在原则上都不反对殖民主义。即便王国并不是一个真正的殖民国家，它也远不是一股反殖民的势力。

最后一个需要提及的因素是诸多人群对所谓"非正式"帝国主义的参与。所谓"非正式"帝国主义，即一种对非欧洲社会和政治体系实施经济和/或文化渗透，为建立正式殖民统治常用的先导策略（"贸易为旗帜开道"）。这些活动有些是以国家名义实施的，比如之前提到的向苏丹派遣耶稣会传教士的行动，便是在皇帝赞助下进行的，还有在埃及债务危机期间启用奥地利税务专家和管理者。在这一领域最重要的奥地利人是鲁道夫·斯拉丁（Rudolf Slatin），他的离奇人生和职业经历吸引了相当多人的关注。[33] 早在17岁时，斯拉丁就在这一地区完成了一场私人旅行，1878年末，他进入了苏丹的埃及统治者圈子。这个国家名义上由科迪夫统

诺瓦拉舰队的环球巡航（1857—1859年）是另一项可能引向海外殖民的计划，但对印度洋上的尼科巴群岛和太平洋上的斯图尔特岛（Stuart Island）进行殖民的尝试均以失败告终。

治，但实际上却受到包括奥匈在内的欧洲债权国的牢牢控制；很快，斯拉丁就成了苏丹南部达拉（Dara）地区的负责人，而后又成为整个达尔富尔（Darfur）地区的总督。但慢慢地，他任职履历的光环就被马赫迪的（Mahdi）起义掩盖。斯拉丁转信伊斯兰教，并和富尔人的王室成员结婚，但1884年他被迫投降，在自己担任过多个职务的马赫迪法庭上被拘捕。

但英国特工秘密筹备帮助他出逃，1895年初，这一计划最终实施。斯拉丁曾叙述自己被囚禁和出逃的经历，被特工首领 F.R. 温盖特（F. R. Wingate）编辑成《苏丹火与剑》（*Fire and Sword in the Sudan*）一书，该书成为英国公众支持对苏丹马赫迪王国进行军事干涉准备的最有效的工具；1898年2月，乌姆杜尔曼（Omdurman）和喀土穆（Khartoum）被征服。受到埃及、英国和奥匈帝国极大尊重、享誉整个欧洲的斯拉丁，则被任命为监察长，也就是英国殖民政府在苏丹的第二号人物，并一直任职到1914年。

然而其他"非正式"的冒险，都有着非常特定的意图。即便这些活动和政府运作的机构有关，或是和国家密切相关，我们也不能说这就是与政府或是国家合作的殖民策略。这些计划主要源自军方（特别是海军）、科学界（奥地利科学学会和诸多博物馆）、报界、教会和传教协会、殖民组织。除此以外，还有一些个人，或者是根据自己的计划，或者以更常见的为欧洲其他国家效力的方式，用经济、科学或军事行动为殖民行动做准备。

因此，大量奥匈士兵和低级军官在比利时国王利奥波德二世（Leopold II）的刚果自由邦担任雇佣军，或者作为"保卫"德属东非的防卫军。也有一些平民致力于殖民研究的特定领域，比如为葡萄牙在安哥拉的统治制定框架（生物学家弗雷德里希·威尔维茨 [Friedrich Welwitsch]），或者是为德国人在坦噶尼喀（Tanganyika）的统治制定框架（地理学家奥斯卡·鲍曼 [Oscar Baumann]）。还有一些人是出于他们个人的目的，也可能是在无意之中为殖民扩张铺路，比如匈牙利探险家拉斯洛·马扎尔（László Magyar），他从19世纪50年代开始在葡萄牙的安哥拉和莫桑比克之间寻找一条东西向的通道；再比如日耳曼—波希米亚"理想主义者"埃米尔·赫鲁伯（Emil Holub），在他私人赞助之下从英属南非出发向北的远征，成为日后从非洲南端抵达北端的路线探索的前驱。这些常常被早年的作者描述为"纯粹的"科学活动，但这些活动在地理结构、通信、土壤肥力情况和矿产、人力资源的探索上扮演着重要的角色——尽管这一点常常被忽视。相比之下，反殖民活动就很少。我们应该提到一位殖民主义的批评者——波西米亚教师费迪南德·布鲁门特里特（Ferdinand Blumentritt），他与菲律宾自由战士兼作家何塞·黎刹（José Rizal）的深厚友谊，使他成为发生在菲律宾的反抗西班牙殖民统治的独立斗争的支持者。[34]

维也纳世纪的终结

在 19 世纪行将结束时，奥匈以多种方式尝试参与殖民政治（虽已太迟），此外，这也并非王国经济好转和中上阶层（特别是来自说德语地区的中上阶层）财富增加的唯一体现，这种好转和财富的增加还反映在科学、艺术和文化上。来自拥有 5000 万人口的王国各地的有着天赋和野心的人被吸引至大城市——布达佩斯、布拉格，当然还有维也纳。投向大学和其他公共文化机构的国家财政，以及私人赞助，帮助培育了一种有创造力的环境。至少在维也纳，最后几年中的发展速度可以从诸如"现代维也纳"（Wiener Moderne）和"维也纳世纪的终结"（Wiener fin-de-siècle）这样的术语中反映出来，此外，它也在中欧的"重塑"中扮演了举足轻重的角色。[35]"世纪末的维也纳，虽然可以感受到社会和政治瓦解的震荡，但也被证明是我们所处世纪最肥沃的历史文化土壤之一。知识界那些伟大的创新者——音乐和哲学、经济学和建筑，当然还有心理分析——都在不同程度上有意识地打破它们与以 19 世纪自由主义文化为中心的历史观之间的纽带，而正是后者培育了他们。"[36]

的确，王国末期取得的科学和文化成就的密度和丰富程度超乎人们的想象，这和它在国内和国外政治上的虚弱形成了鲜明的对比。它们中的许多人，比如西格蒙·弗洛伊德（Sigmund Freud）的精神分析对传播到欧洲以外的 20 世纪思想产生了巨大影响，而像古斯塔夫·克里姆特（Gustav

Klimt）这样的艺术家和新艺术（Jugendstil）的实践者，同样给迄今为止的维也纳文化形象打上了他们的烙印。这些都是不容置疑的事实。

但基本上富裕的资本家（主要是犹太人出身的）为艺术家和知识分子（根据休斯克 [Schorske] 的说法，他们着迷于非理性、主观性和焦虑）所营造的"创造性的环境"，仍旧在很大程度上局限于精英圈子（因而有时候我们也可以在今天一些老套的情景中看到这种情况的延续）。他们很少关注诸如贫穷、日常生活、民主和民族认同这样的问题。帝国外在的表现和它统治阶层的审美化，与 1918 年后将主导世界发展的经济学和政治学中以未来为指向和现代化的力量之间，存在着巨大的鸿沟。[37] 深深植根于马克思主义传统（维克多·阿德勒 [Viktor Adler]）的一支强大的工人运动力量，受人推崇的天主教社会主义学说（卡尔·冯·福格尔桑 [Karl von Vogelsang]）和奥地利学派自由主义经济学（卡尔·门格尔 [Karl Menger]、欧根·冯·庞巴维克 [Eugen von Böhm-Bawerk]），都诞生于 19 世纪末的维也纳。[38] 除此之外，我们也不应该忘了贵族贝尔塔·冯·苏特纳（Bertha von Suttner）夫人所发起的反战运动，她是 1905 年诺贝尔和平奖的获得者，她在捷克的影响力可能比在奥地利要大得多。

最终，《王储之作》中社会和谐的画面和指向民主、社会正义与和平的趋势，都没能占据上风，取而代之的是反现代主义、反犹太主义、对"敌人"的大量描绘和战争。这可能并不是王国末期出现的最大的问题，但至少是问题之一。19 世纪末还有一个尚武的特点，这一点常常被忽视，正如奥地利历史学家罗曼·桑德格鲁伯（Roman Sandgruber）正确地提醒我们的那样："如果想对奥地利历史上这个毫无疑问的关键阶段给出一个批判性的判断，那么对贵族内部、军队以及经济共同体内倾向以暴力、权力、战争和专制手段解决问题的态度做批判性的评估，是绝对有必要的。"[39] 并非偶然的是，哈布斯堡帝国的灭亡正是与 20 世纪最大的几场灾难之一——1914 年爆发的第一次世界大战——有关。

第十章　比利时

只有一块殖民地的帝国

让-吕克·韦吕（Jean-Luc Vellut）

在对待帝国的问题上，人们有着不同且分裂的态度。传统上，罗马帝国、中国和奥斯曼帝国曾被视为人类历史中进步的标志。现代的殖民帝国也曾被这样看待，但同时它们又受到强烈的谴责。回顾过往，这种谴责剥夺了帝国在道德上的合法性。

马克思也做出了这种矛盾的评价。他把在印度的英国人看作在肮脏的利益指引下实施非人道压迫的代理人，但他同样相信这类帝国是世界历史的必经阶段。和欧洲工业化中的资产阶级一样，英国人正在帮助人类完成一项使命，而这项使命只能通过摧毁专制主义的旧的类型来实现。

刚果殖民地的历史完美地契合了这一模式：它是一个既成功又失败的殖民主义的极端例子。从国际上，特别是英语国家的视角来看，刚果已经成为最可怕的殖民主义的一个范式，其中涵盖着"人性的黑暗"、人道主义的悲剧和暴虐的帝国。但从另一个视角（它自己的角度）来看，它又被视为由黑人工业阶级所塑造的非洲觉醒的先驱。在当时，南非实施的将技术性岗位保留给白人工人的政策被视为非洲工业化唯一有效的模式，但刚果的例子代表了另一种可行的选项。

这些彼此对立的评价源于历史的建构，它们倾向于忽视本地要素和更广泛的帝国主义约束之间的复杂互动关系。在殖民统治结束后的一代人中，过去不同的特定的殖民政策之间的差异已经不再重要，人们关注的是本地情况之间的相似性，它跨越了先前的殖民地界线。

在母国和殖民地的两极关系以外，19世纪80年代，非洲的未来也是一个国际性的议题，却倾向于被遗忘或被忽

不论出于什么样的意图，欧洲对非洲中部的影响，从多方面来看都是悲剧性的，利奥波德的刚果常常被当作所有例子中最悲剧性的一个，它的"橡胶体系"成了殖民的残忍的代名词。在当时，强制性的橡胶收集和与之相伴的暴行，不论是在世界范围内还是在比利时都受到广泛的谴责，比利时也成为发生在殖民世界其他地方的暴行的替罪羊。与此同时，殖民化早期的历史也见证了对奴隶制的抗争，图中所示的白人神父在红衣主教夏尔·拉维热里（Cardinal Charles Lavigerie）的领导下发起的运动就是一个例子（上页图）。

视。从一开始，比属刚果就是各帝国组成的国际社区中一个不安定的成员——非洲中部在国际社区中一般被视为脆弱的一环。比利时的很大一部分政策，都直接指向让殖民地上其他帝国主义国家拿不到任何计划中的好处。要理解帝国主义体系中的比属刚果的历史，就有必要把当地和国际上的要素纳入考虑的范围。

本章首先将关注非洲中部被持续地整合到当代人所认识的国际秩序中的过程。面对发生在苏丹和大湖地区（Great Lakes Region）的重大危机，可能会出现何种结果？国王利奥波德的解决方法只是这一时期若干种成熟方案中的一种，之后讨论刚果首先在当地和之后在国际上的计划的强有力的推进及失控。尽管这并不是人类历史上第一场也不是最后一场灾难，但作为帝国主义的一种，刚果的殖民主义已经遭到普遍的谴责。

最后，本章将探究比属刚果计划之后的经历，以及一个新的刚果是如何在殖民主义达到经济发展的高峰时打破旧的殖民主义秩序的。

作为背景的非洲和欧洲（1860—1885 年）

19 世纪末，欧洲人在非洲中部面对的是去中心化的和军事上混乱的社会——进入容易但控制难。最终，正是本地社会的不平等本质，成为快速建立跨越广阔大陆的殖民帝国的钥匙。

欧洲人面临的并不是什么新的挑战。在非洲中部，从 16、17 世纪开始，非洲沿岸的大西洋贸易站和一些内陆社会之间就已经建立起了联系。新种族人口的增长和商业中心的发展是一种长期的趋势；此类商业中心包括贸易中心、市场、逃跑的奴隶和难民组成的小型多元化社区，这些对这一地区的历史而言都是新事物。

从 19 世纪 60 年代开始，内陆贸易的快速发展加速了渗透的进程，桑给巴尔和东海岸也被纳入其中。东部和西部的商业"边疆"使农村社区和传统中心与能够获得进口商品（特别是纺织品和武器）的新社会阶层之间的裂痕变得更深也更宽。这种社会分裂伴随着武装帮派和民兵的暴力行为，却有助于产生强大的新领导者。当地部落和新的社会阶层之间的分裂本质上与内战无异，两者背后是沿海地区两种不同的文化：在西海岸是基督教和葡萄牙文化，在东海岸则是穆斯林和斯瓦希里（Swahili）文化。这种外围的冲突是欧洲和桑给巴尔之间在尼罗河上游到韦莱—乌班吉河（Uele-Ubangi）以及刚果河上游到赞比西河（Zambezi）商业发展的前兆。在刚果河上游到赞比西河地区贸易的例子中，正是列文斯顿最后的旅行使人们注意到了桑给巴尔商人和他们在坦噶尼喀—尼亚萨湖（Tanganyika-Nyasa）地区的盟友发挥的巨大影响。但在 19 世纪 60 年代到 80 年代尼罗河上游逐渐向外部世界商业开放的过程中，出现了一个巨大且不断加深的危机，而苏丹则是这场危机的焦点。其中决定性的因素，是埃及尝试在尼罗河上游盆地建立一个简单的政府网络。政府人员由欧洲和土耳其—埃及官员充当，并指挥由埃及人和

利奥波德二世是否已经成了所有帝国主义国家罪行的替罪羊？我们不能否认以他之名所实施的暴行固然，但他也并不是要负直接责任。有证据表明，当他得知来自刚果的不满时，他做出了补救的努力——尽管经常是徒劳的。最终，他不幸地让自己相信，"他的刚果"之所以失败，是因为它遭受了偏见和嫉妒。

当地税收支持的部队，且对贸易施加一些管制。到 19 世纪中叶，在奥地利和意大利教会组织的影响下，引入了一些传教项目，它们的想法是穿越苏丹南部抵达非洲中部，支持"努巴人"（Nuba）抵挡伊斯兰教的侵蚀。其中最为复杂的一个计划由达尼埃莱·孔伯尼（Daniele Comboni）设计，这个计划的目标，是由欧洲人提供物质和精神上的支持，通过非洲人自己，让"异教"的非洲人转信基督教。[1] 在第一个阶段，这个雄心勃勃的计划被置于哈布斯堡王室的保护之下，但到 19 世纪 80 年代，天主教神职人员拉维热里提出了自己的计划，作为法国对非洲中部更大范围的地缘政治计划的一部分。天主教传教团中的这位伟大战略家传递出了一条富有战斗性的信息，即恢复对奴隶制的战争：他还提到发起一场十字军东征，为了这个目的，他亲自前往布鲁塞尔喊出自己的战斗口号。[2]

从整体上看，19 世纪末也是一个宗教狂热的时期。比如英国和瑞典的一些新教徒，便谈论着基督的第二次降临，宗教复兴运动分子需要在欧洲和世界范围内通过自己的传教活动让人们做好准备。这种预言已经在非洲有了拥趸。

在商业和传教计划之外，还有入侵苏丹的其他计划，但这一次是在穆斯林的支持之下发动的。1881 年，一位自称马赫迪（或救世主）的苏菲派先知号召消灭腐朽的旧世界，建立一个新世界。在他的指引下，一场穆斯林复兴运动传播到了当地。这一计划包括了从苏丹到埃及和土耳其、从摩洛哥到印度的清真寺内的祷告和乞灵。[3] 面对把非洲中部卷入欧洲战略网络的所有不同的地缘政治计划，唯一用自己的普世愿景做出回应的是马赫迪运动。在克服巨大险阻的众多冒险中，利奥波德二世的刚果冒险是其中之一。戈登（Gordon），这位在喀土穆统帅埃及驻军的官员和充满魅力的福音运动活动家，差一点就接受了利奥波德提出的为他效力的邀请，但他于 1885 年被杀，从而成为维多利亚时期帝国主义的一个标志。而后，英国决定为戈登复仇，这导致了一次大型的军事远征，并最终将苏丹合并到了不列颠帝国之中。

从欧洲的视角看，非洲的局势并不复杂——这几次事件更增加了这种观点的可信度。从这一立场出发可以看到，在当时似乎有两种"体系"同时卷入了对非洲控制权的争夺：

一个是奴隶制经济的生存和扩张——这与废奴运动中发展起来的有关人权的普世观点相冲突；另一个则是正当的商业和文明带来的理性发展的前景，而攸关成败的是那个"野蛮世界"。

对这一情况的解读引出了许多反对控制非洲中部的计划。怀揣野心的传教士（其中有一些成了殉道者）和十字军战士以及投机者有一个共同的目标——他们想要重塑这个世界。他们是英勇善战的新一代人，在欧洲和非洲为自己摇旗呐喊；他们决心传播不同于以往的福音；他们大声布道，有时还宣扬废除偏向暴力的均势外交的旧规则。他们的肖像可以挂满整个画廊，例如冷酷无情的金融家、政治家罗兹（Rhodes），将自己描绘成复仇天使、用铁与血消灭胆敢阻挡白人的部落国家的斯坦利（Stanley）。[4]

除了这些传教士、商人、天主教徒、新教徒和穆斯林的野心勃勃的计划外，其他帝国主义者也在非洲中部实施自己的计划。

计划的启动

正是在这种极端复杂的背景下，出乎意料的是，一位新来者开启了自己的计划。1876 年，比利时国王利奥波德二世的名字第一次出现在关注非洲的人群之列，当时他在布鲁塞尔主持了一次地理学会议，声称要致力于推动科学的进步和废除奴隶贸易。这些崇高的宣言为利奥波德赢得了欧洲启蒙运动之友的名声，但在这背后，他却随时准备开始实施任何一项计划、探索任何一种战略并和任何一项设想当中的计划联系起来，他痴迷于尼罗河谷地区，认为后者是开发非洲资源的关键地点所在。

令人不安的是，从利奥波德身上既可以发现 1789 年之前旧制度时期的那种殖民主义，即为母国及其统治王朝赢得利益，又可以发现一种全球化的先锋观念。活跃于权力政治时代的利奥波德深知，在未来，主要的利益源头在欧洲之外。对这个贪婪的男人而言，刚果自始至终都只是通往他处的一块垫脚石，他要到达的是尼罗河，在中国做大宗投资，让利润源源不断地流入比利时，把布鲁塞尔变成一个世界中

作为当时"发现者"的名人长廊里的一个冷酷无情的角色，H.M. 斯坦利（H. M. Stanley）激励了一代富有冒险精神的年轻人，他们中许多来自英语国家，视自己为"斯坦利的门徒"，坚定地相信通过一个"商业上自由的国家"的发展可以解放非洲的奴隶。1885 年，斯坦利阐述自己为利奥波德国王效劳的书以多种语言出版，随即在欧洲和美国大卖。书的封面展示的是一个半裸的非洲人试图保护比利时的纹章。

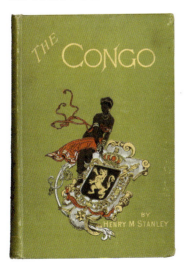

心。利奥波德对获取物质有着强大的野心，他显然更接近罗兹而不是列文斯顿。然而，这两位实施商业和政治合谋的行家，在各自视角上却有着本质的不同。罗兹将非洲的南部看作殖民地，这给当地留下了很深的印记，甚至可以从他自己构想宏伟的坟墓中看出来。

利奥波德的遗产在经济上要比在政治上延续的时间更长。他动员国家的资源和资本，将之用于实现自己的地缘政治梦想，这种行动一直持续到1960年刚果独立为止。但他的计划最终激发了刚果的民族认同感。

但是，在研究利奥波德殖民事业的成败时，仅用欧洲摩洛克神（Moloch）将其大网撒向非洲的动机来比喻是不恰当的。前文已经提到，来自外部的宏大计划，必须面对非洲复杂的历史背景自身的韧性和社会活力。有意思的是，我们注意到，在干涉非洲中部的整个过程中，利奥波德自己也和现代非洲历史上两个长久的伤疤存在着关联。比利时也参与干涉了苏丹危机，这一危机有着宗教和族群的因素，它在19世纪80年代达到高潮，并在今天死灰复燃。同样，在当代的刚果，危机也在多个时期复现，……19世纪80年代，这场危机达到顶点，并在我们所生活的今天死灰复燃。同样，在刚果地区，危机也在多个时期复现，最终形成今天与腐败的国家机器有机地结合在一起的武装民兵统治。在这两个例子中，弱小的国家都在努力将自己的复合型领地融合为一个连续的整体。

伟大计划偏离轨道：从失控的野心走向危机（1885—1908 年）

以自己所建立的国际非洲协会（International African Association）为旗帜，利奥波德二世一开始便宣称，自己要沿着桑给巴尔的非洲—阿拉伯商人在东部开辟的贸易路线建立一连串的贸易站。但1877年，当比利时官员在坦噶尼喀湖西岸建立了一个站点的时候，斯坦利也在他的远征即将结束之际抵达了刚果河口的博马（Boma），在这次远征中，他损失了队伍中所有的欧洲人和三分之二的非洲人。这次横跨大陆的远征导致利奥波德的思想骤然发生变化——这种善变这张在刚果西部奎卢（Kwilu）的彭德（Pende）地区制造的椅子，传递出刚果人是如何看待比利时人的。它的制作受到绍奎（Tshokwe）工艺的影响，后者因对17世纪葡萄牙家具的阐释而闻名。椅子的四条腿间和靠背上的场景简单明了地概括了在利弗维尔（Leverville）特许公司（比属刚果炼油厂[Huileries du Congo Belge]）的棕榈油产区这样的殖民地产业中常见的工作场景。搬运工扛着棕榈果或是装满油的葫芦，由护卫一个坐在吊床上的欧洲人的武装士兵看守。靠背中部雕刻出一个欧洲人骑着摩托车。椅子的四个脚被雕刻成花豹的爪子，象征着首领——这一体系中的同谋者——的邪恶力量。椅背上的玻璃眼睛指代的是他的邪恶灵魂。

是他的一个典型特征。他放弃了以东部为起点向非洲渗透的计划，转而将自己的视线聚集在从西部出发前往非洲中部。这一战略是基于河流而不是土地。返回英国之前，比利时密探就找上了斯坦利，他很快便同意为国王效劳。斯坦利的这次任务基本上是由利奥波德和若干个大银行家资助的，目标是通过与独立的酋长签订条约的方式建立相互联系的站点，这些站点也将被合并到一个"黑人的自由国家组成的邦联"之中。这一计划大致受到非裔美国人移居利比里亚的先例的启发，计划的制定者希望它可以帮助建立一个国际性的公司，以资助建设一条铁路。

但国际环境导致上述愿景破灭了，利奥波德又通过建立"国际刚果协会"（International Association of the Congo）这个新幌子，以及同各个大国签订一连串双边协定取代先前的计划。"国际刚果协会"还被邀请参加"柏林协定"（Act of Berlin）的宣布，它是由俾斯麦于1885年2月召集的会议做出的协定。这等于在国际上认可了利奥波德对"由这一协会在非洲所建立的国家"的统治权,前提是比利时不能和任何新成立的国家结盟,虽然两者可以有共同的国家元首。因此,从那时开始一直到1908年,现在被称作刚果自由邦的地区,便与其他欧洲殖民地不同,它是一块特殊的殖民地。

比利时国王的大胆计划已经为国际所公认,但他也要为此付出代价,即需要在刚果盆地上满足一系列的条件:实施终止奴隶制的自由政策,保护原住民和开放国内市场。

从长期来看,利奥波德对刚果的统治尽管冷酷无情,但也为他带来了巨大的财富。从短期来看,由于非洲将被整合到发展中的国际秩序中,柏林会议的举措得到欧洲的认可。即便是作为当时世界经济中心的伦敦,也派出自己的市长和市议员"向自由刚果的创建者致谢,感谢他做出的比用刀剑所取得的最伟大的征服更为辉煌的开明和慈善的举动"[5]。

"斯坦利的门徒"

这是现代刚果历史上第一代殖民者取得胜利的时期。这些人视自己为"斯坦利的门徒"[6],他们是公共或传教站点最早的勘探者、建立者,他们是河道航运体系中由小型蒸汽船所组成的船队中最早的机械师、军人,也是最早的来自欧洲的工匠。他们四海为家,既是欧洲人,也是非洲人。除了人数越来越多的比利时代理人之外,整个欧洲似乎都被卷了进来:如果没有来自斯堪的纳维亚的领航员和工程师,就无法在刚果河上航行;如果没有比利时、意大利和斯堪的纳维亚的军队,就没有陆军;如果没有比利时、英国、美国和瑞典的福音传教士,就没有教团;如果没有荷兰、法国、葡萄牙或者比利时的商人,就没有商业贸易。这种世界主义也延伸到了欧洲以外,比利时国王越来越痴迷于获得许可在非洲东部(从桑给巴尔到纳塔尔)、非洲西部(从塞内加尔到塞拉利昂和尼日利亚)甚至是更遥远的澳门和巴巴多斯征募军队。[7]

这些人也代表了第一代涉足刚果盆地内部的非洲世界的殖民者。他们对"野蛮世界",对它的工业(比如赤道刚果一个由欧洲工程师，来自欧洲、非洲和中国的工头与工人所组成的多元化的团体，将现代技术引入了刚果。从马塔迪到金沙萨（Kinshasa）/利奥波德维尔的第一条刚果铁路，总长366千米，于1898年开通。最初的修建是在马塔迪周围崎岖的山丘上进行的，这是一个非常艰苦的过程，牺牲了许多人的生命，后来流传着每一根枕木都是一条生命的神话。50年之后，这个国家的铁路运营里程已达5000千米。

地区出产的冶金制品的质量），以及刚果雨林严酷环境下表现出来的人类品质，有着一定程度的敬畏。这些感受还和这是一个必须被改革的世界的开明信念以及对这种信念的拒斥结合在一起。但改革者越来越意识到，把精华和糟粕分离开来，在现实中是不可能的。布班基河（Bobangi River）上的贸易让人惊叹，但如果禁止其运输奴隶，那么注定将使这些贸易走向终结。亚卡王国（Yaka kingdom）和一系列的隆达侯国（Lunda principalities）取得了让人尊重的成就，但它们同样因奴隶掠夺而兴旺，这是它们经济中最重要的组成部分。当时那一代欧洲人，对这些地方存在的食人习俗一直抱持一种成见，这也是改革的另一个诱因。与此同时，他们也挑战了欧洲人的预设，后者惊奇地发现，他们中的一些人是"刚果社区中进步最大和最具有进取心的"，这是A.赫伯特·沃德（A. Herbert Ward）在出版于1890年的《在刚果食人族中的五年》（*Five Years among the Congo Cannibals*）一书中的文字。

斯坦利这一代人之所以仍承受恶名，可能是因为一篇

当时最伟大的中篇小说。1899 年，约瑟夫·康拉德（Joseph Conrad）出版了《黑暗之心》（*Heart of Darkness*）一书，对号称是受到启蒙主义激励而实际上纯粹出于贪婪的这项事业做了严厉的检视。启蒙后的文明却似乎导致了灭绝的噩梦。受害者是那些其起源可以追溯到史前时代的人群，现在，他们发出了让人难以承受的痛苦的呐喊，他们被视为"野蛮人"，但同时又非常具有人性的特质。

尽管康拉德从来不知道有"淌血的橡胶"的刚果，也没有对它未来历史的走向做出预测，但这种解释的号召力仍没有衰减。他的解释中也没有哪怕一丁点的对非洲在殖民以前历史的反思。《黑暗之心》将"刚果问题"转变为一种对深刻的不确定性的象征，这种不确定性在它与非洲第一次相遇时就笼罩了整个殖民世界。在西方人和"原始人"在很多方面有越来越多接触的时期，这部中篇小说风行欧洲——所谓"世纪末"和"好时代"（Bella Époque），是一个诸如马蒂斯（Matisse）和德兰（Derain）这样的野兽派画家（Fauve）将非洲艺术引入欧洲美学之中的时期。常常是源自非洲中部的面具和雕像，随刚果一起，登上了世界舞台。

事实上，欧洲人关于"阿拉伯奴隶制"与自由贸易和文明之间的对比，或者"野蛮人"对抗"文明"世界的简单想象，并不能解释为何会产生这样一种复杂的环境，在这种环境当中，现实往往被模糊化了。在一个充满不确定性的国际形势下，与非洲国家的结盟后，不久又破裂了。1892 年，刚果自由邦当局将沿海商人中的非洲盟友召集起来——这是当地人自己，而不是比利时做出的决定——号召他们参与对桑给巴尔及其盟友中的商人的军事行动。[8] 刚果东部的这一"阿拉伯战役"的胜利，为自由邦赢得了来自反奴隶制游说集团的赞赏，也有助于确保比利时国王的开发计划在国内得到认可。正式根除奴隶制带来的影响被奴隶制之后各种形式的强制劳动扭曲，但我们不能因此认为它就是用来装点门面的，从而将其忽略。的确，19 世纪 90 年代对开赛（Kasai）地区的重建，很大程度上归功于来自"阿拉伯地带"的难民的涌入，他们一开始接受了在当地人中受奴役的地位，但很快便受益于反奴隶制的立法，重新获得了自由，并建立起了更为开放与进步的社区。

在 19 世纪最后的十年中，从外部来看，刚果一片繁荣，展示了一个工业社会在非洲所能取得的成就。连接马塔迪（Matadi）和利奥波德维尔（Léopoldville）的铁路得以修建，绕开了刚果河湍急的水流，成为进步和现代化的象征。斯坦利曾宣称，当铁路延伸至斯坦利湖（Stanley Pool）的时候，整个非洲都将向外发展，也是从这个时候开始，它才可以被视为文明化了。尽管铁路选址困难重重，十分"凶险"，[9] 但在付出了巨大的代价后，铁路还是于 1898 年开通。实际上，对比非洲殖民地其他铁路建设项目极度缓慢的进展，这已经是一个相当大的成就，在刚果的白人让"昨天的、原始的、野蛮的和贫穷的非洲，毕恭毕敬地向明天的非洲鞠躬致敬"[10]。

西方人想象的对未来的信念，也表现在繁荣的科学活动之中——这个发展中的殖民世界的各个组成部分都参与其中。在一些领域，在场的黑人和白人队伍记录下了对自然和人类社会的观察，为科学分析提供了原材料。正是在这种环境下，特别是在传教团周围，作为自己文化真诚阐释者的第一代刚果知识分子，确定了社会结构和信仰体系的基本形式，推动了西方民族志学对非洲的理解。

卢卢阿布尔（Luluabourg）站点是刚果的一个早期前哨，建立于 1884 年，它的名字要追溯到它的创建者，一个名为 H. 冯·维斯曼（H. Von Wissmann）的德国官员，当地人对他的严厉记忆犹新。在一段时间内，卢卢阿布尔曾是自由邦最南端的前哨，它位于东部的非洲—阿拉伯地带和西部英国贸易区的边缘地带。

但同时，越来越多的迹象表明，有些政策却在因其无节制的使用而产生了不良的后果。这种现象，可以追溯到 19 世纪 90 年代早期，当时大量的象牙和之后的橡胶为自由邦带来了越来越多的财富，比利时国王也得以从地缘政治的视角加强自己对刚果在非洲中部所扮演角色的认识。[11] 到 19 世纪 90 年代末，一场世界性的对橡胶市场的投机活动带来了意外之财，一项在财政上面临破产的事业的前景也为之一变。刚果，或者不如说是利奥波德和一些总部位于安特卫普（Antwerp）的全球公司，通过强制贸易体系和对橡胶产区的村庄的残酷征税，聚敛了巨大的财富。摆脱了财政上的限制，利奥波德随即着手推进刚果在政治和经济上的统一，这一愿望一旦实现，刚果将在东部推进至它的"自然边界"，即沿着大湖区，从尼亚萨湖到阿尔贝湖（Albert），继续向北抵达尼罗河盆地。两大矿盆——南方的加丹加（Katanga）和北方的达尔富尔西南的纳哈斯地区（Nahas）的荷弗莱特（Hofrat）铜矿——的发展将巩固这个统一国家的政治和经济。

自由邦军队——"人民力量"（Force Publique）越来越多地从当地人中招募军人，它也成为这一地区强大的战争机器。它参与了欧洲对苏丹先知运动（Sudanese prophetic movement）的作战，但早在 1898 年，它还只是英帝国陆军的一个军团，部队成员来自印度和英国的自治领。这支部队给哈里发（马赫迪的继承者）的军队造成了决定性和血腥的打击。此后不久，法国和利奥波德二世被迫向英国妥协，放弃了他们对尼罗河流域野心勃勃的计划。但利奥波德对苏丹仍念念不忘。1908 年，他又一次把经由尼罗河将刚果与跨撒哈拉铁路网相连接的想法付诸实施。与此同时，他也将注意力转移到了中国的铁路上，他将来自刚果的一些资本投资到了中国的铁路建设中。

到 1908 年，距"斯坦利门徒"一代因为快速发展的成本越来越高而放弃幻想并离开已经过去很多年。刚果计划开始引发严重的问题，其最早信号是关于在马塔迪—金沙萨铁路修建过程中折损大量人员的流言。一些严重夸大了的死亡数字流传甚广，到今天它们构成了刚果神话的一部分，并被浓缩到"一根枕木就是一条人命"的意象之中。[12]20 世纪

发生在比利时的对利奥波德的刚果所存在的治理不善的抗议，以及海外的人道主义运动，导致了 1908 年比利时政府吞并刚果自由邦。从总体上来说，比利时对自己的殖民地是感到骄傲的——尽管这一点被广泛地忽视，比利时和刚果部队在第一次世界大战中参与了对德属东非的作战，也强化了这种情感。这张照片所示的，是 1918 年这支部队进入伊丽莎白维尔（今称卢本巴希）的景象。

20 年代，这一地区铁路建设中人员折损的问题再一次被摆在台面上，独立调查团对从黑角（Pointe-Noire）到布拉柴维尔的法属刚果—大西洋铁路建设中的死亡率和比利时负责的马塔迪铁路线建设中残酷的劳动力征用提出了谴责。

《凯斯门特报告》

有着大量劳动力需求的巨大工程建设时间紧迫，但与通信基础设施相关的困难却时有发生。20 世纪初，一些有关开发刚果河及其支流的航运体系的证词反映出了这种情况。汽船服务要求建造码头、伐木营地（提供能源）和贸易站，要为乘客和船员提供食物，还需要清理沿河铺设的电线下的灌木丛。1903 年，刚刚被任命为英国驻博马领事的罗杰·凯斯门特（Roger Casement），第一次对这些条件进行了系统性的研究。在刚果计划的最初阶段，凯斯门特曾在斯坦利手下效力，他对这个国家并不了解。他在博马的首要任务是，利用有利条件，追踪英国商人与法属刚果的特许经营团体之间的冲突的演变。在正式的任务之外，他决定调查传到沿海地区的关于刚果河上游建设的流言。[13]

教育是比利时统治所带来的不可否认的一个好处。这座教会学校的建立可以追溯到后利奥波德时代。

在为期七个星期的旅途中，凯斯门特煞费苦心地观察并描述了一个系统性的殖民等级制度，其中的每一个等级都在沉重地压迫下一个等级，其目的是逃避完成固定配额的责任，或者纯粹就是为了压榨弱者的剩余价值。根据肤色划分出来的等级的最顶层，是欧洲裔的各个站点的上司或者工厂经理；接下来是他们管理前哨的助手，往往由出生于非洲西部或桑给巴尔的欧洲人，或是更为少见的刚果籍工人担任。当地的助手支持这些人，有时候也从当地盟友中征募武装民兵来获取支持。凯斯门特的报告指出，这种组织从周围村庄榨取劳动力和其他的服务，并谴责了其为所欲为的表现。

凯斯门特称赞了铁路线的建设和金沙萨出色的造船厂，对比之下，当地医院的情况只能以悲惨来形容。作为他那一代人中的典型，凯斯门特没有意识到沿着交通线路发展起来的新的、现代的且多元化的刚果人的社会，但他也指出了维护这种基础设施和满足必须有货可运的航运和铁路公司的经济需求所要付出的社会成本，这也体现了他无比敏锐的洞察力。

在河道上收集货物是政府官僚的另一项任务。他们在这方面再次使用强迫的手段，压低货物价格，从而剥削非洲生产者。凯斯门特意识到，在航船上工作的拥有固定工资的劳动者在几天当中的收入，相当于当地一个柯巴脂（copal，一种用作漆料的有色树脂）生产工人一年的收入。与这一体系中受害者遭遇的压迫一起出现的，还有世界范围内的橡胶热，在全世界所有橡胶生产区中存在种种投机的行为。

凯斯门特的报告在英国出版后，利奥波德被迫派出一个独立的调查团。比利时的报告和大量参与者、受害者的证词从总体上都证实了报告中所提出的指控。经过确认，确实存在大范围的暴行，并且由于不存在有效的司法体系，这些行为都逃脱了惩罚。大量非洲证人的证词非常重要，也值得重视。所有当时的调查都记录下了在自由邦以及法属刚果境内的橡胶生产体系，当然，这些调查都是基于和非洲人以及欧洲人的私人交谈。在这些例子中，调查团会组建一个法官小组，正式地搜集来自所有社区的证据，他们记录下了非洲人的声音，后者通过欧洲翻译完整地呈现在我们面前，向我们宣告了一个"原生的"公民社会的兴起。[14]

对肉刑（mutilations）问题的反应最为强烈。这种行为一般是在橡胶产区无休止的游击战中对死者所实施的，但也有一些活着的受害人向委员会提供了证词。到那时为止，上文中提到的奴隶贸易和"野蛮世界"中的体系，被认为应该对这种肉刑负责，而且，的确有充分的证据可以证明这种行为存在于 19 世纪晚期，更不用说是更早的时期了。[15] 但让人感到震惊的是，刚果政权孕育出一种新的体系，在这种体系当中，欧洲人和非洲人所实施的不同层次的暴行因为利润结合在了一起。

等级制问题又一次成为关键所在。一个剥削体系所产生的利润的碎屑，被分配给了非洲当地的民兵群体，他们又将其用于购买或者是迎娶妻妾——作为财富积累的一种形式。当然，绝大部分的利润被竞相控制不断扩大的世界橡胶经济的欧洲贸易利益集团抽走。相比国王利奥波德建立的用以资助在比利时的各种事业的王室基金（Fondation de la Couronne）的聚敛资源的行为，为控制原材料而起的资本主义竞争受到的关注相对较少。利奥波德建立这个基金的意图，是确保自己和自己的后代能够为资助比利时的城市化建设、科学机构和其他活动提供足够的资金，且不受政治的控

洗礼代表了皈依基督教，这一世界性宗教在当时就等同于文明。英国、美国和瑞典的洗礼派传教士最早进入刚果。他们用浸没在水中的方式实施洗礼，新的皈依者会集体举行这种仪式。洗礼的仪式，加上洗礼派对复兴和觉醒的愿景，确实在当地文化中引起了共鸣，由忠实的洗礼派教士西蒙·金班古（Simon Kimbangu）发起的先知运动，在 1921 年席卷刚果地区就是明证。

制。总结自己对刚果历史 25 年的观察，赫伯特·沃德，这位难得的"斯坦利门徒"中的幸存者和观察入微的刚果问题专家，在比较了前殖民地时代和殖民地时代之间的差别后悲哀地意识到，非洲中部的原住民从来就没有获得任何机会。一开始，他们迫害别人，而后又被别人迫害。[16]

对利奥波德政权的谴责不可避免地成为比利时政治上的一桩紧迫事件，因为它触碰到了这个国家的宪法的基石。1906 年，欧洲出版了两种有坚实的证据支撑的对这一体系的控诉书。其中之一从政治经济学的视角出发，另一个则持基督教改革主义的视角，其信息来源，是起初对劳工暴行缄默不言的天主教传教士。[17]这两本书仍旧是对发展中的殖民地经济进行分析的经典文本，它们也帮助推动了比利时做出兼并刚果的政治决策，还打破了利奥波德式的垄断，使得比利时国家议会控制了这一块殖民地。尽管国王负隅顽抗，刚果还是在 1908 年 11 月 15 日成为比利时的一块殖民地。直到最后，利奥波德还是坚持他的陈旧观念，认为殖民地是母国的利润来源。在他作为自由邦的统治者所做的最后的咨文中，他把对刚果自由邦的攻击归咎于嫉妒。在他看来，当自由邦处在财政困境之中时，它并没有受到攻击；当它受益

由当地艺术家创作的这幅题为《刚果比利时人》的画作在整个刚果广为流传，战俘营中鞭打战俘的场景揭示了刚果人设想中的殖民体系残忍的一面：在比利时的旗帜下，衣着整洁的白人军官在远处监督黑人士兵用皮鞭抽打囚犯。

于"比利时商业和工业领域的发展所带来的好处"而变得繁荣时，对它的攻击才到来。他的结论是，历史将证明自己是对的。

利奥波德所提到的攻击的确再次成为刚果自由邦历史的转折点。一场发生在刚果的对抗殖民暴行的行动发展成了一场国际性的运动。最初的同时也是最为人所熟知的抗议行动是在英国组织起来的，但它很快便在整个英语世界赢得了大量的支持者。它继承了废奴主义传统，也成为现代群众运动的开拓者。它背后的策划者是 E.D. 莫雷尔（E. D. Morel），他在几年的时间里密切关注着非洲的变化。作为英国贸易公司的律师，莫雷尔在更早的时候已经对法属刚果的特权体系产生了兴趣。这场争端就其性质而言，主要是商业的和政治的，但也带有人道主义的色彩。从一开始，因着人道主义的底色，利奥波德的刚果事业的范围也发生了改变。尽管莫雷尔奉行世俗主义，但他的行动还是得到了在刚果自由邦颇为活跃的公理会传教活动的支持。[18] 莫雷尔的刚果改革协会（Congo Reform Association）将当地的历史转变为一种国际背景下的有效话语。这注定将成为帝国主义英国的自由主义改革运动历史中的一个里程碑。[19]

与此同时，另一场运动发生在法国。它关注的焦点，是在两个刚果（特别是在法属刚果）强制征收橡胶所带来的人道主义的灾难。这场运动的主要领导人——诸如 F. 沙理（F. Challaye）和 P. 米勒（P. Mille）——在由激进主义者夏尔·佩吉（Charles Péguy）所出版发行的文集《半月手册》（Cahiers de la Quinzaine）上表达了他们的控诉。[20] 法国的谴责运动更像是一场知识分子运动，而不像莫雷尔所领导的群众性运动。

这两场运动代表着一个世界性公民社会的兴起（最初发端于对 16 世纪西班牙征服东、西印度群岛的反抗），并又往前迈了一步。刚果的改革运动不仅揭露了对当地人的敲诈勒索，也揭露了以此为代价来实现欧洲的王朝荣光的骗局。然而，这种大规模运动所固有的将问题简单化的特点是有代价的，也给人们留下这样的印象：刚果正在被作为当时所有罪行的替罪羊。这种善良的意愿继承自废奴主义时期，在它的帮助下，英语世界掌握了殖民伦理上的官方话语权。几个

在非洲中部搜集象牙的活动常常导致对奴隶的劫掠，迫使其担任搬运工。19世纪80年代，因国际条约的限制，自由邦被剥夺了对进口货物征税的权利，象牙因而成为其主要的收入来源。在最初的几年里，安特卫普取代利物浦，成为世界象牙贸易的一个主要中心。

非洲境况的亲历者意识到了这些暧昧不清的状况，到战争结束时，莫雷尔自己已经将对利奥波德控制下的刚果的谴责，扩大到了更为广泛的对欧洲在非洲的胡作非为的谴责，而且他认识到，这一点是建立一个新的国际秩序的前提。[21]

随着"瓜分非洲"而出台了大国协议，如幽灵般的焦虑萦绕在19世纪比利时外交家们的心头。因此，毫不奇怪，这种恐惧使吞并刚果变得急迫起来。为此，比利时确立了明晰的政策路线：比属刚果应该成为一个"模范殖民地"，不能给外国留下任何批评的口实。根据这一路线，一项和当时在比利时出版的大量证据相抵触的否认过去罪行的政策出台。与此同时，在英语世界里，刚果仍旧是康拉德《黑暗之心》中那个充满异域情调的地方，是一块居住着食人族、遍地断肢的土地，也是神秘的库尔茨（Kurtz）上校所在的，处在文明和野蛮的边界之上的土地。[22]

新的开始和新的尝试

作为比利时（而不是比利时国王的）殖民地的刚果，是在非洲中部地区的国际地位出现不确定性时诞生的。1908年，英国拒绝承认比利时对刚果的吞并。1911年，法国用法属刚果的领土交换解决了摩洛哥问题；法国将条状的领土带让给德国，使得喀麦隆和刚果以及乌班吉河流域连为一体。1913年的英德谈判为未来对葡萄牙殖民地安哥拉的分割及并

直到20世纪，天主教传教士仍旧是比属刚果的殖民地一个重要的意象符号。在20世纪50年代，传教士的数量达到顶点，并超过了政府官员的数量（下页图）。

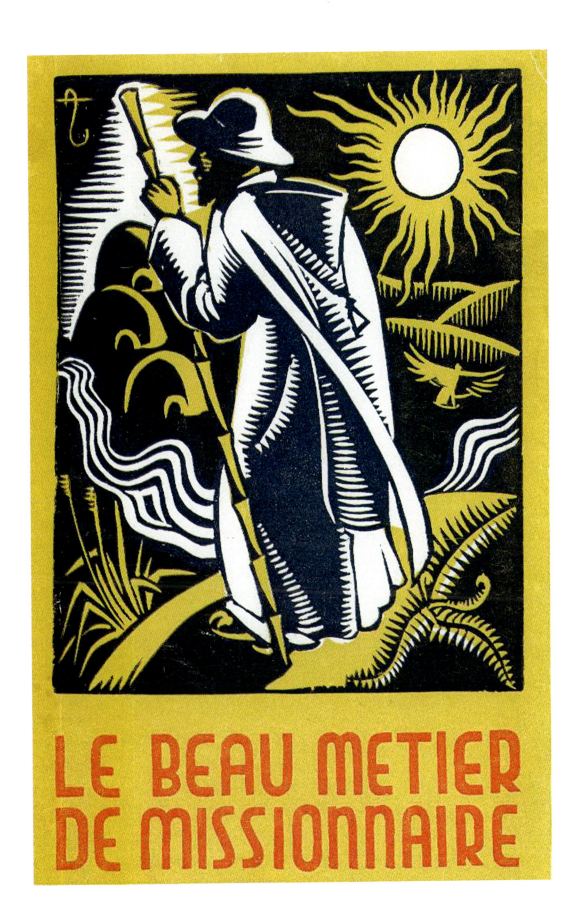

LE BEAU METIER DE MISSIONNAIRE

入双方"势力范围"奠定了基础。

正是在这一背景下，比利时将殖民政策的重心放到了巩固对刚果经济和行政的占领上。经济上，到世纪之交，利奥波德已经意识到，将刚果和安特卫普置于世界橡胶经济版图之中的世界性贸易利益已经无法维系，而他所制定的政策也奠定了比利时政府实施的重组活动的基础。

宗教方面同样如此。在这方面，利奥波德采取措施与天主教会建立起联系，引导刚果自由邦和梵蒂冈达成协议，使前者承诺给予天主教传教活动以优待与方便。这也帮助刚果建立了一个以家庭、大规模初等教育和联系紧密的社团网络为基础的身份认同。

经济上的记录千头万绪，其中很多可以追溯到利奥波德统治的末期。刚果东北部的黄金生产已经开始，毫无疑问，这个国家很快便会进入一个工业采矿的时期。官方所掌握的殖民地资源、主要的比利时私人公司和国际资本主义之间由此结成联盟。当美国大公司发动以控制世界橡胶市场为目标的攻势时，一个关键节点出现了。比属刚果从自由邦那里继承了若干大型企业中的一份有担保的股份，而这些公司所拥有的土地占到刚果领土的三分之二。当钻石矿在开赛地区被发现，上加丹加联合矿业公司（Union Minière du Haut-Katanga，该企业最终成了铜矿业巨头）建立之后，遵循的也是相同的模式。受益于类似情况的另一家公司是利弗维尔特许公司旗下的比属刚果炼油厂，它经营棕榈油生意，同时也希望向英国示好。20世纪20年代，大量私人的和公共的投资涌入，其中又以采矿和运输领域为主要目标。但从长远来看，利润在股东收益和对刚果的再投资两者间的分配是不均的。

这一体系的更大弊病是，当地人被完全排斥在决策之外。命令常常从天而降，但在实践中又不能实施有效的控制。今天非洲的一个主要弊病，便可以追溯到殖民国家未能在基层建立起稳固的官僚主义的传统。

在司法领域，对地方层面的控制情况要好一些，这要归功于相较一般水平而言数量更多的职业地方法官。但在教育上，存在着同样的阻碍。英国和法国的殖民体系已经发展到可以允许一部分（虽然数量仍旧很少）学生接受大学教育。

而比利时体系所重视的是让年轻人接受基本的识字教育、基本的实践训练和尊重工作伦理，以便为进入劳动力市场做好准备。教师的薪水也很少，教育开支也只占到公共支出的3%。直到20世纪50年代中期，有机会接受高等教育的人也还仅仅局限在一些专门的机构中，比如那些培养学生成为助理医师、学校教师和当地神职人员的机构。

殖民政府在两次世界大战期间的一项特殊任务，是扭转人口数量显而易见的下降趋势。导致人口下降的原因众说纷纭：有人认为是传染病和营养不良所致，也有人认为是从利奥波德统治时期开始的残酷的劳动力征集制度导致的结果。就人口而言，刚果也很不幸，陷入与全世界范围内"部落民族"遭受的大规模人口损失同样的命运。为了解决这一问题，政府采取了雄心勃勃的措施。1930年，伊丽莎白女王原住民医疗援助基金（Fonds Reine Élisabeth d'Assistance Médicale aux Indigènes，简称 Foréami）成立，为当地人提供预防性的医疗服务。与其他必须依靠殖民地当地财政提供支持的项目不同，它接受的资金支持主要来自母国。科学方面的支持，则来自安特卫普的热带医学协会（Institut de Médecine Tropicale），它的最终目标是，到2000年至少实现"全民医疗"。

从高处坠落（1940—1960年）

第二次世界大战期间比利时被德国占领，但在利奥波德维尔（今称金沙萨）的大总督皮埃尔·里克曼（Pierre Ryckmans）的努力下，刚果留在了盟军阵营当中，他还通过谈判使刚果获得了出口市场和来自外部的重要物资。刚果得以继续交付原子弹研究需要的铀，并供应锰、锡和橡胶。

但在经济和社会领域之外，也有迹象表明一个新的世界正在诞生。1945年，随着德国的战败，布鲁塞尔方面希望能够继续实施中央指令下的经济增长政策。刚果当地人发觉，自己因为一场外国的战争而遭受了经济上的损失，而与此同时，资本主义企业却将利润收入囊中。有零星的迹象表明，《大西洋宪章》中关于解放的承诺显然在少数非洲人中也引起了共鸣。

刚果于1960年6月30日独立，宣告了共和国的诞生。首任总理帕特里斯·卢蒙巴（Patrice Lumumba）在新教学校中接受教育，之后在一家邮局担任职员。被遣散后，他担任了一家酿酒厂的代理，但到1958年，他成了这个国家最大的民族主义政党的领导者。1960年6月29日，比利时国王博杜安（Baudouin，前排右侧者）抵达利奥波德维尔机场参加独立典礼。在这张照片中，从左至右分别是：议会主席约瑟夫·伊洛（Joseph Ileo）、总统约瑟夫·卡萨武布（Joseph Kasavubu）、总理帕特里斯·卢蒙巴、外交部部长朱斯坦·邦博科（Justin Bomboko）和比利时国王。独立几周之后，随着国家陷入危机，卢蒙巴遭到软禁，在尝试大胆出逃并再次被捕之后，他最终被交给了分离出去的加丹加邦。1961年，卢蒙巴被仓促处死。

事实上，尽管第二次世界大战的结束带来了对殖民化观念的新的评估，但非洲仍旧问题丛生：1943年，美国副国务卿萨姆纳·威尔斯（Sumner Welles）仍旧相信，刚果的独立还需要一百年的时间。[23]

正是在这一背景下，比利时政府开始在战后的刚果实施以西方工业模式为基础的经济发展加速计划。有迹象表明，与此同时在殖民地内部，一种新的和现代的对刚果的认同正在兴起的、进步的阶层中形成。

1949年，比利时在刚果启动了一项雄心勃勃的十年发展计划，但结果却是喜忧参半。[24]有充分的统计数据表明，这是一个物质进步的时期，所有的工业和对外贸易数据都呈现出增长的态势。由布鲁塞尔出资的原住民福利基金（Fonds du Bien-Être Indigène）是一个成功的社会项目，它将医疗援助和饮用水供应扩展到全国的乡村。尽管如此，这个国家还是面临着未能解决的挑战，即资本主义部门和农村经济之间不断扩大的差距。1903年的《凯斯门特报告》所揭示的原住民生产者与挣工资者之间的收入差距，在50年后仍未改变。这导致了深刻的社会不满，事实也将证明，这是一个严重的不安定因素。

社会也在进步，并受到城市人口的肯定。比如言论自由上的进步，以及殖民地高等教育范围的扩大——在这之前，没有任何一所当地的学院曾让学生准备参加大城市中的大学入学考试，1954 年，鲁汶大学（University of Louvain）开办了一所分校，两年后在伊丽莎白维尔（Elisabethville）又建立了一所大学。教会似乎也为刚果人的参与提供了更多的渠道，1956 年，教会任命了第一位原住民主教；到 1957 年，在殖民地上一共有 298 位刚果籍的教士。

但刚果的精英普遍感到，在自己走向解放的过程中所取得的哪怕是最小的成就，也要归功于新的国际气候，而不是布鲁塞尔的意志。并且，由于刚果在政府当中缺乏足够的代表，政治的前景仍旧不明朗。在白人殖民者圈子内部流传着这样一个话题：刚果注定将成为"比利时的第十个省"。

20 世纪 50 年代中期，迟迟未到的变革曙光从比利时传来，有消息称，比利时将出台一个"三年后解放刚果"的计划，因此一些人第一次开始思考结束殖民关系的问题。在刚果国内，受到加纳这一成功例子的鼓舞，在 1958 年布鲁塞尔世界博览会极大地开阔了眼界的当地知识分子为解放起草了备忘录。[25]

随着 1958 年初地方议会选举中刚果人的政党开始兴起，欧洲投资者对刚果作为比利时殖民地的未来的信心开始动摇。从那时开始，大量的资金被撤回，在股票市场上，殖民地公司的股价也持续下跌。然而，1959 年在利奥波德维尔发生的暴动是一次残酷的觉醒，在它的推动下，宪法改革不断加速，为独立铺平了道路。1960 年 6 月 30 日的独立日宣言发表之前，又发生了一系列戏剧性的事件。几天后，人民集中力量发动了一场起义，欧洲人开始大规模地撤出，刚果陷入内战的乱局之中。一个新的刚果出现在了世人的眼前。

第十一章　德国

后来者

约阿希姆·策勒（Joachim Zeller）

威廉的首相，奥托·冯·俾斯麦和他的君主的想法不同。他强烈反对德国占领海外领地的想法。但这并非他和威廉二世之间冲突的唯一来源，1890 年，俾斯麦被迫辞职，也是在这一年，弗朗茨·伦巴赫（Franz Lenbach）为俾斯麦画了这幅肖像画。

在 1870 年到 1871 年的普法战争中取得胜利后，普鲁士国王威廉一世（Wilhelm I）获得了"皇帝"的称号。在当时，这个称谓仅仅意味着他是一个统一的德国的领导者。1888 年继位的威廉二世存将德国变成一个"世界性帝国"的野心。在这幅 1914 年的俄罗斯漫画中，威廉二世正在向整个世界进军（上页图）。

"只要我还是帝国的首相，我们就不应该追求殖民主义的政策。"[1] 这是俾斯麦在 1881 年所说的话，终其一生，他都明确地反对德意志帝国实施任何一种正式的殖民政策。然而也正是他，在 1884 年屈服于来自殖民地商业团体的巨大压力，发出了那封著名的 4 月 22 日的电报，将不来梅烟草商人阿道夫·吕德里茨（Adolf Lüderitz）在纳米比亚的安格拉佩克纳（Angra Pequena，今吕德里茨湾）的"购地"行动置于"德意志帝国的官方保护之下"[2]。因此，尽管并不情愿，俾斯麦还是将新生的民族国家德国带到了殖民国家的道路上。在接下来几年里，威廉的帝国获得了一系列殖民地，其面积达 290 万平方千米，是"母国"面积的六倍。和比利时与意大利一样，德国殖民国家较晚，急于追赶上令自己嫉妒的对手英国和法国。但只过了不到 30 年时间，这个后来者的帝国主义政策便在不情愿中宣告终结。这一历史经验对德国而言，是否仍旧只是"一个没有结果的帝国主义阶段"？[3] 这是一个应该讨论的问题。其他的问题还包括：依照国内和国外的理解，联邦共和国是否可以被视为一个"没有包袱"的前殖民国家？[4]

殖民主义的后来者

直到大约 1871 年，随着以迅速工业化为特征的德意志帝国的创建，德国开始酝酿建立一个海外"第二帝国"的极权政权。德意志帝国通过 1884 年 11 月到 1885 年 2 月在柏林举办的西非会议（West Africa Conference，又称刚果会议 [Congo Conference]）[5] 登上了欧洲殖民主义的舞台，在这

当 1900 年伯恩哈德·冯·比洛成为首相后，德国的政策变得更倾向于帝国的理念。1905年，他出色地让法国放弃了对摩洛哥的要求，并组建起一个与英国相对抗的联盟。中国的胶州是他最得意的计划之一。

之前，它已经在几个月前的"瓜分非洲"中扮演了一个重要的角色，收获了众多的"被保护国"，从中诞生了德属西南非洲殖民地（今纳米比亚）、多哥和喀麦隆。1885 年后，出现了越来越多的关于"保护"德属东非（今坦桑尼亚、卢旺达、布隆迪 [Burundi]）和南太平洋上分散的领土——德属新几内亚（威廉皇帝领地、俾斯麦群岛、北所罗门群岛、瑙鲁，以及加洛林、马里亚纳、帕劳、马绍尔群岛）和德属萨摩亚——的帝国主义的呼声。[6]1897 年德国占领中国的胶州（"租借地"），被时任首相伯恩哈德·冯·比洛（Bernhard von Bülow）视为一项著名的行动。德国对胶州的基础设施建设做了大量投资，这也是德国所有殖民计划中最昂贵的一项。但德国人并没有尝试在这个地区建立任何正式的统治；德意志帝国的意图，是把胶州或者说山东省作为东亚贸易的跳板，德国将自己的力量限制在后来的所谓的"非正式的"帝国的范围内。

要理解德国的殖民主义，就必须将其放在现代早期欧洲扩张的背景之中，即将其放在一个大的历史框架之内。这一背景可以向前追溯到航海者亨利领导下的葡萄牙对非洲海岸的探索，以及 1492 年克里斯托弗·哥伦布具有划时代意义的美洲大陆之"发现"。欧洲殖民大国追求在政治和领土上统治世界的全球进程，和他们确立的以欧洲为中心的资本主义市场体系是紧密联系在一起的，且不论其他，就跨大西洋

1884—1885 年，在德国举办了一次国际会议，其意图是就业已开始然而与德国没什么关系的争夺非洲的行动达成协议。但就在同一年，俾斯麦被迫放弃了自己原先的原则，将纳米比亚的一部分置于德国的"官方保护"之下。

1884 年，多哥成为德国的被保护国。德国人带来了对农业、贸易和铁路的改善计划，但当地欧洲人的数量从来没有超过 400 个。照片中，德国军官正在检阅他们的非洲人部队，时间是 1914 年前夕。

的非洲奴隶贸易的扩张而言，勃兰登堡 / 普鲁士也曾短暂地参与其中。

德国人早期海外扩张的尝试从整体上来看是不成功的，或者说至少是短命的。按时间先后排列，第一个引人瞩目的事件，是在西班牙和葡萄牙的征服之后的 1582 年，韦尔泽（Welser）在今天的委内瑞拉建立起统治。但最为人所熟知的，是勃兰登堡 / 普鲁士对西非黄金海岸（今天的加纳）的殖民行动。1917 年，因财政问题，德国丧失了建立于 1683 年的勃兰登堡黄金海岸殖民地（Großfriedrichsburg）。[7] 直到 19 世纪 40 年代，德国才开始了又一波新的殖民主义计划，由此也诞生了一支可以征服公海的舰队。这一初生的殖民行动背后的推动力，一部分来源于存在已久的重商主义以及经济上的考虑，但同时，它也受到特别是以德国未来殖民地为目的地的德国移民活动的推动。这份目的地名录很长，包括了新西兰的查塔姆群岛（Chatham Islands）、加利福尼亚、得克萨斯、巴西和拉普拉塔（La Plata），以及远东的暹罗、日本、中国大陆和台湾地区，这些都在关于德国殖民帝国可能的基地的讨论范围之内。

说到非洲，诸如海因里希·巴尔特（Heinrich Barth）、格哈德·罗尔夫斯（Gerhard Rohlfs）、爱德华·福格尔

（Eduard Vogel）、古斯塔夫·纳赫蒂加尔（Gustav Nachtigal）、赫尔曼·冯·维斯曼（Hermann von Wissmann）和后来的莱奥·弗罗贝纽斯（Leo Frobenius）等德国探险家，都在打开黑色大陆的过程中扮演了重要的角色，为之后殖民主义大国分割非洲铺平了道路。尽管他们中的一些人为德国殖民主义辩护和服务，但其中的大多数人所去到的，是并不属于德国的一些地区。"在所有关于改变非洲面貌的持续了几十年的殖民主义争夺中，科学和文化的殖民是一项全欧洲的计划，而领土殖民则以单个的民族国家为行动主体。"[8]

"少得可怜的"殖民地

德国在非洲的殖民地有许多共同点，因此可以用一套普遍的术语对其加以描述。它们都诞生于1884年前后，然后在1918年"寿终正寝"。德国人自己很清楚，大多数可供自己获取的殖民地，不过是欧洲殖民国家瓜分南半球后的残余。马克斯·韦伯（Max Weber）称其"少得可怜"[9]。

在西非，作为"贸易殖民地"的多哥不幸夹在（英国的）黄金海岸和（法国的）达荷美之间。它对德国主要的出

这张来自当时的莫斯科夫·法尔公司（莱茵兰）（Th. Moskopf, Fahr/Rheinland）的广告明信片（时间约为1914年）表现了当时流行的形象，描绘了殖民地的田园牧歌的景象，但这和现实相去甚远。在殖民时代的商业世界中，所有的产品都用异域风情的想象作为营销的方式，这种手法被沿用至今。

1884 年，德国在西非的喀麦隆建立了殖民地，并于 1902 年得到官方承认。它的繁荣一直持续到 1919 年，在那年它被法国和英国分割。1960 年，其南部成立了喀麦隆联邦共和国，其北部则并入尼日利亚。

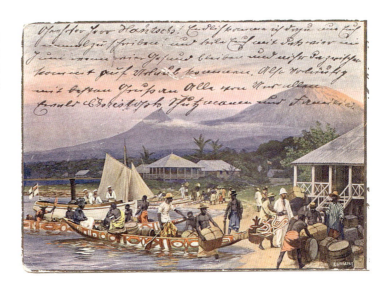

1912 年，帮助德国取得德属东非殖民地（今天的坦桑尼亚）的殖民地士兵里夏德·冯·本提维格尼（Richard von Bentivegni）准备渡过尼亚萨湖（Nyassa）。

口商品，是棕榈油和棕榈仁。对喀麦隆的占领也发生在同一时期——尽管喀麦隆的面积通过之后的探索行动得以扩大。至少就其沿海地区，特别是喀麦隆山脉周围地区而言，喀麦隆具有成为一块"种植园殖民地"的特征。在其西部和南部的森林地带，德国人从非洲人手中征用土地，将其作为保留区，大片的土地被主要出口橡胶和可可的联合股份公司占有，它们所带来的这一粗放式的开发模式，并不仅限于喀麦隆。

尽管因为其干燥的环境而被戏称为"沙箱"，但西南非洲还是被发展成为一块"定居殖民地"，超过一半的德国殖民者居住于此。这块殖民地由阿道夫·吕德里茨取得，并得到首相俾斯麦的认可。但是，这些德国"西南部人"（Südwester-Deutschen）的农场往往经营得很糟糕。1893—1894年、1896—1897年、1903年、1904—1908年，这块殖民地发生了严重的叛乱。除了规模不等的养牛业之外，在当地还有各种矿石和矿产，1908年，在殖民地的南方还发现了钻石，最终钻石带来的收入构成了该殖民地收入的三分之二。

单就面积大小而言，德属东非是最大的一块殖民地。它以"混合殖民地"而为人所知，因为它将贸易中心和定居地结合在一起，商人和种植园主主要集中在沿海地区以及像乞力马扎罗周边地区这样的经济中心。它的财富主要来自剑麻、棉花、咖啡、花生和干椰子肉。为了解决劳动力的问题、排挤来自当地生产者的不断加剧的竞争，殖民地主子们采取了征收人头税、财产税、要求交纳供品和提供农役地租（socage）的方式，来迫使当地的非洲人就范。直到阿尔布雷希特·冯·雷兴贝格男爵（Freiherr Albrecht von Rechenberg）建立起漫长的统治，这种情况才得以改善。从1889年开始，这个国度由德国政府管理，后者以强制的方式树立自己的权威，频繁地运用残暴手段，最终导致了1905—1907年的马及马及（Maji-Maji）战争。第一次世界大战后，这块殖民地成为英国的保护地，称为坦噶尼喀，1961年独立，1961年与桑给巴尔合并，定名为坦桑尼亚。

胶州是一处地缘战略基地和德国经济的一座前哨，由汉堡商人所经销的来自偏远南太平洋岛屿上的产品（主要有干椰子肉和磷酸盐）被销往这里。

在当地征募的部队，即所谓的非洲土著兵（Askaris），伴着军乐正列队穿过德国最大的殖民地达累斯萨拉姆（Dar es Salaam），时间约为 1914 年。

1913 年前后，德国各个殖民地之间白人定居者的人口分布极度不均匀：多哥 168 人、喀麦隆 1871 人、德属西南非洲 14830 人、德属东非 5336 人、南太平洋 1984 人。直到第一次世界大战，生活在威廉的帝国殖民地上的，总共只有区区 29000 个白人（其中德国人为 24000 人），相比于德国人向南北美洲的移民，这一数字就显得更微不足道了——从 19 世纪 40 年代开始，大约 450 万德国人向海外移民，其中 400 万人移民美国。

就如我们已经知道的那样，首相俾斯麦一直坚决反对任何由德国国家所实施的殖民政策。在他看来，德意志帝国主要是一个陆地国家，并且在领土上已经"饱和"，他也担心与英国之间爆发冲突。他将殖民主义视为对外贸易的一种形式，他只会支持那些在资金、管理和开发上由拥有统治权的私人的特许公司自己负责的"受保护地"。但很快，随着政府被迫派遣管理者承担起了对这些领地的义务，俾斯麦的殖民主义观念也就崩塌了。在德意志帝国的庇护下，德国人最终建立了正式的主权，并创建了一支殖民地部队。在 1888 年到 1889 年的一场大规模危机中，德国向殖民地派遣帝国部队，在这场危机中，德国没能维持自己在德属东非的统治，第一次尝试在西南非洲和萨摩亚建立政权也以失败告终。由于军队、管理和基础设施的开支都需要由帝国承担，因此它们都必须得到议会的批准。对预算年复一年的辩论，为社会民主党（SPD）和天主教中央党（Central Party）创造了一个对这一殖民政策发起尖锐攻击的公共论坛。

德国的殖民主义可以被描述为一种以武力为手段的专断统治——这一定义同样适用于一般意义上的欧洲殖民主义，此外，严厉的惩罚、强制劳动和征用制也是它的特点，在殖民地战争期间，德国的殖民主义甚至发展到了大规模破坏和屠杀的地步。[10] 暴力常常源于作为"次级帝国主义"的当事者——手握大权的官员和管理者或者是激进的定居者。这一种族主义的征服者的态度的一个特别显著的例子，便是所谓的德属东非"建立者"卡尔·彼得斯（Carl Peters）。由于他的残暴，在 1896 年到 1897 年的德意志议会丑闻之后，他被解除了殖民地官职，非洲人称他为"双手沾满鲜血的人"[11]。克里斯蒂安·戈伊伦（Christian Geulen）描绘了这位"主子种

"主子种族"：在多哥的殖民主义风格的出行方式，德国人躺在吊床上被抬着，头上还有顶棚遮阳。

喀麦隆或多哥的一个烟草种植园里的非洲工人。这张照片拍摄于德国占领末期的 1918 年 4 月。

族"中的典型:"并不是因为这些人相信自己是作为主子的种族所以才赋予了自己建立殖民政权的权力;他们开展殖民的目的,就是制造和维持这种自己乃是主子种族的感觉。"[12] 彼得斯后来被纳粹奉为国家英雄和"日耳曼民族最伟大的教育者之一",也就不足为奇了。

然而,德国对不同原住民的政策有着明显的不同,对比德属西南非洲和德属萨摩亚的政策,就可以看出其中的差异。在德属西南非洲,特别是在 1904 年到 1908 年的殖民地战争之后,一个"种族主义的特权社会"[13] 被建立起来,黑人几乎完全处于从属的地位,并被剥夺了所有的权利;而在萨摩亚,总督威廉·H. 佐尔夫(Wilhelm H. Solf)则遵循相对温和的统治路线。他是"开明的帝国主义者"中的一员,尽管他不可能摆脱种族优越论的流行思想,但他的家长式统治的方式要求他和当地原住民之间建立一种"信任和托管的关系"。他相信"白人"肩负一种文化使命,在他看来,被殖民的民族不应该受到压制或是被杀死,相反,他们的文化应该在很大程度上受到保护。如若不然,德国的殖民主义意识形态在本质上就会被固定在一个基本原则之上,即"当地原住民必须被教会怎样去工作"。从 1884 年开始的用一定程度的欧洲文化将他们"德国化"的尝试,在世纪之交让位给了一项在白种德国人和黑人之间实施隔离的政策,从此之后,德国的殖民政策变得更加统一化。[14] 德国人害怕"种族上的等级制度"被废除,也害怕母国和殖民地失去其优越的

在中国,对外国势力的抵抗在 1900—1901 年的义和团运动中达到高潮,尽管欧洲军队将之镇压,但在这次暴力抵抗中,德国公使冯·克林德男爵〔Baron von Ketteler〕被杀死。

地位。在 19 世纪的种族主义话语中，作为"德国人"和作为"白人"是同义的，而"德国人"和"黑人"被视为不可调和的对立面。保持德意志民族种族纯洁性，是殖民地社会政策的目标，因而，根据德国和当地的法律，德国人建立了种族隔离的法律体系，其中就包括了 1905 年通过的在德属西南非洲和其他不同的德国殖民地所实施的禁止"种族间通婚"的禁令。尽管在德国国内并没有这样的正式禁令，但当局还是采取了一切办法以防止发生此类"不道德"的结合。如果生活在德国的为数不多的非洲人中的一个男性，想要和一个德国女性结婚，他会被拒绝开具必要的文书，或是被要求满足苛刻的条件，比如需要从殖民地取得不同的文件。

阳光下的土地：威廉的世界政治学

德意志帝国通过获取殖民地和扩大舰队的方式寻求海军优势，它不仅希望成为一个大陆强国，也希望成为一个世界强国。在其众所周知的寻求荣耀的征程中，德皇威廉二世在 1896 年骄傲地宣称，德意志帝国已经成为一个"世界帝国"[15]。德属东非的前总督爱德华·冯·利伯特（Eduard von Liebert）也以同样的方式写道："殖民地意味着权力和参与到对世界的统治中来。"[16] 尽管这种"世界帝国"的说辞也出现在其他帝国主义国家的自我标榜之中，但只有在德国，"'世界政治'的概念才获得了强大的煽动性和进攻性"[17]。在殖民主义运动中，德意志殖民协会（Deutsche Kolonialgesellschaft）是一个联盟式的组织，在它的推动下，殖民政策成为帝国追求统治世界的过程中的核心部分，并扮演了重要的角色。它和诸如泛德意志联盟（Pan-German League）、德国海军协会（German Naval Association）以及海外德国人协会（Association for Germans Abroad）等其他民族主义和帝国主义的组织一起，鼓吹不断扩张（尤其是海军的扩张）是德国实现其殖民主义和世界强国野心的必要条件。在推动进一步获取殖民地的斗争中，不乏沙文主义者的身影。然而，侵占葡萄牙殖民地的计划和取得摩洛哥的尝试均以失败告终，后者还导致了 1905 年和 1911 年的两次摩洛哥危机。有关威廉的宣传中提到了新的定居点，甚至扩展到

古代地中海是德皇的兴趣之一，正是一支德国考古学家队伍，在土耳其发掘了具有希腊化风格的佩加蒙遗址。装饰上富于激情和蜷曲的人物祭坛浮雕，现在陈列在柏林的佩加蒙博物馆中。

了巴勒斯坦，而对扩张的寻求，也在一个统一的中非殖民帝国——"德属中非"——的计划中达到了它的顶峰。

1900 年后，既是为了遵从他的世界政治学，也是为了获得个人威望，威廉制定了最为重要的计划之一，即修建巴格达铁路。按照计划，它将把柏林和东方连接起来，将已有的铁路线延伸至君士坦丁堡。这一计划在国外受到强烈的质疑。但它作为与殖民主义无关的帝国主义的又一个典范，点燃了投机者们的想象力，政治家们则梦想着让两百万德国定居者居住在铁路沿线。普鲁士国王腓特烈三世（Friedrich III，之后又成为德意志皇帝腓特烈，同时也是威廉二世的上一任）对东方充满了热情，他甚至费尽心机让德国考古学家获得允许，以便在奥斯曼帝国进行考古发掘活动。他们在小亚细亚的发现——其中以佩加蒙大祭坛（Pergamon Altar）和米利都集市大门（Market Gate of Miletus）最为精彩——现在已经是柏林佩加蒙博物馆（Pergamon Museum）中的珍贵展品，这也是德国对近东实施文化殖民的证据。

挣脱殖民禁令

第一次世界大战后，德国被迫退出殖民国家的行列。《凡尔赛和约》（1919 年 6 月 28 日）第 119 条规定：德国必须放弃自己的海外殖民地，将其作为国际联盟的托管地交给各协约国。协约国同与之合作的其他国家为这种不甚高明的伪装下的兼并行为辩护，称德国"不配参与殖民地事务"。这一批评引起德国人的强烈不满，他们拒绝接受这种说法，称其是"殖民主义犯罪的借口"[18]。与此同时，当法国占领军将非洲籍的部队派往莱茵兰（Rhineland）和鲁尔（Ruhr）时，也引起了强烈的抵抗。非洲人的出现使德国人感到殖民地的情形反转了，殖民国家现在变成了被殖民的对象，这也引发了德国公众的一场抗议风暴，抗议"黑人对莱茵河的玷污"。许多德国人还认为，自己在世界大战中"也被黑人征服了"[19]。

在丧失殖民地后，帝国以文化记忆的形式，经过了一个怀旧式的转型过程再次回归，大量出现的神话传递了这样一些形象：一个家长式的政权严厉但公正地统治"原住民"、一项成功的德国文化使命、忠诚的非洲士兵、关于莱托 - 福柏林和罗马眼中的非洲。这张 1941 年的地图并没有展现出德意志帝国正在实施的非洲扩张计划。除了夺回曾经属于德国的殖民地这个早在一战时期就已经在讨论的计划之外，纳粹政府还计划建立一个"联合的中非殖民帝国"，它将在"最终的胜利"到来之后，通过合并葡萄牙、比利时、法国和英国在这一地区的殖民地而建立起来。

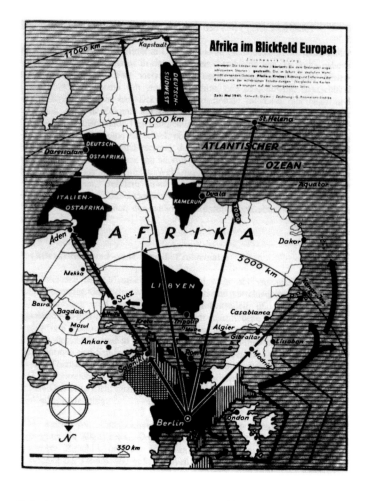

贝克（Lettow-Vorbeck）的战争神话。[20] 德意志殖民协会有一次充当了"没有殖民地的殖民主义"的先行者，他们领导了反对"耻辱的《凡尔赛和约》"和恢复德国殖民权利的运动。除了共产党和独立社会民主党外的所有议会中的政党，以前所未有的团结，一致支持对殖民禁令做出修正——尽管他们中的大多数只把这种支持表现在口头上。殖民地事务很少出现在德国议会的议程之中，尽管恢复殖民地仍旧是魏玛共和国对外政策的一个稳定的组成部分，尽管诸多殖民协会为此进行了大量的宣传活动，但这个问题从来没有受到魏玛共和国的特别重视。德国人认为，在《凡尔赛和约》所包含的四个主要领域中，丧失殖民地在德国人的意识当中，仅仅排在第四重要的位置，居于欧洲的财政、军事和领土安排之后。这也是 20 世纪 20 年末殖民运动的代表寻求加入国家社会党（National Socialists，即纳粹党）的原因所在，他们希望从激进的右翼那里获取新的动力，即便纳粹党到那时为止在这一领域并没有取得什么建树。

　　1933 年，希特勒上台后，随着许多人希望再次参与到塑造了 1914 年前的世界的权力政治之中，他们的宣传再次变得活跃起来。尽管恢复殖民地的呼声在第三帝国时期仍旧存在，但党内的大多数人，特别是希特勒自己，却在思考通过征服东欧，而不是作为殖民主义者目标的非洲，来建立新的生存空间（Lebensraum）。令他们失望的是，在与殖民问题相关的所有观点中，最流行的看法，却是毫不动摇地在欧洲寻求霸权。[21] 所有其他的想法都被置于大陆帝国主义之下的次要地位，尽管东欧从未被视作德国扩张的极限。重新取得殖民地并在中非建立一个德意志帝国的雄心勃勃的计划在第二次世界大战后半阶段落空了，1943 年 2 月，所有战线上的失利使希特勒叫停了所有殖民行动。在这一背景下，必须指出，对于殖民主义的传统观念早已得到扩展，即德国向东方的扩张（中欧在其中无关紧要）也是其殖民历史中的一个特征。这一观点也引出了一个问题：对东方的痴迷是不是不应被视为其"殖民扩张中最重要的领域"？ [22]

一张资产负债表

　　如果就德国殖民主义时期做一张资产负债表，那么很可能得出和历史学家克劳斯·J. 巴德（Klaus J. Bade）同样的观点："对德国来说，通过殖民扩张来解决社会经济、民族和社会意识形态上的危机的愿望……几乎完全没有实现。"[23] 将所有过剩人口送到殖民地——尽管被当时的殖民宣传过分地夸大，但这一想法最初确实存在——被证明是不现实的，向外输出"社会问题"同样只是幻想。绝大多数德国移民的目的地是北美，这在很大程度上是因为非洲殖民地——更不用说南太平洋和胶州——根本不适合大规模定居。无论是就进口还是出口而言，殖民地经济的意义都是很有限的。这些殖民地并没有在市场和原材料供应上扮演重要的角色，并且，德国在这些殖民地上的投资只占其海外投资总额的 2%。相反，由于大量基础建设的支出和不断增加的用以扑灭"原住民叛乱"的支出，德国的殖民主义成了一项由国家补贴的大规模亏损项目，只有个体金融家和商业公司从中获得了可观

和非洲人的关系远不是那么理想。一位当地国王——来自喀麦隆的曼加·贝尔（Manga Bell），在 1902 年前往德国，抗议其征地行为和腐败。1914 年，他的儿子鲁道夫·杜阿拉·曼加·贝尔（右侧站立者）被以"叛国"罪名处决。

官方的"德国殖民科学英雄"是罗伯特·科赫（Robert Koch），他致力于热带疾病研究，直到 1910 年去逝。画中，他正在为非洲人实施注射。

的收益。从长期来看，泛德意志联盟和海军行动远比殖民行动具有更强的整合国家和意识形态的潜力，殖民行动从来就没有产生过很大的吸引力。也正因为如此，常常导致内部冲突的德国的殖民政策，在当时人的观念中就是一次可怕的失利。殖民运动者自身也在抱怨这一幻想的破灭，而结果便是德国社会普遍的"殖民疲劳"。

我们很难从殖民地上被征服民族的视角出发来下一个一般性的结论。不同地点、不同时间和由这一体系施加的不同程度的限制和压制，都会使各殖民地呈现各自的差异。殖民主义就其定义而言，包含了以种族主义、家长式统治和剥削为特征的外国人的统治。在早先对殖民主义的定义中，主流的做法是凸显殖民化过程带来的破坏性效果。[24] 但近年来，通过将其与几十年的去殖民化作比较，越来越多的注意力被放到了公平地评价德国（和欧洲）殖民主义的利与弊方面：对出于种族的原因所实施的对原住民文化的压迫和摧毁的行动，人们不再用包含矛盾性的那种模糊的概括来加以解释，而是将其归咎于开明的、经验主义的和建设性政策的制定和实施。[25] 然而，由一个外来的独裁者所实施的这种"发展计划"只能引来某种怀疑，人们会认为，它所包括的就是一种纯粹西方式的关于发展和现代化的观念。

原住民社会对德国殖民主子的反应也不尽相同。这些社

非洲部落民因发动了针对德国的起义而受到
了野蛮的惩罚。这张照片于 1926 年 5 月 27
日首次在英语报纸《东非》上发表。照片拍
摄于 1905 年，展示了德国殖民军在德属东
非的马及马及叛乱期间处死"罪魁祸首"的
场景。

会中有"不顺从"、反抗和拒斥的，有人作为中间人与之合
作，也有人自愿或是被迫进行合作。[26] 因此，将被殖民的人
群完全看作白人帝国主义的受害者也是错误的，这么做低估
了非洲人和大洋洲人的行动范围。无所不能的殖民者和无助
的被殖民者的截然分明的形象，早已受到质疑。对殖民文化
的后殖民主义的历史研究，必须超越主子和奴隶、中心和边
缘、黑人和白人的二分法。[27]

在制定计划的问题上，白人显然并不居于垄断的地位。
与殖民者希望将原住民变成他们自己的历史中看不见的客体
的策略形成鲜明对比的是，非洲人积极地追逐着自己的利
益，这也可以从传教工作的背景中看出来。据称，在前殖民
时代的纳米比亚，当地的纳玛（Nama）部落的首领愿意接
纳传教士，在他们到来之后又将他们分配到自己的部落中。
基督教只是纳玛部落希望采纳的欧洲的成就中的一种。他们
尤其希望通过基督教来获得枪炮，并逐渐获取重要的文化资
产，诸如殖民国家的语言、农业技术、新的手工艺和（尤为
重要的）读写能力。[28]

因此，宣称"现代的"生活方式总是被强制加诸到他们身
上是有误导性的，除此以外，也不应该简单地将现代化和西方
化等同起来。即便这些新的方式时常是由外部强加的，但他们

仍积极地甚至是颠覆式地采纳西方的产品和思想，使之服务于自己的目标。如果单就贸易关系而言，喀麦隆快速扩张的可可出口将是一个很好的例子。尽管德国殖民政府实施了阻滞性的经济政策，但引入可可并将其作为一种经济作物，却是一项非洲人的提议。

但也有强有力的证据支持相反的观点。杜阿拉（Duala，喀麦隆西部港口城市）向德国议会递交请愿书，抗议它的征地和重新安置计划，雄辩地表达了非洲的"自我意志"。国王鲁道夫·杜阿拉·曼加·贝尔（King Rudolf Duala Manga Bell）从1891年开始到1896年一直生活在德国南部，最初他远不是一个反德者，但因为之后的反抗，他付出了生命的代价：1914年，他和他的一些同胞被德国人以严重叛国罪处死。[29]1904年到1908年，发生在德属西南非洲（赫雷罗族和纳玛族）和德属东非（马及马及战争）的叛乱，见证了"原住民"保卫自身身份和挣脱压迫者束缚的斗争。赫雷罗和纳玛族的自由战士被德国部队残酷镇压。仍有严肃的历史学家认为，发生在德属西南非洲的殖民战争，不过是一种反映了作为帝国主义时代特征的那种过度暴力的"正常"现象。[30]但真相却和这种说法相去甚远。负责镇压行动的将军洛塔尔·冯·特罗塔（Lothar von Trotha）是将这场战争视为种族战争的军人之一，在他的指挥下，战争变成了一场种族灭绝。[31]对这场殖民地的种族灭绝和纳粹的种族大屠杀是否以及在何种程度上可以进行类比，至今仍存在着争论。[32]汉娜·阿伦特（Hannah Arendt）常常被人们视作屠杀的见证者，其言论也常被人引用，因为她对纳粹暴政的解读还包括了对其殖民主义和帝国主义历史根源的发掘。[33]更晚近的时候，赖因哈特·科塞勒（Reinhart Kössler）和亨宁·梅尔伯（Henning Melber）着重强调了"纳粹种族大屠杀的独特性[和它的范围有关]，它的独特性可以从它对不同形式的暴力的综合使用中看出来，但是，它与殖民主义的灭绝行为存在某种连续性，也是不能完全否认的事实"[34]。现代的研究苦于找不到支撑这种类比的经验证据。如果我们关注"种族"和"空间"这类动机性的概念，就不难看到殖民主义和纳粹的征服与灭绝政策之间存在着结构上的类同，提到种族灭绝和其他的殖民主义罪行，我们发现，"世界的欧洲化是一种

西南非洲的温德赫克军团（Garrison of Windhoek）在1904年遭到赫雷罗族的围攻。在德国人的报复行动中，整个部族几乎遭到灭绝，这是所有殖民国家实施的最可怕的暴行之一。

以进步为导向的事业"的说法是有问题的。

研究的新趋势

　　当下历史学对德国殖民主义的观点是什么呢？早期实证研究主要关注殖民者和他们的统治实践模式。更新的研究专注于帝国主义进程中德国女性的角色。[35] 随着人们日益抛弃欧洲中心主义的视角，近年来研究的兴趣越来越集中于被殖民地区的社会。[36] 在这种情况下，人们不再仅仅用殖民化来看待非洲、亚洲和大洋洲的历史。[37] 创新性研究关注殖民主义在集体意识和原住民社会记忆中扮演的角色[38]，或者关注在德语世界中持续了几个世纪之久的德国殖民活动所造成的非洲人的流散。[39] 像文学史、摄影、电影和艺术这些相关学科，也为殖民主义中"他者"的形象分析提供了大量研究成果。[40] 基本上未被发掘的资料现在正开始公开，比如对殖民时代大众文化影像的记录，可以为我们追溯模式化的"我们和他们"的两极化的形象建构的形成提供帮助。[41] 更往后，对殖民者的祖国的研究受到了特别的关注，背后的推动力来自后殖民主义研究领域中的跨学科研究——特别是话语分析——的逆向把握主题的方法[42]。这一研究路径将重点放在交流和互动上，其不仅考察了殖民经验给被殖民者带来的影响，也考察了它给殖民者社会造成的影响。当下，讨论已不再集中于政治、军事和经济殖民，而是关注身份依赖和他者性相关的问题，如殖民话语形塑前帝国主义国家的文化和自

1905 年，在纳米比亚的卡里比布的火车站站台上，被看押的赫雷罗族战俘。

1904 年到 1908 年发生在德属西南非洲（今天的纳米比亚）的殖民战争。这是温德赫克（Windhoek）一个集中营里的赫雷罗族战俘，时间大约是 1905 年到 1906 年。背景中是这座城市的殖民堡垒——到今天仍然保留着。这场种族灭绝堪比纳粹的种族大屠杀。

我形象的方式问题。[43]

到现在为止，人们有一种共识，即认为德国追赶其他国家海外扩张步伐的尝试——拉塞尔·伯曼（Russell A. Berman）将其描述为第二级的模仿者（secondary-epigonic）[44]——对其历史和文化产生了重大的影响。"殖民地是一回事，殖民主义和殖民思维是另一回事……不管有没有殖民地，德国都与这一行动有着密切的关系。"[45] 换言之，德国文化和科学史中的殖民话语，可以上溯到 18 世纪，且并未随着德国在第一次世界大战中战败之后的去殖民化而告终。[46] 然而，我们并不是希望否认存在不同的民族特征，但还是必须对一部分德国人仍持有的认为德国所遵循的是一条属于自己的独特的殖民道路的观点提出质疑。[47]

现在的研究太过繁多，事实上很难完全把握它们，但德国历史仍旧将殖民主义作为一个几乎是边缘性的主题。一些人甚至在谈论"将德国的殖民历史从史学研究中排除出去"[48]。这种情况也同样存在于德国民众中。除了零星的纪念场合，他们对德国的殖民历史仍旧几乎毫无意识。[49] 将街道改名为曾经的殖民地，翻修和重新设计为数不多的殖民纪念建筑以及其他当地试图改变人们对殖民历史的冷漠的行动，这些甚至也只收获了极为有限的成效。[50] 有一个事实完美地契合了这种情形，艾蒂安·弗朗索瓦（Étienne François）和哈根·舒尔策（Hagan Schulze）所撰写的、试图全面探索德国文化记忆的《德国的记忆场所》(*Deutsche Erinnerungsorte*) 一书，竟没有以殖民主义为标题的章节。[51] 在国际范围的研究中，同样存在这种断层，比如在大部头的《帝国城市》(*Imperial Cities*) [52] 一书中，包含了伦敦、巴黎、马赛、罗马、马德里，甚至还有维也纳，却没有收录柏林[53] 或是汉堡[54]。

因此，很显然，殖民互动并没有在德国社会的历史记忆中留下一个可以被感知到的存在，这和英帝国形成了鲜明对比，后者在英国认同的建构上作出了巨大的贡献，"不论是在帝国建筑的形式中，还是在对具有殖民主义特征的社会群体的处置上"[55]，而在德国，人们都无法清晰看到殖民的影响。[56] 时至今日，在对德国自己的民族历史的阐释中，殖民的历史仍旧只扮演了一个微不足道的角色。大多数的研究将此归咎于以下原因：德国殖民时代的短暂；1945 年之后去殖民化时代缺乏直接的影响；种族大屠杀和纳粹在政治记忆中的统治地位；黑人流散或者说非洲—德国社区相对较弱的存在感[57]；以及始于 20 世纪 60 年代末的反帝国主义运动——它关注那些"这个地球上应该被诅咒的国家"(弗朗茨·范农 [Frantz Fanon] 语)，却很少将注意力放到德国的殖民主义及其长期影响上来。

我们或许可以得出结论，德国的殖民主义仍旧没有被放到德国历史整体中适当的位置。到现在为止所提出的解释彼此很不一样：一些人仅仅将殖民地视为德意志帝国历史中的一个注脚，其他人则将其视为纳粹种族主义和扩张政策的前期试验。在前期被殖民的国家中，也存在着同样的情况。毫无疑问，关于产生了深远影响的殖民主义是只代表了一个片段还是代表了一种根本性的转型的争论，将持续很长时间。但无论如何，在后殖民主义研究以外，"纠缠的历史"[58] 这一概念为我们提供了另外一种跨国研究的取径，它将为互联的全球史视野下的殖民主义研究带来新的曙光。认为德国并没有"殖民国家"负担和殖民主义传统的观点仍旧是站不住脚的。2004 年，德国举办了对赫雷罗族和纳玛族实施种族灭绝的一百周年纪念活动，它郑重地提醒人们，不要忘记曾经犯下的错误。[59] 如果真如查尔斯·S. 梅尔 (Charles S. Maier) 所言，在全球化的背景下，殖民主义可以取代诸如进步或是纳粹种族大屠杀等，后来居上成为占据主导的叙事，那么，这样一种发展也将对德国产生巨大的影响。[60]

第十二章　意大利

最后一个帝国

伊尔玛·塔迪亚（Irma Taddia）

作为瓜分非洲的行动中最后一个到来的欧洲强国，意大利的殖民主义长期被学者忽略。他们受到列宁"乞丐式帝国主义"（beggar imperialism）的定义的深刻影响，但这一居高临下的判断是仓促的。出于这个原因，直到20世纪80年代早期，意大利史学才开始主要关注所谓的意大利殖民主义的反常和特殊性。这也建立起了关于好的殖民主义的旧有刻板印象，用更为人熟知的话来说，就是建立起了作为"好人"的意大利人的刻板印象。[1] 直到最近，新一代意大利学者才与非洲和其他国家的学者一起，克服了前辈作者在观念上甚至有时是政治上的障碍，并将意大利殖民主义与殖民研究的主流联系起来。[2]

意大利决定参与殖民扩张背后的原因是什么？19世纪后半叶，占主导地位的农业是意大利主要的就业方向，其工业所占比重很小，城市化水平也很低。识字率同样很低，公共管理的情况则惨不忍睹，它就是一个混乱和拙劣的不同体系混杂下的产物。意大利北方和南方之间的巨大差异是不稳定和冲突的一个主要根源，北方被深刻地打上了拿破仑带来的统一的政治和管理的烙印，而南方则仍处在相对落后的波旁王朝传统的统治之下。所有这些特征都使得向民族国家转型的进程显得特别困难，生动地凸显了意大利内部那种导致了社会发展高度失衡的社会、经济和文化差异。

这种不平衡状态的一个主要后果（同时也是经济危机和社会动荡的一个主要原因），便是这些年里农业地区居高不下的失业率，这也导致了主要以美洲和澳大利亚为目的地的大规模移民浪潮。在19世纪后期激烈的政治辩论中，为解决生产力人口不断外流导致的经济和社会危机，意大利人讨

追随恺撒的脚步。墨索里尼从未忘记，罗马曾经征服过已知的世界。（斧头和棍棒所组成的）"法西斯"是法西斯党（Fascist Party）的象征，而罗马帝国骄傲的口号SPQR（Senatus Populusque Romanus，即"元老院和罗马人民"的意思），也成了他自己的统治的座右铭（上页图）。

非洲之角上的厄立特里亚，是意大利帝国主义计划的第一个目标。1869年，意大利以购买的方式获得了阿萨布港（port of Assab），随后又取得了马萨瓦（Massawa）。埃塞俄比亚阻碍了意大利的进一步扩张。1890年，厄立特里亚殖民地获得官方承认，但六年后，意大利的扩张再一次被埃塞俄比亚阻击。伴随着墨索里尼的崛起，扩张的步伐加快，他视埃塞俄比亚为意大利势力范围内的国家。照片展示的是1935年墨西拿（Messina）码头上，一群士兵正登船前往意属东非的场景。

论后，提出将殖民扩张作为一种可能的解决方法。支持意大利参与"瓜分非洲"的人确信，获取海外领地将给失业农民提供一条出路，这将被证明有益于意大利经济，而不是外国的经济体。[3]

这套为扩张所做的经济和社会视角下的辩护，又被部分意大利知识分子进一步完善。他们给辩护词披上了类似于1884—1885年柏林会议上提出的意识形态的合法性外衣。意大利人宣称他们有罗马和基督教的根基，因此有权利和义务对那些被欧洲人视为无知、落后，且深陷知识和道德黑暗中的非洲民众传播文明和推动其进步。但是，我们并不能就此认定这些想法得到了意大利精英或是大众的无条件支持。相反，它引发了激烈的争论，这既反映了与之相关的团体在意识形态上的态度，也反映了他们在物质利益上的诉求。[4]

迈向殖民帝国的第一步：厄立特里亚

第一块将被意大利占领的非洲领土是厄立特里亚（Eritrea），一块位于红海沿岸的小面积的土地，当地人称之为Mareb Mellash（意为"马雷布河上的土地"）或Medri bahri（"海上之地"）。这一小块领土代表了不同语言、宗教和经济活动的混合：闪族语系的信仰基督教的农民生活在高原地区，古西地克语系的半游牧的穆斯林生活在东部的低地地区，同样操闪族语的半游牧的穆斯林则生活在西部低地，尼罗河—撒哈拉语系的农耕—游牧民也生活在西部的低地地带。

19 世纪是厄立特里亚麻烦缠身的一个时期，两败俱伤的冲突是这一时期的特点，这些冲突反映了内部权力斗争和来自邻国埃塞俄比亚以及苏丹的扩张压力——这一情况因干旱、饥荒和传染病在这个国家肆虐而进一步恶化，这些因素极大地削弱了它的经济力量和政治团结。[5]这一脆弱性是理解意大利在厄立特里亚的殖民扩张为何相对容易的关键因素。最早的殖民地，是通过中间人——前天主教遣使会（Lazarist）教士和传教士朱塞佩·塞佩托（Giuseppe Sapeto）——于 1869 年购买的红海沿岸的阿萨布港。为了避免与英国和法国的外交纠纷，这次购买以鲁巴蒂诺船运公司（Rubattino Shipping Company）的名义进行，理由是该公司需要一个燃料存放地和仓库。直到 1882 年，意大利政府才

厄立特里亚一座军营中悬挂的萨伏伊王室的旗帜。

厄立特里亚人民解放阵线（People's Liberation Front of Eritrea）尽全力抵抗意大利的占领，但最终还是屈服了。

正式接收阿萨布，并在当地建立了一个小型的管理机构，三年后开始执行进一步占领该地区的首次行动。为获得英国的支持，经过漫长的外交谈判，意大利最终取得伦敦的授权，占领了当时处在埃及控制下的马萨瓦港（port of Massawa）。英国的同意是经过算计的，相比于让法国这样强大的国家殖民非洲之角，英国人更愿意让意大利这样的弱小国家殖民。

1885—1889 年见证了意大利向厄立特里亚内陆地区——特别是向更为凉爽和舒适的高原地区——的缓慢扩张，这一过程几乎没有受到抵抗，且主要是通过与当地人的谈判实现的。唯一真正意义上的反对来自埃塞俄比亚，后者正经历着一个复杂的由领土扩张和行政重组所构成的国家建设进程。其中最严重的一次冲突是 1887 年的多加利之战（Battle of Dogali）的，此次战役见证了意大利部队富有标志意义的失利，埃塞俄比亚皇帝约翰尼斯四世（Yohannes IV）任命的该地区的军事和行政总督阿鲁拉王子（ras Alula）所率领的部队击败了意大利人。作为意大利一系列失利中的第一次，多加利之战表明，在 19 世纪末，厄立特里亚领地是如何成为地区和外国势力争夺霸权的焦点的。

1890 年 1 月 1 日，意大利正式宣布在红海沿岸建立厄立特里亚殖民地，这一名字来自希腊语中对红海的称谓。在初期，经由军事官员的强势的统治，意大利以马萨瓦为中心建立了一个官僚主义的管理机构。[6]意大利人对原住民实施高压政策，此举导致了大量当地领导人被以阴谋或叛乱的罪名囚禁或处决。与此同时，意大利人尝试将厄立特里亚变成一块定居殖民地。为了达到这一目的，最好的耕地被征收，但引发了多场抵抗，其中最为著名的便是由阿卡拉古扎伊（Akkala Guzay）地区的一位酋长巴塔·哈戈斯（Bahta Hagos）所领导的起义。[7]这场起义，再加上意大利对埃塞俄比亚所采取的不明智的外交战略，导致了1896年3月1日的著名的阿杜瓦之战（Battle of Adwa），在这一战役中，意大利被埃塞俄比亚皇帝孟尼利克二世（Menelik II）领导的部队击败。[8]

阿杜瓦之战的失利是意大利殖民计划的分水岭，对该地区的权力关系产生了持久的影响。一方面，意大利（暂时）放弃了向埃塞俄比亚扩张的梦想；另一方面，埃塞俄比亚也正式承认了厄立特里亚作为一个独立政治实体而存在。另一个重要的变化是，1897年，殖民地军政府被文官政府取代。不仅如此，对于如何利用厄立特里亚，政府中也出现了一种新的态度。现在，人们期待它成为意大利工业的原材料供应地。这也导致土地征收政策被逐渐搁置，直至1926年被最终废除。在尝试激发厄立特里亚的经济活力的过程中，殖民地政府试图将传统的经济体系和资本主义经济体系合并起来。[9]然而，由于不能吸引到投资，再加上意大利特权者倾向于在商业领域投机，而不是在长时期的生产性项目上投资，导致这类殖民地的经济政策受到严重的阻碍。[10]

通过囚禁、暗杀或是流放的方式，意大利当局粉碎了传统酋长的抵抗，此后引入了吸纳当地精英的政策。这一政策基于一个任命制和薪金制的酋长体系，后者的合法性不是源于他们的选民，而是来自殖民当局。另一个将厄立特里亚人吸纳到殖民体系当中的途径，是利用军队。最初，意大利人也使用殖民地部队，不过很节制，但随后态度大变，开始大规模雇用殖民地士兵，即所谓的ascari（意为由原住民充任的殖民地士兵）。[11]这一大规模征募厄立特里亚当地士兵的行动的后果之一，在20世纪初漫长的对利比亚的征服、占领

现代空军的使用，对意大利和埃塞俄比亚的战争中的战术运用至关重要。这些双翼飞机正在厄立特里亚上空进行演习，时间是1935年。

以及"和平化"的战争中显现出来。

意大利对厄立特里亚人实施的教育政策，也凸显了意大利殖民主义的不寻常之处。它有意识地避免形成一个接受西方教育的厄立特里亚精英群体，担心这将给殖民体系的稳定造成妨碍。出于这个原因，同时也为了节省开支，殖民地的教育很大程度上委派给了天主教和新教的传教士。[12]

之后，这些殖民政策都没有发生根本性的变化，直到20世纪30年代，厄立特里亚才经历了急剧的转型，这种转变主要与以埃塞俄比亚为对象的扩张主义和好战态度的再度兴起有关。墨索里尼将埃塞俄比亚视为意大利在这一地区"合法的"势力范围的一部分和意大利天然的经济上的前哨。为了征服埃塞俄比亚，意大利采取了大规模的军事备战行动，厄立特里亚则在其中扮演了主要的后勤中心的角色。从1934年到1939年，当地的意大利人的数量从4500人增加到了75000人。[13]快速的城市化进程开始了，并在城市和农村劳动者之间制造了巨大的裂痕。20 世纪 30 年代也见证了厄立特里亚劳动力市场的根本性变化，越来越多的厄立特里亚人作为书记员、翻译、电报员、电话接线员、司机和意大利人家庭中的家政人员，参与到殖民地的官僚系统当中。[14] 但 20 世纪 30 年代在厄立特里亚和其他意大利殖民地所实施的殖民政策的另一个重要特点是引入了种族隔离，其目的是保护所谓的"种族威望"[15]。根据这一政策，城市空间也相应严格地按照隔离的原则进行分隔，意大利公民和原住民之间的性行为也被禁止。[16]

索马里

索马里以充满异域风情的"芳香之地"[17] 为欧洲旅行者和探险者所知，但直到 19 世纪末，特别是 1869 年苏伊士运河开通后，它才真正引起欧洲人的注意。在 1869 年以前，欧洲人对这个国家知之甚少，一是因为地理上的阻碍，二是因为索马里社会让人难以捉摸的特点。尽管共同的语言和宗教造就了所谓的统一性，但实际上，因为环境和经济上的差异以及对部落的忠诚，索马里地区内部处于很大程度的分裂中。内陆地区中占主导地位的游牧社群被迫过着一种永久性的放牧生活，他们的生活受制于不断变化的气候：gu（一种季节性的大雨）、jiilaal（无雨的严酷季节）和 dayr（季节性的小雨）。在这种极度不适宜的环境下，大多数人被迫不断迁移，这也决定了社会联合、政治权力和经济交换的变动及不同形式。与之相对的是，在南方，由于气候不同，加之可以通过降水或灌溉来定期获得水源，南部的朱巴河（Jubba）和谢贝利河（Shabeelle）沿岸地区得以开展永久性的农耕活动。第三种社会和经济组织的模式，存在于印度洋沿岸的城邦，特别是在贝纳迪尔地区（Benadir）。在这块区域内部，有作为覆盖范围广大的斯瓦希里文明的组成部分的瓦谢克（Warsheikh）、摩加迪沙（Muqdisho 或 Mogadishu）、马尔卡（Marka）、巴拉瓦（Baraawe）和基斯马尤（Kismayu）诸港口，该区域还在跨印度洋的长距离贸易中扮演着积极的角色。[18]

这块传统上内部相互流动、不同领土高度交织在一起的有机的聚合体，在 19 世纪经历了重大变化。从 19 世纪最初几十年开始，索马里沿海各中心受到桑给巴尔的阿曼（Omani）统治者的军事和政治压力，后者成功地将自己的统治势力扩展到了贝纳迪尔地区。在沿海的其他地方，北方的米杰尔坦因（Mijjertein）地区由于奥比亚（Obbia）城中统治家族的斗争而陷入内部冲突。这场冲突的焦点，是争夺在瓜达富伊角（Cape Guardafui）附近水流湍急的河流上救助船只这桩有利可图的生意的控制权。

与此同时，在内陆地区，皇帝孟尼利克二世领导埃塞俄比亚开启建国进程，也开始向南部大举扩张，侵入传统上由索马里人居住的奥加登地区（Ogaden）。[19] 被赶出奥加登地区的许多索马里人迁移至朱巴兰（Jubaland），与当地社区发生摩擦，导致了冲突和混乱的状态。在更北边的埃及人，也在苏伊士运河开通后开始觊觎从塔朱拉（Tadjoura）到柏培拉（Berbera）的索马里沿海地区，并率军团进驻当地。[20] 已经在红海沿岸的厄立特里亚地区拥有了一个落脚点的埃及人将索马里视为向埃塞俄比亚渗透以控制其想象中富饶的高原地带和尼罗河资源的基地。另外，欧洲人也在 19 世纪对索

1896 年在阿杜瓦之战中的失利仍旧是意大利国家记忆中的痛处。图中，海尔·塞拉西（Haile Selassie）的叔祖父——埃塞俄比亚皇帝孟尼利克二世正率领他的部队投入战斗。

意大利部队正在厄立特里亚集结，为入侵埃塞俄比亚做准备。

马里地区产生了兴趣。法国人已经在 1859 年取得了奥博克（Obock）港。英国于 1839 年便在红海另一边的亚丁取得了一个基地，开始将目光投向索马里海岸。到 1882 年，英国人从埃及那里取得了泽拉（Zeila）港。

和厄立特里亚一样，对索马里的占领是偶然的和计划外的，但其中也可以看到更多英国介入的影子。我们已经看到，英国乐于看到意大利在索马里的存在，因为这可以限制当地德国人和法国人更具危险性的企图。到 1886 年，法国、德国和英国确定了桑给巴尔苏丹在斯瓦希里沿海，包括索马里沿海的领土管辖范围，使得它们对该地区事实上的分割成为可能。作为 1885 年才开始进入该地区的后来者的意大利，也试图在更加强大的欧洲竞争对手中为自己寻找一个位置。通过意大利驻桑给巴尔领事，同时也是一个有权势的商人的温琴佐·菲洛纳尔迪（Vincenzo Filonardi），意大利尝试从苏丹那里获取索马里沿海的土地和保护权。经过 1889 年 2 月到 4 月旷日持久的谈判，菲洛纳尔迪成功地以金钱作为补偿使当地统治者签署了条约，承认了意大利的保护国地位。接下来的重要一步是，1892 年 8 月 12 日英国驻桑给巴尔代表杰拉德·波特尔（Gerard Portal）和意大利代理领事皮耶尔·科托尼（Pierre Cottoni）之间签署协议，根据协议，意大利获得贝纳迪尔沿海，条件是支付 20 万卢比作为关税补偿，并且每年向当地苏丹提供津贴。

在控制了从朱巴河到瓜达富伊角之间的整个索马里沿海地区后，意大利面临的主要问题便是如何管理这一广阔而复杂的领土。意大利政府选择以特许公司的方式来实施管理，1893 年 5 月 15 日，意大利政府将贝纳迪尔沿海地区（暂时不包括北部的奥比亚和米杰尔坦因保护地）授权给菲洛纳尔迪公司管理。[21] 菲洛纳尔迪对贝纳迪尔沿海的管理从 1893 年持续到 1896 年，其间，它尽可能地避免与索马里人发生冲突。为了达到这一目的，该公司建立了一个高度私人化的管理机构，其文官系统中只有一个是欧洲人。所有无法确定所有者的未耕地，都被宣布为意大利政府的财产，意大利政府同时也享有开发矿产资源或是将其授予他人的垄断权。该公司禁止奴隶制，并采取措施逐步将其废除。然而，尽管菲洛纳尔迪公司多少享有一些建立海关和制定关税的自由，最终还是因为庞大的行政开支而破产。

三年的经营失败后，意大利政府并没有再给菲洛纳尔迪

1935 年 10 月，意大利展开了报复行动，它的空军轰炸了阿杜瓦，迫使后者屈服。图中，一位埃塞俄比亚将领向意大利部队投降。

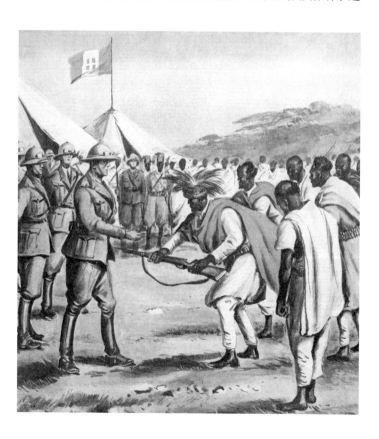

颁授特许状，1896 年 4 月 15 日，意大利政府与著名的探险家，同时也是意大利在该地区殖民扩张的坚定支持者安东尼奥·切基（Antonio Cecchi）的贝纳迪尔商业股份有限公司（Società Anonima Commerciale del Benadir，即贝纳迪尔公司）签订新的协议。切基对贝纳迪尔的管理无论在方式上还是财政上，都和他的前任没有本质区别。1896 年 11 月 26 日，切基在拉佛尔（Lafoole）遭遇伏击身亡，这宣告了这次冒险结束了。[22] 之后，意大利政府决定重组贝纳迪尔公司，将文官队伍扩大为一个更加紧密的官僚体系。尽管公司取得了可观的利润，但管理人员在薪资上的分歧无法吸引投资者，并且受制于当地传统的经济模式，新的贝纳迪尔公司再次遭遇失败。除此之外，一些人在意大利政府的默许下在该地区恢复奴隶制，也使这种情况变得更加糟糕。面对这些问题被揭露带来的丑闻，意大利政府组织了一个调查委员会，调查该公司的责任，并要求修改意大利政府和该公司之间的协议。

最终意大利政府在 1905 年 1 月 13 日收购了贝纳迪尔各港口，并对索马里南部实行直接管理。意大利政府实行家长式统治，并以吸纳领受薪金的原住民酋长和宗教权威为基础实施直接统治，以此调节和索马里人的关系。伊斯兰教法和索马里的习惯法都得到承认，前提是它们不和意大利法律的基本原则相抵触。之后又引入另一项制度，即所谓的原住民法庭（Tribunale dell' Indigenato），它有权对被指控危害安全、稳定和殖民当局声誉的索马里人进行审判。原住民法庭主要以没收财物和集体惩罚执行判决，最严重的是将罪犯流放到厄立特里亚。

新殖民政府的第一个也是最强有力的措施所指向的目标，是让索马里焕发经济活力，其方式是重新恢复它的贸易并发展市场导向型的农业。然而，所有这些尝试都受到了缺乏统一货币（意大利殖民政府无法说服索马里、印度和阿拉伯商人接受意大利通货并放弃玛丽娅·特蕾莎的泰勒银币）、缺乏劳动力、缺乏投资人和可行性研究的阻碍。

早期意大利对索马里的殖民管理所面临的最根本性问题是，对这一领地真正的控制并没有从印度洋沿岸扩展到内陆，即便是在沿海地区，统治也主要依赖于当地酋长的默是一幅创作于20世纪的水粉画，作者可能是海利·贝尔汗·耶梅尼（Haili Berhan Yemene）。

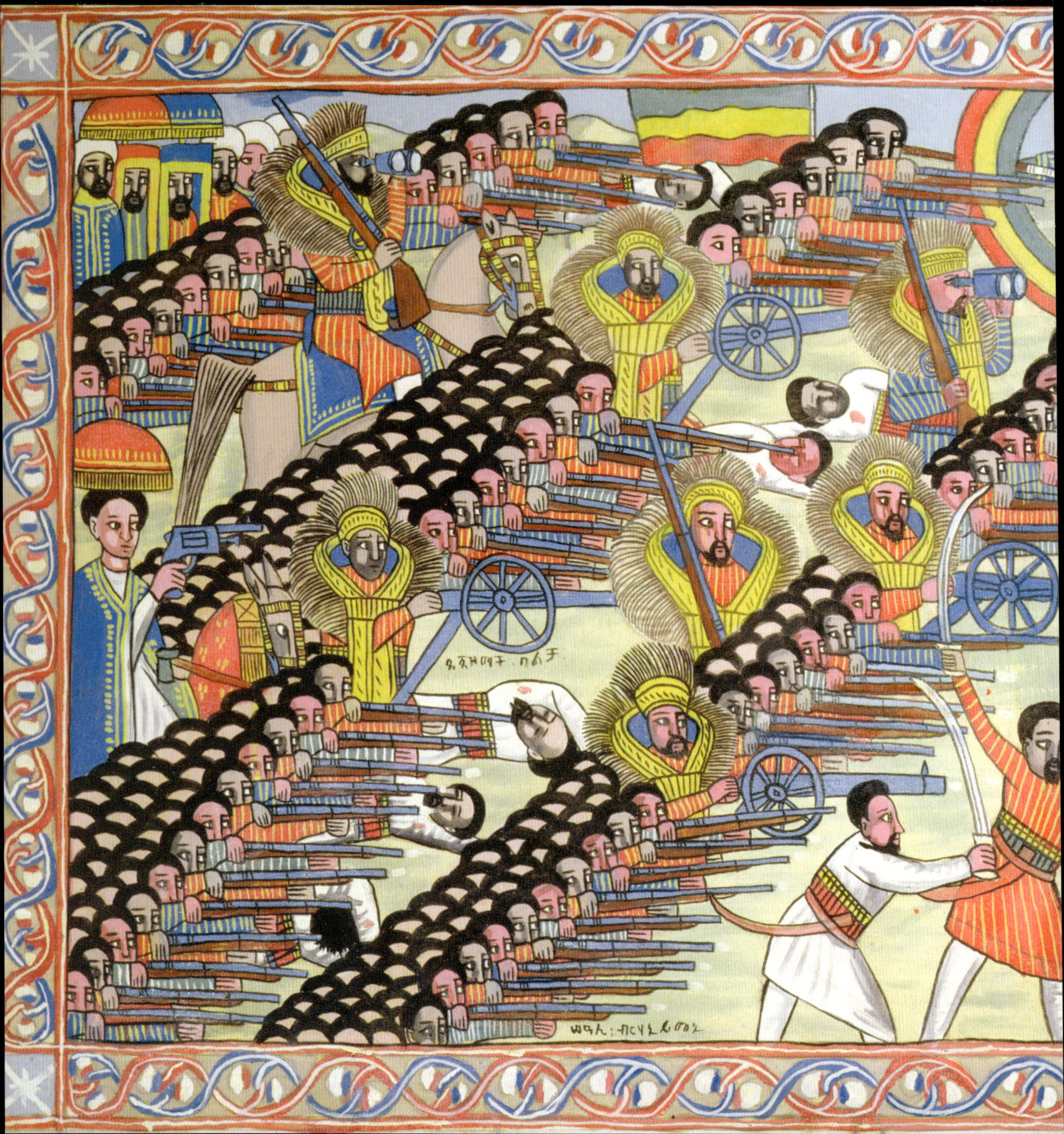

许，而不是建立在意大利政府完全的和不容置疑的权威之上。不仅如此，在很长的时间里，北部的奥比亚和米杰尔坦因保护地，也只是在名义上处于意大利政府的统治之下，其脆弱在1899年清晰地体现出来，这一年，英属索马里兰的萨利希耶[23]穆斯林兄弟会（Salihiyya Muslim brotherhood）的代表穆罕默德·阿布迪勒·哈桑（Muhammad Abdilleh Hassan）发动了反抗英国统治的叛乱，并发起了对英国人、意大利人和埃塞俄比亚人的圣战。[24]混合了反殖民的民族主义和宗教狂热的反抗运动立刻在北部，也就是穆罕默德·阿布迪勒的家乡蔓延，进而扩展到索马里的大部分地区。这场运动限制了殖民当局的控制范围，直到哈桑于1921年2月10日死于肺炎为止。1905年10月，比马尔（Bimal）人发动叛乱并向意大利人的据点发动攻击——这场叛乱针对的主要是意大利人的反奴隶制政策，因此意大利人的境况变得更加糟糕。事实上，比马尔人的经济基础是建立在从事更高贵的游牧活动的精英和承担农业劳动的他们的奴隶之间清晰的劳动分工之上的，因而，对他们而言，意大利人的政策威胁到了自己的

利比亚曾是奥斯曼帝国的领土，但到了19世纪末，和其他土耳其领地一样，利比亚也成为地中海另一边的帝国主义国家觊觎的对象。1911年，一支意大利部队占领了的黎波里和利比亚沿海地区。意大利人被鼓励向当地迁移，并将其视为意大利的"第四海岸"。照片中是1914年的黎波里的"意大利餐厅"，如果没有背景中的伊斯兰式样的拱门，可能都分辨不出它所在的位置。穆斯林在南部的反抗一直持续到了1932年。

经济基础。[25]

　　1922 年后，意大利法西斯试图通过解决若干关键性问题来重组厄立特里亚殖民地。要想将其分散且常常不服从统治的领地统一起来，需要更大规模的军事介入，意大利人通过征募厄立特里亚人、索马里人和也门人组建警察部队实现了这一目标。为了满足不断增长的以士兵为基础的殖民地预算，意大利人建立了一个直接征税的体系，其形式是每年征收棚屋税（hut tax）。伊斯兰教法官（Qadis）和传统的酋长仍旧领受薪水，停发薪水以及其他的惩罚措施被作为施加政治压力的工具。法西斯政府在农业领域采取了比之前更为强有力的措施，农业发展受到极大关注，大量的特权被授予了诸如意大利—索马里农业协会（Società Agricola Italo-Somala, SAIS）和国有农业公司（Azienda Agraria Governativa）中的意大利投资者。然而，这些以自给作物和经济作物农业经营为基础的特权，在没有政府定期资助的情况下根本难以维持。在教育领域，除了一些教会学校外，意大利对索马里基本没有任何的投入，索马里人的教育基本是被无视的；这种情况一直持续到 1935 年，当年的统计显示，意大利人建立了 10 所政府学校和 5 所孤儿院。[26]

　　在索马里被整合到意属东非（Africa Orientale Italiana, AOI）的管理框架内之后，由于法西斯党根据族群界限来组织他们的殖民领地，对索马里的管理也发生了细微的变化，这个问题将在下文中进行探讨。[27] 因此，新的索马里也包括了以索马里人为主的整个奥加登领地。[28]

入侵利比亚

　　利比亚不同于意大利在非洲的其他殖民地。从 16 世纪开始，利比亚的历史中就有奥斯曼人的印记。在今天利比亚的黎波里塔尼亚（Tripolitania）和昔兰尼加（Cyrenaica）两个地区，奥斯曼人带来了持久的影响。一方面，奥斯曼人建立了一种组织和结构相当严密的文官系统；另一方面，奥斯曼人也决定了利比亚对意大利殖民主义的反应方式。[29] 整个 19 世纪，尽管利比亚内部存在游牧的贝都因人和沿海地区居民之间的权力之争，但奥斯曼人还是成功地建立了一个相对

1911 年，意大利的港口的黎波里。事实证明，对利比亚的征服要比意大利人预想的困难。1922 年后，在墨索里尼的统治下，意大利发动了对利比亚更为残酷的战争。

高效的公共管理体系，并提供了电报（1861 年）和学校等公共服务。利比亚历史的另一个重要的方面是伊斯兰教，特别是赛努西（Sanusiyya）兄弟会在国家统一中所扮演的角色。[30] 赛努西兄弟会最初以麦加为根据地，1854 年前后，他们开始将其总部移至利比亚和埃及交界的杰格布卜，以便向其支持者所在的最大的一块区域靠近，并控制来自瓦达伊（Waddai）地区商路源源不断的财富。整个 19 世纪，以伊斯兰教为基础赛努西兄弟会为弥合当地人和部落之间的分歧发挥了重要的作用。通过由 zawiyas（宗教和行政中心）所组成的严密网络，赛努西兄弟会还维持着撒哈拉腹地的稳定与和平。由于奥斯曼人的管理能力不足，这个地区尚未建立任何真正意义上的政治和行政控制。

19 世纪下半叶，利比亚日益成为殖民国家——特别是英国、法国、意大利和解体中的奥斯曼帝国——觊觎的对象。与利比亚相关的两个背景是：同巴尔干地区一样，在地中海地区，利比亚成为欧洲人清算日益衰弱的奥斯曼帝国的场所；与此同时，由于控制着一些跨撒哈拉地区最重要的商路，利比亚腹地也是更大范围的欧洲各国争夺非洲的重要场所。

1881 年法国宣布成为突尼斯的保护国后，意大利对利比亚的兴趣越来越大。在突尼斯有一个相当规模的意大利人社区，意大利人之所以一直将突尼斯视为自己最天然的前哨，一部分正是源于这一优势。现在，意大利迫不及待地将目光投向地中海南部，以便获取领土上的补偿。但由于国际局势不稳定，再加上阿杜瓦之战失利后，他们不再热衷于参与殖民冒险，一直等到 1911 年 10 月 3 日，意大利政府才决定派遣部队占领的黎波里。

和意大利人期望的不同，他们对利比亚的占领既不顺利也不轻松。事实上，利比亚人没有如意大利民族主义宣传所描绘的那样，将意大利视为将自己从奥斯曼人的压迫中解放出来的解放者加以欢迎。利比亚人反而和少壮派土耳其军官组成了反殖民阵营。[31] 意大利人早期的军事行动可以分为三个阶段。第一阶段只持续了几个月的时间，意大利占领了沿海主要的城市中心，比如的黎波里、托布鲁克（Tobruk）、德尔纳（Derna）、霍姆斯（Homs）和班加西（Benghazi）。这次占领行动实施得极为小心翼翼，意大利人主要依靠海军的炮击

第二次世界大战期间，伴随英国和德国军队在北非的交战，利比亚沿海变成一个大规模的战场。在这张摄于 1941 年的照片上，一支英国部队正准备占领火海中的托布鲁克城。

和初次上阵的空军，尽可能避免直接的军事对阵。尽管如此，意大利军队还是遭到了民众的抵抗，不断受到埋伏并遭到沉重打击。这一意料之外的情况让战争进入了第二阶段，这一阶段的特点是，放弃消耗战术，转而公开交火，将部队部署到荒芜的沙漠地带，远离海军炮火和城市堡垒的掩护，但这只在大规模使用了厄立特里亚殖民部队后才真正发挥成效。但意大利人并不能成功地镇压由利比亚和土耳其部队所领导的反殖民抵抗运动，反而持续地遭受着严重的伤亡。一直到第一次世界大战爆发，由于战时审查制度和公众舆论转而关注欧洲战场，为此忽视了利比亚的事态，意大利政府才避免了一场政治危机。此外，由于土耳其作为德国和奥地利的盟国参战，它的军事力量受到进一步削弱，土耳其同利比亚抵抗运动之间的沟通线路也被切断了。为了进一步削弱利比亚人的抵抗，1919年，意大利人制定了专门适用于利比亚人的所谓的"利比亚人法"（Statuto libico）——根据这部法律，利

一场实力悬殊的战斗：1935年10月，墨索里尼对利比亚的残暴入侵，成功地让意大利和弗朗哥的西班牙以及希特勒的德国站到了一条战线上，引发了自由的民主国家的谴责。德国讽刺杂志《像大哥》（*Simplicissimus*）上的这幅卡通画证实了贫穷的农业的非洲如何被强大的工业化欧洲支配。

一张 1937 年的宣传照：作为斗士的
墨索里尼挥舞着伊斯兰的剑。

比亚人没有被视为殖民地上的属民，而是被赋予了某种二等公民的地位，他们被允许在意大利工作，向意大利议会提交请愿，还可以建立自己的地方议会，进而有了出版自由，将阿拉伯语（和意大利语一起）认定为利比亚官方语言的一种，选举利比亚人进入市政委员会，这些也都是这一揽子计划中的一部分。[32]

然而，"利比亚人法"中的政策并没有终止利比亚人和意大利人之间的冲突。1922年10月，墨索里尼掌握了政权，这标志着意大利好战精神的复活和更具进攻性的对外政策的开始。意大利政府尽其所能采取了各种措施来镇压利比亚人的反抗。在格拉齐亚尼上校（Colonel Graziani）残酷无情的指挥下，调用厄立特里亚原住民部队、使用毒气、建立集中营、驱逐整个社区等手段，都是意大利对利比亚的战争的一部分。[33]意大利镇压的主要目标，是被视为利比亚反抗运动的政治和军事领导者的赛努西兄弟会。它所控制的扎维耶城（Zawiyas）遭到意大利军队的封锁，它的所有财产都被没收，它的主要领导人奥马尔·艾尔-穆克塔尔（Omar al-Mukhtar）连续几

入侵得到王室的认可：国王维克多·埃马努埃尔（King Victor Emmanuel）和王后埃莱娜（Queen Elena）访问的黎波里，向墨索里尼的胜利致意。

年遭到无情的通缉，直到 1931 年被捕并予以处决。[34] 他的死标志着无差别的恐怖和暴力的十年之终结，到 1932 年 1 月，于 1929 年被任命为的黎波里塔尼亚和昔兰尼加总督的彼得罗·巴多利奥元帅（Marshal Pietro Badoglio）宣称，战争已经结束，利比亚已经"实现和平"[35]。

军事行动的结束开启了意大利对利比亚占领的新篇章，法西斯开始实施以发展农业并为失业的意大利人提供投资机会为目标的"人口殖民"政策。这是一项大规模的建立定居殖民地的计划，意味着意大利建立了在国家支持和资助下的为农民家庭分配小块土地的体系。这一计划开始于 1933 年。5 年之后，意大利着手实施一项一次性安置 2 万名殖民者的野心勃勃的宏伟计划，1939 年又开始了第二波安置 12000 名移民的计划。法西斯提出了很多华而不实的计划，但这些计划对捉襟见肘的意大利国库来说是一笔太大的开支，它们也和众多的结构性问题存在冲突，其中包括：许多殖民者不愿意留在利比亚——他们中的很多人多次试图回到意大利本土；还有普遍的劳动力不足。第二次世界大战爆发后，随着 1000 多名殖民者被招募参军，劳动力的紧缺进一步加剧。战争也带来了其他的问题，比如缺乏燃料和配件，这也进一步阻碍了这些定居计划的实施。

意大利的政策目标，首先是将利比亚变成一个意大利人的定居殖民地，即所谓的意大利人在地中海的"第四海岸"（Quarta sponda）。这就意味着在种族关系方面，利比亚人要接受他们的殖民主子的统治。意大利的计划中没有为培育一个现代的、接受西方教育的精英群体留下空间。意大利希望利比亚人为发展中的市场经济提供驯服和廉价的劳动力储备。作为轴心国的一员，意大利参与了第二次世界大战，这导致了它在各处的殖民统治迅速崩溃（一定程度上始料未及）。1943 年 1 月 23 日，的黎波里落入英国人控制之下——从生活在埃及的大约 14000 名流亡者中征募的反抗军在英军的占领行动中扮演了重要的角色。

最后一块殖民地：埃塞俄比亚

从意大利介入非洲之角事务一开始，埃塞俄比亚就是它殖民野心下的主要目标之一。其中一个原因是，埃塞俄比亚具有巨大的经济潜力，这提升了其对意大利的吸引力，后者认为，埃塞俄比亚在农业生产和稀有矿产上具有极大的潜力。另一个原因则是意大利人在阿杜瓦遭遇耻辱和战败，这一点在 20 世纪 30 年代被法西斯拿来为墨索里尼入侵埃塞俄比亚提供合法性。[36]

法西斯掌权后，意大利开始实施一个更具进攻性和侵略性的对外政策。对埃塞俄比亚来说，这种政策意味着这个国家与意大利的厄立特里亚和索马里殖民地（自 1902 年的边界协议达成以来，这两块殖民地在某种程度上是连续获得的）之间睦邻关系的结束，并且它开始采取一种非常不同的态度。在入侵埃塞俄比亚的前几年里，意大利不断将外交和军事挑衅升级，同时在国际宣传上把埃塞俄比亚描绘成一个落后、野蛮和原始的国家。反对奴隶制、没收非法武器和破坏国际公约等主题，被法西斯媒体拿来应对国内和国际公共舆论。[37]

在媒体和外交战线之外，意大利还在其主要的军事行动基地——厄立特里亚的马萨瓦港——建立了一个强大的战争

意大利在战争中运用了所有可以利用的手段，包括使用毒气。墨索里尼渴望一场速胜。这是埃塞俄比亚艺术家海利·贝尔汗·耶梅尼从战败者的视角出发描绘的战争景象。

机器。意大利改造了厄立特里亚陈旧的基础设施，使之更为现代，特别是修建了新的公路，以便将部队和武器运往埃塞俄比亚。索马里也被当作向埃塞俄比亚发动入侵的一块根据地，尽管它经历的经济和社会转型要少得多。索马里的确提供了一个绝佳的战争借口（casus belli）：意大利谴责埃塞俄比亚在奥加登的瓦尔瓦尔（Wal Wal）绿洲蓄意制造事端，并动用从 1932 年开始便悉心组建起来的军事机器，发动了对埃塞俄比亚人的进攻。战争即将爆发之际，墨索里尼又于1935 年 1 月 15 日宣布，将厄立特里亚和索马里合并到新建立的意属东非（AOI）之中。

到 1935 年夏天，入侵准备已经完成。在军事手段之外，墨索里尼还通过外交上的弃权（désistement），成功获得法国对意大利的埃塞俄比亚计划的某种非正式的支持。另外，意大利又利用国内社会的分裂和政府官员的优柔寡断，于 1935年 10 月 2 日，未经任何先期的正式宣战，发动了对埃塞俄比亚的进攻。墨索里尼想要一场迅速和漂亮的胜仗，既能壮大意大利作为一个重要的国际性大国的野心，又能确保意大利公众舆论的支持。然而，军事行动的步伐要比意大利所希

望看到的那种闪电战（Blitzkrieg）来得缓慢，直到 1936 年 5 月 5 日，意大利部队才克服了对手的顽强抵抗，开进首都亚的斯亚贝巴（Addis Ababa），并宣称赢得了战争的胜利。意大利使用了空军和毒气——二者在这次战争中扮演了特殊角色，且引发了埃塞俄比亚部队的混乱和恐慌。埃塞俄比亚皇帝海尔·塞拉西（Haile Selassie）于 5 月 1 日逃离亚的斯亚贝巴，开始了在英国的流亡，任由这座城市陷入混乱和无政府状态。[38]

占领亚的斯亚贝巴后，墨索里尼宣布埃塞俄比亚是所谓的意属东非帝国的一部分，尽管埃塞俄比亚一再提出抗议，但面对这一事态，埃塞俄比亚于 1923 年便加入的国际联盟却几乎没有表示反对。到 1938 年，主要的欧洲大国都承认了意大利对意属东非的统治，这在国际关系中制造了一个危险的先例。针对这一问题，一些历史学家提出，入侵埃塞俄比亚，以及墨索里尼公开无视国际联盟的象征性的和外交上的地位，为最终导致第二次世界大战爆发的紧张国际关系的升级铺平了道路。

然而，外交上的胜利和官方宣称的埃塞俄比亚战争的结束，既不意味着这一新近被占领的领土的真正稳定，也不意

抵抗运动是英勇的，但缺乏组织性。基督徒和穆斯林携手对抗共同的敌人。

胜利之后，也就是 1936—1940 年间，意大利人将大量的资源用于实施将埃塞俄比亚变成一个现代化的西方国家的计划。墨索里尼也赋予了自己半神式的地位。

味着反抗的结束。抵抗运动持续到意大利终止对埃塞俄比亚的占领之时，且毫无减弱的迹象。出于这一点，一些历史学家，特别是埃塞俄比亚的历史学家，拒绝接受意大利对埃塞俄比亚实施了殖民统治的说法，而倾向于使用军事占领的概念。意大利残酷的压制政策疏远了大量埃塞俄比亚人（和其他族群）中的精英。这一过程中的一个关键时刻，是意大利对 1937 年 2 月 19 日那场未遂的刺杀格拉齐亚尼元帅（也就是早些时候残酷镇压利比亚抵抗运动的行动的策划者）的行动的反应。意大利政府实施了可怕的报复行动，在三天时间里，意大利警察、平民和法西斯民兵组织随意向所有他们遇到的埃塞俄比亚人实施报复。数千人在亚的斯亚贝巴遭到残忍的屠杀。此外，针对埃塞俄比亚的教会、知识分子、学生，甚至是传统说书人，意大利也实施了系统的镇压政策。[39]

军事占领后，意大利立即着手重组其庞大的殖民地。为此，一个巨型的官僚体系被建立起来，实现了法西斯在意属东非以族群为边界将其分成六大区域的殖民主义愿景。法西斯则利用宣传手段，将这一政策的目标描述为建立一个反对传统的阿姆哈拉（Amhara）族霸权统治的"全体埃塞俄比亚人的文明和人道的帝国"。而实际上，这一分割政策是为了削弱对殖民统治的抵抗。

意大利人为埃塞俄比亚以及其他意大利殖民地所设想的发展模式，就是"人口殖民"，其中包含了以意大利农民家庭为目标的大型定居计划。[40] 但是，这一野心勃勃的政策不得不面对许多严重的阻碍，比如乡村地区缺乏安全保障、资本、燃料、食物和配套设施。人口殖民因此从来就没有成功过，意属东非甚至都无法依靠自己的农产品实现食物的自给。

意大利短暂的占领留下了持久印记的地方，是城市和基础设施建设领域。为了实现"人口殖民"的梦想——一个在不久的将来拥有数百万意大利定居者的意属东非殖民地，并且赋予"意大利的非洲"这一术语真实意义的梦想，法西斯开始在亚的斯亚贝巴实施一项雄心勃勃的城市发展计划。所有新的地方首府的建筑设计几乎都发生了改变，不仅如此，意大利人还为每个城市都制定了一个宏伟的总体规划。法西斯认为，建筑应该成为意大利和法西斯的优越性与实力在视觉上的载体。[41]

帝国的终结及其遗产

尽管法西斯宣称自己拥有一个千年帝国，但它野心勃勃的帝国梦想在最初阶段就宣告破产了，这要归咎于意大利参加第二次世界大战的决定。到 1941 年 2 月 25 日，盟军部队便已经占领了摩加迪沙，1941 年 5 月 5 日，也就是意大利占领埃塞俄比亚仅仅 5 年后，皇帝海尔·塞拉西便回国掌权。6 月 11 日，英国军队占领了阿萨布，11 月 11 日，意大利最后一波反抗在埃塞俄比亚的贡德尔（Gondar）镇被扑灭。到 1943 年 2 月中旬，最后一批意大利和德国部队被赶出了利比亚。

除了第一次世界大战结束后便失去殖民地的德国外，意大利是唯一一个没有领导殖民地完成去殖民化的欧洲殖民国家。这一反常现象在殖民地造成了许多长期问题，特别是在非洲之角。概括起来说，当代非洲历史的一个特征，便是前殖民国家在殖民地领土和行政框架内建立民族统一体所导致的困境。民族只能被看作由殖民主义的政治权力所开启的进程的一个结果，并以此来对其加以分析。并不是民族造就了国家，而是不同国家造就了不同的民族；因此，民族主义在这里并不是冲突的原因，而恰恰是冲突的结果。

在意大利殖民主义的历史中，我们只能看到这一模式的一些组成部分。事实上，尽管去殖民化社会的主题就是非洲之角的主要特征，但在这一地区的去殖民化进程中，还是表现出许多不同之处。由于 1941 年军事上的失败，意大利没有能力在为自己的前殖民地架设一座通向独立的桥梁的的

位于厄立特里亚的模范城市阿斯马拉（Asmara）在 20 世纪 30 年代由意大利建筑师予以重建，以展示他们的意识形态和专业性。这座法西斯党总部大楼（Casa del Fascio），和其他众多建筑一起，将阿斯马拉变成了一份凝固在了时间里的政治遗存。这座特殊的建筑现在是教育部的办公场所。

被废除的皇帝海尔·塞拉西两次（1936年
和1938年）向国际联盟申诉，希望后者帮
助自己抵抗意大利的入侵，但两次均遭到无
情的漠视，这是西方民主国家绥靖政策的早
期例子，它们很快就将为此感到后悔。1941
年，海尔·塞拉西恢复了自己的皇位，但之
后，由于一场内部的政变，塞拉西被再次废
除，并于1975年被谋杀。

过程中发挥殖民"作用"，又由于它顽固地拒绝接受西方式
教育的精英群体的发展，它也无法和他们就权力转交进行
谈判。

前意大利殖民地的去殖民化进程主要是由外交因素和国
际关系决定的。它们从植根于殖民主义的错综复杂的民族主
义（厄立特里亚和索马里）、地区的霸权企图（埃塞俄比亚）
和冷战前的均势的互动中发展起来。[42] 埃塞俄比亚通过皇帝
海尔·塞拉西聪明的外交，将不明朗的事态转变为自己的优
势，使得复杂和相对无组织的厄立特里亚民族主义和索马里
民族统一主义（irredentism）变得中立化，这在某种程度上
令本就复杂的景象变得更加不同寻常。[43]

和其他非洲殖民地一样，复杂和时常是混乱的非洲之角
的当代历史，一部分可以被解读为殖民统治令人不安的遗
产。对当地制度的影响、新的政治认同和对领土的重组，是
相互关联的主题，存在于被殖民的非洲各处。非洲之角情况
之特殊，在于意大利统治的突然和意料之外的终结，后者没
有对前殖民地当局的去殖民化进程产生重要和积极的影响。
这一遗存，再加上该地区社会内部复杂的情况，让当地人民
付出了沉重的代价，他们的后殖民主义历史充斥着不间断的
政治危机、战争、饥荒和混乱。

第十三章　美国

帝国是一种生活方式?

弗兰克·舒马赫(Frank Schumacher)

美国现在是,或者曾经是一个帝国主义国家吗?在某种特别的意义上,这个问题的答案是肯定的。美国在一些时期宣称对海外领土享有权力,但这种权力却有着多种表现形式。旧式的殖民化只是其中之一。另一种是遍布全球的军事基地网络。但还有一种,也最接近今天的情况,是确立起文化和经济上的统治,即一个意识形态意义上的帝国。19世纪美国的早期扩张可能最接近欧洲所理解的建立帝国的行动。但在像"美国向前进"这样的寓言里,重点不在于征服,而在于将铁路和电报——换言之,文明——带到几乎无人的土地上。因此,美国人可以不把自己看作帝国主义者或者殖民者,而是看作施恩者,从这之后,他们也一直倾向于这样看待自己(上页图)。

我们不停地在创造被人类称为帝国的东西,与此同时,我们却依旧相当真诚地相信这不是帝国,因为它给我们的感觉和我们想象中帝国应该给我们的感觉不一样!

——沃尔特·李普曼(Walter Lippmann),1927年[1]

我们追求的不是帝国,我们不是帝国主义的。我们也从来不是。我没法想象你怎么会问这个问题。

——唐纳德·拉姆斯菲尔德(Donald Rumsfeld),2003年[2]

"帝国"在美国今天的对外政策辩论中是一个热门词。在美国国内外,"帝国"越来越多地被那些美国当前全球战略的支持者和反对者用于讨论华盛顿构建国际秩序方式的利弊。这类争论能从历史中寻找到充分的例证,它也将美国的权力置于更大的前现代和现代帝国的历史语境当中。"帝国"被用来解释美国的权力范围、预测其影响力的消亡,或是用于深入理解长期以来为美国利益所做的辩护和实施的保障措施。[3]

使用"帝国"这一标签,是自由主义和保守主义批评家的一种悠久传统,这一传统可以追溯到共和国建立之初的岁月。如今不同的地方在于对"帝国"、"帝国的"和"帝国主义"这些术语泛滥性的和时常隐喻性的使用,这不仅表明了一种新的自信,同时也暗示任何对美国权力及其影响的复杂面向和表现的描述都是困难的,而且常常自相矛盾。它倾向于把美国的影响力概括和归类为帝国主义的,却并未意识到时间和空间上存在限制。

在探寻美国式的帝国模式的过程中,本文追溯了美国从

18 世纪末以来向世界大国的演变。本文认为，从整个历史上来看，美国从未放弃使用帝国主义和霸权式的权力形式，在区域、地缘和全球背景下，这些形式还经常存在着交叉重叠。帝国从来都不是毫无争议的，但事实证明它作为一种方式持久可靠，对帝国的渴望与美国是一个普世国家的自我认知相互交融。

从杰斐逊的"自由帝国"到伍德罗·威尔逊（Woodrow Wilson）自由—民主的"国际主义"，再到冷战中的遏制政策，美国这种压迫性的、时而明显的帝国主义力量，常常自相矛盾地被描绘成一种防御性的和反帝国主义的手段。第一次世界大战结束以来，美国倾向于建立全球范围内的领导霸权，以及在西半球建立非正式的帝国。但这一趋势并不排除准殖民关系的存在，以及对感知到的地区动荡（特定的历史环境和地区背景）做出清楚无误的帝国主义式的反应。

"从头开始，重整世界"：横贯大陆的、殖民的和非正式的帝国（18 世纪 80 年代—1914 年）

我们有能力从头开始，重整世界。
——托马斯·潘恩（Thomas Paine），1776 年 [4]

上帝把我们塑造成杰出的世界的组织者……他指定美国人作为最终领导世界重建的选民。这是美国的神圣使命。
——阿尔伯特·贝弗里奇（Albert Beveridge），1900 年 [5]

在整个 19 世纪，美国几乎将自己的国土面积扩大了三倍。在这一扩张过程中，三种相互重叠和密切联系的帝国形式被创造出来：将美国的统治施加于整个北美的帝国形式，在拉美和亚洲的非正式帝国，以及海外的殖民帝国。经济和人口的惊人增长，使用强力避免分裂趋势的能力，统一的交通和通信网络的创建，一致的扩张主义的意识形态，以及有助于帝国扩张的文化环境，都对这种权力地位的出现和维持起到了推动作用，而后者又反过来促进了前者的发展。[6]

扩张主义突进的核心，是通过外交和战争一步步获得和征服横贯大陆的广阔空间。在外交上，利用帝国间的竞争或是欧洲大国紧迫的财政需要，美国将取地战略的重心放在购买大块土地上。其中有两个显著的例子：一是1803年以1500万美元从法国手里购得路易斯安那——这笔交易将美国的领土扩大了一倍；二是1867年以720万美元从俄国手中购买阿拉斯加。

美洲土地上居住着众多不同文化的原住民，他们的影响力和人口在欧美人不间断的扩张压力下不断式微。美国政府使用三种方式控制这些地区：谈判、直接的战争和同化政策。[7]

华盛顿所谈判和达成的成百上千的条约，将美洲原住民的土地源源不断地转移到中央政府手里。18世纪30年代以来，作为独立民族的原住民的生存不断受到联邦政府的破坏。将切罗基人（Cherokees）迁走，以及之后最高法院关于印第安人地位的诉讼案，标志着美洲原住民领地被一步步从主权国家降格为"美国的监护区"。

如果外交手段失败，那下一步就是战争。随着时间的推移，美洲原住民在军事上被打败，并被限制在保留区内。幸存者被迫向西迁移，他们成为美国土地上的被殖民者。紧接着而来的是内部殖民化政策，与此同时，教育也被用来为帝

1846年的墨西哥战争以美国人占领墨西哥首都墨西哥城而告终，美国获得了中西部大面积的土地，但也支付了1500万美元作为对墨西哥的补偿。美国应该夺取整个墨西哥的建议遭到了否决。

1838 年将切罗基印第安人从密西西比河以东地区强制迁移到今天的俄克拉何马的行动一直使美国人的良心感到不安。罗佰特·林德诺（Robert Lindneux）的画作《血泪之路》（Trail of Tears），是对这一仍旧萦绕在美国白人心头的悲剧的生动呈现。

Robt. Lindneux
1942 ©

范尼·弗朗西斯·帕尔默（Fanny Frances Palmer）创作于 1868 年的《向西迈向帝国的进程》将"帝国"一词正确地与美国的扩张联系了起来。

国服务——为根除印第安文化的一切痕迹，美国人做了广泛的尝试。[8]

亲历过崛起的横贯大陆帝国侵略力量的，不只是美洲原住民。1846 年，美国与墨西哥之间爆发战争。获胜的美国军队征服了墨西哥北部大部分地区，并占领了这个国家的首都。到 1847 年夏天，许多扩张主义者要求兼并整个墨西哥，而反对者则以种族为由拒绝这种要求。在他们的解释中，将墨西哥人纳入美国的政治实体是对美利坚民族国家的损害。《瓜达卢佩—伊达尔戈条约》（*Treaty of Guadalupe-Hidalgo*，1848）宣告战争结束，130 多万平方千米的土地（今天的加利福尼亚州、新墨西哥州、亚利桑那州、犹他州和内华达州，以及科罗拉多州和怀俄明州的一部分）被割让给了美国，作为补偿，美国政府支付给墨西哥政府 1500 万美元。

与征服陆地的扩张主义动力相伴的，还有美国作为全球经济强国引人瞩目的崛起。用历史学家保罗·肯尼迪（Paul Kennedy）的话来说，"美国似乎拥有所有的经济优势，而其他大国只拥有一部分，并且这些大国的劣势美国一个都没有"[9]。这些最终推动美国占据全球霸权地位的优势有：肥沃的农地、丰富的原材料、开发这些资源所需的技术创新（诸如铁路、蒸汽机、采矿设备）、社会和地理上的限制较少、没有明显的来自国外的威胁，以及用于国内外投资的资本流动。急剧的人口增长推动和加速了美国经济实力惊人的扩张，1790 年美国人口为 390 万，到 1900 年已经增长到将近 7600 万。

横跨大陆的帝国的出现和扩张，也有赖于这个国家应对挑战和分裂倾向的能力。南部邦联（Confederacy）尝试从这个国家中分离出去，这是其中最严重的一次威胁，经过了漫长和血腥的战争，这一威胁才得以消除。1865 年之后，南方作为正式和非正式的次级行政区（这一状态持续了 20 多年），被再次整合到国家当中。

南北方的对立并非唯一危险的分裂：东部沿海地区和美国西部就好比两个彼此对立的国家。很多电影让人们记住了"狂野西部"的"无法无天"：只要没有被纳入和整合到联邦体系当中，它就是对帝国中心的一种挑战。在贸易线路、潜在的农地和战略据点上的资本与利益常常受到挑战，为此美国骑兵强迫原住民接受统治，并把这些领地置于准殖民地的状态下。

那些广大的空间被整合到全国范围内新兴的交通和通信网络中，这使得军事远征更有效率。在这一背景下，美国铁路系统的演进带来了极大的便利。1830 年，铁路全长仅有 40 千米。到 1880 年，可用的铁路已经增加到 149670 千米，

怀揣着为美国打开对日本贸易之门的目的，马修·C. 佩里不请自来，于 1853 年抵达日本横滨。此前日本一直将自己和世界其他地区相隔绝。五年后，双方签署协议，日方授权美国进入日本的五个主要港口。

一幅日本绘画描绘了佩里的明轮汽船搭载300 名水手和武装的海军陆战队驶入海湾的场景。

到 20 世纪早期，这一数字达到了 321870 千米。第一条横贯大陆的铁路之修建被一位历史学家比作"帝国快线"，它是西部通过交通网络被最终整合到国家当中的象征。[10]

伴随着交通的迅速发展，通信技术也同样获得了革命性的发展。[11]19 世纪初，新闻从新共和国的东部沿海传递到西部国境需要 25 天时间；到该世纪末，通过诸如电话、电报和无线电这些新的媒介，新闻几乎可以瞬间完成传递。到 1900 年，已经有 140 万台电话投入使用——每 60 个居民就有一台。在同一时间，无线电或电波也得到试验性的应用，开始将通信技术推向一个新的纪元。

这一横贯大陆、在西半球拥有巨大利益和全球视野的帝国的创建，是基于一种准宗教使命般的意识形态，它将自身的行动合法化，即相信美国的国家发展是独一无二的，美国的思想是普世的。[12]那些核心信念注定将持续发挥作用，使自由的民主制度信仰与帝国的创建更加协调一致。

自共和国建立之初，美国人便持有一种"合众国是一项既神圣又世俗的计划的信念，这是一项在指定的但无明确界线的大陆背景下，具有世界历史意义的使命"[13]。这种使命的神话源于《圣经》中的思想——如千年王国的降临，在它的阐释中，美国的历史是救赎和拯救的阵地，而美国这个国家则承担着救赎者的身份。这种"使命在身"的自我认知包含两个方面：一是将美国视为人类希望的灯塔；二是不仅仅满足于"山巅之城"的战略，而是要求国家在对世界的重塑中扮演积极的角色。

对共和主义实验的自豪和关于美国神圣角色的弥赛亚式的信念，造就了美国是一个普世国家的自我认知。甚至是在这个国家独立之前，托马斯·潘恩就对美国在世界中的角色做出了最强有力和经久不衰的阐述。[14]在《常识》（*Common Sense*，1776）中，他强调新旧世界的根本性差别，他提出，美国的愿望与国际的愿望是一致的，并强调国际体系中相互间贸易的依赖所带来的有利影响。然而，历史学家塞尔奇·里卡德（Serge Ricard）却提出，这种弥赛亚式的普世主义实际上掩盖了利他主义下的干涉和家长式统治——先是在北美大陆，接着在西半球，最后在全世界。[15]

但是，一个共和国有没有可能也是一个帝国呢？孟德斯鸠等人曾警告说，共和国是不能通过征服来扩张的，也不能期望在别处成功地复制他们的宪政体系。与之相反，许多美国的"国父"，如亚历山大·汉密尔顿（Alexander Hamilton）、詹姆斯·麦迪逊（James Madison）、本杰明·富兰克林（Benjamin Franklin）、托马斯·杰斐逊、詹姆斯·门罗（James Monroe）和约翰·昆西·亚当斯（John Quincy Adams），则以不同的方式断言，辽阔的领土与一个共和主义的政府不仅兼容，且这种兼容是有必要的。他们的观点与孟德斯鸠等人的观点有着明显的不同。他们认为，广阔的领土是对一个主权公有的共和国的赐福，可以用来对抗道德的败坏以及由此带来的最终衰落。一个不断扩张的国家也将防止共和国被单个的利益集团统治。

与此同时，这张扩张的处方也被解释成是为了防范欧洲帝国主义在北美的可能入侵。建立帝国变成了一种指向旧世界帝国主义势力的反殖民手段。扩张和帝国主义控制

有着4亿潜在消费者的中国市场，以强迫和劝诱相结合的方式（其中还包括文化上的冲击），几乎和日本市场同时被打开。

被认为对合众国的国家安全而言至关重要，这一精神层面的建构，将在美国历史中为帝国和霸权提供一种长久的论据。

整个 19 世纪，美国人都把太平洋、亚洲大陆和加勒比海视作商业和战略利益的"天然"势力范围。然而，尽管一些扩张主义者提议将加勒比的大部分地区纳入更大的美利坚帝国之中，但是这从未主导官方的对外政策日程。相反，美国更倾向于采用非正式的帝国的方式，其手段包括商业上的渗透、惩罚性的军事远征、教会改革和教育的现代化。[16]

在亚洲，美国实施的则是一种弗兰克·宁科维奇（Frank Ninkovich）所说的"搭便车式的帝国主义"（hitchhiking imperialism）[17]，即美国追随英国政策所确定的模式，直到实力允许自己采取更果决的政策。为了使日本向美国"开放"，美国实施军事恐吓，并允诺提供现代化的益处。海军准将马修·佩里（Matthew C. Perry）1853 年和 1854 年的两次造访为 1858 年的《日美友好通商条约》奠定了基础，条约准许

如果自己的利益受到威胁，美国会毫不犹豫地派出军队帮助"解除不讲规矩的当地人的武装"。这张照片所示的是，1915 年，500 名海军陆战队队员登船前往海地。

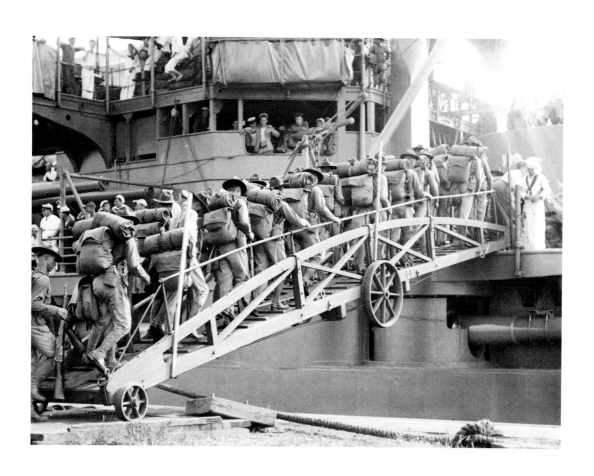

美国人进入 5 个主要的对外贸易口岸，并确认了美国享有治外法权。在朝鲜，美国尝试再一次使用佩里的计策，但随着 1871 年战争的到来，这一计划提前终止。

想象中的巨大财富和 4 亿人渴望购买美国产品的中国市场所具有的商业潜力，在美国商人、政治家和战略规划家的头脑中占据了重要的位置。面对国家快速转为工业经济体所带来的产品剩余，美国人希望通过进入海外市场来维持社会的稳定，这也被认为有利于世界其他地区。[18]

为了保障这种机会，美国试着限制和引导大国间的纷争，防止中国被分割成一块块的势力范围。1899 年和 1900 年的两份"门户开放照会"（Open Door Notes）延续了 1844 年《望厦条约》的传统，美国从该条约中取得了最惠国地位，中国给予欧洲大国的所有好处，美国也能确保自动获得。美国之外的其他帝国主义大国和中国自己（就像美国在 1900 年的义和团运动中参与西方的军事干涉所充分体现的那样），都不会阻碍美国进入中国。

在中国和亚洲其他地方，美国在进行商业渗透和间或使用远征军的同时，还开展了强大的传教和文化改革运动。1870 年到 1900 年间，美国传教士涌入中国，以推动"世界

对美国英雄时代的蛮荒西部的重现，流露出对过往的骄傲，以及认为问题已经得到解决的信心。

的福音化"，并成为一股强大的外国文化力量。到 1925 年，传教士的数量达到 5000 人。其他如基督教青年会（YMCA）这样的世俗性机构和美国社会的改革者，以及后来的慈善机构也纷纷进入中国。他们的活动也日益受到美国政府的支持和保护，他们的现代化计划创造了需求，反过来又推动了贸易。

美国在亚洲的利益也导致了以夏威夷为核心的非正式的岛屿帝国的诞生。从 19 世纪 20 年代以来，在由美国传教士转变而来的种植园主的助力下，夏威夷成了文化和经济上都依赖美国的卫星国。美国再三警告欧洲大国不要试图兼并夏威夷，它不仅免除夏威夷产品进入美国的关税，还取得在珍珠港驻扎海军的权利。1893 年，美国甚至实施干涉，试图换掉对与美国的亲密关系不满的当地政府领导人。兼并经常是辩论的主题，但将大量不同种族的中国人、日本人和夏威夷原住民纳入，仍旧是反对兼并的主要理由。但仅仅几年之后，出于殖民野心，也担心日本控制夏威夷，美国战略发生了改变，非正式帝国变成了一个正式帝国，夏威夷群岛在 1898 年被正式兼并。[19]

在加勒比海，美国同样由非正式帝国转变为一个正式帝国。[20]美国在该地区牵制欧洲势力，并运用商业上的霸权、文化上的渗透和军事上的干涉保障自己对一些国家事实上的统治权，如古巴、海地、多米尼加共和国、巴拿马、尼加拉瓜、洪都拉斯和萨尔瓦多。在许多情况下，华盛顿宣称拥有不受限制的干涉权利，并频繁派遣海军陆战队控制当地。[21]

古巴是介于非正式与正式帝国之间状态的一个例证。由于将古巴视为美国天然的和战略上重要的附属地，美国的商业利益集团控制了这个岛屿。美国公司几乎垄断了烟草、糖和水果生意以及矿业。单是联合果品公司（United Fruit Company）就控制了 20 万公顷的土地。到 1902 年，美国在古巴的投资超过了 1 亿美元，到 1925 年，这一数字增加到了 15 亿美元。

1898 年西班牙在美西战争中战败后，古巴被置于美国军政府的统治之下。虽然兼并古巴的临时性计划可以追溯至 19 世纪 20 年代，但受到强大种族主义思想的影响，为美国向西班牙宣战的决议所附加的《特勒修正案》（Teller

Amendment）禁止美国兼并古巴。但通过 1903 年被写入古巴宪法的《普拉特修正案》（Platt Amendment），华盛顿获得了干涉的权利，并得到了关塔那摩（Guantanamo）的一个海军基地。在接下来的几十年中，美国（常常因为当地精英间的派系战争）屡次干涉古巴，甚至在 1906 年到 1909 年再次实施军事占领。古巴有限的主权将该岛牢牢锁定在美国的非正式帝国当中。

关于准殖民关系的一个更有力的例子，是美国在巴拿马"建国"中所采取的非传统政策。在法国修建运河失败，英国同意美国单独控制运河后，美国选择了哥伦比亚的东北部省份巴拿马作为这一宏伟项目的地点。波哥大（Bogotá）方面拒绝了美国开出的条件，但美国支持下的一次叛乱帮助巴拿马取得了独立。这一新国家感激，并承认了美国干涉的权利，并划给华盛顿一块运河区，它既不是正式的也不是非正式的美国领土。这是一块准殖民地，有时候也被称作"政府拥有的保留地"。

1914 年 8 月，竣工的巴拿马运河成为美国在加勒比地区非正式帝国的战略中心。它提供了商业的动力，完善了大洋

美国通过一系列的博览会向世界展示自己的优越地位，其中就包括 1904 年为纪念路易斯安那购地一百周年而举办的圣路易斯国际博览会。

间的船运网络，也代表了对美国安全至关重要的一项战略资产。借由连接遥远的东西海岸，巴拿马运河也完成了这一横贯大陆的帝国的内部整合，与此同时，它还确认了美国在新的东西之间全球交通和通信线路网络下的中心地位。[22]

由于在美西战争中获胜，美国在加勒比地区和太平洋建立起了一个殖民帝国：菲律宾、关岛、波多黎各和夏威夷成为殖民地，古巴和巴拿马则成为事实上的被保护国。[23] 相比世界上由欧洲强国控制的殖民地，美国的殖民帝国要小得多，但它是美国征服国外市场和战略上保障美国利益的跳板。另外，领土的限制丝毫没有阻碍美国人的殖民热情，在这种热情的驱使下，美国的政策就是要从根本上重塑被殖民社会。

美国在菲律宾的殖民地国家建设计划，是通过有史以来最血腥、代价最高的一场殖民战争完成的。为了镇压当地的独立运动，这场战争将众多殖民地变成了"凄凉的荒地"。服役的 13000 名美国士兵中有将近 5000 人，菲律宾人中有将近 20 万到 75 万人在战争中丧生。[24]

伴随战争而来的还有基于社会工程的大规模和平计划，尽管美国极力强调"善意的同化"政策，但这一帝国主义计划在国内还是遭到了强烈的反对。商人、工会领袖、教育家、教士、社会改革家、作家和政治团体组成了一个多元化、强大但最终被证明不起作用的联盟。对暴虐的战争行径的频繁报道维系着反对力量。反帝国主义同盟（Anti-Imperialist League）的领导人之一马克·吐温（Mark Twain）建议修改美国的国旗：把白色条纹换成黑色，把众星换成一个骷髅。[25]

一些对殖民计划强有力的反对意见则反映了长期以来的殖民主义和家长式统治的观念。他们强调自己所认识的热带气候对人类状态的负面影响，并认定将殖民化作为文明的进步的方法是荒谬的。其他人则提起了美国在处理与原住民关系以及长久的奴隶制遗产中的负面记录，强调这个国家没有资格为被殖民种族实施教育改进计划。最为重要的是，反帝国主义的批评强调，一个殖民共和国在本质上是自相矛盾的。

帝国的支持者对殖民计划表示欢迎，他们认为这是这个国家进入帝国主义强国的特权俱乐部的入场券。其核心则是基于这样一种信念：盎格鲁—撒克逊人的社会效率高于所有其他种族，这两个民族也应该为了他们的共同利益而合作。[26]

这一套思想促进了美国和英国之间的亲密关系。[27]面对成为一个殖民国家的任务，美国人在众多的问题上借鉴了英国的经验，从殖民地管理到殖民地的城市规划，再到殖民地的医疗等。同时，他们也会再次检视自己国家的历史并从中获得引导。当然，这一过程中存在一种固有的假设，即认为殖民计划并没有偏离轨道，它是由大陆帝国向海外帝国转变的一种合乎逻辑的进程。[28]

在这个独一无二的国家的兴起过程当中，有一个独特的构成要素：向西部扩张，它是由一些被广为接受的传统、神话和实践塑造的。以此推论，海外帝国的构建也可以轻易地被奠定在这些要素之上。对西部的文化定义，包含了大量的种族主义和社会达尔文主义，这是弥漫于 19 世纪美国社会中的边疆神话的一部分。从廉价小说，到国会大厦的艺术装饰，到民族志展览，再到对狂野西部的重新演绎，大量的文化制品为这一神话提供了表达形式。[29]

同样，海外帝国的创建也促进了游记、诗歌和小说的大量涌现，它们不仅向美国人介绍了新领土的情况，也将它们整合到为这个国家的扩张传统喝彩的观念框架当中。世界博览会（World's Fair）及其提出的"象征的宇宙"，为帝国主义的宣传创造了一个最具吸引力的平台。从 1853 年到 1916年，美国人主办了 19 次国际性的博览会，其中包括 5 次大型的世界博览。这些博览会一共吸引了大约 1 亿的参观者，并且强有力地塑造了当时美国人的世界观。[30]

1904 年在圣路易斯（St. Louis）举办的路易斯安那采购博览会（Louisiana Purchase Exposition）是有史以来规模最大的世界博览会，也是对美国帝国主义心态最生动的展示。特别是对"被殖民地异域风情"的民族志展览，为观众勾勒了美国互相重叠的各个殖民计划，展示了帝国的自信，并为美国从建国到 20 世纪初的历史的驱动力、愿望和表现提供了一种综合性的表达。

美元、电影与陆战队：美国取得世界霸权的斗争（1914—1945 年）

> 电影之于美国，就好比当年旗帜之于英国。如果不考虑时间的限制，山姆大叔有希望通过这种方式在某一天将整个世界美国化。
>
> ——《伦敦晨报》(Morning Post [London]) [31]

> 如果我们停止被乏味的关于孤立主义的争论分散注意力，我们就会惊奇地发现，美国式的国际主义已经大量存在。美国爵士乐、好莱坞电影、美式俚语、美国机器和专利产品，事实上已经被从桑给巴尔到汉堡的世界上每一个社区广泛认可。不管是有意还是无意，盲目的还是真实的，在所有细小的方面——人类生活的每一个方面——我们都已经是一个世界强国。
>
> ——亨利·R. 鲁斯（Henry R. Luce）：《美国世纪》("The American Century", 1941) [32]

在解释 20 世纪上半叶美国力量的同时，还要解释它所具有的多种多样的影响力的外在表现，这些表现在一些时候还互相重叠，比如同时存在的美国在加勒比和太平洋的殖民帝国，在拉美的非正式帝国以及在欧洲和亚洲所兴起的霸权地位。对建立一个有助于实现美国目标的稳定的国际秩序的

亨利·福特发明的装配流水线使美国获得了在汽车的工业生产领域中的领衔地位。他的"T 型车"出口到全世界各地。照片所示的是 1925 年装配完毕等待出厂的小汽车。

愿景，美国人无法抗拒。在这种愿景的鼓舞下，美国在商业、通信和文化输出领域崛起，成为具有全球影响力的大国，但它在可持续的国际安全机制的创立和维持上却只扮演了一个有限的角色。一直到第二次世界大战结束后，美国才将自己的这些力量整合起来，用以维持一种制度化的国际主义和安全同盟，并遵循自由主义—民主主义的路线强制性地改变了整个体系。[33]

美国例外论、传教的意识形态和商业上的国际主义，这些长期存在的理想化传统结合在一起，构成了美国崛起并建立全球霸权的观念基础。但事实证明，没有哪一套思想可以比伍德罗·威尔逊总统在第一次世界大战后提出的自由主义—民主主义的国际主义更加强大。[34] 居于其核心地位的是这样一种信念：通过自由贸易和集体安全体系而相互依赖的民主国家之间的和平互动，将保证国际稳定和美国的安全。美国政策的目标，是用约瑟夫·奈（Joseph Nye）所谓的"软实力"来取代欧洲那种复古的均势体系。[35]

当然，对于这些针对帝国的好处，美国人的立场日渐矛盾起来。西奥多·罗斯福（Theodore Roosevelt）政府和进步主义的帝国主义者曾对殖民帝国在建立秩序和文明化上发挥的影响秉持乐观的态度，而威尔逊主义者对殖民帝国的诊断则认为，它们具有与生俱来的破坏性。然而，这种大气候的变化并没有必然地导致美国殖民帝国的瓦解，或放弃在维持拉美的非正式帝国上采取强硬的手腕。

在两次世界大战期间，美国在一些殖民地扩大了原住民对地方事务的参与，对其他殖民地则加强了控制。到1939年，美国的殖民帝国面积超过了323750平方千米，被殖民人口总数超过1500万。夏威夷尽管是美国的一块建制领地，其居民享有美国公民权，但它在政治和经济上仍处于殖民依赖的地位。对于菲律宾，美国不断宣称（比如1916年的《琼斯法案》[Jones Act]）自己的殖民统治是为菲律宾自治政府做准备，只是暂时性的。1934年的《菲律宾独立法案》（Philippine Independence Act，即《泰丁斯—麦克杜菲法案》[Tydings-McDuffie Act]）赋予了菲律宾群岛邦国的地位，并计划到1945年让其独立。在拥有领地地位的"有建制但不合并的"波多黎各，其居民在1917年获得了美国公民身份，

1929 年获得选举权。但在整个 20 世纪 30 年代，岛上发生大量的罢工和紧迫的独立运动，美国为此收紧了对波多黎各的控制。在关岛和萨摩亚，美国海军在没有当地人参与的情况下继续维持殖民统治。

在拉美，美国继续遵循非正式帝国的既定模式，定期利用美国与其南边邻国间巨大的实力差距来保证自己政治上的控制，并推进其经济和文化渗透。1904 年，西奥多·罗斯福对非正式帝国做出了解释："我们只是希望看到，我们的所有邻国稳定、有秩序和繁荣。任何其人民能够管理好自己的国家，都可以获得我们最真诚的友谊……如果它能够维护自己的秩序并履行自己的义务，那么它就不需要担心来自美国的干涉。如果它犯了严重的错误，或是无力在总体上维系文明社会中的纽带，那它最终可能需要一些文明国家的干涉，并且……美国不可能无视自己的责任。"遵循这一解释，华盛顿频繁实施干涉，以重塑秩序、保护投资或是征收债务。[36]

因此，"炮舰外交"成为维持"美国地中海"秩序以及对墨西哥、古巴、多米尼加共和国等国实施干涉的工具。美国海军陆战队成为许多加勒比海国家中常见的一道风景。在一些例子中，短期地运用海军力量变成了对这些国家——比如海地（1915—1943 年）和尼加拉瓜（1912—1933 年）——的长期占领。[37]

到 20 世纪 30 年代中期，为了回应国内外日益高涨的批评（这种批评常伴随对拉美文化的痴迷），以及德国威权政府激烈的商业竞争，美国采取了一种被称为"睦邻政策"（Good Neighbour Policy）的新手段。这一策略上的转变强调泛美主义（Pan-Americanism）的合作精神，用更为间接的方法逐渐取代华盛顿之前的强势姿态，以赢得拉美国家对自己的忠诚。

在全球舞台上，美国的权势首先体现在这个国家支配性的经济地位上。尽管制度化的国际主义，特别是国联的成员身份并没有决定美国在两次大战期间所做的选择，但自由民主的国际主义还是渗透到美国对外政策的方方面面。在美国与世界关系的构想中，商业上的国际主义成为一个核心的组成部分。

早在战前，美国的经济活力就令欧洲人感到震惊（甚至常常是害怕），"清癯但野心勃勃的山姆大叔为国际经济领导者的头衔向圆胖的约翰牛（John Bull，指英国）发起了挑战"，并超越英国成为世界第一工业强国。[38] 但与此同时，英国在一些方面仍然拥有对美国的优势，特别是在国际货币政策、通信与交通网络的控制上，英国仍旧占据着全球经济中的优势地位。

但第一次世界大战根本性地改变了这一权力格局。美国成为世界上最大的金融和债权国，并代替英国成为全球化最重要的倡议者。在整个战争期间，美国向英国提供了大量的食物、弹药和武器，这些物资一部分是通过向美国贷款获得的，到1917年，贷款数额达到23亿美元。英国和法国经济对美国物资和货币的依赖在20世纪20年代成为一种固定模式。在20年代结束之前，国际上从美国公共和私人部门获得的贷款金额达到200亿美元。

旧世界的衰弱和美国国力的强大将美国推到了世界经济

美国的军事实力在两次世界大战中都发挥了具有决定意义的作用。1945年9月，当日本代表团正在投降仪式上签字时，一个密集的战斗机编队飞过上空——某种程度上是在毫不掩饰地提醒人们谁才是胜利者。

的中心舞台。华盛顿敦促国际贸易的自由化、通过谈判解决债务问题，这为国际贸易机构奠定了基础并加强了它与全球各个角落的贸易关系。1929 年股票市场崩溃前夕，美国是全球经济的主要发动机，在全部工业生产中占据了五分之二，在贸易中占据了 16% 的份额。[39]

同样重要的是，在美国崛起为头号经济体的驱动下，这个国家也努力促成建立"一个广阔的通信帝国"[40]。政府对保障全球信息高速公路和充足的经济机遇有着强烈的兴趣，这驱使美国在 1914 年后不到 20 年的时间里在国际通信领域由边缘走向主导。

第一次世界大战前，英国是全球通信领域无可争议的领导者。近 16 万千米的电缆穿越世界大洋，将帝国的中心与印度、澳大利亚、非洲和加拿大连在一起。美国在其中所占的份额增加，意味着打破了英国在大洋电缆体系中的垄断。就如经济稳定有赖于门户开放，美国人相信通信实力在国际关系中也有着举足轻重的地位。

1945 年 8 月，在长崎第二枚原子弹爆炸，结束了第二次世界大战。在一段时间里，美国是唯一拥有原子弹这一世界强国终极信物的国家。

这一信念在实践中产生的成果之一便是，第一次世界大战期间记者乔治·克里尔（George Creel）领导创立了公共信息委员会（Committee on Public Information，CPI）。公共信息委员会承担了美国第一个政府宣传机构的角色，在国内外实施了一场大规模的战役，奠定了全球性的国家—私人信息合作网络，这将成为美国在国际通信领域领导地位的一个标志。[41]

早在 1920 年，美国打破电缆网络的垄断之后，美国公司就开始将西半球、加勒比和遥远的太平洋上的领地连接起来。然而，美国不只是在电缆通信领域取代了英国：它用无线电或是广播技术推动了一个新网络的建立。在政府的广泛支持下，美国无线电公司（RCA）很快扩展了新兴的广播帝国，到 20 世纪 30 年代，美国的广播站已经深入拉美，并在非洲和太平洋沿岸开拓了市场。

"软实力"的另一个维度是，大众文化出口的大规模增长。文化上的吸引力与繁荣的外向型经济一起，早在 1914 年之前便让大量欧洲人意识到"美国化"的好处及其阴暗面。第一次世界大战期间，公共信息委员会运用美国产品和文化偶像，确保在全球范围的通信中采取攻势，来维持盟国的战争士气以及美国对战后和平的国际秩序的设想。"到 1920 年，美国的书籍、电影和新闻报道，在全球范围内正变得像吉列剃须刀（Gillette razors）和亨氏番茄酱（Heinz ketchup）一样为人所熟知。"[42]

公共信息委员会在战时的行动尤其推动了好莱坞在两次战争期间的全球娱乐帝国大业。商业力量与文化出口联系密切，到 20 世纪 20 年代末，柯达（Kodak）生产了全世界 75% 的胶片，国际电话电报公司（ITT）垄断了音响设备的生产，美国公司拥有全世界一半以上的先进电影院。

美国人坚信，文化的出口和贸易都能推动建立和平的国际秩序。作为对此的回应，一位法国批评家评论道：美国人认为，"保证世界和平的唯一方式，就是将外国人的思想、语言和灵魂统统美国化"[43]。1923 年，一份英国报纸也提出了类似的观点，并提出要警惕一个虚拟的美国所具有的持续的创造力，该报坚信："即便美国废除它的外交和领事机构，让其船只停泊在港口内、游客不出国，并从世界市场上退出，它的公民，它的社会问题，它的城镇和乡村，它的公路、汽车、会计师事务所和沙龙仍将在哪怕是世界上最小的角落为人所熟知……电影之于美国，就好比当年旗帜之于英国。如果不考虑时间的限制，山姆大叔有希望通过这种方式在某一天将整个世界美国化。"[44]

记者爱德华·G. 洛里（Edward G. Lowry）在 1925 年评论道："现在不仅是大英帝国的太阳永不落，美国电影里的太阳也永不落了。"[45]

随着新的威权势力在欧洲和亚洲对美国步步逼近的挑战，美国面临着可怕的前景，即失去核心对外政策价值观下对于稳定国际秩序至关重要的东西——自由贸易、通信和文化交流的全球体系。就如亨利·鲁斯在对美国影响力的认识中所清晰表述的那样，美国利用两次世界大战之间这一时间段提升了它的国力排名，但它的稳定化政策、裁军政策和调停工作都没能清除自己在这些地区的挑战者。

1941 年日本袭击珍珠港后，美国在一代人的时间里实施了第二次对外干涉。不同于第一次世界大战结束后的情况，1945 年二战的胜利完成了从大不列颠治下的世界到美国世界的权势转移。

从局部的全球霸权到无处不在的帝国（1945—2006 年）

即便是在濒死之时，备受折磨的老总统仍然继续着这一艰巨的任务：将破碎的帝国碎片整合到一个以自己——新帝国的骄傲的创建者——为中心的新格局中去……美国是地球的主人。英国、法国、德国和日本不再对共和国的意愿提出争议。只有神秘的苏联能够在实力上与之抗衡。

——戈尔·维达尔（Gore Vidal，1967）[46]

就如同一个万花筒，世界事务的格局随着世界的每一次转动而变化……不仅如此，在我们的时代，对手、统治者乃至竞争的地点都不是完全固定的……我们面临的挑战，相比于前代人，更难以分类，更多样化，也更易变。

——玛德琳·奥尔布赖特（Madeleine Albright，1998）[47]

1945 年，美国暂时享有无人超越的军事和经济上的优势地位。德国和日本被打败，中国陷在内战中，英国和法国降级为二流大国。超过 700 万美国军人驻扎在海外，美国空军控制着世界的天空，美国还垄断了核武器，由 1200 艘大型战舰组成的舰队在各大洋上巡航。在经济领域，美国是唯一一个从战争中获利的大国，而盟国的国家经济已经衰竭。华盛顿控制着世界黄金储备的三分之二，美国生产了世界 60% 的工业品，并且是世界上最大的出口国。美国依然遵循世界愿景中自由民主的国际主义路线重构国际体系，它不仅有手段，而且也有意愿。

然而，美国的全球愿景再一次受到了挑战，这一次的挑战者是戈尔·维达尔所说的"神秘的苏联"。这两个各自宣称拥有独一无二的世界领导权的国家之间的对垒，早在 1918 年美国对俄国内战实施军事干涉后就在不断酝酿，只是由于战时同盟的存在，才暂时没有显露出来。

冷战中美国的对外和安全政策的核心，是通过将非共产主义世界整合到美国领导的体系当中来遏制苏联。[48] 极具影响力的国家安全委员会（National Security Council）第 68 号文件（NSC-68）为这一战略勾画了蓝图。在东西方对峙的二元逻辑下，该文件崇尚善恶对抗的摩尼教式的世界观，强调冲突的根本性质。这不仅是对美国核心价值观的挑战，也是对全球文明的挑战："我们面临着极为重大的问题，它不仅牵涉这个共和国，也牵涉文明本身到底是被成就还是被毁灭。"[49] 由此，第 68 号文件将美国介入的地缘战略边界向前推进，使其包含全球："现在全球范围内都存在着对自由制度的进攻，在如今权力两极分化的背景下，一处的自由制度遭遇失利，就是所有地区自由制度的失利。"[50] 同时，它还强调，尽管美国的普世愿望被认为和其他民族一致，但在没有盟友帮助的情况下，美国是无法遏制住苏联的："核心地带——也就是美国——的力量，仅仅是两种关键要素中的第一种。第二种力量，来源于我们的盟友和潜在的盟友，没有因为感到沮丧或受到苏联的威胁而走入最终将招致苏联统治的中立道路。"[51]

事实上，美国的确意识到自己开出的政策药方确定了资本主义国际秩序的轮廓，复兴了西欧经济，开启了民主化以及将德国和日本整合到国际体系中的进程，创立了安全同盟的全球网络（如北约），并在全世界建立起一连串军事基地。由于信任度对美国的战略而言至关重要，美国做出的承诺不断增多，很快即便在地球上最偏僻的角落，也有了美国的介入。

在西欧，美国的政策自然侧重于信仰而不是强制。和历史上其他大国不同，美国支持欧洲团结起来，鼓励建立潜在的另一个权力中心来遏制苏联，同时防止德国扩张主义的死灰复燃。用让·莫内（Jean Monnet）的话来说就是："一个大国没有将分而治之作为自己政策的基础，而是持续和坚决地支持创建一个更大的共同体以团结之前分裂的民族，这在历史上是第一次。"[52] 尽管大西洋两岸之间的关系常常出现分歧和不如意（比如欧洲防务共同体计划和法国退出北约），但美国在这一过程中的霸权角色还是受到大多数欧洲人的欢迎，即便在美国的设想中，一个团结的欧洲并非"第三股势力"，而只是美国领导下的北大西洋文明共同体的主要组成部分而已。挪威历史学家盖尔·伦德斯塔德（Geir Lundestad）将这一过程描述为"帝国的整合"[53]。

美国一直以来强烈的反帝国主义和反殖民主义的姿态，频繁影响到它对其他国家的判断。但有两个要素和它口头上对去殖民化的支持相悖：在太平洋和加勒比继续存在的准殖民主义的美利坚帝国，以及华盛顿在面对其西欧盟国的去殖民化工作时时常表露出的模棱两可的立场。[54] 对混乱的恐惧和同时存在的对遏制苏联的兴趣，导致美国对去殖民化只许下了有限的承诺，并促进了美利坚帝国的发展。在美国政策制定者的眼里，殖民主义成为控制混乱的有用工具。

由于欧洲大国不再能维持其殖民统治，美国频繁实施干涉，或控制或延缓去殖民化的进程，最显著的例子就是越南。美国支持威权主义的政权，隐蔽的和公开的干涉成为美国在亚洲、中东和拉美的政策的重要组成部分。从 20 世纪 50 年代早期一直到冷战结束，美国一直隐蔽地干涉民族主义、中立主义或社会主义政权（以及那些被认为属于以上类型的政权），并在公众中激发敌对的情绪。尽管这一方法在一些时候也被应用在西欧和东北亚的工业核心地带，但它在发展中世界的应用频率是无可比拟的。美国通过秘密行动影响选举、改变政府，或是营造一种对美国霸权普遍的积极的认同。[55] 从 1963 年到 1973 年，美国在越南大约十年的干涉，被许多人视为美国"新殖民主义"的又一个例子。为了防止越南被一个马克思主义的政府统一——这也是在亚洲"遏制"共产主义的进一步行动，美国进行了一次不成功的尝试，支出近 1700 亿美元，牺牲 58000 名美国士兵，这一行动在美国国内和海外均引发了强烈的抗议。

按照美国的战略计划，此类干涉重组了这些国家和政府，这是权力傲慢在短期内导致的结果。但从长期来看，这类行动引发了人们对华盛顿在追求统一的世界共同体时使用铁腕手段的持续批评，也摧毁了这个国家在南半球许多地区的信誉。在工业核心地区，美国也面临着一个相关的但在某种程度上又不一样的困境：对盟友的管理。

苏联人迫使其卫星国服从莫斯科的对外政策目标，对自己势力范围内任何形式的不满采取严厉的手段（如 1953 年的东德、1956 年的匈牙利和 1968 年的捷克斯洛伐克）。与此不同，美国强调，其他国家可自愿参与联盟体系。华盛顿对

"让每个人都能得到实惠"：第二次世界大战期间及战后，美国有能力向陷于困境中的欧洲提供善意的帮助。照片中，一个英国家庭正在打开一个装有各种用品的箱子。

民主化（比如在德国）和民族自决的支持提供了一种意识形态上的指导，但同时也造成了一种困境：美国如何能够领导由盟国和附庸国组成的复杂体系，遏制苏联的扩张主义，确保其他国家按照自己的意愿行事，同时又忠实于自己核心的意识形态信念？

美国选择了一种多层次的路径，即提倡制度化的国际主义，鼓励经济发展，并向外宣传美国文化与意识形态。冷战时期美国的权力与影响力依赖于这个国家在世界共同体中的领导地位及其流行文化在世界范围内的号召力。在40多年的时间里，美国为帮助支持和维持一个反苏联的美国领导下的体系提供了黏合剂。

文化外交和宣传在东西方对抗中扮演了重要的角色，因为在很多方面，冷战就是一种围绕各地人民的人心和头脑的全球性竞争。通过文化的出口和宣传，两边都试图在国际上孤立自己的对手，赢得国际舆论并巩固霸权秩序。从艺术展到国际体育赛事，从广播到卫星再到计算机技术，每一个机会、每一种媒介，都被用到了东西方之间的这一象征性的对抗当中。[56] 对美国的政策制定者而言，通信实力和文化出口有着双重的目的：在国际上孤立苏联，同时增强非共产主义国家的士气与彼此合作，并达成一致的目标。

这一"思想领域的马歇尔计划"依赖于私人和公共的合作，包括对文化自由大会（Congress of Cultural Freedom）这类秘密组织的广泛支持，以及运用各种媒体机构向外传播美国冷战战略的核心思想。海外图书馆、展览、音乐会和芭蕾舞、报纸和杂志、学生交换和访问学者计划以及对新兴的美国研究这一学科的支持，其目的都是将非共产主义世界整合到美国的体系中来，引导欧洲和亚洲的民族主义以及中立主义走向与美国合作的道路，并缓冲苏联的类似攻势。美国娱乐产品（尤其是电影和音乐）的吸引力，再加上以富足和现代为特征的"美国生活方式"的大众宣传，甚至在"铁幕"后人们也以极大的热情予以接纳。

但是，也有人对美国的文化输出持批评的态度。20世纪60年代后，"美国生活方式"的形象的全球传播被批评家阐释为一种文化帝国主义。就像在两次世界大战期间那样，工业化了的和发展中的国家的政府与批评家为他们的电影工业

二战结束后对美国霸权唯一的挑战来自同样拥有核武器的苏联。急于实现缓和的世界格局的领导者们之间的会议，有时候能够解决一些问题，有时候也会让情况变得更糟。在这张拍摄于 1959 年 7 月的照片中，时任美国副总统尼克松正用手指戳着苏联总理赫鲁晓夫的胸口。

感到担忧，并批评美国在进入和控制国际通信体系方面具有的霸主地位。除此以外，他们也害怕由于麦当劳和可口可乐的"殖民"而丧失自己的身份认同，这种恐惧也向对美国流行文化总体上的热情反应提出了挑战。

苏联解体后，世界只剩下美国这唯一一个最强大的国家。与战后的局势不同，眼前已没有对美国地位的真正挑战者。尽管一些人欢呼这是自由民主的国际主义的最后胜利，简而言之就是"历史的终结"，但对美国的影响力缺乏强有力的制约，仍然让许多人感到不知所措。[57] 迪安·艾奇逊（Dean Acheson）在 1963 年断言，英国已经失去了它的帝国并且尚未找到自己的角色，这也可以用来解释冷战后第一个十年中美国与世界的关系。[58] 由于缺乏清晰的目标，苏联解体后的三届美国政府都不得不在不同程度上继续整合的进程（《北美自由贸易协定》[NAFTA] 就是一个例子），并思考如何确保美国在国际上的主导地位。

这些行动系统性地扩大了美国与世界其他国家之间的差

"美国生活方式"的传播可以被看作"文化帝国主义"吗？许多旁观者的答案是肯定的。1994年，在列宁诞辰124周年之际，麦当劳想出了一种诙谐地推销自己汉堡的方式。

距。从20世纪90年代第二个五年以来，美国的国防预算持续增加，2001年9月11日遭受恐怖袭击后，美国更是加速推动了这一进程。今天，美国的国防开支比世界上排在其后的15到20个国家的国防开支加起来还要多，而这只占到了它的国内生产总值（GDP）的3.5%。美国在核武器上占据着绝对优势，拥有最强大的海军和空军（包括通过空运将部队和装备部署到世界任何一个地方的独一无二的能力），以及庞大和训练有素的地面部队。光是在军事研发上，美国花费的资源就比德国和英国的国防预算加在一起还要多。[59]

此外，美国也拥有全球经济强国地位，并具有强大的信息优势。经历冷战结束以来近十年的不断发展，美国今日的经济统治力已经"超过了现代历史上任何一个伟大的强国"。[60]

美国的经济规模是日本这个紧随其后的对手的两倍；仅加利福尼亚州，就排名世界第五大经济体。美国的国民生产总值（GNP）占全球的22%，国际贸易的15%由美国贡献。美元仍保持着原有的影响力，全球经济高度整合，联邦储备银行（Federal Reserve Bank）的决定和华尔街（这一世界领先的股票交易所）的走势都关系到全球的局势。这个国家握有的专利数和拥有的诺贝尔奖获得者数也是世界上最多的，另外，美国还提供了40%的互联网使用量。[61]

冷战后的三届政府均为美国权势的继续扩展作出了贡献，但它们运用国家实力的方式却不一样。[62]乔治·H.W.布什政府（1989—1993年）常常在一个多边的框架下向外投射美国的霸权。它通过联合国采取行动，为解放科威特和遏制伊朗做准备。华盛顿本可以单独发动海湾战争，但它还是倾向于创建一个引人瞩目的联盟。但在巴拿马，美国的军事干涉仍旧延续着长期以来的非正式帝国的行为模式。

比尔·克林顿政府（1993—2001年）一开始赞同"坚定的多边主义"，但事实证明它并不太愿意缩小美国和世界上其他地区之间业已存在的相当大的实力差距。克林顿政府继续其前任政府为《北美自由贸易协定》所做的努力，并且极为关注如何让美国的力量与一个快速整合的世界的需求相匹配。克林顿和他的顾问们迷恋于伙伴国家之间商业上的相互依赖，依靠它来建立稳定的关系，或如托马斯·弗里德曼

（Thomas Friedman）所热情宣称的那样："在拥有麦当劳的国家当中，没有哪两个国家曾经彼此交战。"[63] 因而美国的对外政策十分关注从经济出发去定义国家安全和国际稳定。它的战略是采取多边或单边行动，强化市场民主制，推动民主化和市场经济的传播，对所谓的"对抗性国家"（利比亚、朝鲜、伊朗、伊拉克和古巴）和恐怖组织、极端民族主义者以及有组织的犯罪实施反击。

与后冷战时期的前两届政府形成对比的是，乔治·W.布什（2001年宣誓就任）主政下的白宫对于在一个多边框架下建构美国霸权并没有什么兴趣。在从外交到国际法庭等一系列领域，布什政府都遵循单边主义的路径。尽管现任政府（2001—2009年）继承基于遏制世界范围内对美国领导地位的威胁来制定军事计划的传统，但到目前为止（不晚于2007年），它使用军事力量的意愿比以往几届政府都要更加强烈。2001年9月11日的恐怖袭击再次聚焦和加速了这一趋势。2002年9月20日发布的《美国国家安全战略》（NSS）对此做了最为清晰的观念上的表达，其中明确宣称美国要建立不

1990年，当萨达姆·侯赛因入侵科威特时，美国立即实施干涉以保护自己的石油利益。虽然伊拉克试图通过点燃油井来将其破坏，但美国还是取得了最后的胜利。

可抗衡的全球领导地位。[64]

布什政府的对外政策蓝图侧重于通过强化贸易和商业，继续维护华盛顿所渴望的全球民主化，以及推动国际体系的稳定化。最重要的是，《美国国家安全战略》强调美国有权实施先发制人的打击，且优先选择在一个多边框架下行动，但如果认为有必要，美国也可单独采取行动："如有必要，我们会毫不犹豫地采取单独行动，通过对此类恐怖主义的先发制人的打击，行使自己的自卫权，防止他们对我们的人民和我们的国家施加伤害。"[65]

在冷战期间，遏制主义象征性地整合了一个美国领导下的霸权关系体系，并为非正式的帝国辩护。在后"9·11"时代的世界，布什政府希望"反恐战争"能被证明同样是一项共同的任务。这一假设到今天为止已被证明是具有误导性的。华盛顿低估了其他权力中心的利益、立场和世界观，大西洋两岸在伊拉克战争问题上的分裂就是一个例子。占据优势地位的大国并不等同于帝国，它也没能让华盛顿说服一些盟友追随自己的军事化的对外政策目标。

结语："帝国是一种生活方式吗？"

未来的帝国是思想的帝国。
——温斯顿·丘吉尔（Winston Churchill），1943 年在哈佛大学的演讲[66]

帝国如此内在于我们美国的生活方式当中，以至于在沾沾自喜于目标的同时，我们也将实现目标的手段合理化并将其置于目标之下。
——威廉·阿普曼·威廉斯（William Appleman Williams），1980 年[67]

在过去的三个世纪中，美国的帝国记录是非常矛盾的。这个国家权力形式的转变，与全球化进程的紧密和多重的联系，以及它对全球化概念的倡导，塑造了这一矛盾的帝国记录。

从建国一开始，美国就有一种强大的反帝国主义修辞，这种修辞又将杰斐逊式的"自由帝国"观念与被指为种族主义的天定命运概念相融合，并提供了一种普世主义的框架，在世界上许多地方将这种框架应用到国家建设上，这些完全就是一种帝国主义。无论是作为跨大陆帝国、殖民帝国、非正式帝国还是全球霸权，美国都在不同程度上、以不同形式——在空间表现上常常是重叠的——扩展它的控制范围。

和其他现代帝国一样，美国以普世主义的术语将其扩张合法化。但没有哪个帝国以美国后来所采取的方式，将其统治权与空间上的界线区分开来。毫无疑问，地缘战略和地缘政治上的考虑经常产生重要的影响，但美国作为大西洋和太平洋强国的地位，它的不断向前推进的边疆，以及对美国经验可以应用于全球的毫不掩饰的声明，都证明了领土上的考虑只是被视为一种过渡形态。从长时段来看，一种要使得共和主义帝国在全球扩张，乃至将其文化在行星间传播推广，这才是美国人永恒不变的内心倾向。从 20 世纪初以来，美国就不那么关注对空间的争夺，而更关注现代世界的主动脉，比如贸易、交通、通信和文化交流。互联网仅仅是这一

2001 年 9 月 11 日的可怕的袭击事件在美国的意识中留下了巨大的创伤，使其产生了一种从未有过的不安。这是珍珠港事件以来美国第一次感受到自己成为被袭击的对象，并坚信应该通过向外投射自己强大的军事实力来做出回应。在美国人对于国家安全和国际稳定的诸多考量中，帝国的概念获得了一种正面的和防御性的意义，这一趋势使得很多当时同情布什政府对外和安全政策的国家与美国疏离。

趋势最新的表现，通过互联网，美国限制了全球化潜在的有害副作用，同时独一无二地使自己从中实现繁荣。

最后，外部世界对美国的想象和理念，是美国获得全球实际影响力的强大的先决因素，前者也推动了后者。至少从19世纪末以来，美国便利用这心理上的偏向，将其与自己不断增长的权力基础相结合，将美国的愿景投射到全球化话语的中心。不论是在过去还是现在，这都带来了崇拜、适应、模仿和仇恨，这一过程很可能也将在未来延续。迄今为止，试图平衡甚至阻止美国虚构的魅力向外扩散的所有努力都失败了。面对2001年9月11日对美国的恐怖袭击，许多美国本土之外的人做出了团结一致的回应，"现在我们都是美国人"这句口号很好地反映了这一现象。作为一种想象和理念的美国，或许是所有帝国中最成功的。对美国的抗议，以及对它的崇拜，同样要通过美国来定义自己。当1943年温斯顿·丘吉尔将未来的帝国描述为"思想的帝国"时，他终究是对的。

注释与参考文献

导言

1 关于殖民历史的文献数量非常庞大；本书各章提供了关键性的参考文献，因此本导言只引用了很少的特定文献。

2 见 Barbara Goff (ed.), *Classics and Colonialism* (London, 2005)。

3 John Hobson, *Imperialism: A Study* (London, 1902)，关于最近的重新评估，见 John Pheby (ed.), *J. A. Hobson after Fifty Years: Freethinker of the Social Sciences* (London, 1994)。

4 Edward Said, *Orientalism* (London, 1978), *Culture and Imperialism* (London, 1993); John M. MacKenzie, *Orientalism: History, Theory and the Arts* (Manchester, 1995)。他们提出了一种批评。

5 Kwame Nkrumah, *Neo-Colonialism, the Last Stage of Imperialism* (London, 1965); Michael Hechter, *Internal Colonialism: The Celtic Fringe in British National Development, 1536—1966* (London, 1975).

6 Angela Woollacott, *Gender and Empire* (London, 2006); Philippa Levine (ed.), *Gender and Empire* (Oxford, 2004).

7 例如，见 Richard H. Grove, *Green Imperialism: Colonial Expansion, Tropical Island Edens and the Origins of Environmentalism, 1600—1860* (Cambridge, 1995); Tom Griffiths and Libby Robin (eds), *Ecology and Empire: Environmental History of Settler Societies* (Melbourne, 1997); Tim Bonyhady, *The Colonial Earth* (Melbourne, 2000)。

8 Gérald-George Lemaires, *The Orient in Western Art*（Cologne, 2001），这是一本概要；关于法国的例子，最近的研究是 Darcy Grimaldo Grisby, *Extremities: Painting Empire in Post-Revolutionary France*（New Haven, 2002）和 Roger Benjamin, *Orientalist Aesthetics: Art, Colonialism and French North Africa*（Berkeley, 2004）。

9 Alison Bashford, *Imperial Hygiene: A Critical History of Colonialism, Nationalism and Public Hygiene* (London, 2004).

10 尤其见 Catherine Hall, *Civilizing Subjects: Metropole and Colony in the English Imagination, 1830—1917* (London, 2002)。参见 Herman Lebovics, *Bringing the Empire Back Home: France in the Global Age* (Durham, NC, 2004)。

11 Roy Moxhan, *The Great Hedge of India: The Search for the Living Barrier That Divided a People* (London, 2002); Charles Corn, *The Scents of Eden: A History of the Spice Trade* (London, 1999)。

12 Claudio G. Segrè, *Fourth Shore: The Italian Colonization of Libya* (Chicago, 1974).

13 Petrine Archer Straw, *Negrophilia: Avant-Garde Paris and Black Culture in the 1920s* (New York, 2000).

14 Robert Aldrich and John Connell, *The Last Colonies* (Cambridge, 1998).

15 Jean-Claude Guillebaud, *Les Confettis de l'empire* (Paris, 1976).

16 William Roger Louis and Ronald Robinson, "The Imperialism of Decolonization", *Journal of Imperial and Commonwealth History,* Vol. 22, No. 3 (1994), pp. 462-511; Bernard Porter, *Empire and Superempire: Britain, America and the World* (New Haven, Conn., 2006).

17 James Walvin, *Fruits of Empire: Exotic Produce and British Taste, 1660—1800* (London, 1997).

18 Dawn Jacobson, *Chinoiserie* (London, 1993).

19 Dominique Taffin (ed.), *Du Musée colonial au musée des cultures du monde* (Paris, 2000).

20 Nadine Beauthéac and François-Xavier Bouchart, *L'Europe exotique* (Paris, 1985).

21 Robert Aldrich, *Vestiges of the Overseas Empire in France: Monuments, Museums and Colonial Memories* (London, 2005); Ulrich van der Heyden and Joachim Zeller, *Kolonialmetropole Berline: Eine Spurensuche* (Berlin, 2002); Evald Vanvugt, *De maagd en de soldaat: Koloniale monumenten in Amsterdam en elders* (Amsterdam, 1998).

第一章 奥斯曼帝国

关于中亚和土库曼民族

David Christian, *A History of Russia, Central Asia and Mongolia,* Vol. 1, *Inner Eurasia from Prehistory to Mongol Empire* (Oxford, 1998).

Carter Vaugh Findley, *The Turks in World History* (New York, 2004).

关于早期奥斯曼人

Claude Cahen, *The Formation of Turkey: History of Near East* (London, 2001).

Cemal Kafadar, *Between Two Worlds: The Construction of the Ottoman State* (Berkeley, 1995).

Rudi Paul Lindner, *Nomads and Ottomans in Medieval Anatolia* (Bloomington, 1983).

Heath Lowry, *The Nature of the Early Ottoman State* (New York, 2003).

关于古典时期的帝国

Suraiya Faroqhi, *Subjects of the Sultan: Culture and Daily Life in the Ottoman Empire* (London, 2000).

Daniel Goffman, *The Ottoman Empire and Early Modern Europe* (Cambridge, 2002).

Colin Imber, *The Ottoman Empire 1300—1650: The Structe of Power* (London, 2002).

Halil Inalcik, *The Ottoman Empire: The Classical Age, 1300—1600* (London, 1973).

Halil Inalcik with Donald Quataert (eds), *An Economic and Social History of the Ottoman Empire, 1300—1914* (Cambridge, 1994).

Karen Barkey, *Bandits and Bureaucrats: The Ottoman Route to State Centralization* (Ithaca, NY, 1997).

Leslie P. Peirce, *The Imperial Harem: Women and Sovereignty in the Ottoman Empire* (New York. 1993).

关于后期帝国

Benjamin Braude and Bernard Lewis (eds), *Christians and Jews in the Ottoman Empire: The Central Lands/The Arabic-Speaking Lands* (New York, 1982).

Selim Deringil, *Well-Protected Domians: Ideology and the Legitimation of Power in the Ottoman Empire, 1876—1909* (London, 1999).

Fartma Müge Göçek, *Rise of Bourgeoisie, Demise of Empire: Ottoman Westernization and Social Change* (New York, 1996).

Donald Quataert, *The Ottoman Empire, 1700—1922,* 2nd edn (Cambridge, 2005).

Kemal H. Karpat, *Ottoman Population, 1830—1914: Demographic and Social Characteristics* (Madison, Wisconsin, 1985).

Ussama Makdisi, *The Culture of Sectarianism: Community, History, and Violence in Nineteenth-Century Ottoman Lebanon* (Berkeley, 2000).

关于帝国的终结和土耳其

Karen Barkey and Mark von Hagen (eds), *After Empire: Multiethnic Societies and Nation-Building* (Boulder, Colorado, 1997).

Donald Bloxham, *The Great Game of Genocide: Imperialism, Nationalism, and the Destruction of the Ottoman Armenians* (Oxford, 2005).

A. L. Macfie, *The End of the Ottoman Empire, 1908—1923* (London, 1998).

Erik J. Zürcher, *Turkey: A Modern History* (London, 2004)

注释

1 转引自 Halil Inalcik, "The Rise of the Ottoman Empire", in M. A. Cook (ed.), *A History of the Ottoman Empire to 1730* (Cambridge, 1976), pp. 41-42。

2 转引自 David Christian, p. 87。

3 Cemal Kafadar (*Between Two Worlds*) 是这一观点的主要支持者。

4 Andew Ayton, "Arms, Armour and Horses", in Maurice Keen(ed.), *Medieval Warfare: A History* (Oxford, 1999), p. 208.

5 Imber, *The Ottoman Empire,* pp. 269-271.

6 Rhoads Murphey, *Ottoman Warfare, 1500—1700* (London, 1999), p. 63.

7 Imber, *The Ottoman Empire,* p. 108.

8 Daniel Goffman, *Ottoman Empire and Early Modern Europe* (Cambridge, 2002), pp. 91-92.

9 Christopher A. Bayly, *The Birth of the Modern World, 1789—1914* (Oxford, 2003), p. 91.

10 Donald Quataert, *The Ottoman Empire, 1700—1922,* 2nd edn (Cambridge, 2005), p. 77.

11 Donald Quataert, "The Age of Reforms, 1812—1914", in Inalcik and Quataert (eds), *Economic and Social History of the Ottoman Empire,* p. 781.

12 见 Palmira Brummett, *Image and Imperialism in the Ottoman Revolutionary Press, 1908—1911* (New York, 2000)。

13 Mark Mazower, *Salonica: The City of Ghosts* (London, 2004), p. 209.

14 转引自 Kemal H. Karpat, *The Politicization of Islam: Reconstructing Identity, State and Community in the Late Ottoman Empire* (New York, 2001), p. 179。

15 Bloxham, p. 50.

16 转引自 Sükrü Hanioglu, "Turkish Nationalism and the Young Turks, 1889—1908", in Fatma Müge Göçek (ed.), *Social Construction of Nationalism in the Middle East* (New York, 2002), p. 87。

17 Bloxham, *The Great Game of Genocide.*

第二章　西班牙

1 J. H. Elliott, *Imperial Spain, 1469—1716* (Harmondsworth, 1963).

2 P. Guichard, *Al-Andalus frente a la conquista cristina de los musulmanes de Valencia, siglos XI-XIII* (Madrid, 2001).

3 J. Torrò, *El naixement d'una colònia. Dominació i resistècia a la frontera valenciana* (València, 1999).

4 P. Seed, *Ceremonies of Possession in Europe's Conquest of the New World, 1492—1640* (Cambridge, 1995).

5 J. Gil, *Mitos y utopías del descubrimiento* (Madrid, 1989).

6 B. Yun, *Marte contra Minerva, El precio del Imperio español, c. 1450—1600* (Barcelona, 2004).

7   M. Ollé, *La empresa de China* (Barcelona, 2002).

8   J. Elliott, "A Europe of Composite Monarchies", *Past and Present,* No. 137 (1992), pp. 48-71.

9   A. Pagden, *The Fall of Natural Man: The American Indian and the Origins of Comparative Ethnology* (Cambridge, 1982).

10 S. J. Stern, *Peru's Indian Peoples and the Challenge of Spanish Conquest, Huamanga to 1640* (Madison, WI, 1982); 亦见 Peter Bakewell, "La maduración del gobierno del Perú en la década de 1560", *Historia Mexicana,* Vol. 39, No. 1 (1989), pp. 41-70。

11 S. Zavala, *La encomienda indiana* (Mexico City, 1973); 亦见 *El servicio personal de los indios en Nueva España* (Mexico City, 1978)。

12 A. Crosby, *The Columbian Exchange: Biological and Cultural Consequences of 1492* (Westport, CT, 1973).

13 W. W. Borah and S. F. Cook, *The Aboriginal Population in Central Mexico on the Eve of Spanish Conquest* (Berkeley, CA, 1963); 亦见同一作者的 *Essays in Population History: Mexico and the Caribbean,* 3 vols (Berkeley, CA, 1971); N. D. Cook, *Demographic Collapse: Indian Peru, 1520—1620* (Cambridge, 1981)。

14 C. Sempat Assadourian, "La despoblación indígena de Perú y Nueva España durante el siglo XVI y la formacíon de la economía colonial", *Historia Mexicana,* Vol. 38, No. 3 (1989), pp. 419-454.

15 P. Bakewell, *Silver Mining and Society in Colonial Mexico Zacatecas, 1546—1700* (Cambridge, 1971); 亦见 *Miners of the Red Mountain: Indian Labor in Potosí, 1545—1650* (Albuquerque, NM, 1984)。

16 E. J. Hamilton, *El tesoro americano y la revolución de los precios, 1501—1650* (Barcelona, 1975).

17 J. M. Ots Capdequí, *El Estado español en las Indias* (Mexico City, 1941).

18 E. Moya Pons, *La Española en el siglo XVI. Trabajo, sociedad y política en la economía del oro* (Santiago de los Caballeros, 1973); 亦见 D. Watts, *The West Indies, Patterns: Development, Culture and Environmental Change since 1492* (Cambridge, 1987)。

19 H. S. Klein, *African Slavery in Latin America and the Caribbean* (New York, 1986).

20 P. Seed, "Social Dimensions of Race: Mexico City, 1753", *Hispanic American Historical Review,* Vol. 62, No. 4 (1982), pp. 569-606.

21 W. B. Taylor, *Magistrates of the Sacred: Priests and Parishioners in Eighteenth-Century Mexico* (Stanford, 1996).

22 V. Stolcke, *Marriage, Class and Colour in Nineteenth-Century Cuba: A Study of Racial Attitudes and Sexual Values in a Slave Society* (Cambridge, 1974).

23 J. Lynch, *Spanish Colonial Administration, 1782—1810: The Intendant System in the Viceroyalty of the Rió de la Plata*(Westport, CT, 1969 [1958]).

24 但是，由于评估1720年、1765年和1778年的关税改革极度困难，因此经济增长了多少很大程度上仍旧未知。见 A. García Baquero, *Cádiz y el Atlántico, 1717—1778: El comercio colonial español bajo el monopolio gaditano* (Seville, 1976); J. Fisher, *Commercial Relations between Spain and Spanish America in the Era of Free Trade, 1778—1796* (Liverpool, 1985)。

25 S. J. Stein and B. H. Stein, *Silver, Trade and War: Spain and America in the Making of Early Modern Europe* (Baltimore, 2000); 以及同一作者的 *Apogee of Empire: Spain and New Spain in the Age of Charles III, 1759—1789* (Baltimore, 2003)。

26 M. A. Burkholder and D. S. Chandler, *From Impotence to Authority: The Spanish Crown and the American Audiencias, 1687—1808* (Columbia, Miss., 1977).

27 经济改革和决定了其目标的财政必要性之间不可避免的关联，似乎不再需要证明，但这一揽子的法律修订产生了怎样的影响，仍是一个值得争论的话题。这些改革最显著的结果是，国家的增税能力得以提高——和它在大西洋上的竞争对手不同，西班牙是 18 世纪 90 年代少数几个尚未被卷入债务旋涡的国家之一。H. S. Klein, *The Amerian Finances of the Spanish Empire: Royal Income and Expenditure in Colonial Mexico, Peru and Bolivia, 1680-1809* (Albuquerque, NM, 1998)。

28 S. Thomson, *We Alone Will Rule: Native Andean Politics in the Age of Insurgency* (Madison, WI, 2002); E. Van Young, *The Other Rebellion: Popular Violence, Ideology, and the Struggle for Mexican Independence, 1810—1821* (Stanford, 2001).

29 A. J. Kuethe, *Cuba, 1753—1815: Crown, Military, and Society* (Knoxville, TN, 1986).

30 M. Moreno Fraginals, *El Ingenio Complejo económico-social cubano del azúcar,* 3 vols (Havana, 1973).

31 J. M. Fradera, *Colonias para después de un imperio* (Barcelona, 2005).

32 R. J. Scott, *Slave Emacipation in Cuba: The Transition to Free Labor, 1860—1899* (Princeton, NJ, 1985).

33 关于这一帝国主义转变时期的最佳著作，是 C. A. Bayly, *The Birth of the Modern World, 1780—1914* (London, 2004)。该书对世界历史的贡献在于，其指出了社会科学领域忽视了对西班牙和葡萄牙王国的伊比利亚帝国的历史的研究。

第三章 葡萄牙

1 Charles R. Boxer, *The Portuguese Seaborne Empire* (London, 1969) 是关于早期史的经典之作。最新的概述则来自 Malyn Newitt, *A History of Portuguese Overseas Expansion, 1400—1668* (London, 2005)。其他有启发性的历史性介绍，则有 A. J. R. Russell-Wood, *A World on the Move* (Manchester, 1992) 和 Bailey W. Diffie and George D. Winnius, *Foundations of the Portuguese Empire* (Minneapolis, 1977)。就不同的观察视角而言，以下著作提供了重要的补充：Luis Filipe Thomaz, *De Ceuta a Timor* (Lisbon, 1994)；Vitorino Magalhães Godinho, *Os Descobrimentos e a Economia Mundial,* 4 vols, 2nd edn (Lisbon, 1981—1983)。Jorge Flores, "Expansão portuguesa, expansões europeias e mundoa não-europeus na época moderna: o estado da questão", in *Ler História,* 50 (2006), pp. 23-43，此文为葡萄牙扩张的历史研究提供了一个有价值的批判性的综述。

2 最新的传记，是 Peter Russell, *Prince Henry "The Navigator": A Life* (New Haven and London, 2001)。

3 Magalhães Godinho, *Os Descobrimentos e a Economia Mundial,* Vol. IV, p. 157.

4 João de Barros, *Ásia, 1⁰ Década, Livro terceiro.*

5 Ibid.

6 Magalhães Godinho, *Os Descobrimentos e a Economia Mundial,* Vol. IV. 亦见 John Vogt, *Portuguese Rule on the Gold Coast* (Athens, GA, 1979)。

7 Rui de Pina, *Crónicas de Rui de Pina,* ed. M. Lopes de Almeida (Porto, 1977), cáp. LXVIII.

8 Magalhães Godinho, *Os Descobrimentos e a Economia Mundial,* Vol. IV.

9 关于刚果王国的历史，见 Anne Hilton, *The Kingdom of Kongo* (Oxford, 1985) 和 John Thornton, *The Kingdom of Kongo* (Madison, 1983)。

10 Paula Ben-Amos, *The Art of Benin* (London, 1980)，关于贝宁历史，可见 Alan Ryder, *Benin and the Europeans* (London, 1969)。

11 关于达·伽马，可以特别参考 Sanjay Subrahmanyam, *The Career and Legend of Vasco da Gama* (Cambridge, 1997)。

12 见 Luis Filipe Thomaz, "Factions, Interests and Messianism: The Politics of Portuguese Expansion in the East, 1500—1521", *The Indian Economic and Social History Review,* Vol. 28, No. 1 (1991), pp. 97-109.

13 无名氏（也许是 Álvaro Velho），*Relação da Primeira Viagem à India pela Armada Chefiada por Vasco da Gama,* in José Manuel Garcia (ed.), *As Viagens dos Descobrimentos* (Lisbon, 1983), p. 183。

14 无名氏（也许是 Álvaro Velho），*Relação da Primeira Viagem à India pela Armada Chefiada por Vasco da Gama,* in José Manuel Garcia (ed.), *As Viagens dos Descobrimentos* (Lisbon, 1983), p. 183。

15 近期对这一时期葡萄牙人在亚洲的情况最重要的研究是，Sanjay Subrahmanyam, *The Portuguese Empire in Asia, 1500—1700: A Political and Economic History* (London, 1993)。本章从此书借鉴良多。

16 见 Charles Boxer, *The Tragic History of the Sea* (London, 1968)。

17 Michael N. Pearson, *Merchants and Rulers in Gujarat: The Response to the Portuguese in the Sixteenth-Century* (Berkeley/Los Angeles, 1976)。本书检视了古吉拉特人对葡萄牙人的回应。亦见 *The Portuguese in India* (The New Cambridge History of India, Vol. I, chapter 1), (Cambridge, 1987)。

18 Luís Filipe F. R. Thomaz, "Estrutura política e administrativa do Estado da India no século XVI"，in Luis de Albuquerque and Inácio Guerreiro (eds), *Actas do II Seminário Internacional de História Indo-Portuguesa* (Lisbon, 1985).

19 John Villiers, "The Estado da India in Southeast Asia"，in M. Newitt (ed.), *The First Portuguese Colonial Empire* (Exeter, 1986), p. 37.

20 Thomaz, "Estrutura política e administrativa do Estado da India no século XVI". 亦见 Artur Teodoro de Matos, *O Estado da Índia nos anos de 1581—1588, estrutura administrtiva e económica. Alguns elementos para o seu setudo* (Ponta Delgada, 1982)。

21 见 Villiers, "The Estado da India in Southeast Asia"，p. 37。

22 Subrahmanyam, *The Portuguese Empire in Asia, 1500—1700,* pp. 75-78, 258-261.

23 Ibid.，p. 150.

24 见 C. R. Boxer, *Portuguese Society in the Tropics: The Municipal Councils of Goa, Macao, Bahia and Luanda, 1510—1800* (Madison, 1965), pp. 42-71。

25 关于葡萄牙帝国中的耶稣会的详细历史，特别参见 Dauril Alden, *The Making of an Enterprise: The Society of Jesus in Portugal, its Empire, and Beyond, 1540—1750* (Stanford, 1996)。

26 Subrahmanyam, *The Portuguese Empire in Asia,* pp. 102-103, 151. 亦见 Charles R. Boxer, *The Christian Century in Japan, 1549—1650* (Manchester, 1993 [1951])。关于后期葡萄牙与中国的贸易关系，见 George B. Souza, *The Survival of Empire: Portuguese Trade and Society in China and the South China Sea 1630—1754* (Cambridge, 1986)。

27 Anthony R. Disney, *Twilight of the Pepper Empire: Portuguese Trade in Southwest India in the Early Seventeenth Century* (Cambridge, Mass., 1978), p. 21.

28 见 James Lockhart and Stuart B. Schwartz, *Early Latin America: A History of Colonial Spanish America and Brazil* (Cambridge, 1983), p. 202. 本章直接借用了本书有关巴西的章节中的数据。

29 对美洲印第安人在 16—18 世纪巴西经济发展中扮演的历史角色的重新评估，见 John Manuel Monteiro, *Negos da Terra: Índios e Bandeirantes nas Orígens de São Paulo* (São Paulo, 1994)。

30 David Birmingham, *Trade and Empire in the Atlantic, 1400—1600* (London and New York, 2000), p. 80.

31 他是 1488 年在前往开普海角途中首次登陆安哥拉海岸的巴托罗缪·迪亚士的孙子。

32 David Birmingham, *Trade and Conflict in Angola* (Oxford, 1966), pp. 46-47.

33 Birmingham, *Trade and Empire in the Atlantic, 1400—1600,* p. 86.

34 Lockhart and Schwartz, *Early Latin America,* pp. 374-379.

35 T. W. Merrick and Douglas H. Graham, *Population and Economic Development in Brazil, 1800 to the Present* (Baltimore, MD, 1979), p. 29.

36 Lockhart and Schwartz, *Early Latin America,* pp. 392-393.

37 Ibid.，p. 238.

38 关于这一问题，见 Charles Boxer, *Race Relations in the Portuguese Empire, 1415—1825* (Oxford, 1963)。Stuart B. Schwartz, "The Formation of Identity in Brazil"，in Nicolas Canny and Anthony Pagden (eds), *Colonial Identity in the Atlantic World* (Princeton, 1987), pp. 15-50。

39 Charles R. Boxer, *The Golden Age of Brazil, 1695—1750* (Berkeley and Los Angeles, 1962), p. 324.

40 Carla Rahn Phillips, "The Growth and Composition of Trade in the Iberian Empires, 1450—1750"，in James D. Tracey (ed.), *The Rise of Merchant Empire* (Cambridge, 1990), p. 65.

41 Herbert S. Klein, *The Middle Passage: Comparative Studies of the Atlantic Slave Trade* (Princeton, NJ, 1978), p. 25.

42 关于在里约的葡萄牙宫廷，见 Patrick Wilcken, *Empire Adrift* (London, 2004)；Kirsten Schultz, *Tropical Versailles: Empire, Monarchy, and the Portuguese Royal Court in Rio de Janeiro, 1808—1821* (London, 2001)；Jeffrey D. Needell, *A Tropical Belle Époque* (Cambridge, 1987)。

43 Ibid.，p. 418.

44 对于失去巴西所引发的危机，Valentim Alexandre, *Os Sentidos do Império: Questão Nacional e Questão Colonial na crise do Antigo Regime Português*（Lisbon, 1993）提供了一种重要的分析。

45 出自海军大臣 Sá da Bandeira 于 1836 年 2 月上呈给葡萄牙议会的一份报告。

46 João Pedro Marques, *The Sounds of Silence: Nineteenth-Century Portugal and the Abolition of the Slave Trade* (Oxford, 2006) 是最近关于葡萄牙废奴政治的一项重要研究。

47 见 Malyn Newitt, *Portuguese Settlement on the Zambesi,* chapter 15。对于战役细节的描述，见 René Pélissier, *Naissance du Mozambique. Résistances et révoltes anticoloniales*（*1854—1918*），2 vols（Orgeval, 1984），以及 *Les Guerres grises. Résistances et révoltes en Angola, 1845—1941,* 2 vols（Orgeval, 1977）。

48 转引自 Jill Dias, "Angola"，in Valentim Alexandre and Jill Dias (eds), *O Império Africano 1825—1890,* p. 435。

49 关于军事战役的细节，见 Réne Pélissier, *Les Guerres grises* 以及 *Naissance de la Guiné: Portugais et Africains en Sénégambie (1814—1936)* (Orgeval, 1988)。

50 António Enes, *A Guerra de África em 1895,* 2nd edn (Porto, 1945 [1898]), p. 166.

51 关于古冈哈纳在里斯本受到的对待的细节描述，见 *Diario de Notícias,* 14 March 1896。

52 转引自 Jill Dias, "Angola"，p. 461。

53 Gervase Clarence-Smith, "Capital Accumulation and Class Formation in Angola"，p. 188.

54 *Boletim Geral as Colonias* Ano 9, No. 100 (1933), p. 5.

55 *Estatuto politico, civil e criminal dos indigenas de Angola e Moçambique.*

56 J. M. da Silva Cunha, *O sistema português de política indígena* (Coimbra, 1953), pp.143-144.

57 James Duffy, *Portuguese Africa* (Cambridge, Mass., 1961), p. 295.

58 Clarence-Smith, "Capital Accumulation and Class Formation in Angola"，p. 192.

59 见 John Marcum, *The Angolan Revolution, Vol. I, 1950—1962* (Cambridge, Mass., 1969)。

60 "União Popular Angolana/Frente Nacional para a Libertação de Angola".

61 António de Oliveira Salazar, *Entrevistas: 1960-1966* (Coimbra, 1967), p. 53.

第四章 荷兰

1 Ena Jansen and Wilfred Jonckheere (eds), *Boer en Brit. Ooggetuigen en schrijvers over de Anglo-*

Boerenoorlog in Zuid-Afrika (Amsterdam, 2001).

2　Joris Voorhoeve, *Peace, Profits and Principles: A Study of Dutch Foreign Policy* (Leiden, 1985).

3　Wim van Noort and Rob Wiche, *Nederland als voorbeeldige natie* (Hilversum, 2006).

4　编者增补了相关的新数据。

5　Pitou van Dijck, "Continuity and Change in a Small Open Economy: External Dependency and Policy Inconsistencies", in Rosemarijn Hoefte and Peter Meel (eds) *20th Century Suriname: Continuities and Discontinuities in a New World Society* (Leiden, 2001), p. 48. 根据苏里南统计总署所做的一项全国性人口普查，截至 2004 年 8 月的人口数量为 492892。见苏里南统计总署（Algemeen Bureau voor de Statistiek）, *Zevende algemene volks—en woningtelling in Suriname, landelijke resultaten volume I, demografische en sociale karakteristieken* (Paramaribo, 2005).（编者补充了最新的数据。）

6　Gert Oostindie, *Het paradijs overzee, de "Nederlands" Caraïben en Nederland* (Amsterdam, 1998), p. 27 ff.

7　J. Van Goor, *De Nederlandse Koloniën. Geschiedenis van de Nederlandse expansie, 1600—1975* (Den Haag, 1994), p. 76.

8　苏里南统计总署 , *Zevende algemene volks—en woningtelling in Suriname, landelijke resultatien volume I*。

9　Jan A. Somers, *Nederlandsch-Indië. Staatkundige ontwikkelingen binnen een koloniale relatie* (Zutphen, 2005), p. 101.

10　Van Goor 1994: 177; Somers: 81.

11　Somers 2005: 99; Van Goor 1994: 231.

12　Van Goor 1994: 232.

13　Somers 2005: pp. 114-119; Van Goor 1994: 234.

14　Somers 2005: 101; Amy Wassing, "Roodkapje in Batik", in *Vertrouwd en vreemd*, p. 95.

15　这一强制劳动形式结束于 1870 年，但不包括甘蔗种植，其强制劳动一直持续到 1891 年。Wassing: 95。

16　Ibid.

17　Somers: 14.

18　Amy Wassing, "Roodkapje in batik. Van batik Belanda tot batik Hokokai (1870—1945)", in Esther Captain, etc., 前引书，Note 4, pp. 87-96；Elsbeth Locher-Scholten, 前引书，pp. 15-21；Somers（见注释 14），对荷兰的帝国政策进行了深度探讨。

19　Rudolf van Lier, *Samenleving in een grensgebied. Een sociaal-historische studie van Suriname* (Deventer, 1971), p. 15.

20　Somers 2005: 98; Oostindie 1998: 29.

21　Guno Jones, "Het belang van een gedenkteken", *Kleio Tijdschrift van de vereniging van docenten in geschiedenis en staatsinrichting in Nederland,* vol. 52 (no. 5): 2001, pp. 9-10.

22　E. van Vugt, *Een gedenkteken voor de slavernij,* Vrij Nederland, 1 July 2000, p. 55.

23　有关这些宪法举措，见 Goor、Van Lier 和 Jones。

24　Cynthia Mcleod, *Slavernij en de memorie* (Schoorl, 2002), pp. 70-71.

25　Anton de Kom, *Wij slaven van Suriname* (Bussum, 1981).

26　Michael Sharpe, "Globalization and Migration: Post-Colonial Dutch Antillean and Aruban Immigrat Political Incorporation in the Netherlands", *Dialectical Anthropology,* vol. 29 (nrs. 3-4): 2005, p. 299.

27　K. Groeneboer (ed.), *Koloniale taalpolitiek in Oost en West: Nederlands-Indië, Suriname, Nederlandse Antillen en Aruba* (Amsterdam, 1977); J. van Goor, 见注释 7；Esther Captain, 见注释 49。

28　见 Van Lier (1971)。

29　关于欧洲在文化和宗教上的统治，见 Hans Ramsoedh（"De Nederlandse assimilatiepolitiek in Suriname tussen 1863 en 1945", in Gobardhan-Rambocus, et. al., *De Erfenis van de Slavernij* (Paramaribo, 1995), Van Lier（见注释 19），Groeneboer（见注释 27），Marshall（见注释 37）和 Jones（见注释 38）。

30 黑人精神病医师范农在加勒比其他地区对由此造成的状况进行了广泛的研究。

31 关于同化政策，见 Ramsoedh、Van Lier 和 Marshall。

32 Van Lier、Mcleod、Wekker 和 Ramsoedh 的研究涉及这一殖民政策的改变。

33 Van Goor 1994: 365; Oostindie 1998: 28; Somers 2005: 11.

34 Oostindie 1998: 28.

35 Wim Hoogbergen, *De bosnegers zijn gekomen: slavernij en rebellie in Suriname* (Amsterdam, 1992), Frank Dragtenstein, *De ondraaglijke stoutheid der wegloopers: marronage en koloniaal beleid in Suriname, 1667—1778* (Utrecht, 2002), Sandew Hira, *Van Priary tot en met De Kom: de geschiedenis van het verzet in Suriname, 1630—1940* (Rotterdam, 1982).

36 见 Hira (1982)。

37 Edwin Marshall, *Ontstaan en ontwikkeling van het Surinaams Nationalisme. Natievorming als opgave* (Delft, 2003).

38 Johan Jones, *Kwakoe en christus. Een beschouwing over de ontmoeting van de Afro-Amerikaanse cultuur en religie met de Hernhutter zending in Suriname* (Brussels, 1981), Sam Jones, *Met vlag en rimpel: Surinamers over Nederland* (Utrecht, 2004), pp. 40-49.

39 Hein Eersel, "De Surinaamse taalpolitiek: een historisch overzicht", in Kees Groeneboer (ed.), *Koloniale taalpolitiek in Oost en West: Nederlands-Indië, Suriname, Nederlandse Antillen en Aruba* (Amsterdam, 1997), p. 215.

40 转引自 Fasseur, *Tijdschrift voor geschiedenis* 1992 (2), p. 220。

41 Guus Cleintuar, "Hoe vreemd mijn Holland was' in: Wim Willems en Leo Lucassen (ed.), *Het onbekende vaderland* ('s-Gravenhage, 1994).

42 根据 Mcleod 的研究，黑人男性和有色人种女性的同居在 19 世纪中叶是被允许的，但殖民政府对此并不认可。总督和教士时常表示，他们并不认可这些非法的结合。Cynthia Mcleod, *Elisabeth Samson, een vrije zwarte vrouw in het 18 e—eeuwse Suriname* (Schoorl, 1996), p. 22。

43 Ann Stoler, *Race and the education of desire. Foucault's history of sexuality and the colonial order of things* (London, 1995), pp. 40-41.

44 Gloria Wekker, "Of Mimic Men and Unruly Women: Family, Sexuality and Gender in Twentieth-Century Suriname", in *20th Century Suriname: Continuities and Discontinuities in a New World Society,* pp. 181, 195.

45 Mcleod 1996: pp. 60-66, 106-114.

46 www.landsarchief.sr/geschiedenis/ plantages/cotticarivier/twijfelachtig.

47 两者相互之间，以及其与白种欧洲人上层都存在着竞争。印尼—欧洲人认为，由于自己是欧洲人与荷兰人群体合法的一部分，因此自己在殖民地官僚体系中应享有（和白种欧洲人）平等的地位，与此同时，崭露头角的印度尼西亚人群体也要求在其中获得自己的位置。

48 Hans Meijer, *In Indië geworteld* (Amsterdam, 2004), pp. 154-171.

49 Esther Captain, *Achter het kawat was Nederland* (Kampen, 2002), pp. 75-96.

50 "在不对国会的观点加以预测的情况下，按照我的想象，一个由荷兰、印度尼西亚、苏里南和库拉索组成的国家联盟将成为关注的焦点，但它们将依靠自己的努力独立地处理内部事务，同时互相也将提供支持。" in John Schuster, *Poortwachters over immigranten. Het debat over de immigratie in het naoorlogse Groot-Brittannië en Nederland* (Amsterdam, 1999), p. 82。

51 Oostindie 1998: 156-157; Somers 2005: 210.

52 Captain 2002: 123; Meijer 2004: 236. 根据 Meijer（2004: 236）的研究，日本人直到 1945 年 8 月 23 日才在荷属东印度群岛正式投降。

53 Meijer 2004: 237.

54 Captain 2002: 124.

55 *Handelingen Tweede Kamer,* 1949—1950, pp. 799-931.

56 这些群体往往和殖民当局关系密切，并依赖于后者（比如，他们成为公务员、教师与荷兰陆军士兵）。政客们似乎认为，相比于荷兰，他们天然对印度尼西亚有更强的归属感。独立后，这些忠诚于荷兰当局的少数群体很大程度上被排斥在印度尼西亚社会之外，一开始，他们也并不受母国的欢迎。政府并不鼓励印尼-欧洲人移居荷兰。这意味着，尽管他们是荷兰国民，却不能担任政府公职、申请政府贷款，也不能前往荷兰。最终，1956 年荷兰政府撤销了这一碍手碍脚的政策。总数大约 30 万（包括 20 万印尼-欧洲人）的荷兰公民在 1949—1964 年来到荷兰。12500 名安汶士兵（和他们的家庭）——他们曾为复辟荷兰的体系而战，和印尼-欧洲人不同，他们成了印度尼西亚公民，尽管这违背了他们的意愿——在经过法庭程序后才被允许前往荷兰。亦见 Schuster 1998; *Porrtwachters over immigraten. Het debat over immigratie in het naoorlogse Groot-Brittannië en Nederland,* pp. 81-116。

57 Tjalie Robinson, "Wie is Tjalie Robinson?" in *Moesson,* 15 augustus 1982.

58 Marshall 2003: 57-58; Sharpe 2005: 291; Oostindie 1998: 157.

59 Marshall 2003: 57-58.

60 除此之外，经过了一系列的斗争，法案才得以签署。苏里南认为法案应该规定退出的权利，以及和王国在政治上的分离，但荷兰一开始并不想走得这么远。最终，苏里南同意放弃退出的权利。来源：TK 1953—1954, 3200, chapter XIII, *Rijsbegroting overzeese rijksdeling over 1954, memorie van antwood (no 9),* 9 November, 1953, p. 1, Oostindie 1998: 157。

61 Oostindie（1998: 158）称："在印度尼西亚的惨败后，由共同协商所安排的友善的去殖民化的意义凸显出来。和东印度群岛不同，在西印度群岛，荷兰人在法案批准的权力转移当中并没有失去太多。"

62 TK 1955—1956, *Rijksbegroting voor 1956, Hoofdstuk XIII, overzeese rijksdeling, voorlopig verslag (no 8),* p. 1.

63 TK 1955—1956, *Plenaire vergadering op 7 December 1955, Hoofdstuk XIII (4100), vaststelling van de rijksbegroting over 1956,* pp. 438-457.

64 见 Marshall, 2003 和 Oostindie, 1998。

65 公开的解释常常落脚于这样一种观点，即防止人才的外流"符合苏里南的利益"。

66 Oostindie 1998: 165; Marshall 2003: 193.

第五章　斯堪的纳维亚

1 有关 17 世纪斯堪的纳维亚的政治地理学和该地区经济生活的概述，见 David Kirby, *Northern Europe in the Early Modern Period: The Baltic World, 1492—1772*（London, 1990）and John P. Maarbjerg, *Scandinavia in the Europen World-Economy, ca. 1570—1625*（New York, 1995）。

2 关于 1500 年到 2000 年丹麦历史的概述，可参阅 Knud J. V. Jespersen, *A History of Denmark*（London, 2004）。

3 最新的英文文献中并没有对丹麦北大西洋帝国进行过总体的考察。相关的丹麦语文献中，最新的是 Michael Bregnsbo and Kurt Villads Jensen, *Det danske imperium. Storhed og fald.* 亦见 Finn Gad, *Grønlands historie,* VolsI—III（Copenhagen, 1967—1976）。

4 Stellan Dahlgren and Hans Norman, *The Rise and Fall of New Sweden: Governor Johan Risingh's Journal 1654-

1655 in its Historical Context（Uppsala, 1988），本书对瑞典在北美的殖民事业的命运做了生动的描绘。

5 在 Ole Feldbæk and Ole Justesen, *Kolonierne i Asien og Afrika*（Copenhagen, 1980），pp. 301 ff. 中，Justesen 讨论了瑞典人在西非的活动。亦见 K. Y. Daaku, *Trade and Politics on the Gold Coast 1600—1720: A Study of African Reaction to European Trade*（London, 1970）。

6 Gösta Franzén, *Svenskstad i Västindien*（Stockholm, 1974），本书研究了瑞典在圣巴泰勒米的统治。该书还提供了一个英文的概述。

7 除非特别说明，下文对丹麦海外事业的描述基于 Feldbæk and Justesen, *Kolonierne i Asien og Afrika* 和 Ove Hornby, *Kolonierne i Vestindien* (Copenhagen, 1980)。Ole Feldbæk, *India Trade under the Danish Flag 1772—1808* (Copenhagen, 1969)，作者对丹麦在印度的贸易做了详尽的考察。

8 Knud J. V. Jespersen, *The Besieging of Copenhagen in 1807 and the Map in the Governor's Library in Odense* (Odense, 1974)，本书就英国人对哥本哈根的袭击做了简要的描述。

第六章　不列颠

1 James Raven, *Judging New Wealth: Popular Publishing and Responses to Commerce in England, 1750–1800* (Oxford, 1992), p. 138

2 David Cannadine, "The Making of the British Upper Classes", in *Aristocracy: Grandeur and Decline in Modern Britain* (New Haven and London, 1994).

3 John Jewell, *The Tourist's Companion, or, The History and Antiquities of Harewood* (Leeds, 1819), pp. 7–8.

4 *Yorkshire Election: A Collection of the Speeches, Addresses and Squibs Produced by All Parties during the Late Contested Election* (Leeds, 1807).

5 *Rule Britannia,* 由 James Thompson 作词，由 Thomas Arne 作曲 (约 1740)。

6 Nicholas Canny, "The Origins of Empire: An Introduction", in *The Oxford History of the British Empire, Vol. 1* (Oxford, 1998).

7 Linda Colley, *Britons: Forging the Nation* (New Haven, 1992).

8 Canny, "The Origins of Empire", p. 7.

9 P.J. Marshall, "1783–1870: An Expanding Empire", in P.J. Marshall (ed.), *The Cambridge Illustrated History of the British Empire* (Cambridge, 1996).

10 Edmund Burke, *"Speech on Conciliation with America"*, 22 March 1775.

11 Alan Bennett, *The Madness of King George* (London, 1995), p. 70.

12 P. J. Marshall, *The Making and Unmaking of Empires: Britain, India and America, c.1750–1783* (Oxford, 2005).

13 P. J. Marshall, "Introduction: The World Shaped by Empire", in *The Cambridge Illustrated History of the British Empire*, p. 10.

14 Bernard Smith, *European Vision and the South Pacific*, 2nd edn (New Haven, 1985).

15 关于库克之死的意义，见 Greg Dening, *Mr. Bligh's Bad Language: Passion, Power and Theatre on the Bounty* (Cambridge, 1992)。

16 Robert Hughes, *The Fatal Shore: A History of the Transportation of Convicts to Australia 1787—1868* (London, 1987). 书名取自 19 世纪的一首歌谣。

17 这一短语由西蒙·沙玛（Simon Schama）提出。*A History of Britain, Vol. 3: 1776—2000: The Fate of Empire* (London, 2003)，第 5、6 章。

18 Catherine Hall, "Of Gender and Empire: Reflections on the Nineteenth Century", in Phillippa Levine (ed.), *Gender and Empire (The Oxford History of the British Empire, Companion Series)* (Oxford, 2004), p. 48.

19 Catherine Hall, "Of Gender and Empire: Reflections on the Nineteenth Century", in Phillippa Levine (ed.), *Gender and Empire (The Oxford History of the British Empire, Companion Series)* (Oxford, 2004), p. 66.

20 Ibid., p. 47.

21 发出这些呼声的最重要的人之一，是玛丽·普林斯（Mary Prince），她是一位西印度群岛前奴隶，反奴隶制协会帮助出版了她的自传。Mary Prince, *The History of Mary Prince, a West Indian Slave, Related by Herself* (London, 1831)。

22 Colley, *Britons*, p. 354.

23 Alan Lester, "British Settler Discourse and the Circuits of Empire", *History of Workshop Journal,* No. 54 (2002), pp. 24-48; Elizabeth Elbourne, "The Sin of the Settler: The 1835—1836 Select Committee on Aborigines and Debates over Virture and Conquest in the Early Nineteeth-Century British White Settler Empire", *Journal of Colonialism and Colonial History,* Vol. 4 (2003), p. 3.

24 Catherine Hall, *Civilising Subjects: Colony and Metropole in the English Imagination, 1830—1867* (London, 2002), p. 48.

25 William Dalrymple, *White Mughals: Love and Betrayal in Eighteenth-Century India* (London, 2002)，本书是一部通俗历史作品。

26 Hall, "Of Gender and Empire", p. 47.

27 Schama, *A History of Britain, Vol. 3:1776—2000: The Fate of Empire,* p. 241.

28 Bill Nasson, *Britannia's Empire: Making a British World* (Stroud, 2004), p. 132.

29 *Bulletin,* 2 July 1887.

30 P. J. Marshall, "1870—1918: The Empire under Threat", in *The Cambridge Illustrated History of the British Empire,* p. 71.

31 Nasson, *Britannia's Empire.*

32 Ibid., p.156.

33 A. J. Stockwell, "Power, Authority and Freedom", *The Cambridge Illustrated History of the British Empire,* p. 182.

34 Nasson, *Britannia's Empire,* p. 201.

35 Salman Rushdie, "Outside the Whale", in *Imaginary Homelands: Essays and Criticism, 1981—1991* (London, 1991); John Hill, *British Cinema in the 1980s: Issues and Themes* (Oxford, 1999), pp. 99-123.

36 Marshall, "Introduction: The World Shaped by Empire".

第七章　法国

参考文献

Henri Brunschwig, *Mythes et réalistés de l'impérialisme colonial français* (Armand Colin, 1960).

Jacques Frémeaux, *La France et l'Islam depuis 1789* (Presses Universitaires de France, 1991).

Jacques Frémeaux, *Les Empires coloniaux dans le processus de mondialisation* (Maisonneuve et Larose, 2002).

Jacques Frémeaux, *La France et l'Algérie en guerre, 1830—1870, 1954—1962* (Economica, 2002).

Philippe Haudrère, *L'Empire des rois (1500—1789)* (Denoël, 1997).

Jacques Marseille, *Empire colonial et capitalisme français, histoire d'un divorce* (Albin Michel, 2005).

Jean Meyer, Jean Tarrade, Annie Rey-Goldzeiguer and Jacques Thobie, *Histoire de la France coloniale: des origines à 1914* (Armand Colin, 1991).

Jacques Thobie, Gilbert Meynier, Catherine Coquery-Vidrovitch and Charles-Robert Ageron, *Histoire de la*

France coloniale, 1914—1990 (Armand Coin, 1990).

第八章 俄罗斯

1 Richard Pipes, *Russia under the Old Regime* (London, 1974), p.5.

2 Dominic Lieven, *Empire: The Russian Empire and its Rivals* (London, 2000), p. 262.

3 Ibid.，p. 278.

4 关于政府机构的发展，见 George L. Yaney, *The Systematization of Russian Government. Social Evolution in the Domestic Administration of Imperial Russia, 1711—1905* (Urbana, 1973)。关于俄罗斯帝国更综合性的研究，见 Hugh Seton-Waston, *The Russian Empire, 1801—1917* (Oxford, 1967)。

5 Ronald Hingley, *The Tsars: Russian Autocrats, 1533—1917* (London, 1968)，本书对每位沙皇都做了扼要的考察。

6 关于民族问题的研究，见 Lubomyr Hajda and Mark Beissinger (eds), *The Nationalities Factor in Soviet Politics and Society* (Cambridge, 1990)。

7 关于二战后经济的研究，见 Philip Hanson, *The Rise and Fall of the Soviet Economy: An Economic History of the USSR from 1945* (London, 2003)。

8 Alvin Z. Rubinstein, *Soviet Foreign Policy since World War II: Imperial and Global* (New York, 1992) 对此进行了概述。

9 Archie Brown, *The Gorbachev Factor* (Oxford, 1996).

10 Robert Service, *Russia: Experiments with a People, From 1991 to the Present* (London, 2002).

第九章 奥匈帝国

1 Steven Beller, *Reinventing Central Europe* (Working Paper 92-95, Center for Austrian Studies, Minneapolis, Oct. 1991)。该书的网络版本可访问：http://www.cas.umn.edu/wp925.htm。

2 Moritz Csáky and Klaus Zeyringer, *Ambivalenz des kulturellen Erbes. Vielfachcodierung des historischen Gedächtnisses. Paradigma: Österreich* (Innsbruck, Vienna and Munich, 2000).

3 即便是在 20 世纪 70 年代，益格鲁-撒克逊和奥地利的史料编纂者也仍旧采用这些地区分界线。见 Adam Wandruszka and Peter Urbanitsch (eds), *Die Habsburgermonarchie 1848—1918,* 8 vols (Vienna, 1973—2006); Robert A. Kann, *A History of the Habsburg Empire 1526—1918* (Berkeley and Los Angeles, 1974); Robert J. W. Evans, *The Making of the Habsburg Monarchy, 1550—1700: An Interpretation* (Oxford, 1979)。

4 Diana Reynolds, "Kavaliere, Kostüme, Kunstgewerbe: Die Vorstellung Bosniens in Wien 1878—1900"，in Johannes Feichtinger, Ursula Prutsch and Moritz Csáky (eds), *Habsburg postcolonial. Machtstrukturen und kollektives Gedächtnis* (Innsbruck, Vienna, Munich and Bolzano, 2003), pp. 243-255.

5 Claudio Magris, *Il mito absburgico nella letteratura austriaca moderna* (Turin, 1963).

6 Christiane Zintzen, *"Die österreichischungarische Monarchie in Wort und Bild." Aus dem "Kronprinzenwerk" des Erzherzog Rudolf* (Vienna, Cologne and Weimar, 1999).

7 Richard Swartz, Preface, in Zintzen, *Kronprinzenwerk,* p. 7.

8 详细的研究，可参阅 Thomas Winkelbauer, *Ständefreiheit und Fürstenmacht. Länder und Untertanen des Hauses Habsburg im konfessionellen Zeitalter* (Vienna, 2003), Vol. 1；Alfred Kohler, *Ferdinand I (1503—*

1564). Fürst, König und Kaiser (Munich, 2003) 这一传记。

9　Henri Pifaillem, *Le Prince Eugène (1663—1736). Le philosophe guerrier. Biographie* (Monaco, 2005).

10　以下内容，见 Karl Vocelka, *Glanz und Untergang der höfischen Welt. Repräsentation, Reform und Reaktion im habsburgischen Vielvölkerstaat* (Vienna, 2001)。Herbert Knittler, "Die Donaumonarchie 1648—1848", in Ilja Mieck (ed.), *Europäische Wirtschafts— und Sozialgeschichte von der Mitte des 17. Jahrhunderts bis zur Mitte des 19. Jahrhunderts* (Stuttgart, 1993), pp. 880-915，本书对经济史做了出色的研究。

11　C. W. Blanning, *Joseph II* (London and New York, 1994); Ernst Wangermann, *Die Waffen der Publiziät. Zum Funktionswandel der politischen Literatur unter Joseph II.* (Vienna and Munich, 2004).

12　Ernst Wangermann, *From Joseph II to the Jacobin Trials. Government Policy and Public Opinion in the Habsburg Dominions in the Period of the French Revolution* (London, 1969); Walter Sauer, "Schuster, bleib bei deinem Leisten...Politische und weltanschauliche Entwicklungen unter Wiener Handwerkern am Beispiel der Affäre des Jahres 1794", in Ulrich Engelhardt (ed.), *Handwerker in der Industrialisierung. Lage, Kultur und Politik vom späten 18. bis ins frühe 19. Jahrhundert* (Stuttgart, 1984), pp .435-457.

13　Carsten Holbraad, *The Concert of Europe: A Study in German and British International Theory 1815—1914* (London, 1970).

14　Alan Palmer, *Metternich* (London, 1972).

15　Wolfgang Häusler, *Von der Massenarmut zur Arbeiterbewegung. Demokratie und soziale Frage in der Wiener Revolution von 1848* (Vienna, 1979); Helgard Fröhlich, Margarethe Grandner and Michael Weinzierl (eds), *1848 im europäischen Kontext* (Vienna, 1999).

16　Brandt Harm-Hinrich, *Der österreichische Neoabsolutismus: Staatsfinanzen und Politik* (Göttingen, 1978).

17　Helmut Rumpler, *Eine Chance für Mitteleuropa. Bürgerliche Emanzipation und Staatsverfall in der Habsburgermonarchie* (Vienna, 1997)，本书详细总结了这一复杂的发展过程。

18　Kann, *Habsburg Empire,* p. 579.

19　Wolfram Fischer, "Wirtschaft und Gesellschaft Europas 1850—1914", in Fischer et al (eds), *Europäische Wirtschafts- und Sozialgeschichte von der Mittel des 19. Jahrhunderts bis zum Ersten Weltkrieg* (Stuttgart, 1985), pp. 112, 115. 总体性的解释，见 Ernst Bruckmüller, *Sozialgeschichte Österreichs* (second edition, Vienna and Munich, 2001)。

20　*Österreichische Bürgerkunde. Handbuch der Staats- und Rechtskunde in ibren Beziehungen zum öffentlichen Leben I* (Vienna, 1908), p. 356.

21　Kann, *Habsburg Empire,* p. 581.

22　关于这一全国性问题，可特别参考 Ernst Bruckmüller, *The Austrian Nation. Cultural Consciousness and Social-Political Process* (Riverside, Cal, 2003)；至于历史视角下的观察，见 Rumpler, *Chance für Mitteleuropa,* pp. 426-523。

23　David F. Good, *The Economic Rise of the Habsburg Empire 1750—1914* (Berkeley and Los Angeles, 1984), p. 256. 对此有所修正但基本上同意这一说法的是 Roman Sandgruber, *Ökonomie und Politik. Österreichische Wirtschaftsgeschichte vom Mittelalter bis zur Gegenwart* (Vienna, 1995), pp. 233-313。

24　Good, *The Economic Rise of the Habsburg Empire,* p. 239.

25　见 Feichtinger, Prutsch and Csáky, （*Habsburg Postcolonial*）所做的案例研究。

26　见 Walter Sauer, "Schwarz-Gelb in Afrika. Habsburgermonarchie und koloniale Frage", in Sauer (ed.), *k. u. k. kolonial. Habsburgermonarchie und europäische Herrschaft in Afrika* (Vienna, 2002), pp. 17-78。

27　除此以外，亦见 Wolfgang J. Mommsen and Jörg Fisch, in Stig Förster, Wolfgang J. Mommsen and Ronald Robinson (eds), *Bismarck, Europe and Africa: The Berlin Africa Conference 1884—1885 and the Onset of*

Partition (London, 1988) 作出的贡献。

28 Zuletzt Walter Markov, "Die koloniale Versuchung: Österreichs zweite Ostindienkompanie. Supplementa zu F. von Pollack-Parnau", in *Österreich im Europa der Aufklärung I* (Vienna, 1985), pp. 593-603; Malyn Newitt, *A History of Mozambique* (Johannesburg, 1995), p. 159 ff.

29 见 Sauer, "Schwarz-Gelb in Afrika", pp. 36-54。

30 关于这场三年后以哈布斯堡大公被处决而告终的"墨西哥冒险",见 Brian Hamnett, *Juárez* (London and New York, 1994), pp. 166-197;亦见 Konrad Ratz, *Maximilian und Juárez*, 2 vols (Graz, 1998)。

31 转引自 Sauer, *Schwarz-Gelb in Afrika,* pp. 71 ff。

32 Georg Lehner and Monika Lehner, *Österreich-Ungarn und der "Boxeraufstand" in China* (*Mitteilungen des Österreichischen Staatsarchivs,* special issue 6, Innsbruck, 2002).

33 Gordon Brook-Shepherd, *Between Two Flags: The Life of Baron Sir Rudolf von Slatin Pasha* (London, 1972).

34 Harry Sichrovsky, *Der Revolutionär von Leitmeritz. Ferdinand Blumentritt und der philippinische Freiheitskampf* (Vienna, 1983).

35 从现今大量的研究成果中选出几例:Peter Berner, Emil Brix and Wolfgang Mantl (eds), *Wien um 1900* (Vienna, 1986); Emil Brix and Patrick Werkner (eds), *Die Wiener Moderne. Ergebnisse enies Forschungsgespräches der Arbeitsgemeinschaft Wien um 1900 zum Thema "Aktualität und Moderne"* (Vienna and Munich, 1990); Alfred Pfabigan (ed.), *Die Enttäuschung der Moderne* (Vienna, 2000)。

36 Carl E. Schorske, *Fin-de-Siècle Vienna: Politics and Culture* (New York, 1980), p. xviii;其他不同的解释,见 Albert Fuchs, *Geistige Strömungen in Österreich 1867—1918* (new edition, Vienna, 1996), 或 William M. Johnston, *The Austrian Mind: An Intellectual and Social History 1848—1938* (Berkeley, 1972)。

37 Ernst Hanisch, *Der lange Schatten des Staates. Österreichische Gesellschaftsgeschischte im 20. Jahrhundert* (Vienna, 1994), p. 261.

38 关于政治上异见者的意识形态和组织,可见 Wolfgang Maderthaner and Lutz Musner, *Die Anarchie der Vorstadt. Das andere Wien um 1900* (Frankfurt am Main, 1999); John Boyer, *Political Radicalism in Late Imperial Vienna. Origins of the Christian Social Movement 1848—1897* (Chicago, 1981); William D. Bowman, *Priest and Parish in Vienna, 1780 to 1880* (Boston, 1999)。

39 Roman Sandgruber, "Exklusivität und Masse. Wien um 1900", in Brix and Werkner, *Die Wiener Moderne,* p. 82.

第十章　比利时

1 G. Romanato, *L'Africa Nera fra Cristianesimo e Islam. L'esperienza di Daniele Comboni (1831—1881)* (Milan, 2003).

2 F. Renault, *Lavigerie, l'esclavage africain et l'Europe, 1868—1892,* Vol. 2, *Campagne antiesclavagiste* (Paris, 1971).

3 根据 *Fire and Sword the Sudan*(Slatin)中的报道,马赫迪说:"我摧毁了这个世界,我也建造了未来的世界。"时间是 1883 年。F. Nicoll, *The Mahdi of the Sudan and the Death of General Gordon* (Stroud, 2005),第 177 页引用了这段话。

4 斯坦利有一大堆的修辞。他在远征库马西(Kumasi)时表示,希望当地的阿散蒂(Ashanti)人能够做出抵抗,以便给英国人的血腥报复留下借口;在沿刚果河而下的航行中,他又表示:"这是一个凶恶的世界,我们第一次感受到了对那些居住于其间的肮脏、贪婪的食尸鬼的厌恶。"引自 J. L. Newman, *Imperial Footprints. Henry Morton Stanley's African Journeys* (Washington, D.C., 2004), p. 138。为解救埃明帕夏（Emin Pasha）而组织的远征也并不比这更加和平。

5　A.-J. Wauters, *Histoire politique du Congo belge* (Brussels, 1911), pp. 57-58.

6　A. H. Ward, *A Voice from the Congo* (London, 1910)，书中展示了一张凹版照片，其中集合了 E. J. Glave、W. G. Parminter、R. Casement 和 A. H. Ward 四个最知名的斯坦利的门徒。

7　也有可能是在中国。"当我们需要人手的时候，我们将会去中国征募他们。"到 1888 年，他正考虑组建 5 个由中国人组成的军团去绘制边界图。开展这些工作的成本会是多少？ R.-J. Cornet, *La Bataille du Rail* (Brussels, 1958), p. 236。

8　P. Marechal, *De "Arabische" campagne in het Maniema-Gebied (1892—1894)* (Tervuren, 1992).

9　1892 年 1 月到 5 月，非洲工人的死亡率达到了 20%（工人总数是 4500 人，主要来自西非和桑给巴尔），而欧洲工人（总数为 120 人）全年的死亡率为 22.5%。

10　Speech by A. Thys, engineer and president of the Congo Rail Company, at the inauguration of the line, Léopoldville, 6 July 1898, *Mouvement géographique,* 1898, cols 398-399.

11　1891 年到 1904 年，象牙出口的价值在每年 280 万到 580 万法郎间波动；1896 年，橡胶出口也达到这一水平，到 1903 年，则达到 4703 万法郎。修建马塔迪—利奥波德维尔铁路花费了 8200 万法郎。

12　这些损失是在穿越马塔迪峭壁——工程中迄今为止最困难的部分——时发生的。在该铁路线建设中，死亡总数约为 40 万。

13　报告全文收录于 S. Ó Siocháin and M. O' Sullivan, *The Eyes of Another Race: Roger Casement's Congo Report and 1903 Diary* (Dublin, 2003)。

14　由于殖民当局后来的否认政策，研究者在很长时间里都无法获得这些证词文本。50 年后，一位名叫 E. 博拉尔特（E. Boelaert）的传教士收集了第二批口头证词，这是他的计划的一部分，即通过唤醒集体认同来对抗现代资本主义经济。但它的受众仍只限于当地的读者。

15　在证明这些做法普遍存在的早一代的旅行者中，斯瓦希里商人 Tippu Tip、德国官员 Wissmann、"斯坦利的门徒" A. H. Ward 的名字被引用得最多。事实上，早在 16、17 世纪的第一批令欧洲人着迷的关于中非的书面资料中，就出现了有关肉刑的证据。

16　Ward, *A Voice from the Congo,* p. 286.

17　F. Cattier, *Étude sur la situation de l'État Inépandant du Congo* (Brussels, 1906); A. Vermeersch, *La Question congolaise* (Brussels, 1906).

18　K. Grant, "Christian Critics of Empire: Missionaries, Lantern Lectures and the Congo Reform Campaign in Britain", *Journal of Imperial and Commonwealth History,* Vol. 29, No. 2 (2001), pp. 27-58.

19　W. R. Louis and J. Stengers, *E. D. Morel's History of the Congo Reform Movement* (Oxford, 1968).

20　P. Mille, "Le Congo léopoldien", *Cahiers de la Quinzaine,* 26 November 1905; P. Mille and F. Challaye, "Les deux Congo devant la Belgique et devant la France", *ibid.,* 22 April 1906.

21　在他看来，非洲南部和德属西南非洲是种族压迫导致暴行的典型例子，两个刚果是资本主义利益的受害者，而北非则和 1914 年的比利时一样，是政治上的受害者。E. D. Morel, *The Black Man's Burden* （1902）。

22　1930 年，两名刚果人前往比利时驻波士顿领事馆，表达对丹尼尔·达文波特（Daniel Davenport）在其执导的电影《扬戈》(*Jango*) 中要求他们扮演刚果食人族——而"其实他们是天主教徒"——的不满。他们还指出，自己的薪水被长期拖欠。Correspondence Belgian Embassy, Washington, 27 February 1930, Belgian Archives Foreign Affairs, AF-I-17.

23　G. T. Mollin, *Die USA und der Kolonialismus* (Berlin, 1996), p. 129.

24　G. Vanthemsche, *Genése et portée du «Plan décennal» du Congo belge (1949—1959)* (Brussels, 1994). 参阅 *Bulletin de l'ARSOM* (1994), pp. 249-356 当中的讨论。

25 关于走向独立的时期最出色的分析，请参见 Nydaywel è Nziem, *Histoire du Zaïre* (Louvain la Neuve, 1997)；J.-M. Mutamba, *Du Congo belge au Congo indépendant, 1940—1960. Émergence des évolués et genèse du nationalisme* (Kinshasa, 1998)。

第十一章 德国

1 译自 Heinrich von Poschinger (ed.), *Fürst Bismarck und die Parlamentarier,* Vol. III (Breslau, 1896), p. 54。

2 有关俾斯麦对殖民主义的态度之大转变，有很多种解释。我们在这里关注的是 Hans-Ulrich Wehler (*Bismarck und der Imperialismus* [Köln, 1969]) 的观点，他认为俾斯麦殖民政策的动机，主要来自国内事务而不是国外事务，即 "国内政策旗号下的社会帝国主义"。即便是在最后几年中，俾斯麦也仍坚决反对殖民主义的观念，这在他 1888 年著名的评论——"我的非洲地图是画在欧洲的"——中清晰地体现出来。（译自 "Gespräche mit dem Afrikareisenden Eugen Wolf am. 7. Dezember 1888 in Friedrichsruh"，in *Bismarck, Die Gesammelten Werke,* Vol. 8 [Berlin, 1926], pp. 644-647, 这句话见 p. 646。）

3 Kalus J. Bade (ed.), *Imperialismus und Kolonialmission, Kaiserliches Deutschland und koloniales Imperium* (Wiesbaden, 1982), p. 10.

4 见 Helmuth Stoecker (ed.), *Drang nach Afrika, Die deutsche koloniale Expansionspolitik und Herrschaft in Afrika von den Anfängen bis zum Verlust der Kolonien,* 2nd edn (Berlin, 1991); Horst Gründer, *Geschichte der deutschen Kolonien,* 5th edn (Paderborn etc, 2004); Winfried Speitkamp, *Deutsche Kolonialgeschichte* (Stuttgart, 2005)。

5 参加 1884—1885 年西非（或刚果）会议的，有来自 13 个欧洲国家、美国和奥斯曼帝国的代表，会议的目标是在国际法之下，为进一步瓜分非洲、自由贸易和在非洲大陆传教订立规则。今天，这次会议被看作他者统治和剥削非洲的开端。

6 区域研究的典范有：Peter Sebald, *Togo 1884—1914. Eine Geschichte der deutschen "Musterkolonie" auf der Grundlage amtlicher Quellen* (Berlin, 1988); Hermann J. Hiery (ed.), *Die Deutsche Südsee 1884—1914. Ein Handbuch* (Paderborn etc, 2001)。

7 Ulrich van der Heyden, *Rote Adler an Afrikas Küste. Die brandenburgisch-preußische Kolonie Großfriedrichsburg in Westafrika,* 2nd edn (Berlin, 2001).

8 Alexander Honold/Klaus R. Scherpe (eds), *Mit Deutschland um die Welt. Eine Kulturgeschichte des Fremden in der Kolonialzeit* (Stuttgart/Weimar, 2004), p. 20. Barth、Vogel、Rohlfs、Nachtigal，尤其是 Eduard Robert Flegel 的足迹遍及喀麦隆北部。

9 他在 1916 年写道："举个例子，如果和同一时期其他国家相比，德国获得的殖民地事实上少得可怜。" *Weber, Max, Gesammelte Politische Schriften,* edited by Johannes Winckelmann, 2nd edn (Tübingen, 1958), p. 154 f.。

10 见 Mihran Dabag/Horst Gründer/Uwe-K Ketelsen (eds), *Kolonialismus, Kolonialdiskurs und Genozid* (München, 2004)。

11 Arne Perras, *Carl Peters and German Imperialism 1856—1918. A Political Biography* (Oxford, 2004).

12 Christian Geulen, "The Final Frontier"，Heimat, Nation und Kolonie um 1900. Carl Peters, in Birthe Kundrus (ed.), *Phantasiereiche. Zur Kulturgeschichte des deutschen Kolonialismus* (Frankfurt am Main/New York, 2003), pp. 35-55, 引文内容在 p. 48。

13 Jürgen Zimmerer, *Deutsche Herrschaft über Afrikaner. Staatlicher Machtanspruch und Wirklichkeit im kolonialen Namibia,* (Münster 2001). 亦见 Helmut Bley, *Namibia under German Rule* (Hamburg, 1996)。

14 见 Pascal Grosse, *Kolonialismus, Eugenik und bürgerliche Gesellschaft in Duetschland 1850—1918* (Frankfurt am Main/New York, 2000); Pascal Grosse, "Zwischen Privatheit und Öffentlichkeit Kolonialmigration", in *Deutschland 1900—1940* in Birthe Kundrus (ed.), *Phantasiereiche, Zur Kulturgeschichte des deutschen Kolonialismus* (Frankfurt am Main/New York, 2003), pp. 91–109; Fatima El-Tayeb, *Schwarze Deutsche. Der Diskurs um "Rasse" und nationale Identität 1890—1933* (Frankfurt/New York, 2001)。

15 见 John C. G. Röhl, *Wilhelm II. Der Aufbau der Persönlichen Monarchie 1888—1900* (Munich, 2001), p. 1027。

16 Eduard von Liebert, *Die deutschen Kolonien und ihre Zukunft* (Berlin, 1906), p. 9.

17 Sebastian Conrad/Jürgen Osterhammel (eds), *Das Kaiserreich transnational. Deutschland in der Welt 1871-1914* (Göttingen, 2004), p. 10.

18 这一表述改编自前德属东非总督 Heinrich Schnee 在其 *Die koloniale Schuldlüge*（Munich, 1924）一书中所提出的"战争犯罪的借口"。这本书重印了 12 次，并被翻译成多种语言。20 世纪 20 年代，这本书被视为关于殖民运动的典范作品。

19 Bernhard Dernburg, "Sind Kolonien für Deutschland nötig?" in *Uhu* 2 (1926), pp. 20-25, 引文内容见 p. 22。左翼的开明银行家 Bernhard Dernburg 在 1906 年到 1910 年担任了殖民事务大臣一职。

20 1914—1918 年，莱托-福尔贝克（又被称为"非洲之狮"）在德属东非发动了长期的战争。即便在他的反对者——那些占领着东非却无力征服他的领地的人——中，他也享有"第一次世界大战中最强大的士兵"的声望。这场"战争中的战争"使无数的人成为受害者，并给东非造成了长期的生态灾难，但这一事实显然被忽视了。John Iliffe（*A Modern History of Tanganyika,* Cambridge etc. 1979, p. 241）得出了下述判断："莱托-福尔贝克无与伦比的战役是对非洲的剥削的顶点，即完全只把后者当作一个战场。"

21 Klaus Hildebrand, *Vom Reich zum Weltreich, Hitler, NSDAP und koloniale Frage 1919—1945* (München, 1969).

22 见 Conrad/Osterhammel 2004, p. 20。

23 Klaus J. Bade, Die deutsche Kolonialexpansion in Afrika: Ausgangssituation und Ergebnis, in Walter Fürnrohr (ed.), *Afrika im Geschichtsunterricht europäischer Länder, Von der Kolonialgeschichte zur Geschichte der Dritten Welt* (München, 1982), pp. 13-47, 引文内容见 p. 35。后续的引文同样见此文。

24 例如，见 Marc Ferro (ed.), *Le livre noir du colonialisme. XVIe-XXIe siècle, De l'extermination à la repentance* (Paris, 2003)。非洲、南美洲和亚洲的很多人也以其他方式将全球化视为殖民主义。

25 见 Geiss, Imanuel, Die welthistorische Stellung der europäischen Kolonialherrschaft, in Wilfried Wagner (ed.), *Rassendiskriminierung, Kolonialpolitik und ethnisch-nationale Identität. Referate des 2. Internationalen Kolonialgeschichtlichen Symposiums 1991 in Berlin* (Munster/Hamburg, 1992), pp. 21-41。Lewis H. Gann/Peter Duignan, *The Rulers of German Africa 1884—1914* (Stanford/California, 1977), p. 239 ff.，本书十分强调殖民统治的积极效果。亦见 Heyden, "Ulrich van der, Kolonialgeschichtsschreibung in Deutschland , Eine Bilanz ost- und westdeutscher Kolonialhistoriograhie", in *Neue Politische Literatur* 48 (2003) 3, pp. 401-429。

26 关于当地人的合作这一主题，见 Jürgen Osterhammel, *Kolonialismus, Geschichte—Formen Folgen* (München, 1995), p. 70 ff.。

27 今天，流散和流浪、混合与模仿是最重要的后殖民主义思维范式。

28 见 Tilmann Dedering, *Hate the Old and Follow the New. Khoekhoe and Missionaries in Early Nineteenth-Century Namibia* (Stuttgart, 1997); Ursula Trüper, *Die Hottentottin , Das kurze Leben der Zara Schmelen (ca. 1793-1831) Missionsgehilfin und Sprachpionierin in Südafrika* (Köln, 2000).

29 即便是今天，鲁道夫·杜阿拉·曼加·贝尔和他的追随者被司法谋杀一事，仍没有被平反。Ralph A. Austen/Derrick Jonathan, *Middlemen of the Cameroons Rivers. The Duala and their Hinterland, c. 1600—c. 1960* (Cambridge, 1999); Andreas Eckert, *Grundbesitz, Landkonflikte und kolonialer Wandel, Douala 1880—1960* (Stuttgart, 1999)。

30 见 Russell A. Berman, "Der ewige Zweite. Deutschlands Sekundärkolonialismus"，in Birthe Kundrus (ed.), *Phantasiereiche. Zur Kulturgeschichte des deutschen Kolonialismus* (Frankfurt am Main/New York, 2003), pp. 19-32, 引文内容见 p. 24。

31 尽管如此，发生在德属西南非洲的这次种族大屠杀——在德国历史上是第一次——是异常残酷的。死于 1905 年到 1907 年发生在德属东非的马及马及叛乱的非洲人比这还要多，估计受害人数在 7.5 万到 30 万。德国对马及马及的军事行动是否也像发生在 1904 年的喀麦隆姆帕曼库战争（在殖民话语中被称为安杨起义 [Anyang Uprising]）一样具有种族灭绝的特征，仍是一个有待讨论的问题。

32 Jürgen Zimmerer/Joachim Zeller (eds), *Völkermord in Deutsch-Südwestafrika. Der Kolonialkrieg 1904–1908 in Namibia und seine Folgen,* 2nd edn (Berlin, 2004); Jürgen Zimmerer, *Colonialism and the Holocaust. Towards an Archeology of Genocide,* in Dirk A. Moses (ed.), *Genocide and Settler Society. Frontier Violence and Stolen Indigenous Children in Australian History* (New York/Oxford, 2004); Henning Melber (ed.), *Genozid und Gedenken. Namibischdeutsch Geschichte und Gegenwart* (Frankfurt am Main, 2005).

33 Hannah Arendt, The *Origins of Totalitarianism*, London 1986 (Chapter 7), 1st edn 1951.

34 Reinhart Kößler/Henning Melber, Völkermord und Gedenken, "Der Genozid an den Herero und Nama in Deutsch-Südwestafrika 1904–1908"，in *Völkermord und Kriegsverbrechen in der ersten Hälfie des 20 Jahrhunderts, hrsg.* im Auftrag des Fritz Bauer Instituts von Irmtrud Wojak und Susanne Meinl (Frankfurt am Main/New York, 2004), pp. 37–75, 引文内容见 p. 59。

35 Lora Wildenthal（*German Women for Empire, 1884—1945,* Durham/London 2001）考察了德国殖民过程中女性的参与和女性政治。两个最重要的女性组织分别是德国殖民地女性护士协会（German Women's Society for Nursing in the Colonies）和德国妇女殖民同盟（Women's League for German Colonization）。

36 Jan-Bart Gewald, *Herero Heroes. A socio-political history of the Herero of Namibia 1890—1923*（Oxford/Cape Town/Athens, 1999），本书关注"边缘"的研究取径。

37 Andreas Eckert, "Konflike, Netzwerke, Interaktionen. Kolonialismus in Afrika"，in *Neue Politische Literatur* 44 (1999) 3, pp. 446-480.

38 Gesine Krüger, *Kriegsbewältigung und Geschichtsbewußtsein, Realität, Deutung und Verarbeitung des deutschen Kolonialkriegs in Namibia 1904–1907* (Göttingen, 1999); Stefanie Michels, *Imagined Power Contested: Germans and Africans in the Upper Cross River Area of Cameroon 1887–1915* (Berlin/Münster, 2004); Stefanie Michels, "The Germans were brutal and wild"：Colonial Legacies, in Stefanie Michels/Albert-Pascal Temgoua (eds), *La politique de la mémoire coloniale allemande en Allemagne et au Cameroun/Politics of colonial memory in Germany and Cameroon* (Berlin/Münster, 2005).

39 这一流散的非洲人群体包括了殖民地移民、德裔非洲人和非洲裔美国人。除了来自德意志帝国非洲殖民地的人之外，这一小规模的殖民地移民群体还包括了来自德国分散在南太平洋的领地以及中国（胶州）的人。Marianne Bechhaus-Gerst and Reinhard Klein-Arendt, *Die koloniale Begegnung. AfrikanerInnen in Deutschland 1880–1945, Deutsche in Afrika 1880–1918* (Frankfurt and New York, 2003); *AfrikanerInnen in Deutschland und schwarze Deutsche: Geschichte und Gegenwart* (Münster, 2004); Peter Martin and Christine Alonzo, *Zwischen Charleston und Stechschritt: Schwarze im Nationalsozialismus* (Hamburg/Munich, 2004); Heiko Möhle, Susanne Heyn and Susann Lewerenz, *Zwischen Völkerschau und Kolonialinstitut: AfrikanerInnen im kolonialen Hamburg,* Hamburg, 2006。

40 例如，见 Wolfgang Fuhrmann, *Propaganda, sciences and entertainment in German colonial cinematography*, unpublished doctoral dissertation, University of Utrecht, Utrecht 2003; Wolfram Hartmann (ed.), *Hues between black and white. Historical photography from colonial Namibia 1860s to 1915* (Windhoek, 2004)。

41 David M. Ciarlo, *Visualizing Colonialism and Consuming Race in German Mass Culture, 1885—1914*, unpublished doctoral dissertation, University of Wisconsin, Madison 2002.

42 例如，见 Robert Young, *Postcolonialism. An Historical Introduction* (Oxford, 2001); Sebastian Conrad/Shalini Randeria (eds), *Jenseits des Eurozentrismus. Postkoloniale Perpektiven in den Geschichts- und Kulturwissenschaften* (Frankfurt am Main/New York, 2002)。逝世于 2003 年的学者和文学评论家爱德华·萨义德著名的《东方主义》(*Orientalism*, 1978) 一书，可以被视为提出了后殖民主义研究的某种基本宣言。

43 Sara Friedrichsmeyer/Sara Lennox/Susanne Zantop (eds), *The Imperialist Imagination. German Colonialism and Its Legacy* (Michigan, 1998); Birthe Kundrus (ed.), *Phantasiereiche. Zur Kulturgeschichte des deutschen Kolonialismus* (Frankfurt am Main/New York, 2003); Alexander Honold/Oliver Simons (eds), *Kolonialismus als Kultur. Literatur, Medien, Wissenschaft in der deutschen Gründerzeit des Fremden* (Tübingen/Basel, 2002)；Honold/Scherpe 2004.

44 Russell A. Berman, *Enlightenment of Empire. Colonial Discourse in German Culture* (Lincoln, 1998).

45 Andeas Eckert/Albert Wirz, *Wir nicht, die Anderen auch. Deutschland und der Kolonialmus,* in Sebastian Conrad/Shalini Randeria (eds), *Jenseits des Eurozentrismus. Postkoloniale Perpektiven in den Geschichts- und Kulturwissenschaften* (Frankfurt am Main/New York, 2002), pp. 372-392, 引文内容见 p. 374。

46 Susanne Zantop, *Colonial Fantasies. Conquest, Family and Nation in Precolonial Germany, 1770—1870* (London, 1997).

47 对于"典型的德国"殖民主义观念，最近的一种反对意见来自 George Steinmetz, "The Devil's Handwriting: Precolonial Discourse, Ethnographic Acuity and Cross Identification in German Colonialism", in *Comparative Studies in Society and History* 45, 1, January 2003, pp. 41-95。

48 Sebastian Conrad, Doppelte Marginalisierung. Plädoyer für eine transnationale Perspektive auf die deutsche Greschichte, in *Geschichte und Gesellschaft* 28 (2002), pp. 145-169, 引文内容见 p. 160。

49 比如 1984 年 4 月德国殖民扩张 100 周年纪念活动。

50 Joachim Zeller, *Kolonialdenkmäler und Geschichtsbewußtsein. Eine Untersuchung der kolonialdeutschen Erinnerungskultur* (Frankfurt am Main, 2000); Winfried Speitkamp, "Kolonialherrschaft und Denkmal. Afrikanische und deutsche Erinnerungskultur im Konflikt", in Wolfram Martini (ed.), *Architektur und Erinnerung* (Göttingen, 2000), pp. 165-190.

51 Etienne Francois/Hagen Schulze (eds), *Deutsche Erinnerungsorte,* 3 vols. (München, 2001). 这部著作延续了 Pierre Nora 的富有开创性的论文 *Lieux de Mémoire* 中的观点（7 vols., Paris, 1986—1992）。然而 Nora 承认自己犯了一个不可饶恕的错误，在对法国人记忆的层层剖析中，他竟忽略了殖民主义。

52 Felix Driver/David Gilbert (eds), *Imperial Cities, Landscape, Display and Identity* (Manchester/New York, 1999).

53 Ulrich van der Heyden/Joachim Zeller (eds), *Kolonialmetropole Berlin. Eine Spurensuche* (Berlin, 2002); Ulrich van der Heyden/Joachim Zeller (eds), *"Macht und Anteil an der Weltherrschaft", Berlin und der deutsche Kolonialismus* (Münster, 2005).

54 Heiko Möhle (ed.), *Branntwein, Bibeln und Bananen. Der deutsche Kolonialismus in Afrika. Eine Spurensuche in Hamburg,* 2nd edn (Hamburg, 2000).

55 见 Benedikt Stuchtey, Nation und Expansion. Das britische Empire in der neuesten Forschung, in *Historische*

Zeitschrift, 274, 1, February 2002, pp. 87-118，引文内容见 p. 91。对于殖民帝国构成了英国文化和认同的一个基本组成部分的主题的研究，最近有 Bernard Porter, *"The Absent-Minded Imperialists". Empire, Society and Culture in Britain*, Oxford, 2004。可参考 Dieter Brötel 的作品 "Empire und Dekolonisation als Problem des französischen Geschichtsbewußtseins. Der Beitrag von 'kolonialer Erzichung' und Geschichtsunterricht"，in Dieter Brötel/Hans H. Pöschko (eds), *Krisen und Geschichtsbewußtsein, Mentalitätsgeschichtliche und didaktische Beiträge* (Weinheim, 1996, pp. 119–158)，本书探讨了"欧洲意识"在法国的形成过程。

56 Dirk van Laak, Die afrikanische Welt als Wille und deutsche Vorsellung, in *Frankfurter Allgemeine Zeitung,* 20 August 2002.

57 然而，在编纂殖民帝国主义的历史时，德国黑人及其组织已经在扮演着越来越重要的角色，他们揭露了其中的种族主义和歧视的相关机制。例如由反歧视协会在 2004 年出版的合集 The Black Book。第一本公开描写德国黑人的书是 Katharina Oguntoye/May Opitz/Dagmar Schultz 的 *Farbe bekermen. Afrodeutsche Frauen auf den Spuren ihrer Geschichte,* 2nd edn (Frankfurt am Main, 1992)，初版于 1986 年。

58 例如，见 Shalini Randeria 关于"纠缠的历史"的观念：Conrad/Randeria 2002。

59 2004 年，在纳米比亚和德国举办了以庆典、会议、展览、电影和出版物为形式的纪念西南非洲殖民战争的活动。这一年的一个高光时刻，是联邦经济合作与发展部长海德玛丽·维乔雷克-措伊尔（Heidemarie Wieczorek-Zeul）发表的演讲：8 月，在沃特伯格（Waterberg）/纳米比亚，她以联邦共和国的名义，正式就德国在其前殖民地犯下的罪行做出道歉。赫雷罗人民赔偿协会将其赔偿诉讼于 2001 年提交至美国纽约最高法院，2004 年 11 月中旬，该法院拒绝审理此案，因此这一要求仍未实现。Musolino & Dessel 律师事务所代表赫雷罗人正在向纽约的美国南方地区法院提起赔偿诉讼。见 Larissa Förster/Dag Henrichsen/Michael Bollig (eds), *Namibia – Deuschland: Eine geteilte Geschichte. Widerstand, Gewalt, Erimerung* (Köln, 2004)。

60 Charles S. Maier, *Consigning the Twentieth Century to History. Alternative Narratives for the Modern Era,* in *American Historical Review,* 105 (2000), 3, pp. 807-831.

第十二章　意大利

1 N. Labanca, "History and Memory of Italian Colonialism Today"，in J. Andall and D. Duncan, *Italian Colonialism: Legacies and Memories* (Bern, 2005), pp. 29-46; I. Taddia, *Memorie italiane memorie africane del colonialismo,* in S. Brune and H. Scholler, *Auf dem Weg zum modernen Athiopien. Festschrift fur Bairu Tafla* (Munster, 2005), pp. 225-246.

2 最近有关对意大利殖民主义的研究，包括 Andall and Duncan, *Italian Colonialism*; R. Ben Ghiat and M. Fuller, *Italian Colonialism* (New York, 2005); P. Palumbo, *A Place in the Sun* (California, 2003)。对于这一新趋势的讨论，亦见 I. Taddia, "Notes on Recent Italian Studies on Ethiopia and Eritrea"，*Africana,* Vol. 3 (2003), pp. 165-171。

3 Yemane Mesghenna, *Italian Colonialism: A Case Study of Eritrea, 1869—1934* (Lund, 1988), pp. 50-60.

4 R. Rainero, *L'anticolonialismo italiano da Assab ad Adua* (Milan, 1971), pp. 330-332.

5 R. Pankhurst, *The History of Famine and Epidemic in Ethiopia prior to the Twentieth Century* (Addis Ababa, 1985), p. 69.

6 有关当时对这些事件的报告，请参见 E. Cagnassi, *I nostri errori: tredici anni in Eritrea* (Turin, 1898)。

7 Tekeste Negash, *No Medicine for the Bite of a White Snake: Notes on Nationalism and Resistance in Eritrea*

1890—1940 (Uppsala, 1986) and R. Caulk, "Black Snake, White Snake: Bahta Hagos and his Revolt against Italian Overrule in Eritrea, 1894", in D. Crummey (ed.), *Banditry, Rebellion, and Social Protest in Africa* (London, 1986), pp. 239-309.

8 关于阿杜瓦之战的政治背景及其对意大利社会的影响，见 N. Labanca, *In marcia verso Adua* (Turin, 1993) and I. Taddia and Uoldelul Chelati Dirar, "Essere africani nell' Eritrea italiana", in A. Del Boca, *Adua. Le ragioni di una sconfitta* (Bari, 1997), pp. 231–253。

9 I. Taddia, "Intervento pubblico e capitale privato nella Colonia Eritrea", *Rivista di Storia Contemporanea*, Vol. 14, No. 2 (1985), pp. 207–242; 见同一作者的 *L'Eritrea-Colonia, 1890–1952. Paesaggi, strutture, uomini del colonialismo* (Milan, 1986), pp. 230–241。

10 Mesghenna, *Italian Colonialism*, pp. 215–216; M. Zaccaria, "L'oro dell' Eritrea", *Africa*, Vol. 60, No. 1 (2005), pp. 65–110.

11 关于厄立特里亚殖民部队，尤其可参见 M. Scardigli, *Il braccio indigeno. Ascari, irregolari e bande nella conquista dell'Eritrea, 1885—1911* (Milan, 1996), A. Volterra, *Sudditi coloniali. Ascari eritrei, 1935—1941* (Milan, 2005) and Uoldelul Chelati Dirar, "From Warriors to Urban Dwellers. *Ascari* and the Military Factor in the Urban Development of Colonial Eritrea", *Cahiers d'études africaines,* XLIV (3), 175 (2004), pp. 533-574。

12 T. Negash, *Italian Colonialism in Eritrea (1882—1941)* (Uppsala, 1987), pp. 79-82. 亦见 Uoldelul Chelati Dirar, "Church-State Relations in Colonial Eritrea: Missionaries and the Development of Colonial Strategies (1869—1911)", *Journal of Modern Italian Studies,* Vol. 8, No. 3 (2003), pp. 391-410。

13 Consociazione Turistica Italiana, *Africa Orientale Italiana Guida d'Italia della Consociazione Turistica Italiana* (Milan, 1938), p. 199.

14 Yemane Mesghenna, "The Impact of the 1935–1941 Economic Boom on the Eritrean Labor Market", *Africa*, Vol. 58, No. 1 (2003), pp. 89–100.

15 L. Goglia, "Sul razzismo coloniale italiano", *Materiali di lavoro,* Vol. 9, Nos 2–3 (1991), Vol. 10, No. 1 (1992), pp. 97–115; R. Pankhurst, "Lo sviluppo del razzismo nell' impero coloniale italiano (1935–1941)", *Studi piacentini*, Vol. 3, No. 2 (1988), pp. 175–198.

16 G. Campassi, "Il madamato in Africa Orientale: relazioni tra italiani e indigene come forma di aggressione coloniale", *Miscellanea di storia delle esplorazioni*, Vol. 12 (1987), pp. 219–260; Ruth Iyob, "Madamismo and Beyond. The Construction of Eritrean Women", *Nineteenth-Century Contexts*, Vol. 22, No. 2 (2000), pp. 217–238; G. Barrera, "Mussolini's Colonial Race Laws and State-Settlers Relations in Africa Orientale Italiana (1935–1941)", *Journal of Modern Italian Studies*, Vol. 8, No. 3 (2003), pp. 425–443.

17 这一文学的代表之一，是 L. Robecchi Bricchetii, *Nel paese degli aromi* (Milan, 1903)。

18 L.V. Cassanelli, *The Shaping of Somali Society* (Philadelphia, 1982), p. 148; K.N. Chaudhuri, *Trade and Civilisation in the Indian Ocean* (Cambridge, 1985), p. 102.

19 Cassanelli, *The Shaping of Somali Society*, p. 180. Said Samatar, *Oral Poetry and the Somaly Nationalism: The Case of Sayyd M. Abdille Hasan* (Cambridge, 1982). Abdi Ismail Samatar, *The State and Rural Transformation in Northern Somalia* (Minneapolis, 1989). Ahmed Samatar, *The Somali Challenge* (Boulder, 1994).

20 I.M. Lewis, *A Modern History of the Somali* (Oxford, 2002), pp. 42-43.

21 R. Hess, *Italian Colonialism in Somalia* (Chicago, 1966), p. 39.

22 Ibid., p. 58.

23 Abdul S. Bemath, "The Sayyid and Salihiya Tariqa: Reformist, Anticolonial Hero in Somalia", in Said S.

Samatar (ed.), *In the Shadow of Conquest. Islam in Colonial Northeast Africa* (Trenton, NJ, 1992), pp. 33-48.

24 R. Hess, "The Poor Man of God: Muhammad Abdullah Hassan", in N.R. Bennett (ed.), *Leadership in Eastern Africa: Six Political Biographies* (Boston, 1968), pp. 63-108; D. Laitin and S. Samatar, *Somalia. Nation in Search of a State* (Boulder, 1987), pp. 57-60.

25 Lewis, *A Modern History of the Somali*, p. 86.

26 Hess, *Italian Colonialism in Somalia*, pp. 169-170.

27 G. Rochat, *Guerre italiane in Libia e in Etiopia* (Padua, 1991), pp. 100-104.

28 Laitin and Samatar, *Somalia*, p. 62.

29 Ali A. Ahmida, *The Making of Modern Libya* (Albany, 1994), pp. 57-59.

30 有关赛努西兄弟会的精神和神学方面的著作，见 K. S. Vikør, *Sufi and Scholar on the Desert Edge: Muhammad b. Ali al-Sanusi and his Brotherhood* (London, 1995)。

31 Ahmida, *The Making of Modern Libya,* p. 117.

32 L. Martone, *Giustizia cololiale* (Naples, 2002), pp. 116-120.

33 C. Moffa, "I deportati libici nella guerra 1911—1912", *Rivista di storia contemporanea,* Vol. 19, No. 1 (1990), pp. 32-56; M. Missori, "Una ricerca sui deportati libici nelle carte dell'Archivio Centrale dello Stato", in *Fonti e problemi della politica coloniale italiana. Atti del Convegno. Taromina-Messina, 23-29 ottobre 1989* (Rome, 1996), pp. 53-58; F. Sulpizi and Salaheddin Hasan Sury (eds), *Primo convegno su Gli esiliati libici nel periodo coloniale. 18-29 ottobre 2000, Isole Tremiti* (Rome, 2002).

34 Ahmida, *The Making of Modern Libya,* pp. 136-140.

35 Rochat, *Guerre italiane in Libia e in Etiopia,* p. 80.

36 A. Triulzi, "Adwa: From Document to Monument", in Andall and Duncan, *Italian Colonialism,* pp. 143-164.

37 针对这类观点所做的研究，可参考 A. Lessona, *Verso l'Impero* (Florence, 1939)。

38 H. Marcus, *Haile Sellassie I* (Berkeley, 1987), p. 179.

39 C. Poggiali, *Diario AOI: 15 giugno 1936—1937 ottobre 1937* (Milan, 1971)，作者借助一位目击证人的回忆，为这一片段提供了生动的报告。

40 Haile Mariam Larebo, *The Building of an Empire: Italian Land Policy and Practice in Ethiopia, 1935—1941* (Oxford, 1994), pp. 138-140.

41 M. Fuller, "Building Power. Italy's Colonial Architecture and Urbanism, 1923—1940", *Cultural Anthropology,* Vol. 3, No. 4 (1988), pp. 455-487.

42 I. Taddia, "At the Origin of the State/Nation Dilemma: Ethiopia, Eritrea, Ogaden in 1914", *Northeast African Studies,* Vol. 12, Nos 2-3 (1990), pp. 157-170.

43 Ruth Iyob, "Regional Hegemony: Domination and Resistance in the Horn of Africa", *The Journal of Modern African Studies,* Vol. 31, No. 2 (1993), pp. 257-276.

第十三章　美国

我要感谢 Johanna Lober、Christine Fischer 和 Kristof Scheller，他们给我提供了科研上富有价值的帮助。

1 转引自 Walter LaFeber, "The American View of Decolonization, 1776—1920", in David Ryan and Victor Pungong (eds), *The United States and Decolonization. Power and Freedom* (New York, 2000), p. 24。

2 拉姆斯菲尔德 2003 年 4 月 28 日在接受阿拉伯半岛电视台采访时的回答，转引自 Timothy Appleby, "US Moves Shows Strategy Shift, Analysts Say", *The Globe and Mail,* 30 April 2003, A 11。

3 Andrew J. Bacevich (ed.), *The Imperial Tense: Prospects and Problems of American Empire* (Chicago, 2003)，本书为研究不同的立场提供了一个便捷的起点。对于历史的考察，见 Niall Ferguson, *Colossus: The Price of American Empire* (New York, 2004); Warren Zimmermann, *First Great Triumph: How Five Americans Made their Country a World Power* (New York, 2002); Max Boot, *The Savage Wars of Peace: Small Wars and the Rise of American Power* (New York, 2002)。

4 Thomas Paine, *Common Sense,* 转引自 Michael H. Hunt, *Ideology and U.S. Foreign Policy* (New Haven, CT, 1987), 19。

5 阿尔伯特·贝弗里奇参议员的讲话，转引自 Charles W. Kegley, Jr. and Eugene R. Wittkopf, *American Foreign Policy: Pattern and Process* (New York, 1982), p. 38。

6 对美国 19 世纪扩张主义的详尽介绍，见 D. W. Meinig, *The Shaping of America: A Geographical Perspective on 500 Years of History, Vol. 2. Continental America, 1800—1867* (New Haven, CT, 1993); D.W. Meinig, *The Shaping of America: A Geographical Perspective on 500 Years of History. Vol. 3. Transcontinental America, 1850–1915* (New Haven, CT, 1998)。

7 对大量有关印第安人和白人关系的文献的介绍，见 Francis Paul Prucha, *The Great Father: The United States Government and the American Indians* (Lincoln, NE, 1984)。

8 针对内部殖民主义的原住民政策的研究，见 Jeffrey Ostler, *The Plains Sioux and U.S. Colonialism from Lewis and Clark to Wounded Knee* (Cambridge, Mass., 2004)。

9 Paul Kennedy, *The Rise and Fall of the Great Powers: Economic Change and Military Conflict from 1500 to 2000* (New York, 1898), p. 243.

10 Meinig, *Continental America, 1800-1867,* pp. 311-333; Meinig, *Transcontinental America, 1850-1915,* pp. 3-28 and 245-265; David Haward Bain, *Empire Express: Building the First Transconinental Railroad* (New York, 1999).

11 Robert L. Thompson, *Wiring a Continent: The History of the Telegraph Industry in the United States, 1832—1866* (New York, 1972).

12 Michael H. Hunt, *Ideology and U.S. Foreign Policy* (New Haven, CT, 1987); 对核心信念的出色介绍，亦见 David Ryan, *US Foreign Policy in World History* (London, 2000), pp. 19-70。

13 Anders Stephanson, *Manifest Destiny: American Expansion and the Empire of Right* (New York, 1995), p. 28, 关于例外论，见 Daniel T. Rodgers, "Exceptionalism", in Anthony Molho and Gordon S. Wood (eds), *Imagined Histories: American Historians Interpret the Past* (Princeton, 1998), pp. 21-40。

14 David M. Fitzsimons, "Tom Paine's New World Order: Idealistic Internationalism in the Ideology of Early American Foreign Relations", *Diplomatic History,* Vol. 19, No. 4 (Fall 1995), pp. 569–582.

15 Serge Ricard, "The Exceptionalist Syndrome in U.S Continental and Overseas Expansion", in David K. Adams and Cornelis A. van Minnen (eds), *Reflections on American Exceptionalism* (Keele, 1994), p. 73.

16 关于正式和非正式的帝国的区别，见 Michael W. Doyle, *Empires* (Ithaca, NY, 1986), pp. 37-38。

17 Frank Ninkovich, *The United States and Imperialism* (Malden, MA, 2001), p. 158.

18 这一变化可以从一些数字中得到体现：1867 年到 1901 年，美国的国民生产总值翻了 4 倍，从 91.1 亿美元增加到 377.99 亿美元。制造业生产指数也从 1865 年的 17 增长为 1900 年的 100。出口持续增长：从 1865 年的 2.81 亿美元增长为 1900 年的 13 亿美元。上述数字见 Charles S. Campbell, *The Transformation of American Foreign Relations, 1865—1900* (New York, 1976), p. 84。对中国的贸易从 1890 年到 1900 年翻了 5 倍（1900 年为 1500 万美元），约占美国出口总额的 1%：Robert L. Beisner, *From the Old Diplomacy to the New, 1865—1900* (Arlington Heights, IL, 1986), p. 17。

19 Sylvester K. Stevens, *American Expansion in Hawaii, 1842–1898* (Harrisburg, PA, 1945); Merze Tate, *The*

United States and the Hawaiian Kingdom: A Political History (New Haven, CT, 1965); Thomas J. Osborne, *Empire Can't Wait: American Opposition to Hawaiian Annexation, 1893–1898* (Kent, OH, 1981).

20 Mark T. Gilderhus, *The Second Century: U.S.-Latin American Relations since 1889* (Wilmington, DE, 2000), pp. 1–36; Lars Schoultz, *Beneath the United States: A History of U.S. Policy toward Latin America* (Cambridge, MA, 1998); David F. Healy, *Drive to Hegemony: The United States in the Caribbean, 1898–1917* (Madison, WI, 1988).

21 Lester D. Langley, *The Banana Wars: United States Intervention in the Caribbean, 1898—1935*（Wilmington, DE, 2002），本书分析了美国的军事干涉。

22 Meinig, *Transcontinental America*, pp. 380–389.

23 Ninkovich, *The United States and Imperialism*.

24 Brian McAllister Linn, *The Philippine War, 1899–1902* (Lawrence, KS, 2000).

25 Richard E. Welch. Jr., *Response to Imperialism: The United States and the Philippine-American War, 1899–1902* (Chapel Hill, NC, 1979).

26 Stuart Anderson, *Race and Rapprochement: Anglo-Saxonism and Anglo-American Relations, 1895–1904* (Rutherford, NJ, 1981).

27 Bradford Perkins, *The Great Rapprochement: England and the United States, 1895–1914* (New York, 1968); William N. Tilchin, *Theodore Roosevelt and the British Empire: A Study in Presidential Statecraft* (New York, 1997).

28 Victor Kiernan 将殖民帝国描述成早期扩张 "逻辑上的延续"：*America, the New Imperialism: From White Settlement to World Hegemony* (London, 1980)。

29 Amy Kaplan and Donald E. Pease (eds), *Cultures of United States Imperialism* (Durham, NC, 1993); John Carlos Rowe, *Literary Culture and U.S. Imperialism. From the Revolution to World War II* (New York, 2000); Amy Kaplan, *The Anarchy of Empire in the Making of U.S. Culture* (Cambridge, MA, 2002).

30 Robert W. Rydell, *All the World's a Fair: Visions of Empire at American International Expositions, 1876–1916* (Chicago, 1984); Robert W. Rydell, John E. Findling and Kimberly D. Pelle, *Fair America: World's Fairs in the United States* (Washington, DC, 2000).

31 转引自 Neil Renwick, *America's World Identity: The Politics of Exclusion* (Houndmills, 2000), p. 106。

32 Henry R. Luce, "The American Century"，reprint in *Diplomatic History,* Vol. 23, No. 2 (Spring 1999), p. 169.

33 对美国在 20 世纪上半叶取得全球霸权的分析，见 Akira Iriye, *The Globalizing of America, 1913—1945* (Cambridge, 1993); Warren I. Cohen, *Empire without Tears: America's Foreign Relations, 1921—1933* (Philadelphia, 1987); Emily Rosenberg, *Spreading the American Dream: American Economic and Cultural Diplomacy, 1890—1945* (New York, 1982); Emily S. Rosenberg, *Financial Missionaries to the World. The Politics and Culture of Dollar Diplomacy, 1900—1930*（Cambridge, MA, 1999）。

34 Frank Ninkovich, *Modernity and Power: A Hisotry of the Domino Theory in the Twentieth Century* (Chicago, 1994); Frank Ninkovich, *The Wilsonian Century: U.S. Foreign Policy since 1900* (Chicago, 1999).

35 关于 "软实力" 概念，见 Joseph S. Nye, "Soft Power"，*Foreign Policy,* Vol. 80 (Fall 1990), pp. 153-171。

36 Theodore Roosevelt, May 1904. 转引自 Andrew J. Bacevich, *American Empire. The Realities and Consequences of U.S Diplomacy* (Cambridge, MA, 2002), p. 141。

37 Mary Renda, *Taking Haiti: Military Occupation and the Culture of Imperialism* (Chapel Hill, NC, 2001); Michael Gobat, *Confronting the American Dream: Nicaragua under U.S. Imperial Rule* (Durham, NC, 2005).

38 Alfred E. Eckes, Jr. and Thomas W. Zeiler, *Globalization and the American Century* (Cambridge, MA, 2003), p. 9.

39 Alfred E. Eckes, Jr. and Thomas W. Zeiler, *Globalization and the American Century* (Cambridge, MA, 2003), p. 82.

40 这一术语借用自 Emily Rosenberg。对两次世界大战期间美国交通和通信实力最出色的概述，仍旧是她的拓荒之作 *Spreading the American Dream*；要了解更多和更广阔的背景，可参考 Daniel R. Headrick, *The Invisible Weapon: Telecommunications and International Politics, 1851—1945*（New York, 1991）。

41 James R. Mock and Cedric Larson, *Words That Won the War: The Story of the Committee on Public Information, 1917—1919* (Princeton, 1939); Stephen Vaughn, *Holding Fast the Inner Lines: Democracy, Nationalism, and the Committee on Public Information* (Chapel Hill, NC, 1980).

42 Rosenberg, *Spreading the American Dream,* p. 81.

43 Ibid.，p. 101.

44 *The London Morning Post,* 转引自 Renwick, *America's World Identity,* pp. 105-106。

45 Edward G. Lowry, "Trade Follows the Film"，in *Saturday Evening Post* 198 (7 November 1925), p. 12. 转引自 Rosenberg, *Spreading the American Dream,* p. 103。

46 戈尔·维达尔的小说《首都华盛顿》，转引自 Thomas J. McCormick, *America's Half Century: United States Foreign Policy in the Cold War* (Baltimore, 1989), p. 47。

47 Madeleine K. Albright, "The Testing of American Foreign Policy"，*Foreign Affairs,* Vol. 77, No. 6 (November-December 1998), pp. 50-64.

48 对美国遏制战略的演化的分析，见 John Lewis Gaddis, *Strategies of Containment: A Critical Appraisal of Postwar American Security Policy* (New York, 1982)。

49 Ernest R. May (ed.), *American Cold War Strategy. Interpreting NSC-68* (Boston, MA, 1993), p. 26.

50 Ibid.，pp. 28-29.

51 Ibid.，p. 55.

52 莫内的话转引自 Geir Lundestad, *"Empire" by Integration: The United States and European Integration, 1945—1997* (Oxford, 1998), p. 3。

53 亦见 Lundestad, *The American "Empire" annd Other Studies of US Foreign Policy in a Comparative Perspective* (Oxford, 1990)。

54 Peter C. Stuart, *Isles of Empire: The United States and its Overseas Possessions* (Lanham, MD, 1999); Peter L. Hahn and Mary Ann Heiss (eds), *Empire and Revolution. The United States and the Third World since 1945* (Columbus, OH, 2001).

55 John Prados, *The President's Secret Wars: CIA and Pentagon Covert Operations since World War II* (New York, 1986).

56 Walter L. Hixson, *Parting the Curtain: Propaganda, Culture, and the Cold War, 1945—1961* (New York, 1997); Scott Lucas, *Freedom's War: The American Crusade against the Soviet Union* (New York, 1999); 关于文化输出，可见 Giles Scott-Smith and Hans Krabbendam (eds), *The Cultural Cold War in Western Europe, 1945—1960* (London, 2003)。

57 Francis Fukuyama, *The End of History and the Last Man* (New York, 1992).

58 艾奇逊在西点的讲话（1962 年 12 月 5 日）："不列颠失去了一个帝国，却至今没能找好自己的角色。"转引自 Douglas Brinkley, *Dean Acheson: The Cold War Years, 1953—1971* (New Haven, CT, 1992), p. 176。

59 Stephen G. Brooks and William C. Wohlforth, "American Primacy in Perspective"，*Foreign Affairs,* Vol. 81, No. 4 (July-August 2002), pp. 21-22.

60 Brooks and Wohlforth, "American Primacy"，p. 22.

61 关于美国的信息力量，见 Joseph S. Nye, Jr and William A. Owens, "America's Information Edge"，*Foreign Affairs,* Vol. 75, No. 2 (March-April 1996), pp. 20-36。

62 Bacevich, *American Empire;* William G. Hyland, *Clinton's World: Remaking American Foreign Policy* (Westport, CT, 1999); Bob Woodward, *The Commanders* (New York, 1991); David Halberstam, *War in a Time of Peace: Bush, Clinton, and the Generals* (New York, 2001); Ivo H. Daalder and James M. Lindsay, *America Unbound: The Bush Revolution in Foreign Policy* (Hoboken, NJ, 2005).

63 转引自 Susan M. Matarese, *American Foreign Policy and the Utopian Imagination* (Amherst, MA, 2001), p. 89。

64《美国国家安全战略》（The National Security Strategy of the United States of America）（2002 年 9 月），at www.whitehouse.gov/nss.html, 访问时间 2005 年 12 月 30 日；约翰·刘易斯·加迪斯（John Lewis Gaddis）认为，美国国家安全战略"可以代表冷战以来美国大战略最彻底的转变"［"A Grand Strategy of Transformation", *Foreign Policy,* Vol. 133（November-December 2002），pp. 50-57］；Joseph S. Nye, Jr., "U.S. Power and Strategy after Iraq", *Foreign Affairs,* Vol. 82, No. 4（July—August 2003），pp. 60-73。

65《美国国家安全战略》，第 6 页。

66 温斯顿·丘吉尔在哈佛大学的演讲（1943 年 9 月 6 日），http://www.winstonchurchill. org。

67 William Appleman Williams, *Empire as a Way of Life: An Essay on the Causes and Character of America's Present Predicament, Along with a Few Thoughts about an Alternative* (New York, 1980), p. ix.

插图出处

第一章　奥斯曼帝国

20 Manuscript *du Voyage d'outremer de Bertrandon de la Broquiere* 1455. Bibliothequè Nationale, Paris.

21 Gentile Bellini, *The Sultan Mehmet II,* 1480. National Gallery London.

22 School of Muhammad Siyâh-Qalam, *A dismounted prince listens to a dervish*, Tabrîz, 1478—1490. Topkapì Sarayì Museum, Istanbul, H. 2153, fol iv.

23 German School, *The Church of Saint Sophia transformed as a Mosque*, 16th century. Bridgeman Art Library.

24 Le Hay, *Janissary Officer,* early 18th century. Corbis/Historical Picture Archive.

25 *Battle of Mohács* from the *Süleymannane* of Arifi transcribed in 1588, Topkapì Sarayì Museum, Istanbul, H. 1517, fol 220a.

27 Romain de Hooghe, *View of Vienna during the Siege, bombardment by the Turkish Artillery, c.* 1683.

28 Miniature from Nusretname, *Ottoman camp in Georgia,* 1582. British Museum, London.

29 Ingres, Jean-Augustc-Dominique, *The Turkish Bath,* 19th century. Bridgeman Art Library/Musée du Louvre, Paris.

30 *Turkey's first Parliament,* 1876. Corbis/Bettmann.

32 1877 年的政治漫画，Corbis/Bettmann。

34 Anton von Werner, *Congress of Berlin* from *Bismarck Album,* 1878. British Museum, London.

37 加拉塔桥上的人群（约 1880 年）。Corbis/Austrian Archives。

39 废除投降书后，君士坦丁堡的爱国群众举行示威游行（1914 年 10 月 7 日）。Corbis/Bettmann。

41 第一次世界大战期间，德皇威廉二世和土耳其苏丹同乘一辆马车（1916 年）。Corbis/Hulton Archive。

42 总统穆斯塔法·凯末尔（约 1923 年），他被称为"阿塔土克"（Atatürk，即"土耳其之父"）。

第二章　西班牙

44 Leone Leoni, *Emperor Charles V,* 1555. Sammlung für Plastik und Kunstgewerbe, Kunsthistoriches Museum, Vienna.

45 Theodore de Bry, *Peruvians forced into slavery by the Spanish* from *America,* 1590.

46 1532 年，征服者弗朗西斯科·皮萨罗在秘鲁的卡哈马卡会见最后一位印加皇帝阿塔瓦尔帕（1880 年创作于秘鲁卡哈马卡的镶嵌画）。The Art Archive/Mireille Vautier。

47 Anon, *Hernán Cortés,* 16th century. Museo Naval, Madrid.

48 哥伦布给自己的赞助人——西班牙国王斐迪南——的报告的瑞士语版中对新世界富于幻想的描绘（1493 年）。Rare Book Division, The New York Public Library, Astor, Leonx and Tilden Foundations。

50 *Entrance of the Triumphant Army of Cortes into Tlaxcala after the Victory of Otumba,* 19th century. Bridgeman Art Library/Museo de América, Madrid.

51 感染天花的美洲印第安人，出自 Baltasar Jaime Martínez Compañón, *Trujillo del Peru,* 18th century, Vol. 2, plate 197. Patrimonio Nacional, Real Bibioteca del Palacio Real, Madrid。

52 Anonymous, *Bartolomé de las Casas,* 1560. Museo de Bellas Artes, Seville.

53 Theodore de Bry, *Gold mining in Potosí* from *America,* 1590, plate 3.

54 Fray Pedro de Gante, *Catechism, c.* 1525—1528; Ministerio de Educación, Cultura y Deporte. Archivo Histórico Nacional, Madrid (Códice 1257).

56-57 Gaspar Miguel Berrio, *Despicion de Zerro Rico e Ymperial Villa de Potosi,* 1758. Charcas Museum, Sucre, AKG/Gilles Mermet.

58 Anonymous, *Dominicans baptize Indians,* Castillo de Chapultepec, Mexico. Bridgeman Art Library.

60-61 *Casta* paintings, 18th century, Mexico. Museo de América, Madrid.

62 Vicente Alban Quito, *Lady with slave and fruit* 1783. The Art Archive/ Museo de América, Madrid.

65 皇家雪茄工厂中筛选烟叶的机器（1787 年）。Archivo de Indias, Serville。

66 *Cultivation of cochineal in Peru,* 17th century. Bibilioteca Publica de Toledo, Coleccion Borbon-Lorenzana.

67 Jose Gil de Castro, *Simon Bolivar,* 1783—1830. Instituto de Cultura Hispánica, Madrid.

68 Walter Yeager, *Cuban farmers harvesting sugar cane on the plantation of Las Canas.* Corbis/Bettmann。

69 Gillam, *Uncle Sam: "I've had my eye on that morsel for a long time, guess I'll had to take it in!"* from *Judge,* vol. 29, 10 August 1895.

第三章　葡萄牙

72 Carlos Juliao, *Diamond mining in Brasil, c.*1775. Art Archive/Biblioteca National do Rio de Janiero, Brazil/ Dagli Orti.

73 A. Castriodo, *Don João V drinking chocolate,* 18th century. Museu Nacional de Arte Antiga, Lisbon.

74 Rua Direita, *Goa,* from Jan Huygen Von Linschoten, *Itinerarium ofte Schipvaert naer Oost ofte Portugaels Indien,* 1623. Biblioteca Nacional, Lisbon.

75 Anon, *Missionary activity in Congo, Angola and neighbouring countries.* Turin, Biblioteca Civica, MS 457.

76 Nicolas Antoine Taunay, *Largo de Carioca, Rio de Janeiro, Brazil,* 1816. The Art Archive/Museu Nacional de Belas Artes Rio de Janiero Brazil/Dagli Orti.

78 *Vasco da Gama disembarking at Calcutta, Southern India, 28 May 1489,* early 16th century. Flemish.

79 *A group of Portuguese dining in a Water-Tank,* from the *Codice Casanatense, c.*1540. Biblioteca Casanatense, Rome.

80 Fray Juan Bautista Maino, *Relief of Bahia, Brazil,* detail,17th century. The Art Archive/Museo del Prado Madrid.

81 *Portuguese offering presents to Shah Jahan in Agra, after capture of Ugulim by the Mogols.* Royal Library, Windsor Castle.

82 Attributed to Kano Domi, Kano School, *Portuguese (Namban-jin) recently disembarked from the great black ship which traded with China, bearing gifts to the Shogun of Nagasaki,* detail, 1593—1600. Museu Nacional de Arte Antiga, Lisbon.

83 Pieter van der Aa, *View of Macau* beginning of the 18th century. Biblioteca Nacional, Lisbon.

84-85 Attributed to Alberto Cantino, *Planisphere,*1502. Biblioteca Estense e Universitaria, Modena.

86 Joaquim Jose Codina, *Two Jurispixuna Indians of Amazonia with masks,* 1787. Museu Bocage, Lisbon.

87 Theodore de Bry, *Natives attacking Colonial Villages in the French and Portuguese Colony of Brazil,* 1562. Corbis/Archivo Iconografico, SA.

89 *Property of S. Ramao de Jesus Maria, Quane do Marral, Quelimane Mozambique,* from *O Ocidente* 11-4-188. Biblioteca Nacional, Lisbon.

91 Morais Carvalho, *Mouzinho de Alburquerque surprises and captures Gungunbana at Chaimité,26 December 1895*. Museu Militar, Lisbon.

94 *Members of Portuguese Royal Commission charged with defining frontiers of Mozambique with Rhodesia, c.* 1900. Jill Dias.

97 Henrique Galvão, "*Portugal is not a small country*", 1934. Album Comemorativo da Primeira Exposição Colonial Portuguesa, Porto.

98 *Labourers belonging to a plantation, c.* 1900. Jill Dias/photo AC de Sobral.

99 *Feitico do Império(The Enchantment of Empire),* 1940 年的电影海报。Cinematecca Portuguesa, Lisbon。

101 African-Portuguese mission and school-teacher, early 20th century. Jill Dias.

101 *Portuguese missionaries baptizing Africans in Barwe, Mozambique, c.* 1895. Jill Dias/Photo Souza Machado.

102 Boy soldier, Cover of *Escola Portuguesa,* 24 October 1960. Biblioteca Nacional, Lisbon.

第四章　荷兰

104 Maria Sibylla Merian, *Flos Pavonis,* (Peacock flower) from her book *Metamorphosis Insectorum Surinamensis,* 1705.

105 Fabric from Surinamese Independence anniversary, 1976. Tropenmuseum, Amsterdam.

106 Jacob Jansz Coeman, *The Family of Pieter Cnoll,* 1655. Batavia, Rijksmuseum, Amsterdam.

108 一位去过麦加的伊斯兰朝圣者（1854）。Tropenmuseum, Amsterdam。

110 位于印度尼西亚爪哇岛万隆的大广场上的一座清真寺的外部（约 1920 年）。Corbis/Bettmann。

112 Anon, *Jan Pieterszoon Coen.* Westfries Museum, Hoorn.

112-113 Ivan Rynne, *City of Batavia, Java, c.* 1780. The Art Archive.

114 *A Negro hung alive by the Ribs to a Gallows,* 1806, from *Narrative of a Five Years Expedition against the Revolted Negroes of Surinam* by John Gabriel Stedman. TopFoto/HIP/The British Library, London.

114 咖啡种植园，来自 *Het Kamerlid van Berkensteinin Nederlandsch Indie,* 1870. India Office, London。

115 J.D. Herlein, *Chop sugar cane,* 1718. Universiteits bibliothek van de Universiteit Amsterdam, Tropenmuseum.

116 *Battle of Lombok, batik, c.* 1920. Collectie Galerie Rudolf G. Smend Keulen.

118 Anon. *Paramaribo River, Suriname,* 19th century. The Art Archive/Maritem Museum Prins Hendrik, Rotterdam/Dagli Orti.

119 有荷兰人定居的苏拉卡尔塔的统治者（19 世纪）。British Museum/Archives Koninklijk Instituut voor de Tropen, Amsterdam。

121 Beeckman, Andries, *The Castle of Batavia, as seen from Kali Besar West, c.* 1656. Bridgeman Art Library/Rijksmuseum, Amsterdam.

122 D.K. Bonatti, *Slave Rebellion in Surinam, c.* 1832—1834. Corbis/Historical Picture Archive.

123 在苏里南的帕拉马里博，当地一家孤儿院的孩子们等待着尼德兰公主朱丽安娜的到来（1955 年）。Tropenmuseum, Amsterdam。

124 荷属东印度的一家炼油工厂，水牛拉着壳牌石油公司的油罐（1941 年 12 月 20 日，Corbis/Bettmann）。

125 乐器制作者们在 J.H. Seeling 的制作工坊内工作（20 世纪早期）。Corbis/Hulton。

127 欧亚混血儿的家庭在阿纳姆的中餐馆外的街道上散步（约 1960 年）。Esther Captain。

128 来自沃伦丹（Volendam）的穿着荷兰传统服饰的欧亚混血女性与荷兰妇女（约 1960 年）。Esther Captain。

第五章 斯堪的纳维亚

120 Anon, *The Danish colonist in Africa September 17, 1817 with black slave in background.* The Art Archive/ City Museum Copenhagen/Dagli Orti.

121 Anon, *Two Women and a Girl from Greenland with the Dutchman David Danell,* 1654. National Museum of Denmark, Copenhagen.

132 Hans Egede, *Whaling and Seal Hunting amidst the Eskimos,* 19th century. Det Kongelige Bibliotek, Copenhagen.

132 Anno, *Danish Merchant ships on Icelandic Coast,* 19th century. Private Collection.

133 *Unamark in Northern Greenland,* from *Hans Willumsen,* 1819. Private Collection.

134 由 Poul Egede 翻译成格陵兰因纽特语的《新约》（出版于 1766 年）。Ny Carlsberg Glyptotek, Copenhagen。

135 Abraham Wuchters, *Frederik III's Queen Sofie Amalie with her Negro boy and other Exotic Accoutrements, c.* 1650. Museum of National History, Frederiksborg Castle, Denmark.

136 Peter Lindeström, *Map of New Sweden,* late 17th century. The Royal Library, Stockholm.

137 *View of the Harbour Streets in Gustavia,* 1800. Statens Sjohistoriska Museet, Stockholm.

139 丹麦探险家詹斯·蒙克（Jens Munk）撰写的 1619 年航行记中的一幅木刻版画。Private Collection。

141 *View of Tranquebar, India,* after 1650. The Skokloster Collection, Sweden。

142 第一本泰米尔语圣经（1715 年在特兰奎巴出版）。By permission of the Syndics of Cambridge University Library and of the British and Foreign Bible Society。

143 Anon, *Copenhagen from the water showing British and Danish ships,* 1786. The Art Archive/Sofarts Museum, Elsinore, Denmark/Dagli Orti.

144 Paul Erdmann Isert, *Otho's Camp at Volta,* 1784. Private Collection.

146 Johann Friedrich Fritz, *Christiansted, Saint Croix, West Indies,* 1837. The Art Archive/Maritime Museum, Kronborg Castle, Denmark/Dagli Orti.

147 H.G. Beenfeldt, *A Prospect of the Harbour Square in Christiansted Viewed from the Sea,* 1815. Rigsorkivet, Copenhagen.

148 Vilhelm Hammershøi, *The Asiatic Company's Buildings in Copenhagen,* 1902. Private Collection.

第六章 不列颠

150 A Mughal artist, *Warren Hastings, c.* 1782. British Library, London.

151 Richard Collins, *A Family At Tea, c.* 1800. The Art Archive/Victoria and Albert Museum, London/Eileen Tweedie.

152 J.M.W. Turner, *Harewood House from North East,* 1797. Harewood House, reproduced by the kind permission of the Earl and countess of Harewood and Trustees of the Harewood House Trust.

153 *The East offering her riches to Britannia.* 这是正在伦敦的外交部展出的东印度公司大楼的天花板上的一幅绘画。

154 Catherine Prestell after Richard Westhall, *A view taken near Bain on the West Coast of Guinea in Africa, c.* 1789. Bridgeman Art Library/Private Collection/Michael Graham-Stewart.

155 Francis Hayman, *Clive meeting Mir Jafar after the Battle of Plassey in 1757, c.* 1761—1762. National

Portrait Gallery, London.

156 After Jan Van Ryme, *Fort St George on the Coromandel coast, Madras, India,* 1794. Akg images.

157 Currier, *Boston Tea Party,* 1846. Akg images.

160 George Carter, *Death of Captain Cook,* 1781. Rex Nan Kivell Collection, National Library of Australia, Canberra.

162 英国军舰"黛芬妮号"下层甲板上的未成年和成年的男性奴隶，他们被从一艘单桅帆船上营救下来（1868 年 11 月 1 日）。National Archive, Kew, Richmond。

163 *Governor Davey's proclamation to the Aborigines,* 1816. Rex Nan Kivell Collection, National Library of Australia, Canberra.

164 Thomas Watling, *A Direct North General View of Sydney Cove,* 1794. Bridgeman Art Library/Dixson Galleries, State Library of New South Wales, Sydney.

165 Tommy McRae, *An Aboriginal of the Wahgunyah tribe on the River Murray,* 1880. From *Drawings by Tommy McCrae, an Aboriginal of Wahgunyah tribe on the River Murray,* National Library of Australia, Canberra.

165 Henry Brewer, attributed The Port Jackson Painter, *Australian Aborigine,* c. 1790. Rex Nan Kivell Collection, National Library of Australia, Canberra.

167 *A Village in Pukapuka under Christianity,* 19th century. Rex Nan Kivell Collection, National Library of Australia, Canberra.

168 Felice Beato, *Execution of Delhi mutineers,* c. 1850. Akg images.

169 Bauer, *A Sugar Plantation in the South of Trinidad,* c. 1850. Bridgeman Art Library/Private Collection.

170 Baxter, *The Ordinance of Baptism, Brawns Town, Jamaica,* 1842. Victoria and Albert Museum, London.

172 布尔战争期间英国集中营内的妇女和儿童（约 1900 年）。Akg images。

173 斯皮恩山（Spions Kop）之战后，位于南非纳塔尔的战壕中的英军士兵尸体（1900 年 1 月 24 日）。Corbis/Hulton Archive。

174 陆军元帅、喀土穆伯爵基奇纳在第一次世界大战期间检阅印度部队（约 1914—1915 年）。Akg images。

176 "食盐进军"途中的甘地（1930 年）。Corbis/Hulton Archive/Walter Bosshard。

177 被肯尼亚的英国政府拘捕的茅茅运动参与者（1952 年 12 月 1 日）。Ullstein bild。

179 来自西印度群岛的移民在英国下船，开始在英国寻找新的生计（1962 年 7 月 1 日）。Popperfoto。

第七章　法国

182 殖民者正在教非洲殖民地的儿童辨读时间（约 1920 年）。Kharbine-Tapabor, Paris。

183 Jean-Michel Moreau-Lejeune, *C'est à ce prix que vous mangez du surce en Europe,* illustration from Voltaire *Candide,* Paris, 1787. Engraving by Baquoy (fils), Cabinet des Estampes, Bibilothèque Nationale, Paris.

185 Valentin Foulquier, *Slaves gather suger cane,* c. 1860. Kharbine-Tapabor, Paris/Jonas.

187 Anne-Louis Girodet, *Citizen Jean-Baptiste Belley,* 1797. The Hermitage, St. Petersburg.

188 *A qui le Maroc?* 1906. Kharbine-Tapabor, Paris.

189 Anonymous, *Rencontre du Radeau par le brick L'Argus,* 1818. Cabinet des Estampes, Bibilothèque Nationale, Paris.

190 *French taking of Algiers,* 4 July 1830. Bibilothèque Nationale, Paris.

192 Laveran, *Various stages of malaria parasites as seen on fresh blood,* late 19th century. Service de Santé des Armées, France.

194-195 *Algiers, North Africa,* 1905. Roger-Viollet, Paris.

197 描绘诸多殖民地产品的法国学校课本（约 1920—1930 年）。Kharbine-Tapabor, Paris。

198 Louis Remy Sabattier, *A European woman in Algeria,* 1910. Bridgeman Art Library/Private Collection.

199 法国对摩洛哥的干涉。1911 年的菲斯起义后，在达尔德比巴尔的一座军营，摩洛哥囚犯等待接受审讯。Roger-Viollet, Paris。

200 1898 年，马尔尚上尉和一小部分法军在尼罗河边的法绍达升起了三色旗，此举差点引发英法之间的战争。

203 巴黎殖民地博览会的海报（1931）。Bridgeman Art Library/ Bibilothèque Historique de la Ville de Paris, Paris。

204 阿尔及尔省的"不同种族调解法庭"（1858）。Bibilothèque Nationale, Paris/Photo FJA Moulin。

206 1914 年 1 月 1 日，第一次世界大战爆发前几个月，正准备登上火车的法国陆军中的阿尔及利亚步兵。Getty Images/Roger Viollet。

207 Eric Castel, Poster for the French Empire, *Trois couleurs, Un drapeau, Un empire, c.* 1940. Bridgeman Art Library/Private Collection.

209 Theodor Baumgartner, *Two Algerians from Die Feinde Deutschlands* (The Enemies of Germany), 1916. Mary Evans Picture Library.

211 越南士兵押送法国战俘步行前往奠边府（1954 年 5 月 7 日）。Getty Images/AFP。

213 阿尔及利亚独立战争期间政府大楼外的示威者（1958 年 5 月 23 日）。Getty Images/Hulton Archive/Meacher。

第八章　俄罗斯

214 Heinrich Vogeler, *For Increased Production in Karelia.* Staatliche Museen zu Berlin.

216-217 维特斯·白令从托博尔斯克（Tobolsk）到勘察加半岛（Kamchatka）的史诗航程（1729 年的地图）。Universitätsbibliothek, Göttingen。

219 塞米巴拉金斯克的一条街道（19 世纪）。From George Kennan, *Siberia and the Exile System,* 1891。

220 俄 罗 斯 诸 民 族。From Johann Gottlieb Georgi, *Beschreibung alle Nationen der Russischen Reiches,* St. Petersburg, 1799。

221 Achille Beltrame, *Nicholas II Tsar of Russia, signing ukase (edict) concerning reform of institutions of Russian Empire.* From Italian newspaper, *La Domenica del Corriere,* 1905, The Art Archive/Domenica del Corriere/Dagli Orti.

222 第一届杜马开幕仪式（1906 年 5 月 24 日）。Hutchison Library/Anatoly Therei。

223 A Tholander, *Peter the Great,* 1874. Museum of Fine Arts of the Republic of Karelia, Petrovodsk.

225 *Caricature of Peter the Great's reforms depicting a boyar having his beard cut off,c.*1700. Akg images.

226 *Alexander II with his manifesto on the emancipation of the serfs.* Novosti.

228 修建铁路（19 世纪后期）。Private Collection。

229 Nikolas Semenovich Samokish, *Cavalry Engagement at Mukden, 25th February 1905.* Bridgeman Art Library/Bibliotheque Nationale, Paris.

230 1904 年日俄战争期间的一场战役后，红十字会的勤务兵在检视 600 具尸体。

231 列宁和一群军事指挥官穿过莫斯科的红场（1919 年 5 月 1 日）。Frank Lane Picture Library/Silvestris。

232 Yury Ivanovich Pimenov, *Heavy Industry,* 1928. Tretyakov Gallery, Moscow.

232 M. Voron, *Give first priority to gathering the Bolshevik harvest,* 1934. Moscow.

234 *We Smile the Lazy Workers,* 1931. Hoover Institution, Stanford University.

235 *What Siberia is giving to Soviet Russia.* The Art Archive/Musée des Deux Guerres Mondiales, Paris/Dagli Orti.

第九章　奥匈帝国

238 Bernhard Strigel, *Maximilian I of Austria.* The Art Archive/Academia Fernando Madrid/Dagli Orti.

239 哈布斯堡家族纹章（1848）。

241 *Emperor Joseph at the Plough,* 1765. Akg images/Wien Museum/Erich Lessing.

242-243 *Second defenestration of Prague,* May 22nd, 1618. The Art Archive/Eileen Tweedy.

247 Engelbert Seiberts, *Assembly of important statesmen at the time of the Congress of Vienna* after fresco in the conference room of the Maximilianeum, 1815. Akg images/Maximilianeum Collection, Munich.

248 *Fraternity between workers, students, citizens and guards,* 1848. Akg images.

249 *Demonstration at factory gate Vienna,* March 13, 1848. The Art Archive/Museum der Stadt Vienna.

250-251 *Venetian delegation arriving in Turin, Italy, 1866,* 19th century. The Art Archive/Museo Nazionale di San Martino Naples.

252 Franz Xaver Winterhalter, *Emperor Franz Joseph I of Austria in the gala uniform of a Field Marshal,* 1865. Bridgeman Art Library/Kunsthistorisches Museum, Vienna.

252 弗朗茨·斐迪南和他的妻子索菲的尸体，两人于 1914 年 6 月 28 日在萨拉热窝被刺杀。Akg images。

253 斐迪南在萨拉热窝被刺杀引发的反塞尔维亚的骚乱。Akg images。

254 L. Garfasjeng, *Feudal Landlord,* Szekley county Transylvania, 1900. From Kronprinzenwerk, *Ungarn VI,* 1902, Austrian National Library, Vienna.

255 因首相巴德尼伯爵被解职而引起的维也纳国会内的骚乱。*Leipziger Illustrierte Zeitung,* Dec 9th 1897. British Newspaper Archive, London。

257 Mihaly Munkacsy, *Before the Strike,* 1895. Magyar Nemzeti Galeria, Budapest, Bridgeman Art Library。

259 斐迪南·马克西米利安大公。Photo by Imagno/Getty Images。

261 Heinrich von Angeli, *Rudolf Carl Von Slatin.* The Royal Collection, photo 2007, Her Majesty Queen Elizabeth II.

262 Gustav Klimt, Poster for *Secession I,* 1898. Private Collection, courtesy Barry Friedman Ltd, New York, photo courtesy Lee Stalsworth。

264 斯图亚特岛。Photo by Imagno/Getty Images。

第十章　比利时

268 Henri Meyer, *Cardinal Lavigerie and the White Fathers,* 这是 1891 年 4 月的 *Le Petit Journal* 杂志的一篇反对奴隶制的文章中的一幅插图。Bridgeman Art Library/Private Collection。

271 国王利奥波德二世（19 世纪晚期）。Corbis/Hulton Archive。

272 H. M. Stanley, *The Congo and the Founding of its Free State,* jacket of book, 1885. Jean-Luc Vellut.

275 彭德地区制造的椅子（1848）。Made by sculptor Mulende. Royal Museum for Central Africa, Tervuren, Belgium. Photo J.-M. Van Dyck。

277 第一条刚果铁路上的路桥（1897）。Royal Museum for Central Africa, Tervuren, Belgium, Photo Aumóniers du Chemin de Fer。

279 1887 年，早期的卢卢阿布尔前哨。Royal Museum for Central Africa, Tervuren, Belgium。

280 Ch. Kuck, *Belges! Connaissons Notre Congo,* 1918. Belgian Ministry of Colonies.

281 非洲刚果的一所比利时教会学校的内部（约 1900 年）。The Art Archive。

283 在刚果举行的洗礼（约 1907 年）。Mary Evans Picture Library。

284 *Chicotte,* early 19th century. Royal Museum for Central Africa, Tervuren, Belgium.

286 安特卫普港的仓库中的象牙（19 世纪初）。Royal Museum for Central Africa, Tervuren, Belgium. From Congo-Noël, 1902。

287 From J. Perraudin, *Le Beau Métier de Missionnaire,* Namur, Grands Lacs.

290 1960 年独立日上的要人。Royal Museum for Central Africa, Tervuren, Belgium。

第十一章　德国

292 *The March of Kaiser Wilhelm II,* 1914. Corbis/Rykoff.

293 Franz Seraph von Lenbach, *Chancellor Otto Von Bismarck,* 1890. Bridgeman Art Library, Walters Art Museum, Baltimore.

294 冯·比洛亲王（19 世纪末）。Getty Images/Hulton Archive。

294 在柏林举办的西非会议（1884—1885 年）。 *Die Gartenlaube,* Collection Joachim Zeller。

295 多哥境内的德国殖民军队。来自 Calwey Verlagsverein, Stuttgart, 1904. Collection Joachim Zelle。

296 这张明信片所展示的是 1914 年前的莫斯科夫·法尔公司（莱茵兰）的一则广告。Collection Joachim Zeller。

297 Rudolf Hellgrewe, *Victoria, Cameroon,* 9 February 1909. Collection Joachim Zeller.

297 德国殖民地军队士兵里夏德·冯·本提维格尼和非洲当地人在德属东非的尼亚萨湖边（约 1912 年）。Joachim Zeller/Michael von Bentivegni。

299 德国人指挥下的从当地征募的部队（德属东非的达累斯萨拉姆，约 1914 年）。Getty Images/Hulton Archive。

300 殖民地式的出游——躺在有遮阳棚的吊床上。Bpk。

301 多哥的当地人在番茄种植园内劳作（德属西南非，1918 年 4 月 15 日）。Corbis/Bettmann。

301 克林德在义和团运动中被杀（约 1900 年）。Mary Evans Picture Library。

302 佩加蒙大祭坛东面的浮雕装饰细节（约公元前 165 年—前 156 年）。Pergamon Museum, Berlin, Corbis/Bettmann。

304 罗马和柏林眼中的非洲（1941 年）。 *Kolonie und Heimat,* published Berlin, 1941. Collection Joachim Zeller。

305 来自喀麦隆的曼加·贝尔和他的杜阿拉代表团访问浸礼会传教士谢韦。*Die Woche,* 1902. Collection Joachim Zeller。

306 罗伯特·科赫教授在非洲为人实施注射（1940 年）。出自 Berliner Morgenpost, 1940, Collection Joachim Zeller。

307 德国殖民军在德属东非的马及马及叛乱期间吊死"罪魁祸首"（1905 年）。Collection Joachim Zeller/ *East Africa,* 27 May 1926。

308 西南非洲的温德赫克军团在 1904 年遭到赫雷罗族的围攻。Published in *Le Petit* Journal 21 February, 1904. Bridgeman Art Library。

309 火车站站台上的赫雷罗族战俘（1905 年）。Collection Joachim Zeller/Bernd Labenski。

310 殖民地"老堡垒"附近的温德赫克的集中营内的赫雷罗族战俘（约 1905—1906 年）。Collection Joachim Zeller/Bernd Labenski。

第十二章　意大利

312 W. Roveroni, 以在埃塞俄比亚的海外殖民为主题的宣传海报，reproduced in *Penrose Annual, 1939*. Mary Evans Picture Library。

314 部队离开墨西拿，前往厄立特里亚和意属索马里兰（1935 年 10 月 12 日）。Topham。

315 厄立特里亚的一座意大利军营。Topham。

316 厄立特里亚人民解放阵线的前锋（约 1935 年）。Topham。

318 厄立特里亚马萨瓦的意大利飞机（1935 年 10 月 10 日）。Corbis/Bettmann。

320 阿杜瓦之战中的埃塞俄比亚皇帝孟尼利克。Mary Evans Picture Library。

321 马萨瓦的一条街道上，满是准备进攻阿比西尼亚的意大利士兵（1935 年）。Topham。

322 一位埃塞俄比亚将军向意大利人投降，*Illustrazione del Popolo*, 26 Oct. 1935。Mary Evans Picture Library。

324-325 Attributed Haili Berhan Yemene, *The Abyssinians routing the Italian troops, scene from the Italian invasion of Abyssinia in 1896,* 20th century. Bridgeman Art Library/Private Collection.

326 的黎波里的"意大利餐厅"（1914 年 4 月 29 日—5 月 11 日）。Topham。

328 的黎波里的意大利船只（1911 年）。Topham。

329 起火的托布鲁克城（1941 年 1 月）。Topham。

330 Karl Arnold, *The Italians in Ethiopia*, 1935. From *Simplicissimus* 1935. Mary Evans Picture Library.

331 墨索里尼接受伊斯兰之剑（的黎波里，1937 年 4 月）。Topham。

332 欢迎意大利国王维克多·埃马努埃尔二世和王后埃莱娜访问的黎波里的人群。Topham。

334 *The Italian Army against Ethiopia in 1935—1936,* 1937. Bridgeman Art Library/Private Collection.

335 Possibly Haili Berhan Yemene, *Two scenes from the Italian invasion of Abyssinia,* 20th century. Bridgeman Art Library/Private Collection.

336 作为同胞的穆斯林和基督徒携手保卫埃塞俄比亚（约 1935 年）。Corbis/Bettmann。

337 埃塞俄比亚提格雷省的埃塞俄比亚人向墨索里尼（"伟大的白人父亲"）行法西斯礼（1935 年 11 月 19 日）。Corbis/Bettmann。

338 位于厄立特里亚的阿斯马拉的前法西斯党总部。

339 海尔·塞拉西在国联发言（1936 年）。Corbis/Bettmann。

第十三章　美国

340 George A. Crofutt, *American Progress,* 1873. After the painting by John Gast of 1872, Library of Congress, Washington DC.

343 Bayot after C. Nebel, *General Scott's entrance into Mexico City.* From George W. Kendall, *The War between the United States and Mexico,* 1851. Library of Congress, Washington DC.

344-345 Robert Lindneux, *Trail of Tears,* 1942. Woolaroc Museum, Bartesville, Oklahoma.

346 Fanny Frances Palmer, *Across the Continent. Westward the Course of Empire Takes Its Way,* 1868. Bridgeman

Art Library/Private Collection.

347 *Commodore Matthew Perry Meets Royal Commissioner at Yokohama,* 1853. Corbis/Bettmann.

348-349 Japanese print, *Commodore Matthew Perry's paddle-steamer arriving in Yokohama 1853.* Bridgeman Art Library/British Museum. London.

351 从事茶叶进口和批发的大美国茶叶公司（the Great American Tea Company）的宣传海报（19 世纪）。Bridgeman Art Library/Collection of the New York Historical Society。

352 海军陆战队队员登上"康涅狄格号"军舰前往海地，驰援卡彭顿上将的部队（1915 年 7 月 31 日）。Corbis/Bettmann。

353 1904 年圣路易斯博览会上骑马的美洲原住民。Corbis。

355 漫步于 1904 年圣路易斯博览会中，经过舞池、花园和展览厅（约 1905 年）。Corbis。

358 准备出厂的福特 T 型车（约 1925 年）。Corbis/Bettmann。

361 1945 年 9 月 2 日，美国战斗机编队从停泊在东京湾的"密苏里号"航母上空飞过。Corbis。

362 1945 年 8 月，原子弹在长崎爆炸，升腾起蘑菇云。Corbis/Nagasaki Atomic Bomb Museum/EPA。

367 *Something for Everybody.* 一个英国家庭正在拆开装有日用品和补给的箱子（约 1946 年）。Library of Congress, Washington DC。

369 副总统理查德·尼克松和苏联总理尼基塔·赫鲁晓夫在莫斯科索科尼基公园的厨房辩论（1959 年 7 月 24 日）。Corbis。

370 "McLenin's", Moscow, *c.* 1999. Corbis/Steve Raymer.

371 "沙漠风暴"行动后卡车内的美国海军陆战队队员，背景中是起火的油田（科威特，1991 年）。Magnum/Bruno Barbey。

373 "9·11"恐怖袭击后起火的世贸中心双子塔。Empics/AP Photo。

人名、地名与术语等对照表

A

Abdulhamit, Sultan 阿卜杜勒・哈米德苏丹

Adam, Robert 罗伯特・亚当

Adams, John Quincy 约翰・昆西・亚当斯

Addis Ababa 亚的斯亚贝巴

Aden 亚丁

Adwa, Battle of 阿杜瓦之战

Alaska Purchase 阿拉斯加购买案

Albright, Madeleine 玛德琳・奥尔布赖特

Albuquerque, Afonso de 阿方索・德・阿尔布克尔克

Alexander II, Tsar 沙皇亚历山大二世

Algiers 阿尔及尔

Ali, Muhammad 穆罕默德・阿里

Almeida, Francisco de 弗朗西斯科・德・阿尔梅达

Angola 安哥拉

Armenian genocide 亚美尼亚人种族灭绝

Asmara 阿斯马拉

Assab 阿萨布

Atahualpa 阿塔瓦尔帕

Atatürk 土耳其之父

atomic bomb 原子弹

Australia 澳大利亚

Australian aborigines 澳大利亚原住民

Austro-Hungarian Empire 奥匈帝国

B

Badeni, Count 巴德尼伯爵

Badoglio, Pietro 彼得罗・巴多利奥

Baffin Island 巴芬岛

Bahia 巴伊亚

Banks, Joseph 约瑟夫・班克斯

Barth, Heinrich 海因里希・巴尔特

Batavia 巴塔维亚

Bayezit I, Sultan 苏丹巴耶齐特一世

Beeckman, Andries 安德雷斯・比克曼

Belgian Empire 比利时帝国

Belley, Jean Baptiste 让・巴蒂斯特・贝莱

Bellini, Gentile 詹蒂利・贝利尼

Benadir Company 贝纳迪尔公司

Bentivegni, Richard von 里夏德・冯・本提维格尼

Bering, Vitus 维特斯・白令

Berlin, Congress of 柏林会议

Beveridge, Albert 阿尔伯特・贝弗里奇

Bismarck, Otto von 奥托・冯・俾斯麦

Blixen, Karen 凯伦・布里克森

Blumentritt, Ferdinand 费迪南德・布鲁门特里特

Boer War 布尔战争

Bohemia 波希米亚

Bolivar, Simon 西蒙・玻利瓦尔

Boon, Jan 扬・布恩

Boshouwer, Marcelis de 马塞利斯・德・伯舒尔

Boston Tea Party 波士顿茶党

Bot, Ben 本・波特

Boxer Rebellion 义和团运动

British Empire 不列颠帝国

Bruma, Eddy 埃迪・布鲁马

Bry, Theodore de 西奥多・德・布雷

Bucharest 布加勒斯特

"Bulgarian Horrors" 保加利亚惨案

Bülow, Bernhard von 伯恩哈德・冯・比洛

Burke, Edmund 埃德蒙・柏克

C

Cabral, Pedro Alvares de 佩德罗・阿尔瓦雷斯・德・卡布拉尔

Calicut 卡利卡特

Cameroon 喀麦隆

Cantino, Alberto 阿尔贝托・坎提诺

Carlyle, Thomas 托马斯・卡莱尔

Casas, Bartolomé de las 巴托罗梅・德拉斯・卡萨斯

Casement, Roger 罗杰・凯斯门特

Castro, João de 若昂・德・卡斯特罗

Cecchi, Antonio 安东尼奥・切基

Ceuta 休达

Ceylon (Sri Lanka) 锡兰（斯里兰卡）

Charlemagne 查理大帝

Charles V, Emperor 皇帝查理五世

Charles VI, Emperor 皇帝查理六世

Cherokee Indians 切罗基印第安人

China 中国

Chinese empire 中华帝国

chocolate 巧克力

Christian IV, King 国王克里斯蒂安四世

Christiansborg, Guinea 几内亚克里斯蒂安堡

Christiansted, Saint Croix 圣克洛伊·克里斯蒂安特

Cleintuar, Guus 古斯·克莱因图尔

Clive, Robert 罗伯特·克莱武

Cnoll, Pieter 皮耶特·克诺尔

Cochin 科钦

Coen, Jan Pieterszoon 扬·彼德松·科恩

coffee 咖啡

Collins, Richard 理查德·科林斯

Columbus, Christopher 克里斯托弗·哥伦布

Committee on Public Information 公共信息委员会

Congo 刚果

Conrad, Joseph 约瑟夫·康拉德

Constantinople 君士坦丁堡

Hagia Sophia 圣索菲大教堂

Cook Islands 库克群岛

Cook, James 詹姆斯·库克

Cortés, Hernan 埃尔南·科尔特斯

Cottoni, Pierre 皮耶尔·科托尼

Covilhã, Pero de 佩罗·德·科维利亚

Crimean War 克里米亚战争

Cuba 古巴

Cumberland, Richard 理查德·坎伯兰

D

Dar es Salaam 达累斯萨拉姆

De Gaulle, Charles 夏尔·戴高乐

Delaware River 特拉华河

Denmark 丹麦

diamonds 钻石

Dias, Bartolomeu 巴托罗缪·迪亚士

Dien Bien Phu 奠边府

Dogali, Battle of 多加利之战

Duala Manga Bell, King 国王鲁道夫·杜阿拉·曼加·贝尔

Duras, Marguerite 玛格丽特·杜拉斯

E

East India Company 东印度公司

Eboué, Félix 费利克斯·埃布埃

Egede, Poul 波尔·伊吉德

Eritrea 厄立特里亚

Ethiopia 埃塞俄比亚

Exposition Coloniale (1931) 1931 年殖民地博览会

Eyre, Edward 爱德华·艾尔

F

Fashoda 法绍达

Ferdinand I, Emperor 皇帝斐迪南一世

Ferdinand, King of Bohemia 波希米亚国王斐迪南

Ferdinand Maximilian, Archduke 大公斐迪南·马克西米利安

Ferreira, Alexandre Rodrigues 亚历山德罗·罗德里格斯·费雷拉

Ferry, Jules 茹费理

Filonardi, Vincenzo 温琴佐·菲洛纳尔迪

Foote, Samuel 萨缪尔·富特

Ford, Henry 亨利·福特

Forster, E. M. E. M. 福斯特

Franklin, Benjamin 本杰明·富兰克林

Franz II, Holy Roman Emperor 神圣罗马皇帝弗朗茨二世

Franz Ferdinand, Archduke 大公弗朗茨·斐迪南

Franz Joseph, Emperor of Austria 奥地利皇帝弗朗兹·约瑟夫

French empire 法兰西帝国

Frobenius, Leo 莱奥·弗罗贝纽斯

G

Gama, Vasco da 瓦斯科·达·伽马

Gambetta, Léon 莱昂·甘必大

Geer, Louis de 路易·德·吉尔

Gentz, Friedrich von 弗雷德里希·冯·根茨

Géricault, Théodore 提奥多·热里科

German East Africa 德属东非

German Empire 德意志帝国

German Southwest Africa 德属东南非洲

Giedde, Ove 奥韦·杰德

Girodet, Anne-Louis 安 - 路易·吉罗代

Gladstone, W. E. W. E. 格莱斯顿

Goa 果阿

gold 黄金

Gomes, Fernão 费尔南·戈麦斯

Gorbachev, Mikhail 米哈伊尔·戈尔巴乔夫

Gordon, Charles George 查尔斯·乔治·戈登

Graziani, Colonel 格拉齐亚尼上校

Greenland 格陵兰

Guadalupe-Hidalgo, Treaty of 瓜达卢佩—伊达尔戈
条约

Gustavia 古斯塔维亚

H

Habsburg dynasty 哈布斯堡王朝

Hagos, Bahta 巴塔·哈戈斯

Haile Selassie, Emperor of Ethiopia 埃塞俄比亚皇帝
海尔·塞拉西

Haiti 海地

Hamilton, Alexander 亚历山大·汉密尔顿

Hammershøi, Vilhelm 威廉·哈默修伊

Hardenberg, Carl August 卡尔·奥古斯特·哈登
贝格

Harewood House, Yorkshire 约克郡哈伍德庄园

Hassan, Muhammad Abdilleh 穆罕默德·阿布迪
勒·哈桑

Hastings, Warren 沃伦·黑斯廷斯

Hawaii 夏威夷

Henry the Navigator 航海者亨利

Herero tribe 赫雷罗部落

Holub, Emil 埃米尔·赫鲁伯

Hudson, Henry 亨利·哈得孙

Hungary 匈牙利

I

Iceland 冰岛

Indian Great Rebellion 印度大反抗

Indonesia 印度尼西亚

Ingres, Jean Auguste Dominique
Turkish Bath 让·奥古斯特·多米尼克·安格尔
的《土耳其浴室》

Istanbul 伊斯坦布尔

Italian Empire 意大利帝国

Ivan IV 伊凡四世

ivory 象牙

J

Jahan, Shah 沙贾汗

Jamaica 牙买加

Janissaries 禁卫军

Japan 日本

João V, King of Portugal 葡萄牙国王若昂五世

João VI, King of Portugal 葡萄牙国王若昂六世

Joseph II, Emperor 皇帝约瑟夫二世

K

Karelia 卡累利阿

Karlowitz, Treaty of《卡尔洛维茨和约》

Katanga 加丹加

Kemal, Mustafa, see Atatürk 穆斯塔法·凯末尔，
见土耳其之父

Ketteler, Baron von 冯·克林德男爵

Khmer empire 高棉帝国

Khrushchev, Nikita 尼基塔·赫鲁晓夫

Kiaochow 胶州

Kielstra, Governor Johannes 总督基尔斯特拉

Kilwa 基卢瓦

Kitchener, Horatio Herbert 霍雷肖·赫伯特·基奇纳

Klimt, Gustav 古斯塔夫·克里姆特

Koch, Robert 罗伯特·科赫

Kodak 柯达公司

Kom, Anton de 安东·德·科姆

Konya, Battle of 科尼亚战争

Kosovo, Battle of 科索沃战争

Küçük-Kaynarca, Treaty of《库楚克—开纳吉条约》

L

Lascelles, Henry 亨利·拉塞尔斯

Laveran, Alphonse 阿方斯·拉弗朗

Lavigerie, Charles 夏尔·拉维热里

Lenbach, Franz 弗朗茨·伦巴赫

Lenin, Vladimir Ilyich 弗拉基米尔·伊里奇·列宁

Leopold II, King of Belgium 比利时国王利奥波德
二世

Leyes de Indias《印第安法》

Libya 利比亚

Liebert, Eduard von 爱德华·冯·利伯特

Lindneux, Robert 罗伯特·林德诺

Lippmann, Walter 沃尔特·李普曼

Livingstone, David 大卫·列文斯顿

Lombok, Battle of 龙目岛之战

Louisiana Purchase 路易斯安那购买案

Luanda 罗安达

Luce, Henry R. 亨利·R. 鲁斯

Lüderitz, Adolf 阿道夫·吕德里茨

Luluabourg 卢卢阿布尔

Lumumba, Patrice 帕特里斯·卢蒙巴

M

Macao 澳门

Macmillan, Harold 哈罗德·麦克米伦

Madison, James 詹姆斯·麦迪逊

Madras 马德拉斯

Magyar, László 拉斯洛·马扎尔

Mahdi 马赫迪

Mandela, Nelson 纳尔逊·曼德拉

Maria Theresa, Empress 女皇玛丽娅·特蕾莎

Massawa 马萨瓦

Matzeliger, Jan Ernst 欧内斯特·马策利格

Maximilian, Emperor 皇帝马克西米利安

Mau-Mau 茅茅党运动

McDonald's 麦当劳

Medusa《梅杜莎之筏》

Mehmet II 穆罕默德二世

Menelik II, Ethiopian Emperor of Ethiopia 埃塞俄比亚皇帝孟尼利克二世

Metternich, Clemens von 克莱门斯·冯·梅特涅

Mexico 墨西哥

Minuit, Peter 彼得·米纽伊特

Minas Gerais 米纳斯吉拉斯

Mohács, Battle of 莫哈奇之战

Monroe, James 詹姆斯·门罗

Montgelas, Maximilian von 马克西米利安·冯·蒙特哲拉

Morel, E.D. E. D. 莫雷尔

Morocco 摩洛哥

Mozambique 莫桑比克

Mughal empire 莫卧儿帝国

Mukden, Battle of 奉天之战

Munk, Jens 延斯·蒙克

Munkácsy, Mihály 米哈伊·蒙卡奇

Murad I, Sultan 苏丹穆拉特一世

Musil, Robert 罗伯特·穆齐尔

Mussolini, Benito 贝尼托·墨索里尼

N

Nachtigal, Gustav 古斯塔夫·纳赫蒂加尔

Nagasaki 长崎

"Negrophilia" 黑人崇拜

Nengah, Anak Agung 阿纳克·阿贡·能加

"New Sweden" 新瑞典

Ngungunhana 古冈哈纳

Nicaragua 尼加拉瓜

Nicholas II, Tsar 沙皇尼古拉二世

Nicobar Islands 尼科巴群岛

Nixon, Richard 理查德·尼克松

Nobunago, Oda 织田信长

North-West Passage 西北航线

Norwegian Empire 挪威帝国

Novaes, Dias de 迪亚士·德·诺瓦埃斯

Novara, Voyage of 诺瓦拉远航

O

Obbia 奥比亚

Obock 奥博克港

oil 石油

Omar al-Mukhtar 奥马尔·艾尔-穆克塔尔

Orange Free State 奥兰治自由邦

Orhan 奥尔汗

Orientalism 东方主义

Ormuz 霍尔木兹

Osman 奥斯曼

Ottoman empire 奥斯曼帝国

P

Paine, Thomas 托马斯·潘恩

Paiva, Afonso de 阿方索·德·派瓦

Palmer, Fanny Frances 范尼·弗朗西斯·帕尔默

Panama Canal 巴拿马运河

Pearl Harbor 珍珠港

Péguy, Charles 夏尔·佩吉

Perry, Commodore Matthew 海军准将马修·佩里

Peter the Great 彼得大帝

Tobruk 托布鲁克

Togo 多哥

Tordesilhas, Treaty of 《托德西利亚斯条约》

Tranquebar 特兰奎巴

Transylvania 特兰西瓦尼亚

Trans-Siberian Railway 跨西伯利亚铁路

Tripoli 的黎波里

Tupian people 图皮人

Turin 都林

V

Victor Emmanuel, King 国王维克多·埃马努埃尔

Vidal, Gore 戈尔·维达尔

Vienna 维也纳

Vienna, Siege of 维也纳之围

Venna, Congress of 维也纳会议

Vietnam 越南

Virginia 弗吉尼亚

Vogel, Eduard 爱德华·福格尔

Volta River, West Africa 西非沃尔特河

Voltaire, François Arouet de 弗朗索瓦·阿鲁埃·德·伏尔泰

W

Waitangi, Treaty of 《怀唐伊条约》

Wal Wal 瓦尔瓦尔绿洲

Ward, Herbert 赫伯特·沃德

Wilhelm II, Kaiser 德皇威廉二世

Wilson, Woodrow 伍德罗·威尔逊

Wissmann, Hermann von 赫尔曼·冯·维斯曼

X

Xavier, Francisco 弗朗西斯科·沙勿略